国家社会科学基金资助

区域国别
研究文库

地区冲突与北约东扩：
以1999年科索沃危机与北约的军事干预为例

吴文成 著

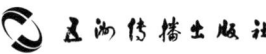

本书基于中央高校基本科研业务费专项资金科研创新重大项目"从东扩到亚太化：美国霸权护持与北约制度扩张"（项目编号：3162023ZYKA01）的研究成果成书，后期出版过程中又获得全国哲学社会科学工作办公室区域国别研究成果出版资助，特此致谢。

"区域国别研究文库"总序

当前,世界之变、时代之变、历史之变正以前所未有的方式展开,相信每个人都有许多切身感受。随着中国国际影响力持续扩大,在国际和地区事务中承担起日益重要的责任,与越来越多国家地区的联系愈发紧密,如何准确把握国际形势,系统全面认识外部世界,精准制定国际战略?这就需要我们对世界各国各地区进行深入、全面研究,建构认识世界、融通中外的知识体系,以服务于中国式现代化建设、中华民族伟大复兴的重大现实需求。

区域国别学就是因应这一重大现实需求而快速发展起来的一门交叉学科。2022年9月,区域国别学被正式列入交叉学科门类下的一级学科,这是我国人文社会科学发展史上一个重要事件,有力推动了我国区域国别研究的深入和人才队伍的培养。

可以说,当代的任何一个重大区域国别问题,都是极其复杂综合的,在其成因上可能涉及民族、宗教、历史、文化等多个基础因素,在其表现上则关联政治、经济、外交、安全、科技等多个领域,是多重基础因素和内外部条件长期共同作用的结果,很难以单一学科知识或单一学科思维来解答。中国的区域国别研究,首要任务是为中国服务,当然还可以扩展到服务世界。研究的目标应该是全面了解世界所有国家和地区的各种信息,包括政治、经济、社会、文化、历史、地理、自然环境等。研究者要深入理解各国各地区的复杂情况,综合利用多学科知识相互交叉融合所产生的

地区冲突与北约东扩：以1999年科索沃危机与北约的军事干预为例

新视角、新思想、新认知、新方法，在深入广泛研究的基础上，努力建构中国自主的区域国别学知识体系，为我们正确认识外部世界、促进自身与外部世界良性互动、推动构建人类命运共同体提供学术支撑。

区域国别研究不仅有助于我国了解世界，同样也有助于让世界了解中国。要让世界了解中国，前提是深入了解不同地区、不同国别的本土文化，只有真正深入了解当地人的所思所想，找到中国文化与当地文化对话的切入点后，中国文化才能真正融进去，实现文化差异下的求同存异。

区域国别研究并不是新生事物，它在国际学术界早已存在，特别是在美欧、苏联，第二次世界大战之后区域国别研究变得非常重要并且流行。事实上，区域国别学起源于大国崛起过程中对于其他文明了解的战略需求，以研究解决重大而紧迫的现实问题作为基本指向，从而成为一个特殊的学术领域。毋庸讳言，各个国家推动这个领域发展，都是为本国战略目标服务的。除上述大国之外，日本等国的区域国别研究也做得非常出色，比如日本学者对俄罗斯、中亚、东南亚等地区进行了长期、大量的研究，有深厚的知识积累。

区域国别研究对中国这样的大国来说，既是一种"必需品"，也是一种"奢侈品"。幸运的是，我们现在已具备开展这种研究的更多资源和能力。但同样要面对的客观现实是：虽然中国已成为一个世界性的大国，但我们对外部世界的了解还是相当有限的，在区域国别研究中还存在许多薄弱地带。举例来说，目前有些关于"一带一路"沿线国家的讨论往往还停留在表层，多集中于某个地区的重要性及其与中国关系等泛泛之谈，而缺乏对这些国家和地区的具体研究。这种不足就需要我们通过推动和发展区域国别研究来弥补。

对于当下我国的区域国别研究,有三点希望与大家共勉。

一是希望更多的学者和公众能理解区域国别学究竟是什么。在我国,对区域国别学的理解仍然存在一些误区,比如很多人容易将其与国际关系或外交等学科混淆。实际上这样的理解是不够的。用最简洁的话来概括,区域国别学就是一门对世界各国、各地区进行全方位研究的学科,这项任务不是任何一个单一学科能够完成的,它是一项多个学科共同完成的学术任务。学术界应该形成共识,我们需要朝这个方向共同努力。

二是希望我们培养出一大批现在特别需要的、对特定地区或特定国家有全面深入了解的人才。区域国别学不仅跨学科,而且跨通识和专业知识;"区域国别学"这个名称规定了它的多重属性,通才加专才加地域属性三者合一,才是"区域国别学"。区域国别学的学科建设旨在培养能够深入理解和分析全球不同国家和地区的综合情况的专家,以满足国家和社会的迫切需求。这样的人在我国实在太少了,这就是需要区域国别学这一独立学科的原因。

我们应当培养既是通才又是专才的区域国别学人才。所谓的"通才",意味着对每一个对象国或对象地区的基本情况有全面的了解;所谓的"专才",意味着在通才的基础上,在某个学术领域进行专门研究,成为在这个领域对某一国家进行研究的一流专家。这种具有地域属性的通才加专才,是我们现有的任何一个学科都培养不出来的,所以跨学科的培养非常重要。如果我们能够对世界上重要的国家和地区,包括我们的周边地区,都培养出相应的"国别通"或"地区通",在面对具体问题时,解决起来会更加精准和有效。

三是我们要向区域国别研究比较发达的国家学习,这些国家的研究者往往以实地调查,即所谓的田野工作为基础,进行了大量扎实的研究工作;在这方面,中国学界明显不足,我们必须努力补足这个短板。

无论是持续深化区域国别学研究,还是培养具有地域属性的通才加专才,都离不开优秀学术研究成果的支撑。为此我们应该积极推动学术交流与合作,鼓励学者与政府、企业等社会主体合作,将学术研究与社会实践相结合,为区域国别学的发展提供更为广阔的空间。

作为一个系统、复杂、长期的战略规划,区域国别研究涉及人才培养、科学研究、国际传播、建言咨政等方面,不仅要有大学、科研机构的积极参与,也要有出版社、图书馆、档案馆、博物馆等机构的深度介入。对加快中国特色区域国别学的学科建设、构建中国特色区域国别研究知识体系而言,区域国别研究成果的出版工作也是一个必不可少的重要环节。

五洲传播出版社长期致力于中外文化交流与国际合作,以"围绕中心,服务大局,联接中外,沟通世界"为宗旨,在讲好中国故事、传播好中国声音的同时,也同样注重与区域国别、国际关系等相关的出版工作,积累了比较丰富的出版成果。

在进行了大量调研准备工作的基础上,五洲正在有序推进"区域国别研究文库"的落地出版工作。这个文库切实针对当前区域国别研究覆盖面不广、精深度不够、系统性不足、实用性不强以及研究成果"出版难"等问题,其基本定位是:一、彰显学术价值,在内容深入、独到上下功夫;二、坚持问题导向,回答重大战略问题和现实问题;三、突出咨政作用,重点反映对象国(区域)历史文化、民族性格、风俗习惯和经济状况、政治情势、发展走向等方面的特性特质;四、急需急用优先,紧扣当前我国各类涉外工作的重点难点,尽快出版有关重点国家、重点区域、重要组织的研究成果。

总之，五洲版"区域国别研究文库"将与相关部门、相关高校和研究机构、智库、出版机构等通力合作，建立工作机制，深化协作协同，广泛征集遴选优质选题，发挥优秀学术论著的示范作用和虹吸效应，陆续推出系列图书，逐步形成成果体系。对于五洲版的"区域国别研究文库"的出现，我们寄予殷切的期待，期待它成为我国区域国别研究成果的重要展现园地。由此，我们期待学界与出版界通力合作，推动更多优秀研究成果进入"区域国别研究文库"，使文库更为丰富、完善、系统，共同服务于国家战略，为加快中国特色区域国别学科建设、构建中国特色区域国别研究知识体系作出贡献。

北京大学博雅讲席教授、区域与国别研究院创始院长

钱乘旦

2025 年 3 月 26 日

目录

序言 1
前言 5
  一、写作缘由 5
  二、既有研究现状及其不足 9
  三、研究意义与学术创新 20
  四、篇章结构 24

第一章 冷战结束后北约第一轮东扩的决策历程 29

第一节 美国对北约的主导与北约东扩对于美国的战略意义 33
  一、美国对北约的主导地位 33
  二、北约存续对于美国的战略意义 37
  三、冷战结束后美国大战略的延续性与北约东扩的战略价值 41
  四、小结 50

第二节 联盟功能拓展与突破"域外"：冷战结束后北约东扩的"联络"制度 51
  一、北大西洋合作委员会的确立与北约"域外行动"限制的政治突破 55
  二、"和平伙伴关系计划"与北约对"域外行动"限制的再突破 68

第三节 增加新成员：冷战结束后北约的首轮领土扩张 86
  一、东扩的组织准备：克林顿政府在 1994 年下半年的人事任命 87
  二、制造舆论声势：北约 1995 年调研报告 92

三、东进欧洲与安抚俄罗斯：北约如何东扩的双轨战略"路线图"....95
　　四、小结..106

第二章 科索沃危机的发酵与地区分离势力的独立大战略........109
　第一节 20世纪90年代科索沃民族分离运动的种族、经济和社会根源..111
　第二节 《代顿协议》与科索沃解放军的暴力崛起......................118
　　一、科索沃解放军的人员构成与美欧情报部门对其的秘密训练....121
　　二、科索沃解放军的资金来源与外部联系................................127
　第三节 科索沃解放军崛起后的独立大战略................................132
　　一、科索沃解放军的人权斗士形象和成功的国际宣传................137
　　二、科索沃解放军的亲西方外交战略与科索沃唯一政治代言人角色..141
　　三、科索沃解放军的游击战术与冲突升级战略..........................146

第三章 从中立到选边：北约对科索沃解放军立场的激进转变.....153
　第一节 科索沃问题的早期国际关注..155
　第二节 北约对科索沃解放军公开立场的转变..............................162
　　一、北约对科索沃解放军定位的变化......................................162
　　二、美国对科索沃解放军的认知转变......................................165
　　三、美国对科索沃解放军的改造...169

第三节 不可避免的军事干预：从《米洛舍维奇—霍布鲁克协议》到朗布依埃最后通牒 172

一、科索沃解放军暴力路线下北约早期平衡立场的动摇 172

二、北约对南联盟的武力恐吓与《米洛舍维奇—霍布鲁克协议》的失败 174

三、走向干预：拉查克村事件与朗布依埃最后通牒 185

第四章 地区动荡、东扩压力与北约军事干预的战略动因 205

第一节 北约明示的干预目标：维护地区稳定和民主改造巴尔干 213

第二节 北约隐藏的议程：凝聚共识、制度竞争与推动北约东扩 219

一、弥合北约内部关于"域外行动"的分歧，为北约的功能扩展凝聚共识 220

二、压制欧洲独立防务合作，确保北约在泛欧安全制度竞争中胜出 228

第五章 战略轰炸与外交谈判：北约干预科索沃危机的双重路径 239

第一节 "联军行动"：北约渐进式战略轰炸与科索沃分离力量的地面配合 241

一、北约轰炸目标的逐渐扩大 245

二、北约加大利用科索沃解放军提升轰炸效率 257

第二节 走向妥协：虚张声势的地面入侵威胁与美俄秘密外交协调 261

一、北约对南联盟的地面入侵威胁 262

二、美俄的秘密外交施压与北约科索沃战争的结束 273

第六章 北约对科索沃危机军事干预的地区和国际后果............285

　第一节 平民伤亡与地区环境恶化：北约军事干预科索沃危机造成的严重战争破坏..............287

　　一、科索沃战争所带来的平民伤亡..............291

　　二、科索沃战争对当地环境的巨大破坏..............294

　第二节 战术缓和与战略恶化：1999年科索沃战争后美俄关系的演变..............298

　　一、科索沃战争后北约与俄罗斯关系的短期转圜..............301

　　二、北约持续东进与北约—俄罗斯战略关系的总体恶化..............306

结论..............317

缩略语对照..............322

参考文献..............325

后记..............359

图表

图 3-1 美国国会记录文本涉及科索沃关键词（1986—1998）......... 157

图 3-2 1998 年 3 月—1999 年 3 月科索沃难民和国内流离失所者增长趋势 ... 185

表 3-1 美国主流媒体对科索沃报道比例（1999 年 4 月 22 日—29 日）......... 186

表 3-2 美国主流媒体对科索沃解放军相关问题的选择性沉默（1999 年 4 月 22 日—29 日）......... 187

表 3-3 美国电视媒体对拉查克事件报道的倾向性......... 192

图 4-1 北约"联军行动"的战略目标及其政策寓意......... 211

图 5-1 "联军行动"中北约精确制导武器与非精确制导武器弹药消耗比例 .. 243

图 5-2 美军精确制导武器弹药消耗比例......... 244

图 5-3 美军空中轰炸指挥链......... 244

图 5-4 战略轰炸的效用目标空袭理论......... 248

表 5-1 北约空袭的南联盟军用和民用目标数量及其损伤评估......... 251

表 5-2 预期伤亡考虑与美国民众对派遣地面部队的支持度......... 265

表 5-3 《经济学家》杂志 1999 年 4 月民调数据......... 271

表 5-4 北约成员国民众是否支持"联军行动"历次民调平均值......... 272

表 6-1 北约核心欧洲成员国飞行架次列表......... 288

表 6-2 美国 1999—2000 年科索沃军事行动花费......... 289

图 6-1 "联军行动"中美军与北约盟国飞机出动数量......... 289

图 6-2 "联军行动"中美军与盟军的轰炸总架次......... 290

图 6-3 "联军行动"中美军与盟军的弹药消耗量......... 290

序言

历史是一面镜子，学好、研究好历史，可以对当下起到很好的镜鉴作用。历史是人类最好的老师，充分汲取历史经验，可以获取丰富的智慧。党的十八大以来，以习近平同志为核心的党中央高度重视历史，并做出了一系列重要指示和批示。2015年8月23日，习近平向第22届国际历史科学大会致贺信指出："世界的今天是从世界的昨天发展而来的。今天世界遇到的很多事情可以在历史上找到影子，历史上发生的很多事情也可以作为今天的镜鉴。重视历史、研究历史、借鉴历史，可以给人类带来很多了解昨天、把握今天、开创明天的智慧。所以说，历史是人类最好的老师。"2019年1月2日，习近平总书记致信祝贺中国社会科学院中国历史研究院成立时指出："历史是一面镜子，鉴古知今，学史明智。重视历史、研究历史、借鉴历史是中华民族5000多年文明史的一个优良传统。"

中国史学素有重视外国历史和外国问题研究的优良传统，中国历代史书大都有对外国史的记录和研究。司马迁《史记》中的"列传"就有《大宛列传》《匈奴列传》《朝鲜列传》等有关外族或外国历史的章节，通过扩大历史学视野，来"究天人之际，通古今之变，成一家之言"。中国近代世界历史研究始于19世纪中叶，世界历史研究扮演了为"救亡图存"而"开眼看世界"的使命。中华人民共和国成立后，中国的世界历史研究进入新时期，特别是改革开放后，迎来了快速发展时期，为国家富强和民族复兴而进行研究的职责使命一直没有改变。一些新的研究问题和研究领域得到发现和拓展，具有中国特色的世界历史研究学科、学术和话语体系不断得到丰富。

地区冲突与北约东扩：以1999年科索沃危机与北约的军事干预为例

在世界近现代历史研究中，巴尔干问题一直占据着重要的篇章，对世界历史的走向产生了深远影响，也引起了中国政界和学界的极大关注。巴尔干半岛地处欧亚大陆的交汇地带、控制黑海和地中海的咽喉，战略位置极其重要，自古以来便是各种宗教、民族、语言、文化、文明的碰撞与交融区域，因而也是多重矛盾的汇聚点和引爆点，历来被人们戏称为"欧洲火药桶"。几百年来，这块土地见证了一个又一个帝国的兴衰，经历了一场又一场战争的洗礼，是名副其实的地缘政治热点和焦点区域，国内外也出版了系列优秀的科研成果。外交学院吴文成博士的这本专著《地区冲突与北约东扩：以1999年科索沃危机与北约的军事干预为例》便是近年来国内学界关注西巴尔干地区冲突问题的一部力作。该书从20世纪90年代北约东扩的历史"长时段"视角出发，较为系统地考察了科索沃问题由"危机"发展成"战争"的历史动因、过程和后果，深入分析了美国及其领导下的北约"为何"以及"如何"军事干预科索沃危机。

该书是近期国内学术界少数重点考察1999年科索沃战争问题的优秀学术成果之一，作者努力将国际关系学的理论分析与历史学的案例研究结合起来，试图为当下新兴的区域与国别研究学科探索适当的研究路径和方法。该书从国际关系大视野出发，主要借助历史研究方法，对科索沃危机的发酵以及美国和北约的卷入，乃至1999年美国领导下的北约悍然对南联盟发动大规模空袭等问题，进行了较为深入的历史分析，提出了一些有价值的判断。总体来看，书稿体系完备、注释规范、文献翔实，有较高的学术价值和一定的政策启迪意义。作者著述严谨，所下功力颇深，从构思到成书耗时多年，写作期间作者还亲赴塞尔维亚进行访谈、查阅塞文文献资料等工作。整体来看，该书运用的文献资料较为丰富、多元，征引的西文、塞文、中文文献翔实、得当。经粗略统计，全书共引用各类专著150种、期刊论文约140篇、当事人回忆录近20种。在广泛运用二次文献的同时，该书还使用了部分新解密的美国外交档案和部分亲历者的访谈资料，较为可贵。

该书的一大创新是将北约东扩与1999年科索沃战争联系起来加以考察，从美国坚决推进北约东扩的决策动机和决策历程出发，揭示出北约在1999年对科索沃危机进行军事干预的必然性。众所周知，科索沃危机的发酵得因于巴尔干地区长久累积的民族、宗教、政治、经济和文化矛盾，但美国为了给北约继续东扩扫清障碍，依靠暴力手段强行将科索沃地区从前南联盟分离出去，这既是对国际法准则的粗暴践踏，又开创了所谓"人道主义干预"的恶劣先例。吴文成博士的研究虽是20世纪90年代北约针对科索沃军事干预政策的一个具体案例，但成果以小见大，能够对当前的俄乌冲突带来较强的现实启示。正如该书所言，北约暴力干预科索沃危机还严重破坏了美俄之间的信任关系，长远来看，极大动摇了俄罗斯融入美欧主导的国际安全机制的意愿，事实上2008年俄格战争、2014年克里米亚危机乃至2022年俄乌冲突，都可以看到1999年科索沃战争的影子。

更进一步看，北约依靠武力强行助推科索沃地区的分离运动，实际上也不可能真正解决问题，反而在西巴尔干地区埋下了未来冲突升级的潜在隐患。近年来，科索沃当局与塞尔维亚之间围绕北部塞族社区的自治等问题时常爆发激烈冲突，在可预见的未来，实现西巴尔干地区的持久和平与稳定仍任重道远。

不过，由于科索沃危机当事方档案都没有解密，书稿所用原始档案较少，这客观上导致一些历史细节不够清晰、对美国及北约的干预决策分析较为笼统，特别是美国对北约东扩的考虑与其推动北约轰炸南联盟之间的逻辑关系还缺乏坚实的档案文献基础。另外，由于语言限制，作者对于塞文、俄文文献的使用也较为有限，这也影响了书稿对美俄塞三方后续谈判立场及其历程的分析。当然，这些不足瑕不掩瑜，这些问题留待后续精通各国语言的研究者加以解决。

  我认识吴文成博士多年，有感于作者长期的学术热诚和严谨认真的学术作风以及对这一问题的长期钻研，故予以推荐。

  是为序！

刘作奎

中国社会科学院世界历史研究所（中国历史研究院世界历史研究所）所长

2024 年 5 月 18 日

前言

一、写作缘由

巴尔干地处亚非欧三大洲的交汇处和欧洲柔软的腹部，数百年来，因独特而关键的地理位置，加上复杂的种族、民族、宗教、政治、文化冲突与碰撞素以"火药桶"闻名于世，并对现代世界历史的走向产生了重大的影响。20世纪90年代末爆发的科索沃危机便是这些历史篇章中新的一页，对当代国际关系发展产生了深远的影响。很多论者认为，北约1999年对科索沃危机的军事干预是"当代国际关系中影响最为深远的历史事件之一"，[1] 北约发动的科索沃战争[2] 也被视为"冷战后国际关系的转折点"。[3]

作为战后冲突和平缔造中"被研究最多的个案"和"人道主义干预的

---

[1] Aidan Hehir, "NATO's Humanitarian Intervention' in Kosovo: Legal Precedent or Aberration?" *Journal of Human Rights*, Vol.8, Issue 3, 2009, p.245.

[2] 严格来看，"科索沃危机"历时周期更长，而"科索沃战争"更主要是指危机后期北约在1999年展开的军事干预行动，两者存在一些差异。不过，"科索沃危机"最终以"科索沃战争"而结束。为了行文的方便和简洁，有时候，本书没有做特别精确的区分。但一般而言，本书中的"科索沃危机"是指贯穿20世纪90年代后期的整个冲突时段，而"科索沃战争"则更主要是指北约1999年发动的军事干预战争行为。

[3] Nadia Alexandrova Arbatova, "European Security after the Kosovo Crisis: The Role of Russia," *Southeast European and Black Sea Studies*, Vol. 1, Issue 2, 2001, p.64. 发出几乎同样声音的还包括2019年美国杂志 *Foreign Policy* 上的一篇论文，参见 Cameron Abadi, "The Small War That Wasn't: Why the Kosovo Conflict Still Matters Today," *Foreign Policy*, January 2, 2019。

最重要案例",[1] 北约干预科索沃危机的战争行为开了人权高于主权的恶劣先例。[2] 北约基于所谓的人道主义理由对主权国家发动战争，也使科索沃危机变成冷战后"最具争议的外交政策议题"。[3] 此外，北约违反《联合国宪章》、粗暴干预科索沃危机还是"冷战后国际体系中多边主义遭遇的第一次主要危机"。[4] 很多学者承认，美国领导下的北约利用武力应对地区动荡的科索沃模式，为美国在 20 世纪 90 年代后期的一系列军事干涉打破了根本性的法律和心理障碍，也为美国后续发动对阿富汗和伊拉克等主权国家的非法战争创造了先例，更为美国的海外干预行动提供了基本模式和准则，即绕开联合国安理会的合法授权，在任何时候都可以以北约这一区域国际组织的名义发动干涉战争。[5] 而绝大多数情况下，美国对主权国家的军事干预和政权颠覆，反过来又加剧了对象国的内部矛盾和地区动荡，伊拉克、阿富汗、利比亚和叙利亚等案例无疑展现了这一点，1999 年美国主导下北约对科索沃的干预结局亦同样如此。巴尔干地区的国家内部冲突与地区局势动荡，其生成因素是多维度的，利用军事力量强力干预，虽能短时间内在表面上予以压制，但是长远来看，北约对科索沃危机的军

---

[1] Gëzim Visoka, *Shaping Peace in Kosovo: The Politics of Peacebuilding and Statehood*, Basingstoke: Palgrave Macmillan, 2017, p.33; David N. Gibbs, *First Do No Harm: Humanitarian Intervention and the Destruction of Yugoslavia*, Nashville: Vanderbilt University Press, 2009, p.1.

[2] Patrick A. Mello, *Democratic Participation in Armed Conflict: Military Involvement in Kosovo, Afghanistan, and Iraq*, Basingstoke: Palgrave Macmillan, 2014, p.66; David N. Gibbs, *First Do No Harm: Humanitarian Intervention and the Destruction of Yugoslavia*, p.196.

[3] Dale C. Tatum, *Genocide at the Dawn of the Twenty-First Century: Rwanda, Bosnia, Kosovo, and Darfur*, New York: Palgrave Macmillan, 2010, p.109.

[4] James Hughes, "Russia and the Secession of Kosovo: Power, Norms and the Failure of Multilateralism," *Europe-Asia Studies*, Vol. 65, No. 5, 2013, p.992.

[5] Dale C. Tatum, *Genocide at the Dawn of the Twenty-First Century: Rwanda, Bosnia, Kosovo, and Darfur*, p.109.

事干预并没有从本质上解决问题，某种意义上反而恶化了塞族人与阿族人的冲突，为当今和未来的巴尔干危机埋下了火种。如今的科索沃是世界上最亲美的地区，拥有全世界最大的美军基地，希拉里和克林顿是当地小孩最流行的名字。2018年，美国大使馆的脸书（Facebook）账号更有多达30万科索沃人关注，近六分之一的科索沃人是其粉丝。科索沃对当时美国特朗普政府的领导能力评价全球最高（高达79%的积极评价）。[1] 而围绕国际承认、边界划分以及科索沃北部塞尔维亚社区等问题，塞尔维亚与科索沃当局的关系更不断出现周期性紧张，小规模流血冲突事件不断，实现持久的地区稳定遥遥无期。时至今日，科索沃问题仍然是巴尔干地区局势动荡和冲突发生的重要潜在爆发点之一。

更重要的是，科索沃危机也是北约东扩历程中非常重要的关键节点之一。北约对科索沃危机的军事干预是北约成立几十年以来参与的第一场战争。一些人鼓吹北约轰炸南联盟是"空战史上最精确且牵连损失最低的行动"，[2] 是空中力量首次独立发挥作用并取得战争胜利，更是美国首次在战争中以零伤亡取胜。[3] 北约对科索沃危机的军事干预发生于冷战结束后北约首轮东扩的大背景下，出于对维护自身战略信誉、凝聚内部共识，在冷战后与其他欧洲安全制度如欧安会、欧盟等多边安全制度进行竞争，平息对北约东扩的内外质疑等多重因素的考虑，北约最终选择利用军事手段平息巴尔干地区的动荡局势，赶在1999年4月北约华盛顿峰会正式接纳波、捷、匈三国之前解决地区危机。通过武力强压南联盟屈服暂时解决科索沃

---

[1] Stacy Sullivan, "Kosovo's America Obsession," *Time*, February 17, 2018, https://time.com/kosovo-independence-america-obsession.

[2] Sean Kay, "After Kosovo: NATO's Credibility Dilemma," *Security Dialogue*, Vol. 31, No. 1, 2000, p.73.

[3] John Norris, *Collision Course: NATO, Russia, and Kosovo*, Westport: Praeger, 2005, p.IX.

危机后，北约证明了自己才是维护欧洲安全的"有牙的老虎"，欧安会和欧盟等泛欧多边安全制度安排因为缺乏军事硬权力而被边缘化。此外，北约对科索沃危机的军事干预也是北约向国内和国际观众发出的有力信号，很大程度上消弭了美国内部、北约成员国对东扩正当与否的争论，逐步建构了中小国家加入北约便能保证自身国家安全的战略声誉，进一步吸引了一批新的申请国。与此同时，北约军事干预科索沃危机严重冲击了美俄、北约与俄罗斯的关系，促使一心想融入西方获得西方承认的俄罗斯警醒，也让其他致力于发展的"发展型国家"意识到进行军备建设的重要意义。因此，1999年北约干预科索沃危机也是冷战后俄罗斯与西方世界关系的重要转折点，还是俄罗斯与美国和北约的关系从合作转向对抗的关键性节点。此后发生的2014年克里米亚危机、2022年俄乌冲突都可以从中找到科索沃危机带来后果的影子。而且，俄罗斯最终拔刀相向成了北约东扩自证合理性的完美证据。当今在欧美主流学术界，讨论北约东扩的负面影响已经是一个十足的学术禁忌。[1]

因此，基于北约东扩的背景，探究北约军事干预科索沃危机的动因、过程及其后果，不但有助于理解20世纪后半期以来勃兴的人道主义干预模式的起源，还能提升我们对地区冲突与北约东扩之间的双向作用逻辑的理解，更能揭示在冷战结束后北约东扩对于欧洲安全格局乃至国际秩序的破坏性影响，甚至对于我们预测未来巴尔干地区格局的演变，都有一定的

---

[1] Jan Eichler, *NATO's Expansion After the Cold War: Geopolitics and Impacts for International Security*, Switzerland: Springer, 2021, p.1. 比较有意思的是，反而是部分当年的决策者在退休后开始反思北约东扩的负面后果，认为北约东扩导致了俄罗斯与西方关系的急剧恶化。例如克林顿时期国防部长佩里在最新的回忆录中就表示，（极差的美俄关系）虽"不单单是由北约东扩造成的，但是北约东扩却是（俄罗斯与西方关系恶化的）第一步"。参见 William Perry, *My Journey at the Nuclear Brink*, Stanford: Stanford University Press, 2015, p.152。

参考价值。而正是聚焦上述关切，依据对北约军事干预科索沃危机历史细节的考察，再结合国际关系分析，本书试图融合历史学和国际关系学的研究方法和分析视角，秉持"分析折中主义"（Analytic Eclecticism）路径，深度剖析北约东扩历程中的这一典型历史案例，以增进我们对地区冲突与北约东扩之间复杂关系的理解。

二、既有研究现状及其不足

（一）学术界的既有研究成果

鉴于科索沃危机已经成为21世纪西方人道主义干预的样本和所谓的历史"先例"，国内外学术界对其的研究兴趣一直持续不断，横跨历史学、国际关系、法学、军事学等多个学科。从国际关系、国际史视角来看，关于北约干预科索沃危机的原因和过程的研究也异常丰富。具体可分为以下路径：

1. 全景勾勒式研究

在北约对科索沃危机的干预战争结束不久，北约秘书长索拉纳（Javier Solana）就在《外交事务》杂志撰文《北约在科索沃的胜利》，全面建构了美国被动干预科索沃以挽救人道主义灾难的主流叙事，战略轰炸被视为北约在所有外交手段用尽后迫不得已的无奈之举。[1] 随后美国一批智库学者便开始总结北约干预科索沃危机的经验和教训，出版了一批从危机起源、北约干预动机再到北约具体的空袭过程等全面分析的研究，进一步丰富了这种主流叙事，其中比较有代表性的是美国智库兰德公司。2001年兰德公司研究员本杰明·兰贝斯（Benjamin S. Lambeth）的《北约对科索沃空战：

---

[1] Javier Solana, "NATO's Success in Kosovo," *Foreign Affairs*, November/ December 1999, pp.114-120.

基于战略和实施层面的评估》是比较早的系统描述科索沃危机的专著。该书对北约干预动机和"联军行动"（Operation Allied Force）的实施过程做了全景式勾勒。[1] 随后兰德公司的布鲁斯·那杜力（Bruce R. Nardulli）等人于 2002 年联合出版的《杂乱无章的战争：1999 年在科索沃的军事行动》一书也同样详细概括了北约军事干预的动机、过程和得失。[2] 这两本著作虽然对北约的军事干预颇有微词，但是总体基调仍然认为北约取得了胜利，达成了既定的战略目标，阻止了人道主义灾难。不过，后续的研究在总体肯定的基调下加大了反思的力度，例如卡托研究所的研究对北约干预的批判力度就更大。2000 年特德·盖伦·卡彭特（Ted Galen Carpenter）主编的《北约虚有其表的胜利：对于巴尔干战争的事后检讨》一书，对北约胜利论提出挑战，指责北约错误和简单化理解了科索沃危机爆发的历史根源，虚伪地认为南联盟政府与科索沃解放军（KLA）之间的冲突是严重的种族清洗问题，从而迫使北约干预以解决所谓的人道主义问题。[3]《北约的豪赌：1998 年—1999 年间科索沃危机中的外交和空权》一书也对北约干预科索沃危机提出批评，认为北约在毫无战略的情况下进入了战争，北约并没有为战争做好准备。[4]《侥幸获胜：北约拯救科索沃的战争》是这种总体肯定北约干预的正当性和干预效果但局部批评研究的最典型代表。该书基于大量的访谈材料，同样评估了科索沃危机的起源、发展和北约的干预

---

[1] Benjamin S. Lambeth, *NATO's Air War for Kosovo: A Strategic and Operational Assessment*, Santa Monica: RAND Corporation, 2001.

[2] Bruce R. Nardulli, et al., *Disjointed War: Military Operations in Kosovo, 1999*, Santa Monica: RAND Corporation, 2002.

[3] Ted Galen Carpenter, ed., *NATO's Empty Victory: A Postmortem on the Balkan War*, Washington, D.C.: Cato Institute, 2000.

[4] Dag Henriksen, *NATO's Gamble: Combining Diplomacy and Airpower in the Kosovo Crisis, 1998-1999*, Annapolis: Naval Institute Press, 2013.

过程，整体上仍然肯定了北约人道主义干预的正当性，同样遵循了北约出于利他的人道目的而不是自身的战略利益这样一种主流叙事，但是，作者也批评了北约组织不力、低估困难以及盟友间协调不力等细节上的问题和决策上的失误。[1]此外，一些持中间超脱和平衡立场的研究也相继问世，例如2003年由塞尔维亚学者领衔主编的《理解科索沃战争》一书汇集了塞尔维亚、科索沃和中东欧国家的学者，试图超越塞族与阿族、南联盟与北约之间的是非之争，将科索沃问题和北约干预这一个案上升到民族主义、民族自决、人道主义干预等理论层面。[2]另外一本由美国学者编著的反思之作《科索沃之战：全球化时代的政治和战略》，也批评西方过度自吹自擂的胜利论，认为科索沃冲突这种实力一边倒的战争胜之不武，而且北约的军事行动也暴露了诸多问题，因此主张放大分析视野，从更广阔的全球格局层面分析北约军事干预科索沃危机的起源，特别是考察其对国际政治和军事战略演变的影响。[3]由日本联合国大学两位学者编著的《科索沃与人道主义干预的挑战：选择性愤怒、集体行动与国际公民意识》则采纳了更多元的视角，作者中不但包括北约国家的学者，还包括塞尔维亚、俄罗斯、中国等当事国的学者，更有全球其他非当事国学者发声。总体上，该书支持北约人道主义干预叙事的学者和反对的声音都较为均衡地呈现了出来，讨论的话题也从具体的就事论事纠缠于是非对错，发展到对联合国的

---

[1] Ivo H. Daalder and Michael E. O'Hanlon, *Winning Ugly: NATO's War to Save Kosovo*, Washington, D.C.: Brookings Institution Press, 2000.

[2] Florian Bieber and Židas Daskalovski, eds., *Understanding the War in Kosovo*, London: Frank Cass, 2003.

[3] Andrew J. Bacevich and Eliot A. Cohen, eds., *War Over Kosovo: Politics and Strategy in a Global Age*, New York: Columbia University Press, 2001.

正当性、国际秩序、合法的多边主义、人道主义干预等更广泛概念的探讨。[1] 以上这三种全景式概述式研究占据了研究的主流，它们总体上都至少肯定了北约干预科索沃危机具有一定程度的正当性、客观上取得了部分战略和人道主义效果。这些主流的观点都坚持北约干预科索沃危机是源于南联盟对科索沃境内阿尔巴尼亚少数民族的压迫甚至"种族清洗"而导致的人道主义灾难。他们认为，北约完全出于道义目的被动卷入科索沃危机，实施干预的目的也仅仅在于制止人道主义危机。

与之相对，在主流之外仍有一部分研究从整体上全盘否定了北约干预的合法性，也不认为北约对科索沃的军事干预是被动应对，反而认为科索沃危机实际上是美国和北约一手蓄意制造出来的，目的在于分解南斯拉夫国家，帮助美国和北约实现权力优势和地缘政治霸权。像《首先不要伤害：人道主义干预与南斯拉夫国家的毁灭》就从政治左派视角出发，根本性地怀疑北约人道主义干预的动机和目的。在该书第七章，作者系统地从左翼视角重构了危机起源以及北约干预科索沃危机的叙事。[2] 贝尔格莱德大学和塞尔维亚国际政治经济研究所合作出版的论文集《大卫对战巨人戈里亚：北约对南斯拉夫的战争及其影响》则直接指认北约的干预是侵略战争，并从国际法、巴尔干地缘政治以及国际关系层面分析了1999年北约入侵科索沃的根源、历程和国际影响。[3] 美国政治学家和左翼文化评论家迈克尔·帕

---

[1] Albrecht Schnabel and Ramesh Thakur, eds., *Kosovo and the Challenge of Humanitarian Intervention: Selective Indignation, Collective Action, and International Citizenship*, Tokyo: United Nations University Press, 2000.

[2] David N. Gibbs, *First Do No Harm: Humanitarian Intervention and the Destruction of Yugoslavia*.

[3] Nebojša Vuković, ed., *David vs. Goliath: NATO War against Yugoslavia and Its Implications*, Belgrade: Institute of International Politics and Economics, Faculty of Security Studies at the University of Belgrade, Mala Knjiga, 2019.

伦蒂（Michael Parenti）所著的《杀死一个国家：对南斯拉夫的袭击》同样对北约干预科索沃持激进的批评立场，认定科索沃战争只是以美国为首的西方国家长期以来推行的肢解南斯拉夫策略的一个环节，对科索沃危机发酵、国际和谈失败的原因和北约军事干预的动因与结果，都提出了与西方主流迥异的分析。[1] 另外，美国左翼思想家乔姆斯基（Noam Chomsky）也在《新军事人道主义：来自科索沃的教训》一书中，从新军事人道主义理论出发，深刻地揭示了美国和北约发动科索沃战争的政治必然性，挑战了西方学术界借人道主义进行军事干预的政治正确话语。[2]

需要指出的是，中国学者也为这种全景式勾勒提供了深度的历史分析视角，从大历史角度批判了北约军事干预科索沃危机的深刻动因，很多著作从大历史的角度看科索沃和巴尔干危机的必然性和具体的演变历程，比如孔寒冰的《科索沃危机的历史根源及大国背景》、马细谱的《巴尔干纷争》、郝时远的《帝国霸权与巴尔干"火药桶"：从南斯拉夫的历史解读科索沃的现实》等，都或多或少从历史的眼光更客观更全面地看待科索沃危机的发酵和北约的干预。[3]

2. 围绕具体议题的深度专题化研究

进入 21 世纪第一个十年后，在这些全景式勾勒北约对科索沃危机干

---

[1] Michael Parenti, *To Kill a Nation: The Attack on Yugoslavia*, London: Verso, 2000.

[2] Noam Chomsky, *The New Military Humanism*: *Lessons from Kosovo*, Monroe: Common Courage Press, 1999.

[3] 孔寒冰：《科索沃危机的历史根源及大国背景》，四川人民出版社 1999 年版；马细谱：《巴尔干纷争》，北京大学出版社 1999 年版；刘洪潮：《波黑战争风云》，大众文艺出版社 1998 年版；郝时远：《帝国霸权与巴尔干"火药桶"：从南斯拉夫的历史解读科索沃的现实》，社会科学文献出版社 1999 年版；刘克俭、王修柏等：《第一场以空制胜的战争：科索沃战争》，军事科学出版社 2008 年版；朱金平：《科索沃战争风云》，解放军出版社 2001 年版。

预的研究基础上，学者们开始将研究目光转向具体的议题，深度挖掘影响北约走向干预和危机进程、危机解决的各种影响因素、危机的深远影响等。其中比较突出的是关于对媒体如何塑造了北约干预的研究。2007年，《CNN效应：新闻媒体是如何将西方拖入了科索沃战争》一书就专门考察了大众传媒在推动北约干预科索沃危机方面发挥的重要影响。该书认为以美国有线电视新闻网（CNN）为代表的一批西方新的实时全球性电视媒体具有的议程设置、影响精英和大众对某项政策的支持度、加速决策进程等方面的能力影响了西方世界对科索沃危机的公共舆论、各国政府的军事策略和战略以及各国的外交政策，进而深刻影响了北约对科索沃干预的外交决策。[1] 此外，这种细化研究还包括学者们对科索沃危机背后外交谈判的研究。2005年，约翰·诺利斯（John Norris）出版了《冲突的进程：北约、俄罗斯和科索沃》。当年他是美国副国务卿、时任美方谈判代表斯特普·塔尔博特（Strobe Talbott）的联络主管。该书在其个人亲历记录基础上详细考察了1999年夏北约与俄罗斯之间围绕结束科索沃危机而展开的秘密外交斡旋，勾勒了科索沃战争背后的秘密外交谈判的简要轮廓。[2] 除以上这些专著外，对科索沃危机具体的切片式研究主题，还包括战争期间北约内部美国与盟国之间的关系、欧洲在科索沃战争中的角色、北约"科索沃和平实施部队"（KFOR）运行经验、美国陆军在科索沃的军事行动以及欧洲在"联军行动"中的贡献、解释北约干预科索沃的决策模式、科索沃战争对于空中力量作用大辩论的启示、克林顿总统为何会在科索沃动武、科索沃问题的民族根源、美国媒体对科索沃战争的报道策略、科索沃与武装人

---

[1] Babak Bahador, *The CNN Effect in Action: How the News Media Pushed the West toward War in Kosovo*, Basingstoke: Palgrave Macmillan, 2007.

[2] John Norris, *Collision Course: NATO, Russia, and Kosovo.*

道主义干预、宗教与地区暴力冲突等，[1]这些主题研究进一步丰富了科索沃危机起源、演变和外部干预的全貌。

在这一阶段比较突出的专题性研究还包括美国诸多军事院校出版的从军事和战略战术视角总结并反思"联军行动"的大量研究，特别是各军校的毕业论文聚焦空战强迫对手的作用、美国精英和大众在战前战后对"联军行动"的认知、无人机在科索沃轰炸中的使用、网络中心战在"联军行动"的运用、美国各军种空中力量在"联军行动"中的角色、政治限制对"联军行动"行动方案的影响、"联军行动"中的信息处理、利德尔·哈特空战理论在"联军行动"中的贯彻、"联军行动"中的指挥系统研究、

---

[1] Jason W. Davidson, *America's Allies and War: Kosovo, Afghanistan, and Iraq*, Basingstoke: Palgrave Macmillan, 2011; John Peters, et al., *European Contributions to Operation Allied Force: Implications for Transatlantic Cooperation*, Santa Monica: RAND, 2001; Larry Wentz, *Lessons From Kosovo: The KFOR Experience*, Washington, D.C.: United States Department of Defense, DoD Command and Control Research Program, 2002; R. Cody Phillips, *Operation Joint Guardian: The U.S. Army in Kosovo*, Washington, D.C.: U.S. Army Center of Military History, 2007; David P. Auerswald, "Explaining Wars of Choice: An Integrated Decision Model of NATO Policy in Kosovo," *International Studies Quarterly*, Vol. 48, Issue 3, 2004; Daniel L. Byman and Matthew C. Waxman, "Kosovo and the Great Air Power Debate," *International Security*, Vol. 24, No. 4, 2000; Steven B. Redd, "The Influence of Advisers and Decision Strategies on Foreign Policy Choices: President Clinton's Decision to Use Force in Kosovo," *International Studies Perspectives*, Vol. 6, Issue 1, 2005; 葛亚平：《科索沃问题研究——地缘政治、民族政策视角及深刻启示》，吉林大学国际政治专业硕士论文，2008年；姜富霞：《从科索沃战争看铁托时期民族政策的失误》，曲阜师范大学世界史专业硕士论文，2007年；阮金之：《关于美国〈新闻周刊〉科索沃战争报道的分析》，暨南大学国际关系专业硕士论文，2007年；史蒂分（Chuka Enuka）：《后冷战时代的武装人道主义干涉：北约干涉科索沃案例分析（1999）》，吉林大学世界史专业博士论文，2011年；章远：《宗教功能单位与地区暴力冲突——以科索沃冲突中的德卡尼修道院和希南帕夏清真寺为个案（1999—2009）》，复旦大学国际关系专业博士论文，2009年。

"联军行动"中的后勤问题等。[1] 此外,另外一个值得关注的系列专题研究是美国国会研究服务局(Congressional Research Service)陆续编纂的系列研究报告,比如《科索沃:联军行动的经验教训》《美国第 106 届国会与科索沃战争关系》《国际社会对北约干预科索沃的反应等》《科索沃与

---

[1] Stephen D. Wrage, ed., *Immaculate Warfare: Participants Reflect on the Air Campaigns over Kosovo, Afghanistan, and Iraq*, Westport: Praeger Publishers, 2003; David G. Van der Veer Jr., *Air Power: A Decisive Coercive Strategy?* Thesis, Naval War College, National Defense University, 2006; Robert H. Gregory, *Turning Point: Operation Allied Force and the Allure of Air Power*, Master's Thesis, the U.S. Army Command and General Staff College, 2014; J. R. Dixon, *UAV Employment in Kosovo: Lessons for the Operational Commander*, Thesis, Naval War College, National Defense University, 2000; Mark Milley, *Joint Military Operations: Centers of Gravity and the War in Kosovo*, Thesis, Naval War College, National Defense University, 2000; Michael A. Felice, *Modern Warfare: NATO's War Amongst the People in Kosovo*, Thesis, United States Army Command and General Staff College, 2013; Robert M. Stuart II, *Network Centric Warfare in Operation Allied Force: Future Promise or Future Peril?* Thesis, Naval War College, National Defense University, 2000; Gary P. Shaw, *Operation Allied Force: Case Studies in Expeditionary Aviation - USAF, USA, USN, and USMC*, Thesis, U.S. Army War College, 2002; Tom Munson, *Operation Allied Force: Operational Planning and Political Constraints*, Thesis, Naval War College, National Defense University, 2000; Kathy B. Davis, *Operation Allied Force: Reachback and Information Processes*, Thesis, Air University, 2002; Bob Otto, *Operation Allied Force: Bringing Liddell Hart Full Circle*, Thesis, Naval War College, National Defense University, 2000; James E. Howe, Jr., *Joint Military Operations: Operational Leadership in Kosovo*, Thesis, Naval War College, National Defense University, 2004; Kevin Leonard, *Key Logistics Issues from Kosovo, Can the United States Achieve Strategic Velocity*, Thesis, US Army War College, 2000; James E. Beaty, *Luck Is Not a Strategy: Inefficient Coercion In Operation Allied Force*, Master's Thesis, The Naval Postgraduate School, 2015.

马其顿：美国与盟友的军事行动》《科索沃：美军和联盟军事行动》等。[1]这些报告从美方视角就一些具体的问题做了深度剖析，进一步丰富了北约军事干预行动的细节。

到目前为止，关于北约干预科索沃危机的专题性研究绝大多数都把关注视角投放在美国和北约盟国以及俄罗斯这样的大国，对于北约的敌对方塞尔维亚方面的研究一直不多，仅有少数研究是从塞尔维亚视角出发分别考察了米洛舍维奇为何最终决定退出、塞尔维亚在应对北约轰炸时所采取的策略选择问题、塞尔维亚的信息战得失。[2]另外还有少量研究关注了科索沃解放军在整个科索沃危机中扮演的角色，其中《科索沃解放军：起义军的内部秘辛》较为系统地从正面分析了科索沃解放军的兴起，特别是其资金来源、训练、宣传等细节。[3]其他一些研究则分析了科索沃解放军与有组织犯罪分子的联系、北约与科索沃解放军的关系、科索沃解放军战后向合法政党和军队演化的历程、科索沃解放军接受国际规范、科索沃解放

---

[1] Paul E. Gallis, *Kosovo: Lessons Learned from Operation Allied Force*, Washington, D.C.: Congressional Research Service, 1999; Julie Kim, *Kosovo and the 106th Congress*, Washington, D.C.: Congressional Research Service, 2001; Karen Donfried, *Kosovo: International Reactions to NATO Air Strikes*, Washington, D.C.: Congressional Research Service, 1999; Steve Bowman, *Kosovo and Macedonia: U.S. and Allied Military Operations*, Washington, D.C.: Congressional Research Service, 2001; Steve Bowman, *Kosovo and Macedonia: U.S. and Allied Military Operations*, Washington, D.C.: Congressional Research Service, 2000.

[2] Stephen T. Hosmer, *The Conflict Over Kosovo: Why Milosevic Decided to Settle When He Did*, Santa Monica: Rand, 2001; Barry R. Posen, "The War for Kosovo: Serbia's Political-Military Strategy," *International Security*, Vol. 24, No. 4, 2000; Wayne A. Larsen, *Serbian Information Operations During Operation Allied Force*, Thesis, Air University, 2000.

[3] Henry H. Perritt Jr., *Kosovo Liberation Army: The Inside Story of an Insurgency*, Urbana: University of Illinois Press, 2008.

军对自身民族主义意识形态的操纵等。[1] 这些为数较少的研究注意到了塞尔维亚和科索沃内部的演进动力，补充了为主流研究所忽视的视角。

（二）现有研究的贡献与不足

当前关于北约干预科索沃危机的研究，初步揭示了科索沃危机起源、发展乃至最后解决的大致历史轮廓，为后续研究打下了坚实的基础。但是无论从研究视角还是材料使用来看，都有一定的局限性。

首先，从研究切入的角度[2]来看，现有的研究中，从美国和北约的视角进行分析占据绝对的主导地位。不管是正统主流派，还是后来的修正主义派，都预设了科索沃冲突是所谓种族大屠杀背景下美国和北约出于利他的人道主义目标，在穷尽外交手段后，为了阻止人道主义灾难继续扩散而迫不得已发动的一场人道主义军事干预。这种美化北约的主导视角将科索沃危机爆发完全归责于米洛舍维奇（Slobodan Milošević）这样的个体领导人，归因于南联盟对境内少数民族所谓的"种族屠杀"，将塞族人与阿族人的

---

[1] Michel Chossudovsky, "Kosovo 'Freedom Fighters' Financed by Organized Crime," *Peace Research*, Vol. 31, No. 2, 1999; John R. Fulton, "NATO and the KLA: How the West Encouraged Terrorism," *Global Security Studies*, Vol. l, Issue 3, 2010; Mariana Qamile Rød, *From Guerillas to Cabinets: A Study of the Development of Post-War Political Parties in Kosovo*, Master's Thesis, Department of Comparative Politics, University of Bergen, 2017; Alpaslan Özerdem, "From a 'Terrorist' Group to a 'Civil Defence' Corps: The 'Transformation' of the Kosovo Liberation Army," *International Peacekeeping*, Vol.10, Issue 3, 2003; Jennifer A. Mueller, *International Norm Echoing in Rebel Groups: the Cases of the Kosovo Liberation Army and the Liberation Tigers of Tamil Eelam*, Ph.D. Dissertation, The City University of New York, 2014; Jessica Lee Eckhardt, *The Kosovo Liberation Army: Changes in the Presentation of Ethnic and Civic Nationalistic Values to the Media*, Master's Thesis, University of Nevada, Reno, 2009.

[2] 对被动卷入论和阴谋论这两种主要研究视角的文献概括和观点综述，请参见下文第四章。

冲突打扮成绝对的善与恶之间的对决，对于科索沃解放军在挑起暴力冲突中的重大作用完全视而不见。此外，当前的研究也将北约的轰炸视为虽有瑕疵但终归获得了全面胜利，低估了北约利用俄罗斯压迫米洛舍维奇屈服的秘密外交的作用。而且，引入俄罗斯的力量是北约暗中策动和有意引导的。相反，部分激进研究者又秉持深深的阴谋论视角，认为科索沃危机本身的发酵完全就是北约蓄意制造的战争借口，科索沃内部的民族冲突和暴力对抗与北约的军事干预完全无关。这一视角虽然纠正了人道主义干预胜利论的偏颇，揭露了北约蓄意侵略南联盟的战争罪行，但又走向了另外一个极端，认为地区动荡是完全外生的、外源性的。而且，阴谋论也不能解释北约干预具有的渐进性，特别是不能解释北约立场在1998—1999年的突然转变，也难以解释北约方面在出动地面部队入侵科索沃时的犹豫不决和内部强大的反对声音。

其次，从文献资料来看，主流研究所采用的文献和资料绝大多数以英文文献为主，部分研究者的访谈也主要是针对北约一方的亲历者，而对于塞尔维亚、俄罗斯方面的资料和声音完全弃之不用。这些研究更没有考察中国方面的文献。以美国和北约的文献为主导的研究虽然部分还原了北约干预科索沃的动机和具体过程，但是由于忽视了塞尔维亚方面的材料，主流的研究没法正视科索沃问题的历史复杂性和正确评价巴尔干地区的历史正义问题以及北约干预战争的正当性问题。此外，由于解密档案的缺失，当前的研究基本上采用的是二手资料，包括官方的报告、媒体报道、亲历者的回忆录等，极少有学者利用了克林顿总统图书馆最新解密的一批原始档案，因此，某些事件的细节亟须进一步丰富和纠正。

再次，从分析层次来看，目前的研究基本上是以国家为中心的大国视角，对国家内部的次国家行为体重视不够，特别是对于科索沃解放军在科索沃危机国际干预过程中的能动性重视不够。尽管以国家为中心的分析视角是基础性的，也非常有必要，但是在整个科索沃危机起源、发酵和北约军事干预的过程以及危机处理之中，像科索沃解放军这样的次国家行为体作用很微妙和重要，同样也不能忽视。

三、研究意义与学术创新

综上所述，目前学界对北约干预科索沃危机的研究已经进入了主题性研究，重点考察北约军事干预的各个具体环节和具体问题，本书的研究也是遵循如此路径，从研究性质来看属于专题型研究。具体而言，本书的研究意义体现于以下几点：

首先，从研究框架来看，本书超越了人道主义干预论和阴谋论，提出了机会论的新视角。面对20世纪90年代中后期巴尔干的地区动荡与北约的军事干预，主流叙事坚持认为北约是被动、被迫介入，仅仅是为了阻止人道主义危机。阴谋论则认为北约蓄意制造了前南地区局势的动荡，并寻找各种借口进行武力干预。与主流观点不同的是，本书不认为北约的干预仅仅是出于人道主义目的，而是有其地缘政治和战略利益的考量。但是与阴谋论不同的是，本书认为北约干预科索沃也并非是从一开始就预谋好的，而是与科索沃解放军崛起后采取了一系列军事、政治和宣传策略导致科索沃局势快速恶化有着密切的关联。在科索沃解放军暴力崛起之前，虽然北约成员国也对其秘密援助和培养，但北约对科索沃危机的干预仍然主要停留于言辞上，付诸军事行动的举措较为克制和有限度。本书认为，北约干预科索沃危机无疑是主动的、战略性的，但是这种主动性是在科索沃解放军升级冲突造成地区局势动荡之后才强化的。这一分析框架既不同于人道主义干预论，也显著区别于阴谋论。概言之，北约对科索沃危机的干预只是在科索沃解放军不断升级暴力、扩散冲突后才主动介入的，科索沃解放军的暴力路线为北约提供了合适的干预时机。在科索沃暴力冲突达到一定阶段后，北约开始主动利用和塑造科索沃解放军，使之成为自己的战略工具，因此，从某种意义上看，两者是制造科索沃战争的共谋。因此，本书提出了北约干预科索沃危机的机会论解释，认为巴尔干地区复杂的种族、宗教、政治冲突孕育了内部危机，进而进一步引发地区动荡和冲突，而地区冲突导致的不稳定则为北约的军事干预提供了良机。北约竭力排除和平解决路径选择武力解决方案，无疑是一种深思熟虑的战略性决策，其意在主动塑造危机的走向，同时也争取时间窗口，为1999年实现首轮东扩铺路和护航。科索沃危机久拖不决让北约存在的战略价值大打折扣，对中东欧国家入盟吸引力大幅下降，甚至可能动摇北约在维护欧洲安全格局中的主导地位。反过来，尽管北约的军事干预消弭了美欧之间关于继续东扩的内部分歧，但最明显的负面后果便是导致北约与俄罗斯关系产生根本性裂痕，进而为后续的欧亚大陆更广泛的地区冲突埋下隐患，后来才相继爆发了2008年俄格战争、2014年克里米亚危机、2022年俄乌冲突。从历史的长时段视野来看，欧亚大陆腹地的持续动荡与北约一轮又一轮东扩是脱不了干系的，其中北约动用武力干预科索沃危机，动摇了尊重国家主权这一基本原则，从而开创了恶劣的干涉主义先例，也是难辞其咎的。机会论的解释将1999年北约对科索沃危机的军事干预与北约东扩的历史进程连接起来，试图将北约的军事干预还原到更广阔的国际政治斗争背景下进行分析。

其次，从研究取向来看，本文试图淡化对科索沃危机以及北约军事干预的极化理解，努力将其还原到具体的历史时空中加以客观理解。这主要体现在对具体事件的分析视角上，例如对于科索沃解放军，西方主流研究视之为成功的民族解放战士、自由斗士，而塞方则一律称之为恐怖分子。本文的研究发现，科索沃解放军在崛起乃至战后都与有组织犯罪、贩毒集团有密切的联系，并与"基地"组织等极端主义分子关系密切，所采取的很多袭击和暗杀行动无疑具有恐怖组织的特征。但是与意识形态化较重的恐怖组织不同的是，科索沃解放军又采取了较为灵活的政治、军事和宣传战略，特别是接受了美国情报部门的建议，主动对自身追求的大阿尔巴尼亚主义进行约束，并在战后接受解散，转型为现代政党。从这些方面看，科索沃解放军也不是彻彻底底的恐怖主义组织，其自身也处于不断演变之中。

再次，从史料多元化来看，本文在西文文献基础上，还搜集整理了包括塞文、中文文献在内的部分当事国文献，力图超越西方中心论的分析视角和文献选择趋向，尽量客观地还原历史的真相。这些塞文文献既包括塞族学者发表的英文文献，也包括塞文专著和部分前南联盟外交使节的回忆录，还有笔者前往贝尔格莱德对前南联盟外交部长、塞尔维亚历史学家等人的口头访谈。笔者力图通过吸纳塞方文献确保史料来源的多元化和相对平衡。除此之外，鉴于原始档案在相关研究中的普遍缺失，本文检索了克林顿总统图书馆相关解密文件，搜集了几十件新近解密的原始档案文献，弥补了主流研究普遍利用二手资料的不足。

最后，从政策价值来看，通过将1999年科索沃干预战争作为北约推进首轮东扩的战略手段来加以理解，本书对这一历史案例的详细解读有助于我们进一步加深对当今"北约亚太化"推进机制和路径的理解。本书从北约东扩的历史大视野来理解北约1999年军事干预科索沃危机的具体案例，详细论述了北约第一轮东扩的决策背景、决策历程、决策困境，以及北约如何借助科索沃战争坚决执行东扩决策。通过对这一历史案例的"深描"，本书立体性解剖了北约首轮东扩的一个历史横切面，力图融合历史分析与国际关系研究两种不同的研究路径，从而以古鉴今、以历史昭示未来。鉴于自冷战结束至今北约一直处于不断东扩进程中，随着美国将中国视为首要战略竞争对手和生存性威胁，北约继续在亚太扩张以遏制中国的态势日趋明朗。如2019年12月北约伦敦峰会宣言首次提及中国。2020年

11月发布的《北约2030》报告则将中国视为"全频谱、系统性对手"。2022年6月北约马德里峰会通过的新版战略概念文件更将中国视为"系统性挑战"。2023年7月北约维尔纽斯峰会15次提及中国，重申中国对北约的"利益、安全和价值观"构成系统性挑战，更被观察者认为是"对中国发出了迄今最为强烈的谴责"。纵观冷战结束后北约的历次转型经历，从1999年利用科索沃危机突破冷战时期联盟的"域外行动"限制，到2003年借助发动阿富汗战争将联盟功能进一步拓展到危机管理、反恐等新兴非传统安全议题，再到2014年挑起乌克兰危机再度聚焦大国冲突，北约战略转型与服务美国霸权目标存在高度的一致性。在美国霸权实力相对衰落以及美国确立"竞赢"中国的中长期大战略目标后，借助北约这一成熟的多边军事组织遏制中国进一步发展已是美国的必然选择，为此，当前美国正拉动其北约欧洲盟国不断推进"北约亚太化"，具体包括北约整体与亚太盟友的互动（"北约+"）、北约主导国与亚太地区盟友和伙伴国的互动（"美国+"）、北约欧洲成员国与亚太国家的互动（"欧洲+"）三种核心推进路径。而在推动"北约亚太化"过程中，美国同样或多或少地面临北约1999年首轮东扩所遇到的一些基本问题，例如如何进一步突破"域外"限制、如何说服三心二意的欧洲盟友追随自身、如何推动北约组织任务的再度转型、如何借助危机或战争重塑北约的战略目标，等等。故而，通过对北约东扩历史上典型性案例的详细论证，可以见微知著、未雨绸缪，提前预判美国推动"北约亚太化"可能遇到哪些主要障碍和美国将要采取何种策略加以克服，以及"北约亚太化"推进的具体路径和机制。

当然，由于语言限制和档案的缺失，本书的研究也存在较大不足。首先，由于塞文文献主要依靠翻译，所以所能利用的塞文资料仅占作者搜集的一小部分，塞文文献利用率总体不高。此外，受限于访问时间和资金限制，作者对塞方亲历者的访谈样本较少，未能系统采访当时的决策者。另外，由于自科索沃2008年单方面宣布独立后，塞—科双方关系一直不佳，加上签证限制，本书作者也未能实地前往科索沃地区调研。其次，从书稿结构来看，最后一章虽然有零星材料涉及美俄在秘密谈判中与科索沃解放军的互动以及北约领导人对武装科索沃解放军的考虑，但是由于美俄秘密外交目前披露的史料有限，相关信息仍然极度匮乏，导致在这一章未能详尽考察在美俄秘密谈判进程中各方对科索沃解放军未来地位的思考。再次，由于第一手档案尚未解密，在北约特别是美国军事干预科索沃危机的决策中，目前尚没有特别直接的、丰富的证据表明北约的干预是出于推动东扩的考虑，很多分析多停留于逻辑分析，档案证据略显不足。最后，在本书即将刊印之时，"数字化美国国家安全档案"（DNSA）推出了新解密的第63辑"美俄关系：从苏联解体到普京上台（1991—2000）"，但由于时间问题，本书也未能使用该批档案。

四、篇章结构

本书分为六章，具体章节和主要内容如下：

开篇为前言。主要介绍了本书选题的缘起、既有研究现状及其不足，概括介绍了本书的创新点及其存在的不足之处。

第一章重点考察了冷战结束后北约东扩的维度、历史决策及其过程，提供了一个北约干预科索沃危机的历史背景。北约自成立后一直是美国护持霸权的工具，美国也是北约的主导国。冷战后推动北约东扩符合美国的整体战略利益。通过东扩，可以帮助美国继续控制欧洲，确保美国在西方世界的领导角色，提升美国在国际体系中的支配地位。冷战后北约东扩经历了两个重要的维度，即垂直维度的组织使命转换和水平维度的成员国扩张。具体包括构建一系列与中东欧国家的"联系制度"实现联盟功能拓展与突破"域外"，以及邀请前苏东阵营国家加入北约，实现成员国的地理拓展。

第二章主要考察科索沃解放军的兴起及其如何引爆科索沃危机。科索沃危机是民族、宗教、历史文化等因素综合塑造的。在南斯拉夫解体后，在种族构成上占据绝对多数且经济发展水平异常落后的科索沃阿尔巴尼亚人对主导民族的不满日益加剧，并在20世纪90年代初形成了南联盟境内塞—阿两族人的社会性种族隔离局面。但这种和平而不稳定的态势随着《代顿协议》签署后科索沃解放军的兴起而被打破。科索沃解放军借助贩毒、走私和海外侨民的汇款得以快速壮大，而且还得到了欧美情报部门的秘密训练和支持，不断对塞族目标展开恐怖袭击，成为科索沃阿尔巴尼亚民族新兴的政治力量和暴力分离运动先锋，逐渐酿成了科索沃地区的动荡与危机。自成立之后，科索沃解放军的宣传战略和军事战略、外交战略都非常精明和灵活。他们将自己打扮成人权斗士的形象，采取亲西方的外交战略以及重在升级危机的游击战战略，逐渐赢得了北约的支持，还使得南联盟方面处于道义和外交上的被动局面。

第三章主要是分析科索沃问题的早期国际关注，以及北约对科索沃危机的立场演变。欧美虽然在1992年就开始关注科索沃局势，但是在1998年之前一直停留于口头谴责和道义支持，并没有真正重视科索沃问题。然而，随着科索沃解放军的暴力崛起和北约东扩日期的临近，美国及其欧洲盟友才开始着手进行实际的外交和政治干预。1998年春时美国仍把科索沃解放军列为恐怖组织，但到1998年6月美国和北约对待科索沃解放军的立场发生转变，美国开始放弃较为平衡的对科索沃政策，转而将科索沃解放军视为合作伙伴，美国情报部门甚至秘密对其加以改造，让其淡化与宗教意识形态的联系、不依靠贩毒获取资金、不在科索沃境外发动恐怖主义、尽量避免袭击平民等。在北约明确了直接支持科索沃解放军的立场之后，北约作为第三方所发起的外交斡旋必然是难以成功的。这也是从《米洛舍维奇—霍布鲁克协议》到朗布依埃最后通牒都归于失败的一个重要原因。

北约的外交调停最后都变成了单方面支持科索沃解放军，逼迫米洛舍维奇和南联盟接受科索沃短期自治、长期独立的政治解决方案。

第四章主要是分析北约在利用外交手段未能迫使南联盟同意科索沃独立之后，通过战略轰炸的军事手段来达成政治目的明面上和背后隐藏的战略动机。毫无疑问，北约军事干预科索沃危机是主动的战略行为。北约期望通过军事干预实现遏制危机扩散、推广民主、加速北约东扩这样三重战略目标。其中，遏制危机扩散、推广民主是北约公开昭示的战略目的，而确保北约东扩如期稳妥推进则是隐藏在背后的目标。在巴尔干地区推广民主符合克林顿政府奉行的内外战略。"扩大民主"是克林顿政府时期的对外战略导向，而遏制科索沃局势的继续升级与动荡、阻止其外溢事关欧洲腹地的稳定与繁荣，危机升级与外溢都将进而危及美国的利益。

第五章则通过考察北约对南联盟战略轰炸的具体过程以及美俄之间围绕结束危机而展开的秘密谈判来重点分析北约干预科索沃危机的战略轰炸与外交谈判两手手段。北约原先认为单纯凭借战略轰炸便能迫使南联盟屈服，为此不断提升轰炸烈度、扩大轰炸目标，并引导科索沃解放军积极配合。但事与愿违，战略轰炸陷入僵局。北约领导人特别是美国方面不得不后退，寻求利用传统的外交手段解决危机。在战略轰炸效果不佳时，北约首先想到的是升级威胁，不断释放可能对南联盟发动地面入侵的威胁信号，但是由于内部强大的反对力量和欧洲盟国特别是法德意盟友的顾虑以及对武装科索沃解放军的担忧，导致北约的地面入侵威胁在当时很难具有可信度，升级威胁也就收效甚微。为此，北约方面不得不回归传统外交手段，秘密地接触南联盟的盟友俄罗斯，试图联合俄罗斯一起结束危机。在当时叶利钦谋求与北约建立伙伴关系且美俄已签署《俄罗斯与北约基本法》的背景下，俄罗斯逐渐从最初的反对科索沃独立和北约驻兵的立场后退，其至准备放弃对传统盟友的外交支持。最终在内外双重压力下，米洛舍维奇放弃了抵抗，接受了北约的停火条件，南联盟军事力量撤出科索沃，北约派兵进驻，至此科索沃危机宣告初步结束。

第六章是对北约军事干预科索沃危机所带来的地区和国际后果，以及对未来北约东扩进程影响的分析。由于北约与南联盟之间过于悬殊的实力差距，北约借助武力手段和外交胁迫迫使南联盟接受自己的主张也在意料之中。靠着北约的武力保护，科索沃当局违背联合国决议自行宣布独立也不令人意外。北约的战略轰炸给南联盟无辜平民带来了巨大的人身、财产损失，北约违法、违规滥用集束炸弹、贫铀弹等武器，更对科索沃和整个邻近地区的生态环境和人民健康造成了长期的潜在危害。更重要的是，科索沃战争消弭了北约内部对进一步东扩的质疑，加速了东扩进程，实现了确保1999年华盛顿峰会顺利举行、护航首轮东扩的目标。但是另一方面，北约军事干预科索沃危机却动摇了当时处于缓和期的北约与俄罗斯以及美俄关系的根基，俄罗斯对北约东扩的不满、反对的情绪与日俱增，北约与俄罗斯关系从战略层面逐渐出现根本性对抗。从一定程度上看，2008年俄格战争及之后欧亚腹地所形成的新一轮地区动荡也可以从1999年北约军事干预科索沃危机寻找到历史的影子。

最后是结论部分。简要地概括了本书的主要内容和核心观点，并对巴尔干地区局势的发展做了一些前瞻性预测和分析。

第一章

冷战结束后
北约第一轮东扩的决策历程

地区冲突与北约东扩：以 1999 年科索沃危机与北约的军事干预为例

　　北约的建立是美苏争霸的产物，北约以及华约集团的相继成立更是固化了二战后国际体系中长达四十多年的两极对峙格局。冷战期间，北约虽然也有间歇扩张，但规模小、间隔时间长。随着 20 世纪 90 年代初东欧剧变、苏联解体，美国赢得了近半个世纪冷战对抗的最终胜利。裹挟北约军事和政治胜利之势，欢呼新自由主义意识形态在观念层面已战胜历史上一切思想对手的"历史终结论"，[1] 在西方世界也广为流传，福山（Francis Fukuyama）的作品一时间洛阳纸贵。在主要对手消失、中东欧出现地缘政治真空的背景下，北约开始大规模、持续性东扩。苏联和华约集团消失之后，北约国家已经没有任何直接的军事和安全威胁，美国更独享千载难逢的单极霸权，经济、政治、军事、文化实力独步全球，带有"美国化"标签的新一轮全球化蓄势待发，自由市场经济在全世界高歌猛进。与大众的乐观主义情绪不同的是，面对冷战胜利的历史红利，解密档案文献显示，北约领导人并没有对外部生存性威胁[2]的消失而欢欣鼓舞，他们反而对中东欧地区呈现的力量真空、欧亚大陆潜在可能出现的不稳定、北约面对的可能解体的前景倍感忧虑。而美国更担心欧洲一体化进展会危及它对欧洲的控制力，担心对北约存在必要性的怀疑会动摇自己的领导权，北约可能的终结更直接威胁自己的全球霸权地位。一位学者依据解密档案的研究认为，当时"白宫内部的官员们相信，想象历史就此终结是'浪漫主义的'

---

[1] Francis Fukuyama, "The End of History?" *The National Interest*, No. 16, 1989, pp.3-18; 弗朗西斯·福山：《历史的终结与最后的人》，陈高华译，孟凡礼校，广西师范大学出版社 2014 年版，第 2、10—11 页。

[2] 对于北约已不再面临生死存亡外部威胁的分析，可参见 David A. Ochmanek, *NATO's Future: Implications for U.S. Military Capabilities and Postures*, Santa Monica: RAND Corporation, 2000, p.vii。

和'错误的'。长期被美苏对峙压抑的地区争端将会复燃，新的'政治经济力量'将会涌现"。[1] 在这种战略焦虑推动下，北约并没有刀枪入库、马放南山。在美国积极推动下，北约重构新的安全威胁，不断东扩，开始从军事组织变为军事—政治组织，北约的组织使命也从集体防御（Collective Defense）走向集体安全（Collective Security）[2]、从"防御共同的领土"（defending common territory）到"防卫共同的利益"（defending common interests）[3]。

客观来看，北约东扩既是一段历史性事件，也是正在发生的国际政治现实。自从1949年4月4日，美国联合英国、法国、荷兰、比利时、卢森堡、加拿大、丹麦、挪威、冰岛、葡萄牙、意大利共12国签署《北大西洋公约》正式成立北约以来，北约一直处于不定期的持续扩张之中，大有将欧洲所有国家收入囊中之势。1952年2月18日，希腊、土耳其加入北约，这是北约建立后的第一次扩张。1955年5月5日，西德加入北约，北约实现第二次扩张。1956年12月13日，北约决定将联盟使命拓展到非军事合作，实现了组织功能的扩张。[4] 1982年5月30日，北约迎来冷战时期的

---

[1] Liviu Horovitz and Elias Götz, "The Overlooked Importance of Economics: Why the Bush Administration Wanted NATO Enlargement," *Journal of Strategic Studies*, Vol. 43, Issue 6-7, 2020, p.5.

[2] Gordon B. Hendrickson, *NATO Enlargement, Round Two: Prudence or Folly? A Research Report Submitted to the Faculty in Partial Fulfillment of the Graduation Requirements*, Air Command and Staff College, Air University, April 1999, pp.3, 4; John Borawski and Thomas-Durell Young, *NATO After 2000: Future of the Euro-Atlantic Alliance*, Westport: Greenwood Publishing Group, 2001, p.76; Richard E. Rupp, *NATO After 9/11: An Alliance in Continuing Decline*, New York: Palgrave Macmillan US, 2006, p.38.

[3] Prasad P. Rane, "NATO Enlargement and Security Perceptions in Europe," *Strategic Analysis*, Vol.29, Issue 3, 2005, p.473.

[4] 对于北约从军事合作向非军事合作的拓展，可参见刘京：《三人委员会关于北约非军事合作的报告》，《近现代国际关系史研究》2013年第2期，第256—278页。

地区冲突与北约东扩：以 1999 年科索沃危机与北约的军事干预为例

第三次东扩，西班牙成为北约第 16 个成员国。经东德并入西德实现统一后，1990 年 10 月 3 日，统一后的德国再度被确认为北约的成员国，这实际上是北约的第四次扩张。冷战结束后，北约东扩进程加速，1997 年马德里峰会决定邀请波兰、捷克、匈牙利加入北约，三国于 1999 年正式加入。2002 年，罗马尼亚、保加利亚、斯洛文尼亚、斯洛伐克、立陶宛、爱沙尼亚和拉脱维亚七国受邀加入北约。2009 年阿尔巴尼亚和克罗地亚加入北约。2017 年黑山加入北约，成为其第 29 个成员国。2020 年北马其顿正式入盟，北约扩张到第 30 个成员国。2022 年俄乌冲突爆发后，瑞典和芬兰相继申请加入北约，2023 年 4 月 4 日，芬兰正式加入北约。虽然土耳其一直利用阻拦瑞典加入北约作为与美国谈判的筹码，但在 2024 年 1 月 23 日，通过美国批准向土耳其出售 F-16 战斗机来换取土耳其放行瑞典入盟这一交易，土耳其议会最终批准瑞典正式加入北约，[1] 瑞典成为第 32 个会员国也是水到渠成，并最终于 2024 年 3 月 7 日加入北约。[2] 实际上，正如一位研究者所言，北约的"开门政策"导致东扩"在欧洲没有自然的终点"。[3]

当前，自冷战结束后加速的北约东扩进程并没有终结。在欧洲中立国

---

[1] 《土耳其议会批准瑞典加入北约》，法广中文网，2024 年 1 月 23 日，https://www.rfi.fr/cn/ 欧洲 /20240123- 土耳其议会批准瑞典加入北约；《拜登要求美国国会批准向土耳其出售 F-16》，法广中文网，2024 年 1 月 25 日，https://www.rfi.fr/cn/ 美国 /20240125- 拜登要求美国国会批准向土耳其出售 F-16。

[2] 古莉：《瑞典正式加入北约，结束二战后数十年的中立地位》，法广中文网，2024 年 3 月 7 日，https://www.rfi.fr/cn / 国际 /20240307- 瑞典正式加入北约 - 结束二战后数十年的中立地位。需要指出的是，自 19 世纪拿破仑战争后，瑞典一直都是欧洲中立国，加入北约意味着其抛弃了 200 多年的中立国策，象征意义尤其巨大。

[3] Joshua R. Itzkowitz Shifrinson, "The NATO Enlargement Consensus and US Foreign Policy: Origins and Consequences," in James Goldgeier and Joshua R. Itzkowitz Shifrinson, eds., *Evaluating NATO Enlargement: From Cold War Victory to the Russia-Ukraine War*, Cham: Palgrave Macmillan, 2023, p.102.

已经所剩无几，欧洲领土几乎"一寸都不剩"[1]的背景下，进入21世纪北约扩张的脚步并未停息。自2010年喊出了"全球北约"（Going Global）口号迭代到"3.0版本的北约"（NATO version 3.0）[2]以来，随着近年美国将中国视为主要战略竞争对手，北约更是将目光转向亚太地区。"北约亚太化"和"亚太北约"的双轨建构都在有条不紊地加速推进，未来北约进一步东扩到亚洲盟国亦存在较大可能性。在2024年3月发布的2023年度报告中，北约再度将中国视为竞争对手，表示"中国正在密切地关注北约的一举一动。中国并不认同我们的价值观，也正在挑战我们的利益"。[3]未来，北约持续东进到中国周边将给中国的国家安全带来严峻而持续的挑战。

第一节 美国对北约的主导与北约东扩对于美国的战略意义

一、美国对北约的主导地位

虽然北约是一个多边国际安全组织，但北约在冷战后的东扩实际上一直受美国的战略牵引和推动，可以说北约东扩是美国冷战后大战略的重要实践和体现。正如学者们所指出的，在冷战后"何时"（when）以及"有多少新成员"（how many new members）可以加入北约这一问题上，美国"发

---

[1] M. E. Sarotte, *Not One Inch: America, Russia, and the Making of Post-Cold War Stalemate*, New Haven: Yale University Press, 2021, p.261.

[2] Henrik B.L. Larsen, *NATO's Democratic Retrenchment: Hegemony After the Return of History*, New York: Routledge, 2019, pp.7, 10.

[3] "The Secretary General's Annual Report 2023," *NATO*, March 14, 2024, https://www.nato.int/cps/en/natohq/opinions_223291.htm.

挥了决定性作用"。[1] 自从北约建立以来，美国凭借自身的超强综合实力一直是北约的"主导国"（a dominant actor），[2] 是北约"联盟的引擎"，[3] 对北约战略走向和军事布局等发挥了决定性的影响。具体而言，美国对北约的控制体现在以下几个层面：在组织层面，美国一直掌控着北约的组织领导权，例如北约的欧洲盟军最高司令部（Supreme Headquarters Allied Powers Europe, SHAPE）下的最高军事指挥官欧洲盟军最高司令（Supreme Allied Commander Europe, SACEUR）一直由美国人担任，因此，美国实际上控制着北约的军事行动指挥权。虽然北约秘书长一直由欧洲人担任，但秘书长更多是负责礼仪性、外交性的事务。从制度层面，北约奉行协商一致决策原则（the consensus rule），[4] 可美国身为平等协商的一员，却是"平等中的首席"（first among equals），所以，美国总能成功地在协商一致决策中使自己的偏好最终胜出。[5] 北约内部没有正式的投票规则，美国也不接受存在任何他国借助多数表决机制将集体意志强加给它的可能性。北约最终决策主要通过"进程"（process）和"程序"（procedure）来实现。[6]

---

[1] Ryan C. Hendrickson, "Congressional Views on NATO Enlargement: Limited Domestic Interest with Few Votes to Gain," *Croatian International Relations Rrview*, Vol. 21, Issue 73, 2015, p.6, DOI: 10.1515/cirr-2015-0009.

[2] Georgy Genov, "NATO and EU Enlargement and Globalisation Policies: Re-conceptualization of Security Priorities," *Economic Alternatives*, No.1, 2010, p.33.

[3] Edwin J. Pechous, "NATO Enlargement and Beyond," *Connections*, Vol. 7, No. 2, 2008, p.56.

[4] Leo G. Michel, "NATO Decision-Making: The 'Consensus Rule' Endures Despite Challenges," in Sebastian Mayer, eds., *NATO's Post-Cold War Politics: The Changing Provision of Security*, Basingstoke: Palgrave Macmillan UK, 2014, p.112.

[5] Stanley R. Sloan, "NATO Enlargement in the Beginning: An American Perspective," in Michael Gehler, Wolfgang Mueller, and Arnold Suppan, eds., *The Revolutions of 1989: A Handbook*, Vienna: Österreichische Akademie der Wissenschaften, 2015, p.543.

[6] Brian J. Collins, *NATO: A Guide to the Issues*, Santa Barbara: Praeger, 2011, pp.30-31.

更具体而言，北约内部的"沉默即达成一致程序"（silence-procedure）允许成员国对北约的某项决策表达沉默。也就是说，在秘书长宣布某项决策的时间段内，若没有国家公开提出不同书面意见，决策即宣告通过。[1] 在这种协商进程中，美国借助自身相对于任意一个成员国的实力优势，寻求妥协和交易，从而最终使北约决策最大限度上贯彻自身的战略意志。此外，北约并没有大规模的专属常备军。北约对外开展的实际军事行动，采用成员国志愿派军队参与模式。[2] 因此，在北约的外部干预行动中，基本上是美国带领不同的欧洲成员国进行军事行动，主—从模式异常显著，可以说美国是冷战结束后北约维和"域外行动"（out of area）的核心领导和军事资源主要贡献者。[3] 从能力层面看，作为拥有世界最强军事力量和世界国防预算最高的国家，美国的军事实力在北约处于一枝独秀地位，国防预算和军事能力远远超过其他盟国。而且，美国的海空军实力远比美国与盟国的预算差距显示得更明显。北约的情报、监视、目标捕获和侦察（ISTAR）能力、指挥与控制能力、后勤供应能力等，基本由美国单方面提供和保持。截止到2019年，美军拥有包括F-22和F-35在内的五代机420架，盟国仅拥有美国出售的50架左右的F-35。美军拥有重型轰炸机157架，北约其他盟友有0架。美军有加油机530架，其他盟国总计有61架。美军拥有

---

[1] David Nauta, *The International Responsibility of NATO and Its Personnel During Military Operations*, Leiden: Brill, 2017, pp.73-74; Brian J. Collins, *NATO: A Guide to the Issues*, p.31.

[2] David Nauta, *The International Responsibility of NATO and Its Personnel During Military Operations*, p.77.

[3] Ivan Dinev Ivanov, *Transforming NATO: New Allies, Missions, and Capabilities*, Lanham: Lexington Books, 2011, p.86.

各式情报、侦察等飞机 625 架，盟国拥有 44 架。[1] 此外，美国也为欧洲提供了核保护伞。自冷战开始，由于英法的核武库规模较小，在苏联的核武器数量优势面前，美国的"延伸威慑"战略是欧洲人高度依赖的核安全保证。在观念层面，北约的整体战略概念基本上都是沿袭美国的军事大战略。其中最突出的体现就是冷战时期艾森豪威尔政府的"大规模报复战略"和随后肯尼迪政府的"灵活反应战略"，都在北约的战略文件中得到很好的体现。更突出的一点是，美国的大战略还塑造了盟友的国家战略。有学者指出，"美国的大战略对盟友的国家战略发展及其对北约战略产生了长期的结构性影响。"[2] 在威胁认知层面，北约对安全威胁的界定也直接与美国同步。冷战时期，由于美苏两极对峙，北约完全就是美国应对美苏争霸的制度工具，苏联及其背后的华约集团是美国也是北约最直接、最危险的敌人。而到了冷战结束后一段时期，随着苏联解体、华约终结，没有了外部的主权"国家间冲突"之后，美国开始将地区不稳定、主权"国家内部冲突"[3] 视为自己需要解决的安全威胁。而这一对威胁主体的转换也直接体现在北约冷战结束后积极开展的危机管理和所谓的人道主义干预行动理念中。

虽然北约东扩的一些早期吹鼓手后来以亲历者的姿态相继表示，北约东扩是美国迫于外部压力，在刚刚完成民主化转型的一批中东欧国家的强

---

[1] 以上数据参见 Justin Bronk, *The Future of NATO Airpower*, London: Routledge, 2020, pp.19-20。

[2] Chris J. Dolan, *The Politics of U.S. Foreign Policy and NATO: Continuity and Change from The Cold War to the Rise of China*, Cham: Palgrave Macmillan, 2023, p.69.

[3] 对于这两者的辨析，可参见 Henning-A. Frantzen, *NATO and Peace Support Operations, 1991-1999: Policies and Doctrines*, New York: Frank Cass, 2005, p.17。

力要求下被动做出的决策，[1] 一些研究者也附和认为北约东扩是非人为设计、非线性发展的偶然结果，[2] 但是近年来随着老布什、克林顿时期的部分档案文献逐渐解密，学者们已经证明推动北约东扩是美国在冷战后精心设计、处心积虑[1]的战略性多边安全制度设计，背后有着承袭冷战时期较为一致的地缘政治考量。其中，借助北约东扩维持美国对欧洲安全事务的控制、约束和压制俄罗斯、维系美国的全球领导地位等，是最为显著的战略目标。

二、北约存续对于美国的战略意义

毫无疑问，维系北约的延续和发展壮大事关美国国家的核心利益。北约是美国维护自身安全利益最重要的工具，也是霸权护持的最核心制度手段之一。有学者进一步指出，北约对美国而言有三重安全利益——抵消

---

[1] Michel Fortmann and Stéfanie von Hlatky, "NATO Enlargement 20 Years on: Some Thoughts," Network for Strategic Analysis, Queen's University, Policy Brief, Issue 10, April 2021, p.1; Michael E. O'Hanlon, *Beyond NATO: A New Security Architecture for Eastern Europe*, Washington, D.C.:Brookings Institution Press, 2017, Chapter 1; A. Bebler, *NATO at 60: The Post-Cold War Enlargement and the Alliances Future*, Washington, D.C. : IOS Press, 2010, p.v.

[2] Julie Garey, *The US Role in NATO's Survival After the Cold War*, Cham: Palgrave Macmillan, 2020, pp.4-5; Karsten D. Voigt, "NATO Enlargement Perspective of a German Politician," in Daniel S. Hamilton and Kristina Spohr, eds., *Open Door: NATO and Euro-Atlantic Security After the Cold War*, Washington, D.C.: Foreign Policy Institute, 2019, p.241; Robert W. Rauchhaus, "Marching NATO Eastward: Can International Relations Theory Keep Pace?" *Contemporary Security Policy*, Vol. 21, Issue 2, 2000, p.5; Joe Burton, *NATO's Durability in a Post-Cold War World*, New York: SUNY Press, 2018, p.15.

[1] Gale A. Mattox, "NATO Enlargement and the United States: A Deliberate and Necessary Decision," in Charles-Philippe David and Jacques Levesque, eds., *The Future of NATO: Enlargement, Russia, and European Security*, Montreal: McGill-Queen's University Press, 1999, p.79.

直接针对美国国家安全的威胁、维持欧亚大国平衡、深化跨大西洋制度共同体。[1] 具体来说，一个强大的北约帮助美国实现两个非常重要的地缘战略目标：其一，为控制欧洲这一非常富裕、高度工业化且与美国存在意识形态和文化同质性的广阔区域，确保欧洲的稳定与繁荣并阻止任何单一欧洲强国独自称霸欧亚大陆；其二，通过北约确保美国在西方世界的领导地位、提升美国在国际体系中的支配地位，并为美国的霸权护持和海外干预提供合法性，进而巩固和拓展美国主导下的"自由主义国际秩序"（liberal international order）。一方面，两次世界大战的惨痛经历让美国人意识到欧亚大陆对于确保美国本土安全的重要意义，自己不可能超脱于欧洲大陆的安全格局演变，对欧洲安全稳定的威胁最终都会将美国拖入其中。[2] 因此，美国精英阶层就果断摒弃了孤立主义，投入巨大的资源和注意力介入欧洲事务，就如同二战时期"先欧后亚"的战略顺序一样，二战结束后美国始终将欧洲作为最为关键的战略关注地区。另一方面，美国战略界精英认为，北约这种多边军事安全制度是美国控制欧洲既具有合法性、成本收益比也最高的战略工具。实际上就如哈斯（Richard N. Haass）所言，"在整个冷战时期，北约就成为美国在欧洲外交政策的首要政策工具。"[3] "北约联盟给予美国人最大的权力以影响欧洲事务。"[4] 北约第一任秘书长伊斯梅

---

[1] Svein Melby, "NATO and U.S. Global Security Interests," in Andrew A. Michta and Paal Sigurd Hilde, eds., *The Future of NATO: Regional Defense and Global Security*, Ann Arbor: University of Michigan Press, 2014, pp.24-37.

[2] Kimberly Marten, *Reducing Tensions Between Russia and NATO*, Washington, D.C.: Council on Foreign Relations Press, 2017, p.7.

[3] Richard N. Haass, "Enlarging NATO: A Questionable Idea Whose Time Has Come," March 1, 1997, https://www.brookings.edu/research/enlarging-nato-a-questionable-idea-whose-time-has-come/.

[4] Michael Hiemstra, *NATO Enlargement: Is the Door Really Open to All?* USAWC Strategy Research Project, Carlisle Barracks: U.S. Army War College, 1998, p.6.

勋爵（Lord Ismay）所说的北约"赶走苏联人、请来美国人、压制德国人"[1]的成立初衷很好地体现了美国借助北约防止欧洲任何一个大国独霸欧洲的战略考量。除了对抗前苏联的共同安全威胁、遏制前苏联在欧洲的扩张之外，压制德国寻求独立的、民族主义式的安全保证是美国重要的战略目标。北约的存在"将德国纳入一套经济、安全政策安排网络，从而使美国和其他西欧诸国对德国的政策发挥重要影响成为可能"。[2] 此外，北约这种高度制度化、组织化的多边安全制度也让美国对欧洲的安全承诺更具可信度，更利于美国以较少的成本在跨大西洋关系中发挥领导力。"自1949年之后，北约已经成为美国与欧洲之间最为中心的跨国关系链接。"[3] 与此同时，北约的存在还"锁定"了美国国内各阶层对美国卷入欧洲乃至海外事务的坚定支持，确保了无论哪个政党、哪位总统上台，国内政治变动不会干扰美国对欧洲大陆的资源投入与军事、政治、外交干预。北约让美国人卷入欧洲事务的制度锁定功能较好地体现在自从成立后美国跨党派民众对北约的支持度常年保持在60%以上，如2022年平均支持率达到了80%以上、民主党籍民众的支持率竟然达90%。[4] 为"阻止在欧亚大陆任何一个霸权国的出现"，美国坚决运用了"离岸平衡手"策略来确保自己在北约的领导权。[5] 正如一位学者所言，尽管二战后美国历任总统外交政策都有

---

[1] 转引自 Sten Rynning, "A Balancing Act: Russia and the Partnership for Peace," *Cooperation and Conflict*, Vol. 31, No. 2, 1996, p.212。

[2] Svein Melby, "The Transformation of NATO and US Foreign Policy," in Gustav Schmidt, ed., *A History of NATO: The First Fifty Years*, Vol. 1, Basingstoke: Palgrave Macmillan UK, 2001, p.242.

[3] Richard E. Rupp, *NATO After 9/11: An Alliance in Continuing Decline*, p.2.

[4] Chris J. Dolan, *The Politics of U.S. Foreign Policy and NATO: Continuity and Change from The Cold War to the Rise of China*, p.30.

[5] Svein Melby, "The Transformation of NATO and US Foreign Policy," p.235.

所不同但自从 21 世纪开始，美国根本的大战略一直非常清晰且保持不变，那就是，"美国不希望在麦金德所称的世界的'心脏地带'出现一个或一组敌对的国家或国家集团主导欧亚大陆。"[1] 换句话说，"北约的存在确保了欧洲的人口资源、地缘优势、经济和军事资源不会被用于增强任何一个过去或未来可能出现的敌对强权。只要欧洲在军事上与美国捆绑在一起，且在安全上依附于美国，华盛顿就对欧洲拥有最大的影响力。"[2]

在巩固了对欧洲的控制之后，北约还是美国在国际体系中占据支配地位、进行霸权护持、拓展"自由主义国际秩序"[3] 的最有价值的战略工具之一。根据美国战略家莱恩（Christopher Layne）的观点，至少自 1949 年北约成立起，美国一直奉行了一种"支配世界的战略"（the strategy of preponderance）。[4] 一方面，美国通过北约在西方世界确立的这种制度型领导或者说"仁慈的霸权"（benevolent hegemon）为其获取和稳固世界霸权提供了合法性外衣。北约打造了一个基于竞争性民主、市场经济、保证个体自由等价值观的"跨大西洋制度共同体"（transatlantic institutional community），成员国的成员资格巩固了各国内部的民主政体，而且各国

---

[1] Keith A. Dunn, *In Defense of NATO: the Alliance's Enduring Value*, Boulder: Westview Press, 1990, p.20.

[2] Rajan Menon and William Ruger, "NATO Enlargement and US Grand Strategy: A Net Assessment," *International Politics*, Vol. 57, No. 3, 2020, p.372.

[3] 对于北约在推进自由主义国际秩序作用的分析，可参见 Gülnur Aybet, "The NATO Strategic Concept Revisited: Grand Strategy and Emerging Issues," in Gülnur Aybet and Rebecca R. Moore, eds., *NATO: In Search of a Vision*, Washington, D.C.: Georgetown University Press, 2010, p.36。类似的观点还可参见 Paul D. Miller, "This Is How the Liberal International Order Dies," *Atlantic Council*, July 12, 2018, https://www.atlanticcouncil.org/blogs/new-atlanticist/this-is-how-the-liberal-international-order-dies。

[4] Christopher Layne, "Rethinking American Grand Strategy: Hegemony or Balance of Power in the Twenty-First Century?" *World Policy Journal,* Vol.15, No. 2, 1998, p.8.

通过北约内部的合作形成了对于如何解决欧洲安全问题的"集体思维方式"（a collective way of thinking）。[1] 这种基于共享价值观的多边安全制度不但是对美国国内价值观的"肯定"（affirmation），而且"建立了美国的军事权力和美国发挥世界领导作用所依赖的理念的直接连接"，[2] 从而为美国追求世界霸权披上了一层合法性伪装。另一方面，尽管美国对欧洲安全的控制和对欧洲事务的影响力不会自动外溢到世界其他地区，但却是美国谋求和巩固世界霸权的重要支撑。美国可以利用诸成员国较高的工业化水平、地理位置、军事资源、广阔市场和复杂的情报网络以及自"文艺复兴"以来形成的文化和知识优势来最大限度地护持自身霸权。"欧洲作为美国的战略附庸"（a strategic subordinate to the USA），将使美国可以"稳定地进入并利用北约成员国的港口、机场和情报系统，从而能够确保美国在全球范围内投射军事力量，甚至开展很多与欧洲防务毫不相关的行动……通过维护一个稳定而繁荣的欧洲，北约可以打造一个让美国有利可图的贸易和投资全球市场"。[3]

三、冷战结束后美国大战略的延续性与北约东扩的战略价值

当20世纪90年代苏联解体、华约终结后，持续几十年的最大外部安全威胁消失，美国开始独享单极霸权，综合实力达到历史巅峰。在大国威

---

[1] Svein Melby, "NATO and U.S. Global Security Interests," pp.49-50.
[2] Stanley R. Sloan, "NATO and the United States," in S. Victor Papacosma and Mary Ann Heiss, eds., *NATO in the Post-Cold War Era: Does It Have a Future*, London: Palgrave Macmillan,1995, p.155.
[3] Rajan Menon and William Ruger, "NATO Enlargement and US Grand Strategy: A Net Assessment," p.372.

胁消失的情况下，面对一些学者关于北约未来面临解体的预测[1]和部分民众要求削减军事投入、减少海外干预力度的呼声，美国主流的战略家和决策者却将冷战终结视为千载难逢的战略机遇。对西方世界而言，"后冷战时代是一个彰显着地缘政治机会的时代，西方不再遭遇战略竞争者，美国的军事、金融实力持续跃进，以致它可以收获海量的权力和影响力。"[2]对此，美国支配世界的战略不但没有收缩和回转，反而保持了高度稳定性和延续性，[3]单极的权力格局甚至让美国大战略变得更具进攻性，不但积极推进北约持续东扩，而且凭借美国领导下西方世界的全面战略优势对众多发展中国家进行"民主改造"，推行"保护的责任"理念，绕过联合国以"人道主义干预"的旗号广泛发动军事干预行动，努力打造"自由主义霸权秩序"（liberal hegemonic order）。实际上，基于自身实力优势，更借助北约这一战略利器，到了21世纪初期，美国及其领导下的西方国家已经逐步打

---

[1] 其中沃尔兹、米尔斯海默尔等现实主义学者的预测最为著名，沃尔兹在1993年的论文中表示"NATO's days are not numbered, but its years are"。参见 Kenneth N. Waltz, "The Emerging Structure of *International Politics*," *International Security*, Vol. 18, No. 2, 1993, p.76. 米尔斯海默尔1990年认为，在冷战完全终结的最乐观情景下，"北约和华约作为军事同盟都会解体"（each ceases to function as an alliance）。参见 John J. Mearsheimer, "Back to the Future: Instability in Europe after the Cold War," *International Security*, Vol. 15, No. 1, 1990, p.5.

[2] Luis Simón, *Geopolitical Change, Grand Strategy and European Security: The EU-NATO Conundrum in Perspective*, New York: Palgrave Macmillan, 2013, p.76.

[3] Christopher Layne, "US Hegemony and the Perpetuation of NATO," *Journal of Strategic Studies*, Vol. 23, Issue 3, 2000, pp.67-70.

造了一个"自由主义利维坦",[1] 渐进侵蚀了威斯特伐利亚体系所确立的国家主权规范。

有学者进一步指出,为了确保美国在冷战结束后的支配地位,美国需要实现下列目标:"阻止俄国的复仇主义兴起以及可能出现的四分五裂、确保对中东欧地区权力真空的集体应对、避免地区冲突的升级、推进民主和市场经济、阻止德国可能的单边主义、限制欧盟的安全政策努力、遏制中国可能的崛起、在美欧之间建立新的安全分工模式、确保美国国内民众对美国卷入欧亚事务的支持。"[2] 另外的研究还揭示了冷战结束后美国精英阶层对美国欧洲战略的四大关键性目标——"强化北约联盟承担主要安全责任的意愿和能力,保持美国在欧洲事务中的军事承诺和话事权,在欧亚大陆两端维持(各国)对美国战略承诺的信任度和对美国权力的尊敬,特别是需要维持美国国内民众对(美国海外)卷入义务的一致支持。"[3] 一份智库报告则揭示了美国冷战后需要在欧洲确立的五大核心目标:"维系北约—欧洲的伙伴关系;避免欧洲与一个被疏远的、敌对的俄国之间再度出现对抗;支持和扩大欧洲这样一种稳定的自由的堡垒;管理影响欧洲发生暴力冲突的不稳定因素;确保欧洲大陆不再出现新兴起的军事威胁。"[4]

---

[1] 约翰·伊肯伯里:《自由主义利维坦:美利坚世界秩序的起源、危机和转型》,赵明昊译,上海人民出版社 2013 年版。又有学者称之为"自由帝国主义"(liberal imperialism)或者"自由帝国"(empires of liberty),参见 Maximilian Forte, *Slouching Towards Sirte: NATO's War on Libya and Africa*, Montreal: Baraka Books, 2012, p.18; M. J. Williams, *The Good War: NATO and the Liberal Conscience in Afghanistan*, Hampshire: Palgrave Macmillan UK, 2011, p.33。

[2] Svein Melby, "The Transformation of NATO and US Foreign Policy," pp.235-236.

[3] Michael Brenner, eds., *NATO and Collective Security*, London: Palgrave Macmillan UK, 1998, p.139.

[4] Tomas Ries, et al., *NATO Enlargement*, ESF Working Paper No. 3, September 1, 2001, p.1, https://aei.pitt.edu/11551.

由此观之，不管美国冷战后的具体目标如何，其首要战略目标与冷战时期基本保持不变，即维持美国对欧洲的控制、维持欧洲大陆的稳定，进而护持并继续巩固美国的世界霸权地位。

在延续冷战期间的支配世界的大战略思想基础之上，冷战结束伊始，推动北约东扩就成为美国"最优先的战略选项"，[1] 或者是说美国外交政策中"压倒一切的"主题。[2] 北约东扩可以快速应对冷战后变化的地缘政治新环境，持久地建构一个外部安全新威胁和新敌人，维持美国对欧洲的控制，维系并进一步拓展美国在国际体系中的支配地位。美国和北约曾经明确的外部敌人和安全威胁随着苏联的解体而消失，美国国内对美国的海外卷入以及盟友对美国领导力的支持都开始松懈。对美国海外安全义务的怀疑突出表现在冷战结束后美国民众对北约的支持度一度处于历年民调支持率的最低位，[3] 学界也出现了对北约即将解体的悲观预测，欧洲内部更开始出现追求独立防务安排的思潮。面临冷战后战略形势的变化，美国需要"竭尽所能地采取一切举措来确保北约仍然在安全和军事领域发挥作用"。[4] 而北约东扩既可以继续遏制俄罗斯东山再起、制衡德国、弱化欧盟内部追求独立安全和防务政策的冲动，又能填补华约解体后在中东欧地区留下的地缘政治力量真空，维持并巩固美国对欧洲安全事务的控制权，

---

[1] F. Stephen Larrabee, *NATO's Eastern Agenda in a New Strategic Era*, Santa Monica: Rand Corporation, 2003, p.1.

[2] Joshua R. Shifrinson, "NATO Enlargement and US Foreign Policy: The Origins, Durability, and Impact of an Idea," *International Politics*, Vol.57, No. 3, 2020, p.344.

[3] 1990 年美国民众对北约的支持度只有 60%，是从 1949—2022 年历年民众支持度最低的时段，从 1989 年到 1991 年，这一阶段的总体支持率从 89% 一直下降到 62%，具体参见 Chris J. Dolan, *The Politics of U.S. Foreign Policy and NATO: Continuity and Change from The Cold War to the Rise of China*, p.29。

[4] Svein Melby, "NATO and U.S. Global Security Interests," p.46.

进而维系美国对世界的支配地位。甚至有分析家认为，北约东扩是美国应对冷战结束后战略新态势的"最重要的一个"[1]战略工具。对此，美国参议员理查德·卢格（Richard Lugar）甚至喊出了北约"不扩张便死亡"（out-of-area or out-of-business）的著名口号。[2] 很多基于解密档案文献的研究已经证实，在冷战还未结束和刚刚结束不久，老布什政府就已经在秘密谋划和设计北约东扩的路径和蓝图。[3] 早在1992年，美国政府高层就北约东扩问题达成了"一致的"意见。[4] 在经历1997年和2002年大规模东扩之后，在2012年北约芝加哥峰会上，美国时任国务卿希拉里·克林顿（Hillary Clinton）甚至提出以后每次北约峰会都应聚焦东扩问题。[5] 在美国精英阶层看来，冷战结束后北约持续东扩在"战略、政治、军事和经济层面"都符合美国的国家利益。[6] 概言之，"只要北约继续存在，俄罗斯潜在的扩张将被遏制，（欧洲）对于德国角色的新一轮焦虑将会大幅度下降。更重要的是，美国将对欧盟的安全政策野心拥有足够的影响力。"[7]

---

[1] Svein Melby, "The Transformation of NATO and US Foreign Policy," p.236.

[2] Merje Kuus, "Cosmopolitan Militarism? Spaces of NATO Expansion," *Environment and Planning A: Economy and Space*, Vol.41, Issue 3, 2009, p.550.

[3] K.M. Fierke and Antje Wiener, "Constructing Institutional Interests: EU and NATO Enlargement," *Journal of European Public Policy*, Vol. 6, Issue 5,1999, p.25; Joshua R. Shifrinson, "NATO Enlargement and US Foreign Policy: The Origins, Durability, and Impact of an Idea," p.342.

[4] Joshua R. Shifrinson, "NATO Enlargement and US Foreign Policy: The Origins, Durability, and Impact of an Idea," p.345.

[5] K.H. Kamp, *NATO Enlargement Reloaded*, NATO Defense College Paper, No.81, 2012, p.1.

[6] Robert E. Hunter, "NATO in the 21st Century: A Strategic Vision," *The US Army War College Quarterly: Parameters*, Vol. 28, No. 2, 1998, https://press.armywarcollege.edu/parameters/vol28/iss2/7.

[7] Svein Melby, "NATO and U.S. Global Security Interests," pp.43-44.

地区冲突与北约东扩：以 1999 年科索沃危机与北约的军事干预为例

首先，北约东扩旨在遏制俄罗斯东山再起。在美国及其盟友的很多战略家看来，虽然俄罗斯在苏联解体后已经日渐衰弱，中短期内不会对美国构成安全威胁，但是俄罗斯在 20 世纪 90 年代初推行的"回到欧洲"（return to Europe）、拥抱民主化、市场化改革前景未定，俄罗斯未来复兴、重走苏联老路仍存可能。[1] 西方学者认为，"在整个 20 世纪 90 年代，俄国人在是否想成为西方自由民主共同体的一部分，是否将毫无保留地认同西方等问题上的态度摇摆不定。"[2] 而且在整个西方几百年的文明叙事中，俄罗斯一直被称作欧洲文明"大门口的野蛮人"，[3] 加之对俄罗斯叶利钦时代改革成果的怀疑和深层的不信任乃至身份排斥，导致北约东扩被视为"对冲"（hedge）俄罗斯未来复兴的战略保险。[4] 因此，尽管美国和北约盟国一直与俄罗斯构建各种伙伴关系制度，声称不从理论上排除俄罗斯加入北约的可能，但是他们从来没有严肃地考虑过俄罗斯加入北约的真实可行性。早在冷战结束之初俄罗斯与北约关系蜜月期时，德国前国防部长、基民盟成员吕厄（Volker Rühe）就曾经表示，"俄国不可能也绝不会成为北约或欧盟的一员。"[5] 就像德国政治家卡斯滕·福格特（Karsten D. Voigt）所说，

---

[1] Paul E. Gallis, *NATO Enlargement: The Process and Allied Views*, CRS Report for Congress, July 1, 1997, p.2; Brian J. Collins, *NATO: A Guide to the Issues*, p.102. 对俄罗斯未来再度构成安全威胁的担忧，还可参见 Michael Brenner, eds., *NATO and Collective Security*, p.147。

[2] S. Neil MacFarlane, "NATO in Russia's Relations with the West," *Security Dialogue*, Vol. 32, No. 3, 2001, p.283.

[3] Iver B. Neumann, "Russia as Europe's Other," *Journal of Area Studies*, Vol. 6, Issue 12, 1998, p.39.

[4] Alexander Lanoszka, "Thank Goodness for NATO Enlargement," *International Politics*, Vol. 57, Issue 3, 2020, https://link.springer.com/article/10.1057/s41311-020-00234-8.

[5] 转引自 Mark Kramer, "The Reverberations of NATO Enlargement in Russia," *Security Dialogue*, Vol. 31, No.4, 2000, p.505。

冷战后北约对俄罗斯的战略定位是"将俄罗斯与欧洲捆得更紧密，但是不要将其纳入北约"。[1]

其次，北约东扩能够制衡德国统一后在欧洲的权力增长。1991年《马斯特里赫特条约》签订，欧盟建立。欧洲一体化进程提速的背景下，北约东扩同样是美国遏制统一的德国在欧洲拓展影响力的重要手段，将有助于"永久地将统一后的德国锁进欧洲安全的制度网络中"。[2]德国统一后实力大增，在西欧诸国中首屈一指。美国认为如果不借助多边安全制度束缚住德国，既可能让德国的中东欧邻国陷入历史上对德国所发动的两次世界大战的历史恐惧中，也会让德国以民族主义的方式寻求自身的安全保障，从而危及欧洲的安全与稳定。早在1990年前后，布什政府就已经决心利用北约这个战略工具"遏制德国的权力"。[3]有学者指出，北约认为通过将德国整合进集体防御组织可以避免一些欧洲国家对统一后的德国可能再度军事崛起的担忧。"北约的军事整合现在意味着，即使右翼民族主义者在某一个欧洲国家掌权，除非该国经历显著的、代价高昂的军力发展、力量部署、基础设施建设、军事政策的重构，否则他们难以轻易威胁自己的邻国。这将对可能的入侵提供一个足够长的预警时间窗口，从而增强地区安全的稳定性。"[4]

再次，北约东扩对美国来说最为关键的一项战略收益是无限期推迟了欧洲其他替代性安全框架的构建，特别是极大遏制了在欧盟体系内发展军事和安全架构的努力。冷战后欧洲可能的替代性安全架构主要包括

---

[1] Karsten D. Voigt, "NATO Enlargement Perspective of a German Politician," p.238.

[2] Sean Kay, "What Went Wrong with NATO," *Cambridge Review of International Affairs*, Vol. 18, Issue 1, 2005, p.73.

[3] Timothy A. Sayle, *Enduring Alliance: A History of NATO and the Postwar Global Order*, Ithaca: Cornell University Press, 2019, p.236.

[4] Kimberly Marten, *Reducing Tensions Between Russia and NATO*, p.8.

俄罗斯属意的"欧安组织"(Organization for Security and Co-operation in Europe, OSCE)以及在内部发展军事和安全能力的"西欧联盟"(Western European Union , WEU),特别是后来的欧洲共同安全与防务政策(European Security and Defence Policy, ESDP)。[1]冷战结束初期,法国、俄罗斯以及捷克等欧洲国家期望围绕"欧安组织"的前身"欧洲安全与合作会议"(即欧安会, Conference on Security and Cooperation in Europe, CSCE)"构建一个比北约更具包容性的欧洲安全架构",但是遭到布什政府的坚决反对。[2]或者说,"美国冷漠地对待任何意图在后冷战时代的欧洲以一种基于如'欧安会'之类的泛欧安全制度来取代北约的欧洲安全秩序建议。"[3]而且,美国一方面通过北约东扩的持续推进极大压制了欧洲各国在北约之外建设其他替代性军事和安全能力的需求,另一方面,通过介入波黑战争和科索沃危机,美国成功地向欧洲盟友证明了欧安组织和欧盟都缺乏独立而强大的军事实力。美国通过一系列武力干预,确保了在解决欧洲安全挑战问题上只有美国领导下的北约才是可信赖的制度资产。

事实上对美国的安全和利益构成最大潜在挑战的是冷战结束后兴起于欧洲一体化进程中的欧盟,特别是欧盟构建的独立安全架构。美国也将之视作北约的潜在威胁。美国战略家担心,若没有北约,欧洲会成为制衡

---

[1] 对于冷战后出现的替代性跨欧洲的安全结构,有学者提出了四种竞争性观念,分别是法国、比利时支持的有独立防务的欧盟,德国和捷克支持的"欧安组织",俄罗斯支持的基于大国协调的欧洲安全理事会(The European Security Council),以及美英支持的北约。不过,到了20世纪90年代中后期俄罗斯已经转而支持泛欧的"欧安组织"。相关内容参见 Stuart Croft, "The EU, NATO and Europeanisation:The Return of Architectural Debate," *European Security* ,Vol. 9, Issue 3, 2000, pp.1-2。

[2] Rebecca R. Moore, *NATO's New Mission: Projecting Stability in a Post-Cold War World*, Westport: Praeger, 2007, p.16.

[3] Christopher Layne, "US Hegemony and the Perpetuation of NATO," p.68.

美国单极霸权的力量，而"通过在新的时代维持北约，美国将可以规避来自欧洲内部影响美国国家利益的实际制衡"。[1] 早在海湾战争结束不久的1991年1月，美国政府就警示欧洲盟友"不能构建独立的欧洲安全认同以削弱北约在欧洲安全中的作用"。[2] 美国认为很难阻止欧洲一体化和盟国追求独立安全防务合作的努力，但为了不损害北约的发展，必须加以约束和引导。"华盛顿暗示其盟友，如果欧洲人就欧洲以外的事务相互合作、构建统一的外交和防务政策，美国将会表示满意。但如果新的欧洲计划与北约形成竞争或建立一个多余的（与北约）相同的安全架构，美国政府将毫不犹豫地予以反对。"[3] 有学者指出，一个新的强大而独立的欧洲安全架构必然会削弱美国对欧洲安全事务的控制能力，而北约东扩"将会减少产生替代北约的独立自主和迥异的欧洲安全制度的可能性。相反，（北约东扩和转型）尽管可能提升各自的政治性角色，但欧盟和欧安组织只能发挥辅助作用，都必将高度依赖北约的决策进程"。[4] 时任克林顿政府国防部长的唐纳德·拉姆斯菲尔德（Donald Rumsfeld）在慕尼黑安全会议上也对欧盟计划建立总数达6万人的"欧洲快速反应部队"（European Rapid Reaction Force, ERRF）表示不满。他认为欧盟的建军计划作用消极，因为既重复建设，削弱了北约的效率，又扰乱了跨大西洋之间的关系。[5] 对于

---

[1] Joe Burton, *NATO's Durability in a Post-Cold War World*, p.5.
[2] Joshua R. Itzkowitz Shifrinson, "Eastbound and Down: The United States, NATO Enlargement, and Suppressing the Soviet and Western European Alternatives, 1990–1992," *Journal of Strategic Studies*, Vol. 43, Issue 6-7, 2020, p.15.
[3] Timothy A. Sayle, *Enduring Alliance: A History of NATO and the Postwar Global Order*, p.234.
[4] Svein Melby, "The Transformation of NATO and US Foreign Policy," p.245.
[5] Alexander Moens, "Thinking Outside the Box: NATO-ESDP Cooperation at Twenty-Three," in Alexander Moens, Lenard J. Cohen and Allen G. Sens, *NATO and European Security: Alliance Politics from the End of the Cold War*, Westport: Praeger, 2003, p.67.

北约与欧盟之间的制度竞争,我们将在后面章节加以详细论述,在此不多赘述。

  概言之,冷战后北约东扩虽然颇费周折,但却是美国决策层不间断推动的战略性决策。在后冷战时代,面对主要外部威胁的消失,美国一方面果断地推动北约进行战略转型,将地区不稳定、危机管理、反恐等非传统安全议题建构为北约需要面对的新威胁,逐步建构起北约成员国需要面对的新敌人。另一方面,面对欧洲各国积极寻求冷战后欧洲安全的替代性架构,历经布什和克林顿两届政府,美国先是积极推进北约与中东欧各国构建各种联系性制度,进而秘密谋划吸纳一批中东欧国家进入北约,实现成员国的逐步扩张。

四、小结

  反观北约在冷战后的扩张历程,可以清楚地发现,北约的首轮东扩突出表现为组织使命的转换和成员国的扩张,而且在组织使命上突破"域外"要早于组织成员国的扩员。本书接下去也将围绕这两个问题进行重点阐述,考察北约东扩从垂直维度的组织使命拓展到水平维度的成员国拓展。美国战略家莱恩认为组织使命和成员边界的拓展是华盛顿刻意推行的"双重扩张"（double enlargement）。[1] 从垂直维度看,组织使命拓展很典型地反映在北约对"域外行动"的突破。也就是说,北约在既有成员国地理领土空间不变的条件下,不再固守"领土防御"（territorial defense）,转而通过聚焦非传统安全威胁,突破传统的西欧区域,将干涉触手伸向中东欧,随后在2001年借助反恐大旗,北约军事干预行动再度突破欧洲大西洋地区,面向全球拓展。一再的突破"域外"使北约变得具有全球进攻性,造就了

---

[1] Christopher Layne, "US Hegemony and the Perpetuation of NATO," p.70.

"全球北约"的新组织使命。而从水平角度看，自1999年第一轮东扩起，北约联盟的领土范围不断东移，大量增加的成员国已使北约内部的地理空间急剧拓展，基本囊括整个欧洲区域，事实上将俄罗斯团团包围。

第二节 联盟功能拓展与突破"域外"：冷战结束后北约东扩的"联络"制度

与冷战时期增加成员国的单维扩张不同的是，随着北约主要的外部敌人由于华约和苏联解体而消失，后冷战时代北约东扩是二维的，不仅仅体现于成员国的扩大，还突出表现在北约组织使命的转换上，即安全威胁的再建构和"域外行动"的突破。冷战结束后，北约最紧迫的任务是重新聚焦外部威胁建构一个新的敌人从而维系军事联盟。北约需要一个"他者"来建构联盟的"自我"认同，打造北约在欧洲继续存在的合法性。正如一位学者所言，"地缘政治想象（例如欧洲）通常需要一个'他者'与'我们'的区分设定"。[1] 在冷战时期，苏联和华约集团带来的外部生存性安全威胁充当了这个"敌人"，但到20世纪90年代，在当时可预见的未来中，鉴于苏联和华约等传统安全威胁都不复存在，美国及其领导下的北约很自然地将主权国家内部不稳定、恐怖主义、大规模杀伤性武器扩散等非传统安全威胁建构为新"敌人"。正如克林顿政府时期国家安全顾问莱克（Anthony Lake）在1993年所言，在苏联威胁消失的情况下，"短期内并不存在可信的危及美国生存的安全威胁。但是仍需要去面对一些严峻的威

---

[1] Maria Mälksoo, "Enabling NATO Enlargement: Changing Constructions of the Baltic States," *Trames: Journal of the Humanities and Social Sciences*, Vol.8, No.3, 2004, p.284.

胁，例如恐怖主义、大规模杀伤性武器的扩散、种族冲突以及全球环境的退化。"[1]美国著名国际关系学者小约瑟夫·奈（Joseph S. Nye, Jr.）也对此提供了依据。他认为，"今天绝大多数战争属于内战或者族群战争。在1989年11月柏林墙倒塌之后，世界上有50个不同的地方发生了71次武装冲突，其中8次是国家间的武装冲突，11次是有外国干涉的内战。"[2]奈的学术论断代表了当时美国战略界的主流判断。这些问题特别是"主权国家的内部冲突"[3]成为北约盟国需要加以应对的新"他者"，据此，北约认为冷战后自己的首要安全任务便是重新聚焦新敌人、积极开展所谓的"危机管理"[4]和维持和平行动。

更进一步地看，冷战后北约组织使命从被动的领土集体防御转向进攻性的维持地区稳定、贯彻北约组织的"危机管理"和"维和"新使

---

[1] "From Containment to Enlargement," Remarks of Anthony Lake, Assistant to the President for National Security Affairs, Johns Hopkins University, School of Advanced International Studies, September 21, 1993, p.3, https://clinton.presidentiallibraries.us/items/show/9013.

[2] 小约瑟夫·奈、戴维·韦尔奇：《理解全球冲突与合作——理论与历史》（第十版），张小明译，上海人民出版社2018年版，第3页。

[3] 根据另一份统计，在1989—2001年，在45个不同的地区爆发了57场冲突，其中国家间冲突仅3场，国家内部冲突达54场。参见Joe Burton, *NATO's Durability in a Post-Cold War World*, p.10. 另外一位学者认为冷战后主导性的冲突形式是国家内部的种族冲突以及由此引发的地区冲突。参见Frances G. Burwell, "Introduction: The *United States and Europe in the Global Arena*," in Frances G. Burwell and Ivo H. Daalder, eds., The *United States and Europe in the Global Arena*, London: Palgrave Macmillan, 1999, p.5。

[4] Lawrence S. Kaplan, "NATO Enlargement: An Overview," in Gustav Schmidt, ed., *A History of NATO: The First Fifty Years*, Vol. 1, Basingstoke: Palgrave Macmillan UK, 2001, p.199; Cristiana Alexandra Nastase, *Is NATO Enlargement in the Black Sea Area Feasible?* Master Thesis, Black Sea Cultural Studies, International Hellenic University, Greece, 2015, p.26.

命,就需要开展"域外行动",突破北约盟约的领土空间限制。[1]对此问题,1993年前后担任美国国家安全委员会负责欧洲事务的高级主任沃克(Jenonne Walker)在回忆中表示,"华盛顿意识到在冷战结束后北约面临着一种'域外行动'难题。北约如果需要维系自身存在的合法性,就不能仅仅继续假装为反击俄罗斯对西欧的非常不太可能的攻击而做准备。"[2]正如一位学者所言,北约的"域外行动"为其在冷战后"证明自身存在的必要性提供了最大的可能",[3]而其中"危机管理则是北约开展'域外行动'时的一种政治框架"。[4]更具体一点,正如一位研究者所指出的,北约在冷战时期的组织使命是作为集体防御制度的"防卫共同领土",而到了冷战后主要外部威胁消失了,北约的新使命转换成诸如人道主义干预、维持和平、反恐、阻止大规模杀伤性武器扩散等"防护共同利益"。在冷战时期,由于北约认为自身常规作战力量弱于华约集团,因此,不管是早期的"前沿防御"战略、"大规模报复"战略还是后来的"灵活反应"战略,北约在冷战时期的主要任务是"固守于成员国的领土防务",[5]应对苏联和华约集团针对北约成员国的假想进攻,并构想了一套"逐级抵抗、梯形防御"[6]

---

[1] 有学者指出,"北约通过'域外行动'重构了自身的使命"(NATO re-defined its role through "Out-of-Area" operations),参见 Prasad P. Rane, "NATO Enlargement and Security Perceptions in Europe," p.472。

[2] Jenonne Walker, "Enlarging NATO: The Initial Clinton Years," in Daniel S. Hamilton and Kristina Spohr, eds., *Open Door: NATO and Euro-Atlantic Security After the Cold War*, Washington, D.C.: Foreign Policy Institute, 2019, p.266.

[3] Lawrence S. Kaplan, "NATO in the 1990s: An American Perspective," *Paradigms*, Vol. 7, Issue 2, 1993, p.7.

[4] Henning-A. Frantzen, *NATO and Peace Support Operations, 1991-1999: Policies and Doctrines*, p.65.

[5] 魏光启:《欧美同盟的域外行动剖析》,《欧洲研究》2011年第6期,第87页。

[6] 参见许海云、苏逸飞:《北约"前沿防御战略"的产生及演变》,《军事历史研究》2017年第3期,第111页。

的领土防御作战体系。北约盟约约定需要固守的联盟领土地理范围包括"从北美延伸到德国、从北极到欧洲的地中海沿岸,包括欧洲东部的土耳其和更南部的(隶属于西班牙的)加纳利群岛"[1]的广大区域。实际上,北约盟约所界定的军事行动的地理空间就是"北大西洋区域"。对此组织使命,《北大西洋公约》第五条规定:"各缔约国同意对于欧洲或北美之一个或数个缔约国之武装攻击,应视为对缔约国全体之攻击。因此,缔约国同意如此种武装攻击发生,每一缔约国按照联合国宪章第五十一条所承认之单独或集体自卫权利之行使,应单独并会同其他缔约国采取视为必要之行动,包括武力之使用,协助被攻击之一国或数国以恢复并维持北大西洋区域之安全。"[2]至于联盟要防守的地理区域,《北大西洋公约》第六条做了具体规定:"第五条所述对于一个或数个缔约国之武装攻击,包括对于欧洲或北美任何一缔约国领土、法国之阿尔及利亚、欧洲任何缔约国之占领军队、北大西洋回归线以北任何缔约国所辖岛屿,以及该区域内任何缔约国之船舶或飞机之武装攻击在内。"[3]然而,面对华约集团解散、中东欧地区国家民主化转型后所产生的地缘政治真空地带,若要维持和拓展北约影响力,传统上聚焦旧有北大西洋地区领土的地理空间局限也顿时凸显出来,亟须突破对"域外行动"的自我束缚。

---

[1] Mariano Aguirre and Penny Fischer, "Discriminate Intervention: Defining NATO for the'90s," *Middle East Report*, No.177, 1992, pp.28-29.

[2] 《国际条约集 1948—1949》,世界知识出版社 1959 年版,第 193 页。

[3] 同上。

一、北大西洋合作委员会的确立与北约"域外行动"限制的政治突破

（一）冷战后地缘战略环境变革与北约的联盟使命转型

在1989年东欧剧变、柏林墙倒塌，北约和华约结束冷战对峙后不久，以美国为首的北约就开始意识到这一地缘政治变化对北约的战略意义。根据北约解密档案，在1990年7月召开的北约伦敦峰会上，由于各国普遍意识到华约集团即将以某种形式终结，北约便开始讨论如何将自己的触角延伸到刚刚完成政权更迭的中东欧国家。时任北约秘书长韦尔纳（Manfred Wörner）重申了北约要为实现"一个完整而自由的欧洲"（a Europe whole and free）而制定路线图，并将苏联和中东欧国家视为"潜在的伙伴和朋友"。[1] 事实上，冷战后欧洲作为一个整体的愿景最早由老布什总统1989年5月在西德的美因茨市（Mainz）发表演讲时提出。这说明美国当时对欧洲的未来和北约的组织使命转型已经有了初步的思考。[2] 当时老布什总统表示，"我们处于一个（旧）时代的终点，更处于一个（新）时代的起点……我们的政策应该要超越遏制……（冷战终结）的时机已经成熟，让我们迎接一个完整而自由的欧洲吧。"[3] 他还表示，在新的形势下，"有些人质疑北约是否仍有必要存在，我们会毫不含糊地做出肯定的答复"，但是"北

---

[1] "Verbatim Record of the North Atlantic Council Meeting with the Participation of Heads of State and Government," NATO Declassified Documents, July 5, 1990, p.2, https://www.nato.int/nato_static_fl2014/assets/pdf/pdf_archives/20141218_C-VR-90-36-PART1.PDF.

[2] Rebecca R. Moore, *NATO's New Mission: Projecting Stability in a Post-Cold War World*, pp.14-15.

[3] "A Europe Whole and Free," Remarks to the Citizens in Mainz, President George Bush, Rheingoldhalle, Mainz, Federal Republic of Germany, May 31, 1989, https://usa.usembassy.de/etexts/ga6-890531.htm.

约需要经历变革，我们必须为 21 世纪的新欧洲打造一个转型的联盟"。为此，"向所有的对手张开双臂"被视为北约当时的四大主要任务之首。[1] 北约对于战略环境变化催生变革的急迫性非常好地体现在西班牙首相费利佩·冈萨雷斯（Felipe Gonzalez）在峰会上的发言。他表示"大西洋联盟应该即刻启动重组进程。当然，这意味着一场触及灵魂的改变"。[2]1990 年北约伦敦峰会宣言体现了北约对冷战接近结束的反应。宣言表示，"大西洋共同体必须拥抱那些曾经是我们冷战时期对手的东方国家，并向他们伸出友谊之手。"此外，北约还在宣言里邀请苏东前社会主义国家派代表团前往北约总部"与北约确立日常的外交联系"。[3] 解密档案证实，北约在宣言里发布这样的文本是经过精心讨论的。宣言文本的措辞并没有"排除（北约与这些中东欧国家）建立大使级联络处"的可能性，[4] 由此可见，北约当时对中东欧国家在北约建立代表处是期望很高的。可以说，北约伦敦峰会及其发布的宣言，是冷战行将结束时北约从思想上走向域外的一次凝聚共识的准备阶段。伦敦峰会接触转型中的中东欧国家的目标也取得了进展。1990 年底，许多中东欧国家领导人纷纷到访北约总部，并在北约建

---

[1] 以上内容请参见 "Verbatim Record of the North Atlantic Council Meeting with the Participation of Heads of State and Government," pp.7, 8。

[2] "Verbatim Record of the North Atlantic Council Meeting with the Participation of Heads of State and Government," p.35.

[3] "London Declaration on A Transformed North Atlantic Alliance Issued by the Heads of State and Government Participating in the Meeting of the North Atlantic Council," North Atlantic Council, London, NATO, July 5-6, 1990, https://www.nato.int/docu/comm/49-95/c900706a.htm.

[4] "Verbatim Record of the North Atlantic Council Meeting with the Participation of Heads of State and Government," *NATO*, July 6, 1990, p.3, https://www.nato.int/nato_static_fl2014/assets/pdf/pdf_archives/20141218_C-VR-90-36-PART2.PDF.

立了外交联络处。[1]

如果说1990年伦敦峰会吹响了北约将触手伸向东方的号角，付诸实际行动的则是1991年的北约罗马峰会。罗马峰会发布的宣言表示，北约将"就政治和安全议题（与中东欧国家）构建一个更制度化的协商和合作机制"。就议题而言，这种协商机制主要关注的是安全和与安全相关的议题，包括防御规划、军政关系、军地协调等。就规模而言，北约规划中的这种协商机制不但包括部长级年度会议，还包括周期性的大使级会谈，还有一些不定期的与北约军事委员会（NATO Military Committee）的会议等。[2] 此外，在本次峰会上还发布了北约新战略文件，这是冷战行将结束时北约发布的首份战略文件。它系统分析了北约面临的新战略环境的变化，强调北约冷战时期所面对的"单一的、广泛的和紧迫的首要安全威胁已经消失"，联盟新时期面临的将是"未来和风险极度的不确定"。北约认为自己未来的安全威胁是"多维度"和"多方向"的，而且主要来自国家内部的不稳定。最突出的一点是，该战略文件虽然强调要坚守盟约第五条的领土防御义务，但是又强调"联盟安全必须基于全球背景而加以通盘考虑"，面对的潜在安全威胁包括一些非传统安全，例如大规模杀伤性武器的扩散、重要资源流通受阻、恐怖主义等。与伦敦峰会相似，罗马峰会宣言新得出的两点重要结论是，新战略环境"并没有改变联盟的目的和功能"，反而为北约改变新战略"提供了新机会"。为实现此转型，新战略文件宣布，未来北约"将作为一个跨大西洋论坛，就任何影响联盟成员国重要利益，包

---

[1] Michael E. Brown, "The United States, Western Europe and NATO Enlargement," in Frances G. Burwell and Ivo H. Daalder, eds., *The United States and Europe in the Global Arena*, London: Palgrave Macmillan, 1999, p.13.

[2] "Rome Declaration on Peace and Cooperation, Issued by the Heads of State and Government Participating in the Meeting of the North Atlantic Council in Rome," *NATO*, November 8, 1991, https://www.nato.int/docu/comm/49-95/c911108a.html.

括任何可能对成员国的安全构成潜在威胁的事项进行集体磋商"。[1]很显然，北约已经突破了冷战时期关注于领土防御的旧安全理念，开始将安全威胁和安全利益不断扩大和拓展，从安全理念上为开展"域外行动"打开了大门，也变得更具有进攻性。北约后来卷入波黑战争、科索沃战争、阿富汗战争、利比亚战争从安全理念上都可还原至此。之所以要打破"域外行动"的地理限制，北约认为，联盟非"第五条款"的危机（维和、反恐、大规模杀伤性武器的扩散等）可以逐渐发展成需要启动"第五条款"（对北约的攻击）去应对的危机。[2]正如一位研究者指出的，自此之后，"北约拓展了安全的定义，从对北约领土的集体性军事防御，开始转变为在那些不可能利用核武器和常规力量直接威胁北约成员国的地方开展军事行动。"[3]这一逻辑就如德国前国防部长沃尔克·吕厄所言，"如果我们（北约）不对外扩散稳定，我们就只能引入（外部）不稳定。"[4]

（二）北大西洋合作委员会的创立及其基本特征

从理念上将针对领土的安全威胁转换为针对利益的安全威胁之后，冷战后北约首次突破"域外"的实践便是在罗马峰会上提议建立的北大西洋

---

[1] 以上引文内容，可参见"The Alliance's New Strategic Concept (1991), Agreed by the Heads of State and Government Participating in the Meeting of the North Atlantic Council," *NATO*, November 7-8, 1991, https://www.nato.int/cps/en/natolive/official_texts_23847.htm。

[2] Henning-A. Frantzen, *NATO and Peace Support Operations, 1991-1999: Policies and Doctrines*, p.74.

[3] Brian J. Collins, *NATO: A Guide to the Issues*, p.95. 关于罗马峰会重新定义了北约面临的安全威胁的论述，还可参见 Yanan Song, *The US Commitment to NATO in the Post-Cold War Period*, Switzerland: Palgrave Macmillan, 2016, p.66; Bianca Szytniewski, *NATO Enlargement and Democratisation: Interlinked, or Not? The Cases of Poland, Ukraine and Georgia*, Master Thesis, Universiteit Utrecht, 2008, p.14。

[4] Jan Eichler, *NATO's Expansion After the Cold War: Geopolitics and Impacts for International Security*, p.39.

合作委员会（North Atlantic Cooperation Council, NACC）。1991年12月20日，在罗马峰会闭幕的几星期后，北大西洋合作委员会正式成立，成员包括16个北约成员国、22个前华沙条约成员国以及前苏联加盟共和国。[1]作为一个正式的制度化的"联络"制度，北大西洋合作委员会主要聚焦防务事务。按照官方声明的说法，包括"防务规划和预算、军政关系的民主化、防务战略的转换以及与之相关的科学和环境议题"。[2]有学者将其目标总结为关注"军控、防务合作、危机管理与维和以及前南斯拉夫和前苏联地区的危机事件"。[3]就运转方式看，北大西洋合作委员会主要采取会议形式，首要的是年度部长会议，辅之各种次级委员会会议，如北约邀请中东欧国家参加"应对现代社会挑战委员会"（Committee on the Challenges

---

[1] 最初签字的中东欧国家包括保加利亚、捷克斯洛伐克、匈牙利、波兰、罗马尼亚，后来波罗的海三国立陶宛、爱沙尼亚、拉脱维亚加入。在会议期间苏联解体消息传来，俄罗斯代表旋即被邀请加入，成为北约之外第9名创始会员。在1992年3月10日，独联体国家集体加入，1992年6月5日，格鲁吉亚和阿尔巴尼亚加入。到了1995年，北大西洋合作委员会共囊括38国。John Barrett, "NATO Reform: Alliance Policy and Cooperative Security," in Ingo Peters, ed., *New Security Challenges: The Adaptation of International Institutions- Reforming the UN, NATO, EU and CSCE since 1989*, New York: Palgrave Macmillan US, 1996, pp.138-139; Martin A. Smith, *NATO in the First Decade after the Cold War*, Dordrecht: Springer Netherlands, 2000, pp.107-108; Trine Flockhart, "The North Atlantic Cooperation Council: New Chapter in *European Security* or Dead End for Diplomatic Ambition?" in Jaap de Wilde and Hakan Wiberg, eds., *Organized Anarchy in Europe: The Role of States and Intergovernmental Organizations*, London: I.B.Tauris, 1996, pp.147-148, Note 1.

[2] "Meeting of the North Atlantic Cooperation Council (NACC)," US Department of State, Dispatch 3, No. 52, December 28, 1992, p.935.

[3] Burak Akcapar, "Partnership for Peace's Influence as an Instrument of Continuity and Change in the Euro-Atlantic Region," in Gustav Schmidt, ed., *A History of NATO: The First Fifty Years,* Vol. 1, Basingstoke: Palgrave Macmillan UK, 2001, p.273.

of Modern Society, CCMS）。[1]1992年3月，北大西洋合作委员会达成了一份"对话、伙伴和合作工作计划"（Work Plan for Dialogue, Partnership and Cooperation），随后成立了国防部长层级的会议（Group on Defence Matters, GDM）。[2]之后北大西洋合作委员会每年起草一份年度工作计划以指导下一年的工作，并发表年度部长会议公告便成为工作惯例。1993年，北大西洋合作委员会再度增设维和合作小组（Ad hoc Group on Cooperation in Peacekeeping, AHG），就规划维和行动、交换各自对维和看法等进行合作。[3]

表面看，北约成立北大西洋合作委员会的核心目的在于调整前华沙条约成员国的军政关系，将其国防战略转为防御性。北约期望这些合作"将帮助中东欧国家的军队避免发生复兴民族主义的转向"。[4]但本质上看，这些合作是以北约的军政关系规范和规则来改造这些中东欧国家。这些举措既是北约在变化的战略环境中寻求"确保自身在欧洲的主导地位"，[5]又是从政治上突破"域外行动"藩篱的重要步骤。有研究者认为，北约通过北大西洋合作委员会接触中东欧国家启动了北约自身对"域外行动"争论的新阶段。有学者指出，"通过宣称构建一个'完整而自由的欧洲'的新组织使命和寻求影响东方国家政治发展进程，北约已经实质上闯出了域

---

[1] Rebecca R. Moore, *NATO's New Mission: Projecting Stability in a Post-Cold War World*, p.20.

[2] John Barrett, "NATO Reform: Alliance Policy and Cooperative Security," p.138.

[3] John Barrett, "NATO Reform: Alliance Policy and Cooperative Security," p.139. 关于这一维和小组还可参见Martin A. Smith, *NATO in the First Decade after the Cold War*, p.108。

[4] Timothy A. Sayle, *Enduring Alliance: A History of NATO and the Postwar Global Order*, p.236. 对于这一目标的论述还可参见Rebecca R. Moore, *NATO's New Mission: Projecting Stability in a Post-Cold War World*, p.20。

[5] Trine Flockhart, "The North Atlantic Cooperation Council: New Chapter in European Security or Dead End for Diplomatic Ambition？" p.149.

外。"[1]除了在政治和观念领域突破"域外行动"的束缚之外，北大西洋合作委员会作为北约与中东欧国家之间"正式而有限度的联系纽带"，[2]更是被当时很多中东欧国家视为自身加入北约的准备阶段，例如像捷克斯洛伐克政府就将其视为北约东扩的开端。[3]

（三）美国对北大西洋合作委员会的推动及其战略考量

北大西洋合作委员会虽然推动北约与中东欧国家的磋商，但不为其提供北约正式成员国身份的"实验性"特征，[4]主要源于这一清谈式论坛发起方美国的战略考量。正如一位学者指出的，"从1989年到布什政府任期结束，华盛顿在确保北约的未来前景方面发挥了非常坚定的作用。"[5]

毋庸置疑，正如前文所述，维系北约在欧洲的存在和美国的领导地位，事关美国的世界霸权，因此，在东欧剧变之际，甚至在两德谋划统一、美

---

[1] Rebecca R. Moore, *NATO's New Mission: Projecting Stability in a Post-Cold War World*, p.28.

[2] Richard E. Rupp, *NATO After 9/11: An Alliance in Continuing Decline*, p.54.

[3] Susan Colbourn, "NATO as a Political Alliance: Continuities and Legacies in the Enlargement Debates of the 1990s," in James Goldgeier and Joshua R. Itzkowitz Shifrinson, eds., *Evaluating NATO Enlargement: From Cold War Victory to the Russia-Ukraine War*, Cham: Palgrave Macmillan, 2023, p.85.

[4] William Yerex, "The North Atlantic Cooperation Council: NATO's Ostpolitik for Post-Cold War Europe," in David G. Haglund, et al., eds., *NATO's Eastern Dilemmas*, Boulder: Westview, 1994, p.188.

[5] Timothy A. Sayle, *Enduring Alliance: A History of NATO and the Postwar Global Order*, p.217.

苏进行谈判之时，布什政府就开始秘密考虑北约可能的东扩事宜。[1]1990年1月，美国国务卿詹姆斯·贝克（James Baker）在前往莫斯科时会见了德国大使，交给他两封密信，其中一封是美国总统老布什写给德国时任总理赫尔穆特·科尔（Helmut Kohl）的。老布什在信中谈到了接下来北约东扩的可能性。[2]正如伦敦峰会和罗马峰会宣言文本所反映出来的，布什政府决心将保存北约作为美国继续介入欧洲事务、控制欧洲的核心战略工具。布什政府国家安全委员会负责欧洲事务的主任罗伯特·哈钦斯（Robert Hutchings）在回忆录中表示，"美国的存在对于维持欧洲安全是必不可少的，因而也是美国核心国家利益所在。这一核心信条比任何信念都更强烈和深入地扎根于布什政府的高级官员心中。"[3]甚至在柏林墙倒塌之前，布什就表示北约应该在冷战结束后的世界继续发挥作用。1990年1月，老布什再度表示，北约在未来的作用将更为重要。[4] 1990年12月，由国安会副国家安全顾问罗伯特·盖茨（Robert Gates）带领的由各部门副职人员组成的跨部门调研与协调机构"欧洲战略协调小组"（European Strategy Steering Group, ESSG）完成的一份报告强调，美国对欧洲的"全面战略目

---

[1] Mary Elise Sarotte, "Not One Inch Eastward? Bush, Baker, Kohl, Genscher, Gorbachev, and the Origin of Russian Resentment toward NATO Enlargement in February 1990," *Diplomatic History*, Vol. 34, No. 1, 2010, p.137; John Borawski and Thomas-Durell Young, *NATO after 2000: The Future of the Euro-Atlantic Alliance*, p.75; Joshua R. Itzkowitz Shifrinson, "Eastbound and Down: The United States, NATO Enlargement, and Suppressing the Soviet and Western European Alternatives, 1990-1992," p.4.

[2] Jan Eichler, *NATO's Expansion After the Cold War: Geopolitics and Impacts for International Security*, p.35.

[3] Robert L. Hutchings, *American Diplomacy and the End of the Cold War: An Insider's Account of US Diplomacy in Europe* 1889-1992, Baltimore: Johns Hopkins University Press, 1997, p.157.

[4] Timothy A. Sayle, *Enduring Alliance: A History of NATO and the Postwar Global Order*, p.217.

标"便是保存强大而有活力的北约,这是维持美国在欧洲存在的关键所在。为此,美国必须提前预判欧洲人的动向,使之有利于北约。[1] 作为负责布什政府对欧政策制定的关键性组织,"欧洲战略协调小组"的分析结论无疑表明了老布什政府在20世纪90年代初期就计划维持北约,乃至推动北约扩张的真实战略考量。或者说,在老布什政府任职后期,美国内部"已就华盛顿需要给中东欧国家提供加入北约的前景逐渐形成了一致意见"。[2] 根据新档案文献,在1991—1992年,美国已经就是否要扩张、为何要扩张、何时扩张以及怎么扩张等问题做了系统的研究。"到了1992年年中,问题已经不是(北约)是否要东扩,甚至也不是何时东扩,而是如何去落实北约东扩的决策。"[3] 另外一批学者基于解密档案和2017—2020年期间对数十位老布什时期高官的口述史访谈也得出了类似的结论,认为老布什政府出于维持美国的影响力和确保欧洲大陆的稳定的考虑,至迟在1992年春季就已决心东扩北约。[4] 例如,在1992年6月,一名白宫官员在向时任国家安全顾问布伦特·斯考克罗夫特(Brent Scowcroft)报告时说,经过美国的一个高级别跨部门小组深入讨论后,美国政府部门得出的一致结论

---

[1] Joshua R. Itzkowitz Shifrinson, "Eastbound and Down: The United States, NATO Enlargement, and Suppressing the Soviet and Western European Alternatives, 1990-1992," p.14.

[2] Liviu Horovitz, "The George H.W. Bush Administration's Policies vis-à-vis Central Europe: From Cautious Encouragement to Cracking Open NATO's Door," in Daniel S. Hamilton and Kristina Spohr, eds., *Open Door: NATO and Euro-Atlantic Security After the Cold War*, Washington, D.C.: Foreign Policy Institute, 2019, p.81.

[3] Joshua R. Itzkowitz Shifrinson, "Eastbound and Down: The United States, NATO Enlargement, and Suppressing the Soviet and Western European Alternatives, 1990-1992," p.24.

[4] Liviu Horovitz and Elias Götz, "The Overlooked Importance of Economics: Why the Bush Administration Wanted NATO Enlargement," *Journal of Strategic Studies*, Vol. 43, Issue 6-7, 2020, pp.1-3.

是北约应该"向新成员国开放联盟"。[1]

老布什政府对北约作用的倚重清晰地折射在其对两德统一后继续让新德国留在北约内的坚定立场上。在关于德国统一的"2+4"会谈中，美国的首要目标便是期望德国统一后仍留在北约，且维持美国在德国的驻军。但是苏联领导人最初并不同意这一立场。[2] 美国坚持让统一后德国留在北约，主要是因为美国担心如果德国离开北约，北约存在的合法性将大打折扣，而且美国也没有理由继续在欧洲大规模驻军，毕竟大多数美军部署在德国境内。[3] 自1990年2月13日"2+4"会谈开启后，从2月到9月，双方一直处于来回拉锯状态。历史学家依据解密档案证实，以美国为首的北约方面虽然没有做出书面保证，但是美苏之间达成了隐晦的君子协定，即苏联不公开反对德国留在北约，北约亦不东扩。这也就是时任美国国务卿的贝克对戈尔巴乔夫（Mikhail Gorbachev）所说的那句名言："我们意识到需要向东方国家提供安全保证，如果德国成为北约一员，我们保持在那里的军事部署，那么，北约对于自身军事力量的管辖将不会向东越过一寸。"[4] 在本次对话中，贝克随后接着反问，"你是喜欢一个独立于北约且没有美国驻军的统一后的德国，还是偏向于一个隶属于北约且得到北约

---

[1] 报告内容转引自 Liviu Horovitz and Elias Götz, "The Overlooked Importance of Economics: Why the Bush Administration Wanted NATO Enlargement," p.11。

[2] 美苏立场和各自的国家利益分析，可参见 Robert L. Hutchings, "American Diplomacy and the End of the Cold War in Europe," in Robert Hutchings and Jeremi Suri, eds., *Foreign Policy Breakthroughs: Cases in Successful Diplomacy*, Oxford: Oxford University Press, 2015, p.164。

[3] Robert J. Art, "Why Western Europe Needs the United States and NATO," *Political Science Quarterly*, Vol. 111, No. 1, 1996, p.12。

[4] "Memorandum of Conversation between Mikhail Gorbachev and James Baker in Moscow," February 9, 1990, p.6, https://nsarchive.gwu.edu/document/16116-document-05-memorandum-conversation-between。

维持当前管辖范围不东扩保证的统一德国?"[1] 若换个角度来看，西德吞并东德后仍然留在北约，可以被视为北约在冷战即将结束的新背景下从实际行动上真正地突破了"域外"，是北约东扩的演练。

虽然越来越多的新证据表明，早在1990—1991年前后老布什政府内部就开始系统思考北约东扩的可能性与前景，只是一些因素限制了布什政府公开推动北约东扩。其一是老布什政府内部仍有一些不同意见。例如，国务院内部就有官员担心东扩进程一旦开启将没有逻辑上的终点。[2] 其二是美国当时首要关注点是推进俄罗斯的民主化转型，[3] 担心北约东扩过快推进会危及改革派在俄罗斯政坛的地位，从而逆转俄罗斯的政权转换进程，甚至再度把俄罗斯逼成敌人。[4] 正如一位学者所言，"美国官员担心，如果（北

---

[1] "Memorandum of Conversation between Mikhail Gorbachev and James Baker in Moscow". 对于北约是否曾经向苏联领导人保证过不东扩一步这一问题，近些年来一直存有争议。随着档案文献的部分解密和对历史亲历者的采访，多数历史学者是支持北约领导人曾经非正式、隐晦地有过此类保证的。参见 Mary Elise Sarotte, "A Broken Promise? What the West Really Told Moscow About NATO Expansion," *Foreign Affairs*, Vol. 93, No. 5, 2014, p.91; Mary Elise Sarotte, "Not One Inch Eastward? Bush, Baker, Kohl, Genscher, Gorbachev, and the Origin of Russian Resentment toward NATO Enlargement in February 1990," pp.137-139; Kristina Spohr, "Precluded or Precedent-Setting? The 'NATO Enlargement Question' in the Triangular Bonn-Washington-Moscow Diplomacy of 1990-1991," *Journal of Cold War Studies*, Vol. 14, No. 4, 2012, pp.47-50。有学者甚至依据解密档案认为，在谈判期间，"美方反复地向苏联提供了非正式的（不东扩）保证"。参见 Joshua R. Itzkowitz Shifrinson, "Deal or No Deal? The End of the Cold War and the U.S. Offer to Limit NATO Expansion," *International Security*, Vol. 40, No. 4, 2016, p.11。

[2] Rebecca R. Moore, *NATO's New Mission: Projecting Stability in a Post-Cold War World*, pp.22-23.

[3] Stanley R. Sloan, "NATO Enlargement in the Beginning: An American Perspective," p.530.

[4] Liviu Horovitz and Elias Götz, "The Overlooked Importance of Economics: Why the Bush Administration Wanted NATO Enlargement," p.858.

约东扩）推进速度太快将可能扳倒戈尔巴乔夫"。[1] 其三是当时美国的关注点还被核裁军以及销毁苏联解体后留下的核武器等军控议题分散。[2] 所以，尽管老布什政府决心东扩，但并不急于求成。这也是为什么1990年10月国防部和国务院政策规划司官员会提出"虚掩（东扩的）大门"（keep the door ajar）[3]建议。也就是说，当时美国虽然已经初步决心推动北约东扩，但限于时机并不成熟难以公开邀请中东欧国家加入，就只能采取一些象征性或基础性行动来给予对方可以入盟的希望和前景。正是这种折中心态促使美国适时推出了北大西洋合作委员会作为北约与中东欧国家之间的"联络"制度。这种联络制度"鼓励（中东欧国家）内部持续推进（民主化）改革。一旦美国决定东扩北约时，这些国家就可以变成更加具有吸引力的盟友。与此同时，这种制度使美国拥有了塑造中东欧国家行为的杠杆。"[4]

根据最新解密档案，早在1990年春天德国统一谈判时，美国内部就已经开始讨论北约与中东欧国家建立某种形式"联络"制度的可行性。或者可以说，"北大西洋合作委员会本质上是老布什政府的创意。"[5] 1991年5月10日，美国国务卿贝克与时任德国外交部长汉斯·迪特里希·根

---

[1] Liviu Horovitz, "The George H.W. Bush Administration's Policies vis-à-vis Central Europe: From Cautious Encouragement to Cracking Open NATO's Door," p.74.

[2] Raymond Garthoff, "The United States and the New Russia: The First Five Years," *Current History*, Vol. 96, No. 612, 1997, p.305; Michael E. Brown, "The United States, Western Europe and NATO Enlargement," in Frances G. Burwell and Ivo H. Daalder, eds., *The United States and Europe in the Global Arena*, London: Palgrave Macmillan, 1999, p.18.

[3] Timothy A. Sayle, *Enduring Alliance: A History of NATO and the Postwar Global Order*, p.233.

[4] Joshua R. Itzkowitz Shifrinson, "Eastbound and Down: The United States, NATO Enlargement, and Suppressing the Soviet and Western European Alternatives, 1990-1992," p.827.

[5] Stanley R. Sloan, "NATO Enlargement in the Beginning: An American Perspective," p.529.

舍（Hans-Dietrich Genscher）发表了一份联合声明，以模糊的言辞初步讨论了建立一个"欧洲—大西洋共同体"的可能性。[1] 6月，在北约哥本哈根会议上，贝克提议应该为北约与中东欧国家的"联络"制度确立一些基本原则，包括在技术能力方面与北约的合作、推进军事和政治领域的交流、促进和平解决冲突的公开和透明的原则等。[2] 贝克的建议包括未来"联络"制度的五大基本目标："第一，联络努力应该为中东欧国家与北约成员国互动提供新的渠道；第二，被规划的联络关系应该促进更好地理解所有参与方的安全关切和安全政策；第三，在北约有更强专业化技术能力的彼此关切的问题领域，联络关系应该突出和特别有力；第四，联络制度应该是一种灵活的工具，可以差别化满足处于不同水平去军事化、民主化的中东欧国家演化的需求；第五，北约的联络努力应该作为辅助性行为，配合欧洲委员会、欧安会、欧洲理事会、经合组织，以及西欧联盟的活动。"[3] 这些目标后来成为北大西洋合作委员会的主要指导原则。在1991年北约罗马峰会前夕，美国代表团向北约建议通过建立一种可突破原先双方简单信息交流的"联络"制度，将北约与中东欧国家的关系提升到"磋商"和"技术援助"的水平，而这"将至少非正式地为（中东欧国家）未来可能部分

---

[1] Stephan Kieninger, "Opening NATO and Engaging Russia: NATO's Two Tracks and the Establishment of the North Atlantic Cooperation Council," in Daniel S. Hamilton and Kristina Spohr, eds., *Open Door: NATO and Euro-Atlantic Security After the Cold War*, Washington, D.C.: Foreign Policy Institute, 2019, pp.61-62. 也可参见 Guido Gerosa, "The North Atlantic Cooperation Council," *European Security*, Vol. 1, No. 3, 1992, p.275。

[2] Chris J. Dolan, *The Politics of U.S. Foreign Policy and NATO: Continuity and Change from The Cold War to the Rise of China*, p.70.

[3] Stephen J. Flanagan, "NATO and Central and Eastern Europe: From Liaison to Security Partnership," *The Washington Quarterly*, Vol. 15, Issue 2, 1992, p.145.

或完全地成为北约成员国打开大门"。[1]

综上所述，毫无疑问，美国人主导了北大西洋合作委员会的建立和运行，而且，这也忠实体现了美国当时针对北约东扩问题的战略思考。作为一种"联络"制度，北大西洋合作委员会的模糊性和无差别对待所有理事会成员国，本是有意为之。一方面，这是北约从政治上主动突破联盟盟约对自身开展域外活动限制的一种手段。借助这些"联络"制度，通过把俄罗斯和中东欧国家"请进"北约的组织架构和军事演习等活动空间，北约实现了政治上的"走出去"，真正突破了领土防御的组织使命限制。另一方面，这既可以安抚俄罗斯，巩固俄罗斯国内正在推进的民主化、市场化改革进程，又给中东欧国家提供了未来加入北约的遐想，锁定 20 世纪 90 年代东欧剧变带来的地缘政治成果。

二、"和平伙伴关系计划"与北约对"域外行动"限制的再突破

北大西洋合作委员会的建立和发展是北约从理念和政治层面突破盟约第五条、第六条领土防御地理空间限制的重大举措。然而，由于它以清谈为主，缺乏实际的整合举措，对所有参与方一视同仁不能满足个体国家的实际需求，持续到 1997 年它就被欧洲—大西洋伙伴关系委员会（Euro-Atlantic Partnership Council, EAPC）所取代。[2] 不过，1992 年老布什败选、克林顿政府上台，随着美国政府官员的更替，北大西洋合作委员会逐渐被

---

[1] Timothy A. Sayle, *Enduring Alliance: A History of NATO and the Postwar Global Order*, p.236.

[2] Burak Akcapar, "Partnership for Peace's Influence as an Instrument of Continuity and Change in the Euro-Atlantic Region," p.273.

美国政府冷淡处理，发展日渐式微。其实更重要的是因为当时北大西洋合作委员会所发挥的突破域外的政治使命基本完成，北约将中东欧国家和独联体国家都"请进来"后，北大西洋合作委员会这种论坛式的"联络"机制限制了北约想要继续与部分中东欧国家进一步提升合作关系的能力。北约对"域外行动"的突破不仅需要在政治层面接触中东欧国家，更需要"走出去"展开实际的军事行动介入中东欧的安全事务。北约彼时已经不满足于打造简单的清谈式对话平台，而是需要"超越对话与合作"，打造"真实的"伙伴关系。[1] 在这一新的战略态势下，北约1994年启动的"和平伙伴关系计划"（Partnership for Peace, PfP）应运而生。

（一）"和平伙伴关系计划"的构建、特征与主要目标

在1994年1月10日北约布鲁塞尔峰会上，在美国的推动下，北约决定启动"和平伙伴关系计划"。从成员国范围看，"和平伙伴关系计划"最初主要包括中东欧国家和独联体国家，创始成员国有26国，后来一些中立国如芬兰和瑞典陆续加入，算上最后一批2006年加入的黑山和塞尔维亚，到2020年共囊括34国。[2] "和平伙伴关系计划"是在既有的北大西洋合作委员会框架内成立的，核心也是面向中东欧和前苏联阵营国家。[3] 但是与北大西洋合作委员会不同，"和平伙伴关系计划"吸纳了欧洲一批

---

[1] "Partnership for Peace: Invitation Document, Issued by the Heads of State and Government Participating in the Meeting of the North Atlantic Council," *NATO*, January 11, 1994, https://www.nato.int/cps/en/natohq/official_texts_24468.htm.

[2] "Signatures of Partnership for Peace Framework Document," *NATO*, March 27, 2020, https://www.nato.int/cps/en/natolive/topics_82584.htm; Andrew Cottey, ed., *The European Neutrals and NATO: Non-alignment, Partnership, Membership*, London: Palgrave Macmillan UK, 2018, p.46.

[3] Mark Kramer, "NATO, the Baltic States and Russia: A Framework for Sustainable Enlargement," *International Affairs*, Vol.78, Issue 4, 2002, p.736.

中立国，如瑞典、芬兰、爱尔兰、奥地利和瑞士。1994—1997年间，在北大西洋合作委员会被欧洲—大西洋伙伴关系委员会取代之前，"和平伙伴关系计划"与北大西洋合作委员会的成员国高度重合，两者的运转也并行不悖。[1] 实际上，截至目前，参与"和平伙伴关系计划"的成员国最终有16国已加入北约。[2] 从合作领域来看，与北大西洋合作委员会磋商议题广泛，甚至包含科学和环保[3] 等议题不同，根据发布的"和平伙伴关系计划"框架文件，"和平伙伴关系计划"设置的五大目标主要聚焦军事合作。除了"推进国防规划和预算制定过程的透明度""确保对国家国防军事力量的民主控制"等外，最重要的一点是"提升（非北约成员国）与北约的合作性军事关系，旨在通过联合规划、联合训练以及联合演习，加强各方在维和、搜救、人道主义行动和其他各方所同意合作领域的行动能力。"[4] 北约与伙伴方在军事领域的合作议题异常深入和广泛，包括防空、危机管理、国防规划和预算、C4ISR系统、防务政策与战略、对国防研究和技术的管理、军事医疗服务、军事基础设施建设、国防教育等共几十个议题。[5] 从合作形式来看，"和平伙伴关系计划"在统一合作之中突出差异性。所有伙伴

---

[1] Stanley R. Sloan, "NATO Enlargement in the Beginning: An American Perspective," p.535.

[2] "Signatures of Partnership for Peace Framework Document".

[3] John Borawski and Thomas-Durell Young, *NATO After 2000: Future of the Euro-Atlantic Alliance*, p.91.

[4] "Partnership for Peace: Framework Document, Issued by the Heads of State and Government Participating in the Meeting of the North Atlantic Council," *NATO*, Janurary 11, 1994, https://www.nato.int/cps/en/natohq/official_texts_24469.htm.

[5] Burak Akcapar, "Partnership for Peace's Influence as an Instrument of Continuity and Change in the Euro-Atlantic Region," p.276. 对于双方军事合作具体领域的分析，特别是军事后勤的合作，参见John Barrett, "NATO Reform: Alliance Policy and Cooperative Security," p.148。

国都先提交一份介绍文件，阐述各自可以为该项目做出哪些贡献以及自己准备怎么做，并统一签署一个框架协议，然后各方需要再根据自己的意愿单独与北约签署一个"个别伙伴关系项目"协定（Individual Partnership Program, IPP）。这份差异性的国别合作文件设定了该国与北约所要合作实现的目标，比如确立对军事力量的民主控制、提升国防规划和预算的透明度、强化与北约军事力量的"互操作性"（Interoperability）等。此外，伙伴方可以派员到北约总部参加北约的相关机构会议。成员国还可以选择参加"防务规划和评估进程"项目，进一步密切自身与北约的军事合作。[1] 成员国也可以自愿加入北约各类委员会的活动，但是没有正式投票权。从具体合作目标来看，通过"和平伙伴关系计划"，北约重点提高中东欧国家与北约在军队和国防等军事领域的"互操作性"。这些举措包括参与计划的中东欧国家各自派一个外交使团常驻北约总部，开展联合军事演习，让参与国使用北约的技术数据库，进行跨国军事规划与协调，等等。[2] 这些联合规划、联合训练和联合军事演习与广泛的军事层面的磋商，旨在帮助伙伴方在军事理论、军事力量结构、军队的组织方式和军队训练等层面快速达到北约的水平，[3] 以便于与北约开展一些联合的反恐、维和等"域外行动"。此外，1995年"和平伙伴关系计划"额外增设了"防务规划和评估进程"项目（Defense Planning and Review Process, PARP）。该项目重

---

[1] "NATO Partnership for Peace, Fact Sheet Released by the Bureau of European and Canadian Affairs," U.S. Department of State, June 19, 1997, https://1997-2001.state.gov/regions/eur/nato_fs-pfp.html. 对于 IPP 功能的分析也可参见 Burak Akcapar, "Partnership for Peace's Influence as an Instrument of Continuity and Change in the Euro-Atlantic Region," pp.274-275; John Barrett, "NATO Reform: Alliance Policy and Cooperative Security," p.147。
[2] "Partnership for Peace: Framework Document, Issued by the Heads of State and Government Participating in the Meeting of the North Atlantic Council".
[3] Michael E. Brown, "The United States, Western Europe and NATO Enlargement," p.24.

点还是旨在提升伙伴国与北约的"互操作性"。截止到1997年，共有包括大批中东欧国家在内的15国参与了这一项目。[1] 参与这一提升"互操作性"项目的成员将有两年的评估周期，北约将以自身的军事规划规范和规则为蓝本，帮助伙伴国评估并改进各自的国防规划，以与北约标准兼容。[2] 提升中东欧国家与北约的军事"互操作性"的根本目的就是要同化和吸纳这些转型国家。这一目的被毫不掩饰地反映在1994年布鲁塞尔峰会的联合声明中。声明呼吁要将"中东欧国家和前苏联加盟共和国全面整合进一个完整而自由的欧洲"。[3]

可以说，"和平伙伴关系计划"是对北大西洋合作委员会突破北约"域外行动"限制的再确认和延续。一方面，美国领导北约通过这一计划再度把域外的中东欧国家请进北约总部，提升这些国家对北约军事规范和规则的学习与内化程度，[4] 增加中东欧国家对北约的信任和了解，推动北约继续向政治和军事并重的军事同盟转型，并增强北约在欧洲继续存在和发挥作用的合法性。通过一系列量身定做的军事领域内带有技术援助性质的双边合作，北约进一步巩固了中东欧国家国内的民主化进程，拥有了塑造这

---

[1] "Signatures of Partnership for Peace Framework Document", Andrew Cottey, ed., *The European Neutrals and NATO: Non-alignment, Partnership, Membership*, p.46.

[2] Andrew Cottey, ed., *The European Neutrals and NATO: Non-alignment, Partnership, Membership*, p.52.

[3] "Declaration of the Heads of State and Government, Participating in the Meeting of the North Atlantic Council（'The Brussels Summit Declaration'）," *NATO*, January 11, 1994, https://www.nato.int/cps/en/natohq/official_texts_24470.htm.

[4] "和平伙伴关系计划"通过社会化进程推动中东欧国家年轻一代和军事人员学习和内化北约军事规范的分析，可参见 Alexandra Gheciu, *NATO in the "New Europe": The Politics of International Socialization After the Cold War*, Stanford: Stanford University Press, 2005, pp.118-122; Alexandra Gheciu, "Security Institutions as Agents of Socialization? NATO and the 'New Europe'," *International Organization*, Vol. 59, Issue 4, 2005, pp.990-991.

些国家内政外交和安全议题的有力杠杆，从政治上进一步突破"域外行动"条款对自身的限制。另一方面，较之北大西洋合作委员会，"和平伙伴关系计划"几乎完全聚焦军事和安全议题，[1] 重视与成员方的差异性合作，突出实践性，重在落实合作成果。这些典型的特征表明"和平伙伴关系计划"并不满足在法理、政治层面突破域外限制，而是需要"走出去"采取具体的行动来干涉北约领土界限之外的安全事务，特别是开展维和和危机管理。这一点在美方最初设计"和平伙伴关系计划"的名字时就可以看出端倪。据一位当事人回忆，1993年10月美国军方最初提出这一计划时，原来的名字就是"维和伙伴关系"（Peacekeeping Partnership），但考虑到当时美国在索马里的失败，"维和"一词被华盛顿所厌恶，最终才改为"和平伙伴关系计划"。[2]

北约"走出去"的一个典型表现是与伙伴方开展的联合军事演习频率非常高。根据其官网介绍，在1994年"和平伙伴关系计划"建立之初，就发起了3场联合军演。1995年有10场演习，1996年在人道主义援助、维和、搜救主题下有14场演习，到了1997年则达到25场联合军演。[3] 此外，除了多边联合军演，北约还积极鼓励和支持"以伙伴关系计划精神指导下的"、由个体国家资助的大规模的双边军事演习。[4] 正如1994年时任北约

---

[1] 有研究甚至称这一项目为"纯粹的军事合作项目"（pure military cooperation programme），参见 Michael Rühle and Nick Williams, "Partnership for Peace After NATO Enlargement," *European Security*, Vol. 5, Issue 4, 1996, p.524。

[2] Jenonne Walker, "Enlarging NATO: The Initial Clinton Years," pp.267-268.

[3] "NATO Partnership for Peace, Fact Sheet Released by the Bureau of European and Canadian Affairs".

[4] "Final Communiqué, Issued at the Ministerial Meeting of the North Atlantic Council at NATO Headquarters, Brussels," *NATO*, December 1, 1994, https://www.nato.int/cps/en/natohq/official_texts_24430.htm.

秘书长威利·克拉斯（Willy Claes）所言，"尤为明显的一点是，'和平伙伴关系计划'是一条双向道"，北约和伙伴国都从中获益匪浅。对于北约而言，除了推动伙伴国为加入北约做好准备外，当时最明显的收益是开展"域外行动"。"和伙伴国一起，我们将能为伙伴国军事力量未来可能将参与其中的人道主义援助和维持和平行动，构建共同的观念和应对方法，因此，极大提升（可资使用的）训练有素的军事力量以及与北约标准相兼容的军事资产。"[1]事实上，通过"和平伙伴关系计划"，北约在开展维和、反恐、"人道主义"救援等"域外行动"中的收益，不仅仅是获得了一定程度上对域外地区进行军事干预的合法性，而且，通过与北约的合作，伙伴国在北约干预前南斯拉夫的诸多内部冲突中更是贡献了数量较多的"维和"部队，帮助北约从军事领域真正突破领土防御的限制。

（二）"多兵种联合特遣部队"的推出及其战略意义

对于在冷战结束后在域外开展维和、危机管理以及人道主义干预等行动，北约自信地认为，较之联合国和欧安会等多边机构，自身具有军事力量这一硬实力优势。北约秘书长曼弗雷德·韦尔纳在1993年的一次演讲中表示，"北约是拥有恰当的政治—军事工具而展开有效危机管理的唯一组织……只有北约才能将政治宣言变为具体的（军事）行动。这一事实让联合国在对北约怀疑了几十年后，终于意识到应该让北约在前南斯拉夫地区发挥广泛的维和功能。"[2]不过，北约对域外开展军事行动，一来有盟

---

[1] "Address by NATO Secretary General, Willy Claes at the 40th General Assembly of the Atlantic Treaty Association," *NATO*, October 28, 1994, https://www.nato.int/cps/en/natolive/opinions_24488.htm.

[2] "Speech by NATO Secretary General, Manfred Worner at Inaugural Conference of the Atlantic Council of the United Kingdom," *NATO*, November 26, 1993, https://www.nato.int/cps/en/natohq/opinions_24166.htm.

约第五和第六条的领土防御原则的限制，二来北约的指挥结构和军事力量配比还延续着冷战时期应对大规模外部威胁的旧模式，已经难以应对危机管理、维和等突发性、区域性小规模冲突，军事力量和军事决策灵活性不足。为此，自伦敦峰会、罗马峰会之后，北约相继推出北大西洋合作委员会、"和平伙伴关系计划"来实现法理和政治上的突破，与此同时主动调整和改革内部指挥结构，使之与相关"联络"制度相配合。因此，在布鲁塞尔峰会推进"和平伙伴关系计划"之时，北约也乘势推出了"多兵种联合特遣部队"（Combined Joint Task Forces, CJTF），[1] 为北约与"和平伙伴关系计划"伙伴方开展域外联合维和行动等搭建一个军事指挥框架。

根据北约官方档案，除了多兵种配合，多国合作或者说"跨国性"也是"多兵种联合特遣部队"的突出特征。每次行动都要求要有两个伙伴国以上军队参加。[2] "多兵种联合特遣部队"本质上是北约在欧洲或欧洲之外开展维和等"域外行动"的内部灵活军事指挥平台，可以使美国表面上减少直接的军事资源投入，并能容纳非北约军事力量参与北约的军事行动。"多兵种联合特遣部队"多国部队的指挥结构再搭配"和平伙伴关系计划"伙伴国的政治、军事支持，可以大幅提升北约开展"域外行动"的合法性和实际的军事干预能力。"作为（北约的）一种危机管理工具"，[3] "多兵种联合特遣部队"要使北约的反应更具灵活性，能够应对和管理快速变

---

[1] 朱立群：《CJTF 与北约军事战略的改革》，《外交学院学报》2001 年第 3 期，第 40 页；"Declaration of the Heads of State and Government, Participating in the Meeting of the North Atlantic Council（'The Brussels Summit Declaration'）".

[2] "The Combined Joint Task Forces Concept," *NATO*, https://www.nato.int/docu/comm/1999/9904-wsh/pres-eng/16cjtf.pdf.

[3] "Secretary General's Speech Before the North Atlantic Assembly," *NATO*, November 21, 1996, https://www.nato.int/cps/en/natohq/opinions_25131.htm.

化的地区危机。[1] 其背后更重要的战略考量是，这一新组织结构"允许非北约伙伴国能够加入'和平伙伴关系计划'所推动的（其与）北约的（联合）军事行动、演习和训练之中"，[2] 而这是"多兵种联合特遣部队"最初的三大核心目标之一。虽然北约当初构想了三种使用"多兵种联合特遣部队"的场景，即纯粹北约国家参加的、由西欧联盟领导的以及"北约+"模式，但在实践中主要采用了联合部分中东欧国家的"北约+"模式。"联盟希望'和平伙伴关系计划'伙伴方能加入'北约+'模式的'多兵种联合特遣部队'行动中。而且，'北约+'是'多兵种联合特遣部队'倡议特别追求的一个模式，并且被'多兵种联合特遣部队'和'和平伙伴关系计划'规划者赋予了非常高的优先度……（'和平伙伴关系计划'伙伴国）参与'多兵种联合特遣部队'行动被视为其与北约军事标准和能力兼容的重要表现。"[3] "多兵种联合特遣部队"突出与"和平伙伴关系计划"的兼容性可以从当时北约官方文献中得以证实。除了布鲁塞尔峰会公报提及之外，北约的防务计划委员会和"核规划小组"于1994年底发布的一份公报强调，

---

[1] "Speech by the Secretary General at the Greek Atlantic Treaty Association," *NATO*, May 20, 1996, https://www.nato.int/cps/en/natohq/opinions_25174.htm; "Final Communiqué, Issued at the Ministerial Meeting of the North Atlantic Council at NATO Headquarters, Brussels"; "Speech by NATO Secretary General, Willy Claes at the Pio Manzu 'Big Millenium Conference'," *NATO*, November 13, 1994, https://www.nato.int/cps/en/natohq/opinions_24483.htm; "Statement by Mr. Willy Claes, Deputy Prime Minister and Minister for Foreign Affairs of Belgium, at The Special Meeting of The North Atlantic Council in Ministerial Session," *NATO*, September 29, 1994, https://www.nato.int/cps/en/natohq/opinions_24491.htm.

[2] Stanley R. Sloan, *Combined Joint Task Forces (CJTF) and New Missions for NATO*, CRS Report for Congress, Washington, D.C.: Congressional Research Service, March 17, 1994, p.3.

[3] Charles L. Barry, "NATO's Combined Joint Task Forces in Theory and Practice," *Survival: Global Politics and Strategy*, Vol.38, No.1, 1996, p.91.

"多兵种联合特遣部队"旨在提升"（北约）推动非北约国家参与（应急军事行动）的能力"。[1] 1994年11月1日发布的北约公报也表明，"多兵种联合特遣部队"的创立是为了"加速（北约）与联盟外的参与国展开合作"。[2] 正如一位国内学者所说，"CJTF允许中东欧伙伴国家参加，一方面可解决盟国力量明显不足的问题，另一方面可通过中东欧国家参与维和，进一步增加北约"域外行动"的合法性。"换言之，"CJTF可以为中东欧国家参与北约的维和提供一个框架，减少北约作为集体防御组织进行维和引起的争议，同时又将中东欧国家稳定在北约的框架结构之中。"[3]

在实践层面，北约干预波黑危机的"波黑和平协议实施监督部队"（Bosnian Peace Implementation Force, IFOR）便是典型的北约领导下的一支"北约+"军事力量，[4] 它由北约国家和"和平伙伴关系计划"伙伴国共同提供军队。当时，据称有30国提供了军事力量，其中有13个"和平

---

[1] "Final Communiqué, Defence Planning Committee and Nuclear Planning Group," *NATO*, December 15, 1994, https://www.nato.int/cps/en/natohq/official_texts_24431.htm.

[2] "Final Communiqué, Issued at the Ministerial Meeting of the North Atlantic Council at NATO Headquarters, Brussels". 类似的表述还可参见 "Deputy Secretary General's Public Opening Statement Nac Ministerial Istanbul, 9th June 1994," *NATO*, June 9, 1994, https://www.nato.int/cps/en/natohq/opinions_24496.htm; "Final Communiqué, Issued by the Defence Planning Committee and the Nuclear Planning Group of the North Atlantic Treaty Organisation in Ministerial Sessions in Brussels on 29th November," *NATO*, November 29, 1995, https://www.nato.int/cps/en/natohq/official_texts_24729.htm。

[3] 朱立群：《CJTF与北约军事战略的改革》，第41页。

[4] Pauline Neville-Jones, "Dayton, IFOR and Alliance Relations in Bosnia," *Survival: Global Politics and Strategy*, Vol.38, No.4, 1996, p.45.

伙伴关系计划"伙伴国与北约一起参与了行动。[1] 在1999年北约进驻科索沃地区的"科索沃和平实施部队"中，共有16个"和平伙伴关系计划"伙伴国参加。[2] 而且，一些"和平伙伴关系计划"伙伴国实际提供的部队比北约成员国还要多，[3] 俄罗斯就是这样。在干预波黑的行动中，长期对北约东扩持批评态度的俄罗斯于1995年也加入其中，派遣了1500—2000名维和士兵。[4] 有学者甚至认为，俄罗斯驻波黑的维和部队是所有非北约成员国中数量最多的。[5] 另外一份研究则指出，即使在1999年北约轰炸科索沃导致美俄关系急速恶化时，俄罗斯驻波黑的维和部队也就停顿了一天便恢复了原有的执勤任务。[6] 由此可见，"北约+"的维和模式实际上吸引了包括俄罗斯在内的一批苏东国家积极参与其中。

（三）美国对"和平伙伴关系计划"的推动与背后的战略权衡

同北大西洋合作委员会一样，"和平伙伴关系计划"及"多兵种联合特遣部队"都是美国在背后主动推动建立的，并不是像有些学者认为

---

[1] "NATO Partnership for Peace, Fact Sheet Released by the Bureau of European and Canadian Affairs". 关于波黑维和的国家数量见 Peter Caddick-Adams, "Civil Affairs Operations by IFOR and SFOR in Bosnia, 1995-97," *International Peacekeeping*, Vol.5, No.3, 1998, p.144；相关论述还可参见 Andrew Cottey, ed., *The European Neutrals and NATO: Non-alignment, Partnership*, p.52。

[2] Jeffrey Simon, "NATO Enlargement and Russia," in Aurel Braun, ed., *NATO-Russia Relations in the Twenty-First Century*, New York: Routledge, 2008, p.98.

[3] Brian J. Collins, *NATO: A Guide to the Issues*, p.94.

[4] Richard Kugler and Marianna Kozintseva, *Enlarging NATO: The Russia Factor*, Santa Monica: Rand, 1996, p.67.

[5] Hannes Adomeit, "Inside or Outside? Russia's Policies Towards NATO," Working Paper FG 5 2007, January 2007, p.7, https://www.swp-berlin.org/publications/products/arbeitspapiere/NATO_Oslo_ks.pdf.

[6] S. Neil MacFarlane, "NATO in Russia's Relations with the West," p.289.

第一章 冷战结束后北约第一轮东扩的决策历程

的是迫于中东欧国家压力才成立的。[1]"和平伙伴关系计划"的理念早在 1993 年 5 月便由当时美国国防部负责地区安全事务的傅立民（Charles Freeman）提出，并于 7 月 28 日出炉了第一份相关的完整草案。8 月 26 日，首次出现"和平伙伴关系计划"这一术语。[2]"多兵种联合特遣部队"也是源自美国的实践，最早由美国人提出。"CJTF 的概念最早是由美国国防部长阿斯平（Les Aspin）1993 年 10 月在德国特拉沃明德北约国防部长非正式会议上提出的。阿斯平提出，为了满足冷战后维和行动和危机处理的需要，北约应建立一支由多国、多兵种组成的部队，并邀请中东欧和平伙伴国家参加。"[3] 允许非北约伙伴国参加"和平伙伴关系计划"下的军演、训练、维和等军事行动是阿斯平 1993 年提出"多兵种联合特遣部队"建议的三大目标之一。[4]

实际上，"和平伙伴关系计划"定位的模糊性、聚焦军事合作等特征也反映了美国在新时期的战略考量和利益得失权衡。正如前文所述，1992 年的美国大选共和党落败打断了老布什政府在推进北约东扩方面的节奏和进程。随着 1993 年 1 月克林顿当选新一任美国总统，政权更迭、政党轮替以及高层官僚系统的洗牌，使得克林顿政府上台早期对北约东扩有所迟疑，国内也存在争论。由于重视经济而赢得竞选的惯性和缺乏外交经验，1993 年初克林顿政府奉行以经济为中心主张战略收缩的"塔尔诺夫主义"（Tarnoff

---

[1] Andrew Cottey, ed., *The European Neutrals and NATO: Non-alignment, Partnership, Membership*, pp.51-52.

[2] 参见 Gerald B. Solomon, *The NATO Enlargement Debate, 1990-1997: The Blessings of Liberty*, Westport: Praeger, 1998, pp.27-28。

[3] 朱立群：《CJTF 与北约军事战略的改革》，第 40 页。

[4] Stanley R. Sloan, "NATO and the United States," pp.169-171.

doctrine）。[1] 但不久之后，克林顿政府很快意识到美国单极霸权时刻稍纵即逝，应该果断抓住历史时机推动美国国内偏好扩散到全球。[2] 而在单极结构下，拥有超强实力的美国可以轻易地把自身国内政治偏好变成同盟的意志，[1] 故而，信奉民主和平论的克林顿总统很自然地将竞选纲领中提出的"扩大民主"理念与北约东扩联系起来。作为民主和平论的信徒和热衷于对外输出民主的"新威尔逊主义者"（Neo-Wilsonian），[2] 克林顿的国家安全顾问安东尼·莱克被认为是推动北约东扩的先锋。1993 年 9 月 21 日他在霍普金斯大学演讲时提出，美国的外交政策要以"扩大民主"作为核心对外战略。莱克认为，民主和市场经济构成了美国的独特国家特质。历史经验表明，民主和市场经济在世界其他地区越繁盛，美国将更安全、更繁荣、更具影响力。因此，美国新时期应该"扩大基于市场民主的自由共同体"（enlargement of the world's free community of market democracies）。[3] 鉴于北约东扩与"扩大民主"战略理念之间的相通性，莱克的演讲被很多学者

---

[1] "塔尔诺夫主义"因克林顿政府负责政治事务的助理国务卿塔尔诺夫（Peter Tarnoff）于 1993 年 5 月 25 日发表的公开演讲而得名，具体参见 Stanley R. Sloan, "NATO and the United States," pp.158-159; Scott Thompson and Edward Spannaus, "Is the 'Tarnoff Doctrine' Now U. S. Strategic Policy?" *Executive Intelligence Review*, Vol.20, No. 23, 1993, pp.50-51。

[2] Joe Burton, *NATO's Durability in a Post-Cold War World*, p.17.

[1] Joshua R. Itzkowitz Shifrinson, "The NATO Enlargement Consensus and US Foreign Policy: Origins and Consequences," p.99.

[2] Maurizio Massari, "US Foreign Policy Decision-Making During the Clinton Administration," *The International Spectator: Italian Journal of International Affairs*, Vol. 35, Issue 4, 2000, p.95.

[3] "From Containment to Enlargement," p.5.

认为是克林顿政府内部已经考虑北约东扩的征兆。[1]

在1993年中下旬，除了克林顿总统逐渐倾向于支持东扩之外，美国国务院、国防部和国家安全委员会内部也就北约东扩事宜进行秘密的讨论，但并未形成较为一致的意见。有学者对时任高级官员的口述史采访则表明，虽然高层倾向于推动东扩，但是中下级官僚阶层反对意见较大，美国政府并没有就东扩达成较为一致的意见。[2] 综合来看，美国内部的关键分歧在于是快速东扩还是缓慢东扩的问题。其中，国家安全委员会和国务院支持快扩，而国防部倾向于缓扩。在国务院层面，1993年8月，负责军控和国际安全事务的副国务卿林恩·戴维斯（Lynn Davis）和以前较为犹豫的国务卿沃伦·克里斯托弗（Warren Christopher）开始支持快速东扩。[3] 国务院政策规划司的首席副主任汉斯·本尼迪吉克（Hans Binnendijk）和副主任史蒂夫·弗拉纳根（Stephen Flanagan）也站在支持快扩阵营一边。[4] 但在国务院内部，当时的无任所大使塔尔博特则担心速扩将刺激俄国，伤害美俄关系，因此支持采取缓扩战略，主张采取措施安抚俄罗斯的反对情绪。虽然塔尔博特在国务院内的反对意见势单力薄，但由于他和克林顿是

---

[1] Johnson Yu Kwong Louie, *Interest Groups, Executive-Legislative Relations and the U.S. Politics of NATO Enlargement*, A Thesis Submitted in Fulfilment of the Requirements for the Degree of Doctor of Philosophy, Faculty of Arts and Social Sciences, University of Sydney, 2013, p.77. 也可参见 Jonathan Eyal, "NATO Enlargement: The Anatomy of a Decision," *International Affairs*, Vol. 73, No. 4, 1997, p.87。

[2] Jonathan Eyal, "NATO Enlargement: The Anatomy of a Decision," pp.85-86.

[3] Chaya Arora, *Germany's Civilian Power Diplomacy: NATO Expansion and the Art of Communicative Action*, New York: Palgrave Macmillan, 2006, pp.132-133.

[4] Rebecca R. Moore, *NATO's New Mission: Projecting Stability in a Post-Cold War World*, p.23. 据称国务院负责公共事务的副国务卿托马斯·多尼隆（Thomas Donilon）也支持快速东扩，参见 Jonathan Eyal, "NATO Enlargement: The Anatomy of a Decision," p.88。

作为"罗德学者"在牛津大学学习时的舍友，对克林顿总统的影响力非同一般。[1]在国防部方面，反对声音较大。以国防部长阿斯平、国防部副部长佩里（William Perry）和"欧洲盟军最高司令"约翰·沙里卡斯维里（John Shalikashvili）等人为代表的军方反对快速东扩。根据塔尔博特的回忆录，当时"五角大楼极度反对东扩"，而且军方的"大多数高级官员"也消极对待北约东扩。[2]军方有三个方面的担忧："第一，北约成员国尚未准备好为中东欧国家提供安全保障；第二，渴望加入北约的候选国至少在中短期内只会成为安全消费者而不是安全供给者；第三，俄罗斯会把北约东扩视为安全威胁。"[3]阿斯平表示，"（北约）东扩应该是在（新成员国）逐渐实现了与北约之间的'互操作性'，满足了联盟的政治标准，并且成为联盟安全的贡献者而不是消费者后，水到渠成地提出，而不应该在一开始就加以考虑。"[4]在北约组织层面，虽然在1993年初，北约内部针对邀请中东欧国家加入北约有过非正式讨论，但是"北约的官员们倾向于先暂时搁置东扩议题，应优先关注如何努力加强北约与所有中东欧国家的关系。"[5]当时北约内部除了德国积极支持北约东扩外，法国、英国和意大

---

[1] Chaya Arora, *Germany's Civilian Power Diplomacy: NATO Expansion and the Art of Communicative Action*, p.134.

[2] Strobe Talbott, *The Russia Hand: A Memoir of Presidential Diplomacy*, New York: Random House, 2002, pp.97, 98.

[3] Davide Borsani, "The Origins of the Post-Cold War NATO Enlargement: Stability Projection and Factor of Crisis," in Massimo de Leonardis, ed., *NATO in the Post-Cold War Era: Continuity and Transformation*, Cham: Palgrave Macmillan, 2023, pp.135-136.

[4] Johnson Yu Kwong Louie, *Interest Groups, Executive-Legislative Relations and the U.S. Politics of NATO Enlargement*, pp.77-78.

[5] Chaya Arora, *Germany's Civilian Power Diplomacy: NATO Expansion and the Art of Communicative Action*, p.108.

利以及其他西欧盟国都反对，尤其是法国的担忧较大。[1]

美国内部关于速扩还是缓扩的争论在 1993 年 10 月 18 日的跨部门国家安全委员会会议上终于有了最终结果，主张缓扩的力量占据上风，于是作为妥协产物的"和平伙伴关系计划"被推上历史舞台。本次会议目标主要是为克林顿出席 1994 年北约峰会定调。克林顿本人出席了会议。在会上，安东尼·莱克仍然主张速扩，但是国务卿沃伦·克里斯托弗经过塔尔博特的多次劝说开始转变立场，支持缓扩。[2] 军方代表国防部长阿斯平和欧洲盟军最高司令约翰·沙里卡斯维里、助理国防部长傅立民等人主张暂缓推进东扩，而代之以推出"和平伙伴关系计划"。[3] 据称，国务院和国安会倾向于加强北大西洋合作委员会，但军方期望加强北约与中东欧国家之间的实际军事合作。最后妥协的结果是北大西洋合作委员会作为外交和政治对话论坛，而"和平伙伴关系计划"专注于提升北约与中东欧国家的"互操作性"。[4] 会议最后同意北约 1994 年峰会暂缓公开宣布东扩，先推出"和平伙伴关系计划"。然而，为了弥合美国各部门的分歧，以达成初步的一

---

[1] Michael E. Brown, "The United States, Western Europe and NATO Enlargement," p.21.
[2] Chaya Arora, *Germany's Civilian Power Diplomacy: NATO Expansion and the Art of Communicative Action*, pp. 133-134. 塔尔博特建议，在 1994 年北约峰会上最好不要提及北约可能东扩的任何国家名字或东扩时间表以及入盟标准，以避免自动把俄罗斯排除在东扩大门之外。
[3] Jonathan Eyal, "NATO Enlargement: The Anatomy of a Decision," pp.89-90; James M. Goldgeier, *Not Whether But When: The U.S. Decision to Enlarge NATO*, Washington, D.C.:Brookings Institution Press, 1999, pp.26-29.
[4] Chaya Arora, *Germany's Civilian Power Diplomacy: NATO Expansion and the Art of Communicative Action*, p.140; Gerald B. Solomon, *The NATO Enlargement Debate, 1990-1997: The Blessings of Liberty*, p.28; Davide Borsani, "The Origins of the Post-Cold War NATO Enlargement: Stability Projection and Factor of Crisis," p.136.

致意见，会议刻意模糊了"和平伙伴关系计划"的目标。[1] 根据一位研究者的分析，会议的一个结论就是不对未来可能加入北约的国家设定入盟门槛和具体的时间表，而且明确指出如果中东欧国家的安全受到威胁，北约保证会与其磋商，但不会提供安全保障。换句话说，"'和平伙伴关系计划'拓展了《北大西洋公约》第四条而不是第五条。"[2] 盟约第四条实质上仍然是北约推进"域外行动"的重要基础，因为成员国可以由条款引申开来，认为域外的危险间接影响到了北约的领土完整、政治独立等安全利益，故而成员国有必要行动起来、集体协商解决。由此可见，在1993年前后，美国的战略重点仍然是巩固早期的联盟使命转型进程，继续突破"域外行动"的地理限制，至于"和平伙伴关系计划"能否以及如何发展成入盟方案，留待未来再解决，仅保留了一种事态发展的可能性。根据美国驻北约大使和北约副秘书长亚历山大·弗什博（Alexander Vershbow）后来回忆，国防部制定"和平伙伴关系计划"是"作为对北约东扩方案的一种替代，从而确保可以推迟到20世纪90年代末再考虑新成员的准入"。[3] 在五角大楼看来，"只有在北约确立了合适的军对军关系模式，从而能够有效地将新

---

[1] Johnson Yu Kwong Louie, *Interest Groups, Executive-Legislative Relations and the U.S. Politics of NATO Enlargement*, p.80.

[2] Davide Borsani, "The Origins of the Post-Cold War NATO Enlargement: Stability Projection and Factor of Crisis," p.136.《北大西洋公约》第四条规定："无论何时任何一缔约国认为缔约国中任何一国领土之完整、政治独立或安全遭受威胁，各缔约国应共同协商"。参见《国际条约集 1948—1949》，第 192—193 页。

[3] Alexander Vershbow, "Present at the Transformation: An Insider's Reflection on NATO Enlargement, NATO-Russia Relations, and Where We Go from Here," in Daniel S. Hamilton and Kristina Spohr, eds., *Open Door: NATO and Euro-Atlantic Security After the Cold War*, Washington, D.C.: Foreign Policy Institute, 2019, p.429. 有学者认为国防部期望将北约东扩的决定推迟5—10年。

成员国整合进联盟之后，谈论东扩才有意义。"[1]

有研究者指出，正是从实际和可行性角度出发，当时美国军方正努力"寻找一种能为北约的'域外行动'提供核心框架的概念"，[2]或者如塔尔博特在回忆录里所言，五角大楼当时意识到北约需要与前对手构建一种"切实可行的合作"。[3]"和平伙伴关系计划"恰恰能发挥这样的功能，成为北约"对东方的新拓展"。[4]较之北大西洋合作委员会，"和平伙伴关系计划"既可以根据伙伴国合作意愿做出差别化的制度安排，又聚焦像军演和联合训练等这些实际的军事合作。[5]这样一来，一方面可以训练中东欧国家的军队，使之可以在维和及反恐等行动中提供切实可行的能力上的支持，为北约分担一些负担；另一方面，"和平伙伴关系计划"对欧安会的所有成员开放，原则上并不排斥包括俄罗斯在内的那些无意于加入北约的国家，也可囊括一批欧洲传统中立国，这使得北约借助"和平伙伴关系计划"和"多兵种联合特遣部队"开展"域外行动"有了较大的合法性。

---

[1] James M. Goldgeier, *Not Whether But When: The U.S. Decision to Enlarge NATO*, p.27.

[2] Stanley R. Sloan, "NATO Enlargement in the Beginning: An American Perspective," p.533.

[3] Strobe Talbott, *The Russia Hand: A Memoir of Presidential Diplomacy*, pp.97, 98.

[4] Daniel S. Hamilton, "Piece of the Puzzle: NATO and Euro-Atlantic Architecture After the Cold War," in Daniel S. Hamilton and Kristina Spohr, eds., *Open Door: NATO and Euro-Atlantic Security After the Cold War*, Washington, D.C.: Foreign Policy Institute, 2019, p.17.

[5] Martin A. Smith, *NATO in the First Decade after the Cold War*, p.111.

地区冲突与北约东扩：以1999年科索沃危机与北约的军事干预为例

第三节 增加新成员：冷战结束后北约的首轮领土扩张

1997年马德里峰会时北约正式官宣进行首轮东扩。[1] 但是东扩决策至迟不晚于1994年下半年便已经在美国确定下来了。那些坚持"和平伙伴关系计划"是作为入盟"第一步"的学者们认为，早在1993年10月美国为筹备1994年1月北约峰会时就已经确定。而另外一批学者认为，大约在1994年底，克林顿政府才决心正式启动北约东扩的进程。[2]

---

[1] 在冷战结束后北约东扩经历了多轮东扩，但由于文献丰富度和研究精力的限制，本章主要侧重于考察首轮东扩的决策历程。一方面，在第一轮东扩中，美国既面临内部和盟友的一些质疑，也有对俄罗斯怀柔的考虑，首轮东扩从老布什政府的酝酿、谋划到克林顿政府的积极推进历时较久、内部争论也较为激烈，较能体现美国决策者背后的战略考量；另一方面，由于20世纪90年代冷战结束初期的一些外交档案得到部分解密，加上一些退休官员发表了为数不少的回忆录，加上学界的研究性论文和专著，得益于发生时间最早，较之后面的若干轮东扩，研究首轮东扩具有相对最充分的文献资料优势。此外，基于前文对美国在北约中主导地位的分析，与此同时也出于分析的简洁性，本章主要从美国视角考察北约的首轮东扩决策历程，对于北约其他成员国在其中的作用以及北约内部的谈判过程只能暂时予以忽略，留待后续研究。
[2] 对于美国正式决定东扩时间点的争论，可参见 Richard N. Haass, "Enlarging NATO: A Questionable Idea Whose Time Has Come"; Jonathan Eyal, "NATO Enlargement: The Anatomy of a Decision," p.99; Stanley R. Sloan, "NATO Enlargement in the Beginning: An American Perspective," p.536; Graeme P. Herd and John Kriendler, eds., *Understanding NATO in the 21st Century: Alliance Strategies, Security and Global Governance*, New York: Routledge, 2013, p.52; Davide Borsani, "The Origins of the Post-Cold War NATO Enlargement: Stability Projection and Factor of Crisis," pp.138-139; Edward W. Walker, "Between East and West: NATO Enlargement and the Geopolitics of the Ukraine Crisis," in Agnieszka Pikulicka-Wilczewska, ed., *Ukraine and Russia: People, Politics, Propaganda and Perspectives*, London:E-International Relations, 2016, p.146; Michael E. Brown, "The United States, Western Europe and NATO Enlargement," p.25; Rebecca R. Moore, *NATO's New Mission: Projecting Stability in a Post-Cold War World*, p.25。

一、东扩的组织准备：克林顿政府在 1994 年下半年的人事任命

正如上文所言，美国希望在冷战后维系北约并推动北约东扩的想法早在老布什政府时期就已经有了较为成熟的思考，甚至有了具体的操作方案。在克林顿上台前，北约东扩的"战略理念""政治前提"以及必须具备的"军事要求"都已经初步成型。[1] 当 1994 年 1 月美国推动北约提出"和平伙伴关系计划"时，克林顿原则上无疑倾向于支持北约东扩，但由于内部分歧严重和忌惮俄罗斯的态度，所以，克林顿在 1994 年 1 月北约峰会时，应该是没有下定北约东扩的最终决心。1994 年 1 月 12 日，在峰会第二天与维谢格拉德集团[2]领导人会谈后，克林顿说出了著名的那句话："虽然'和平伙伴关系计划'并不等同于北约的成员国身份"，但他也没有完全杜绝扩张的可能性，因此，"现在（要考虑）的问题已经不再是北约是否要吸收新会员国，而是北约将在何时以及以何种方式去吸纳新成员。"[3] 不过，根据德国方面的访谈材料，这句话是 1993 年 10 月 12 日德国军方代表团访美时，与美国国家安全委员会负责欧洲事务的高级主任沃克会谈时建议加上的，以避免让中东欧国家感到失望。[4] 很显然，克林顿政府接受这个

---

[1] Joshua R. Itzkowitz Shifrinson, "Eastbound and Down: The United States, NATO Enlargement, and Suppressing the Soviet and Western European Alternatives, 1990-1992," p.25.
[2] 维谢格拉德集团（Visegrád Group, V4）是由波兰共和国、匈牙利、捷克共和国和斯洛伐克共和国四国组成的区域性组织，成立于 1991 年 2 月。
[3] Davide Borsani, "The Origins of the Post-Cold War NATO Enlargement: Stability Projection and Factor of Crisis," p.138.
[4] Chaya Arora, *Germany's Civilian Power Diplomacy: NATO Expansion and the Art of Communicative Action*, pp.141-142.

建议更多是出于安抚一些中东欧国家情绪的考虑。正如一位著名北约东扩研究专家所言，当时克林顿政府内部仍存在"深刻的分歧"。[1]

观察克林顿是否决心启动北约东扩的一个重要指标是克林顿政府的人事变动。正是在 1994 年下半年，克林顿对人事布局做了较大调整，把自己的一批亲信安排到重要岗位，并启动北约东扩的安排。1994 年 2 月 23 日，克林顿心腹密友[2]俄罗斯问题专家塔尔博特被提拔为首席副国务卿（The Deputy Secretary of State of the United States）。塔尔博特到任后不久，在 5 月中旬提议其好友也是克林顿心腹之一的理查德·霍尔布鲁克（Richard Holbrooke）担任负责欧洲和加拿大事务的助理国务卿。[3]霍尔布鲁克的任命意味着克林顿政府真正开始决心东扩，将总统的东扩意志落实为具体的政策。[4]此外，在这一时期，亚历山大·弗什博被提拔为国安会负责欧洲事务的主任，丹尼尔·弗里德（Daniel Fried）担任国安会负责中东欧事务主任。[5]这些任命都非常有针对性，把一批东扩支持者推上了决策中枢位置。

这一系列人事任命并不是偶然的，而是为了贯彻克林顿的东扩意志。

---

[1] James M. Goldgeier, "Not When but Who," *NATO Review*, March 1, 2002, https://www.nato.int/docu/review/articles/2002/03/01/not-when-but-who/index.html.

[2] 塔尔博特甚至被詹姆斯·M. 戈德盖尔（James M. Goldgeier）称为克林顿最亲密的朋友，参见 James M. Goldgeier, *Not Whether But When: The U.S. Decision to Enlarge NATO*, p.25. 因此塔尔博特入职可以被看作是克林顿认真落实东扩的真正信号。关于塔尔博特与霍尔布鲁克之间亲密朋友关系的分析，可参见 George Packer, *Our Man: Richard Holbrooke and the End of the American Century*, New York: Alfred A. Knopf, 2019, p.236。

[3] George Packer, *Our Man: Richard Holbrooke and the End of the American Century*, p.288.

[4] Michael E. Brown, "The United States, Western Europe and NATO Enlargement," p.25.

[5] Stanley R. Sloan, "NATO Enlargement in the Beginning: An American Perspective," p.539. 对于这两人的任命，也可参见 James M. Goldgeier, *Not Whether But When: The U.S. Decision to Enlarge NATO*, p.70。

第一章　冷战结束后北约第一轮东扩的决策历程

在克林顿政府时期，美国外交政策的决策模式属于典型的总统模式，即外交政策由总统而不是各官僚机构拍板，国务院也处于执行地位。[1] 因此，北约东扩的实际决策者来自白宫。克林顿1994年7月1日在华沙接受了波兰媒体采访，当被问及北约是否以及怎样扩张时，克林顿表示，"在我看来，北约将要扩张，并且应该走向扩张"，而且"我认为（北约东扩的）时间表应该被制定出来"。[2] 克林顿在华沙的讲话"明显让政府各部门对（东扩）的反对意见锐减"。[3] 9月27日，在招待叶利钦的白宫私人午餐会上，克林顿也告诉叶利钦，"北约即将进行东扩"。[4] 至于克林顿为何在1994年下半年决心推动北约东扩，综合原因肯定很多，但一个突出的因素是国内政治的推动，特别是来自共和党和国会的压力。[5] 共和党控制下的国会倾向于支持北约东扩。在1994年1月底，参议院表达了对北约东扩的兴趣，众议院在4月亦表达了支持态度。[6] 到了9月，国会通过了《1994年加入

---

[1] Maurizio Massari, "US Foreign Policy Decision Making During the Clinton Administration," p.97.

[2] James M. Goldgeier, *Not Whether But When: The U.S. Decision to Enlarge NATO*, p.68. 克林顿的采访也可见 Stanley R. Sloan, "NATO Enlargement in the Beginning: An American Perspective," p.538。

[3] Gale A. Mattox, "The United States: Stability Through Engagement and Enlargement," in Gale A. Mattox and Arthur R. Rachwald, eds., *Enlarging NATO: The National Debates*, Boulder: Lynne Rienner Pub, 2001, p.20.

[4] Daniel S. Hamilton, "Piece of the Puzzle: NATO and Euro-Atlantic Architecture After the Cold War," p.21.

[5] 认为国内政治因素起作用的观点还包括 Lawrence S. Kaplan, "NATO Enlargement: An Overview," p.211; Richard N. Haass, "Enlarging NATO: A Questionable Idea Whose Time Has Come"。当然，克林顿转变立场的最真实历史解释，还要待克林顿时期外交档案全面解密后才能有较为一致的研究结论。

[6] Gale A. Mattox, "The United States: Stability Through Engagement and Enlargement," p.18.

北约法》（NATO Participation Act of 1994），支持将北约东扩作为扩大支持新民主国家内部民主和市场经济制度的一种手段。具体而言就是，国会授权克林顿总统为波兰、捷克、匈牙利和斯洛文尼亚向北约成员国过渡提供大量的军事援助。[1] 除此之外，共和党议会还发起了支持北约东扩的提案，分别是《1994北约扩张法》（NATO Expansion Act of 1994）以及《1994复兴北约法》（NATO Revitalization Act of 1994），不过都没有成功。[2] 在国会中，共和党资深参议员理查德·卢格是激进的东扩支持者，一直批评克林顿在北约东扩方面的迟缓立场。他早在1993年下半年就开始坚定地公开支持北约东扩，主张第一波吸纳波兰、捷克和匈牙利加入北约。到了1994年夏，他再度要求将波、捷、匈三国纳入北约，并批评"和平伙伴关系计划"只是在拖延时间。[3] 1994年中期选举时，共和党借助为选举准备的纲领性文件《与美利坚的契约》（Contract with America）[4] 控制了参众两院。通过这份纲领性文件，共和党一方面突出自己与民主党在内外政策主张上的差异，另一方面，指责克林顿领导下的民主党政府在北约东扩与

---

[1] Stanley R. Sloan, "NATO Enlargement in the Beginning: An American Perspective," p.540; James M. Goldgeier, "The U.S. Decision to Enlarge NATO: How, When, Why, and What Next?" June 1, 1999, p.20, https://www.brookings.edu/articles/the-u-s-decision-to-enlarge-nato-how-when-why-and-what-next/.

[2] Johnson Yu Kwong Louie, *Interest Groups, Executive-Legislative Relations and the U.S. Politics of NATO Enlargement*, p.84.

[3] Chaya Arora, *Germany's Civilian Power Diplomacy: NATO Expansion and the Art of Communicative Action*, pp.125,160.

[4] 有367名共和党国会议员参选者签署了这份宣言，其中支持北约东扩是其三大重要外交政策议程之一，参见James M. Goldgeier, *Not Whether But When: The U.S. Decision to Enlarge NATO*, p.82. 简略的文本原文参见 "The Republican 'Contract with America'（1994），" https://global.oup.com/us/companion.websites/9780195385168/resources/chapter6/contract/america.pdf; "A Contract with America 1994," https://legalectric.org/f/2016/11/Gingrich-CONTRACT.pdf。

应对俄罗斯方面的软弱和失败。[1] 面对中期选举的压力以及共和党对北约东扩的支持，夺走对手作为北约东扩支持者的大旗、适时推进东扩计划，无疑是克林顿在国内选举政治中止损和获益的有效措施。

1994年9月底，理查德·霍尔布鲁克一到任就召开了一个关于北约东扩的跨部门联席会议，各个部门三十多人出席。霍尔布鲁克表示，受克里斯托弗的委托，他受命作为总协调人负责实施总统的东扩决策。[2] 很多研究者依据当时参与者的口述史记录认为，当时理查德·霍尔布鲁克是自作主张，克林顿并不知晓。但考虑到克林顿、霍尔布鲁克和塔尔博特三人的亲密关系，加之彼时在国务卿克里斯托弗、国家安全顾问莱克等高官都反对的情况下仍然被克林顿擢升，霍尔布鲁克必然是被克林顿选中来推进北约东扩政策的，他的背后毋庸置疑有着克林顿的鼎力支持。概言之，虽然军方仍有反对声音，但经过一套人事任命组合拳和跨部门联席会议，"到了1994年年底，克林顿政府内的每个人最终都知道了总统已经支持北约东扩"。[3] 在确定了北约东扩的决心之后，克林顿政府接下来就需要为北约东扩寻找合法性。正如一位研究者指出的，到了1994年底，经过盟友

---

[1] Johnson Yu Kwong Louie, *Interest Groups, Executive-Legislative Relations and the U.S. Politics of NATO Enlargement*, p.86.

[2] James M. Goldgeier, *Not Whether But When: The U.S. Decision to Enlarge NATO*, p.73; Chaya Arora, *Germany's Civilian Power Diplomacy: NATO Expansion and the Art of Communicative Action*, p.166.

[3] James M. Goldgeier, *Not Whether But When: The U.S. Decision to Enlarge NATO*, p.76. 有学者也指出，在克林顿公开表态后军方的反对声音也逐渐消失，参见 Michael E. Brown, "The United States, Western Europe and NATO Enlargement," p.36。

间的密集沟通，北约已经开始考虑"为何扩张"和"如何扩张"的问题。[1]

二、制造舆论声势：北约1995年调研报告

1994年底在解决了"是否要扩大北约"这个问题，下定决心要推动北约东扩后，克林顿政府接着要解决"为何要扩大北约"这一问题，也就是要为北约东扩拿出一套叙事说辞论证东扩的合法性。1995年北约东扩研究报告应运而生。

有研究指出，北约东扩研究报告与兰德智库的早期研究密切相关。[2] 当霍尔布鲁克就任后，他积极寻求兰德智库的罗纳德·阿斯莫斯（Ronald Asmus）为其提供关于北约东扩的智力支持。在12月，罗纳德·阿斯莫斯被塔尔博特聘为北约东扩问题上的助手。[3] 罗纳德·阿斯莫斯及其团队是美国战略界最早一批鼓吹北约东扩的吹鼓手。早在1992年，罗纳德·阿斯莫斯就受雇于兰德公司起草了一份研究报告，较早地提出了北约东扩的想法。[4] 1993年，罗纳德·阿斯莫斯团队联合在美国《外交事务》杂志发表了题为《打造一个新北约》的文章，论证了为何北约要走出去，再度喊出了"北约必须走出去，否则将会走向衰亡"的口号。[5] 在文章中，罗纳德·阿

---

[1] Stanley R. Sloan, "NATO Enlargement in the Beginning: An American Perspective," p.536. 同样的观点可参见 Edward W. Walker, "Between East and West: NATO Enlargement and the Geopolitics of the Ukraine Crisis," p.146; Gale Mattox, "NATO Enlargement and the Untied States: A Deliberate and Necessary Decision," p.81。

[2] Stanley R. Sloan, "NATO Enlargement in the Beginning: An American Perspective," p.540.

[3] Chaya Arora, *Germany's Civilian Power Diplomacy: NATO Expansion and the Art of Communicative Action*, p.166.

[4] *Ibid.*, p.122.

[5] Ronald D. Asmus, Richard L. Kugler and F. Stephen Larrabee, "Building a New NATO," *Foreign Affairs*, Vol. 72, No. 4, 1993, p.31.

斯莫斯团队主张将维谢格拉德集团整合进欧盟和北约，而且认为北约吸纳波捷匈等国也符合美国的国家利益。罗纳德·阿斯莫斯后来还通过"旋转门"升任克林顿政府国务院欧洲局助理国务卿帮办（Deputy Assistant Secretary），直接奔赴推动北约东扩的第一线工作。[1]

在前期研究的基础上，1995年9月，北约正式发布了《关于北约东扩的研究报告》（Study on NATO Enlargement）。报告在开篇就表示："随着冷战终结，在整个欧洲—大西洋区域涌现了打造新的安全框架的独一无二的机会。这种升级的安全结构旨在为整个欧洲—大西洋地区提供不断增加的稳定和安全，而不是寻求制造新的对抗裂痕。"[2] 至于北约东扩有何裨益，这份报告解释道，北约东扩将中东欧国家整合进联盟，可以巩固这些国家国内的自由和安全。具体而言，东扩的功效还包括：鼓励新加入成员国国内的民主化改造；提升友邻之间的友好关系；通过集体防御和增进国防预算与规划的透明度减少地区不稳定；基于共享的民主价值观推动欧洲地区的整合；强化北约通过维和行动为欧洲和国际安全做贡献的能力；深化和拓展跨大西洋关系；等等。作为一份论证北约东扩合理性的宣传性文献，这份报告也列出了北约东扩的几项基本原则和要求，其中较为重要的一点是，排除了存在内部种族冲突和外部领土纠纷等情况国家的入盟资格。此外，报告还特别强调，"并不存在吸收新成员加入北约的固定或严格的准入标准清单，扩大将在个案核准基础上被确定下来。"[3]

有学者表示，报告特意略过了1994年美国军方提到的新加盟成员在军事能力和对接北约军事标准方面的不足与困难，反而更多是"向渴望加

---

[1] Joe Burton, *NATO's Durability in a Post-Cold War World*, p.31.
[2] "Study on NATO Enlargement", *NATO*, September 3, 1995, https://www.nato.int/cps/en/natohq/official_texts_24733.htm.
[3] *Ibid.*

盟者和俄罗斯发出强有力的信号"[1]，这种信号无疑就是为北约扩张寻求合理性，更多发挥的是外交宣言的象征性意义。但时任国务院规划司高级副主任史蒂夫·弗拉纳根在回忆文章中却认为，《关于北约东扩的研究报告》"澄清了（东扩）目的，确立了一组清晰的（东扩）标准。这些标准指导了北约东扩的进程，最终促使波兰、捷克和匈牙利于1999年，以及另外7个中东欧国家于2004年加入北约"。[2] 需要指出的一点是，史蒂夫·弗拉纳根将报告视为北约东扩路线图的看法明显言过其实了。这是因为：一方面，报告本身就没有给出可操作化的严格的入盟标准，仅仅为入盟申请国设定了一些"预期"，如恪守北约的义务、坚持走民主道路、同意北约的一致决策原则等等。[3] 报告对于成员国的要求已经比美国军方1994年的要求大幅放松了，并非真正的准入标准。正如一位学者所言，报告"反映了那些不想继续等待的人的胜利"。[4] 另一方面，在中短时期内，中东欧成员国都难以完全向北约标准看齐，甚至到了1999年，第一轮加入的国家都不符合北约的标准要求。由此可见，《关于北约东扩的研究报告》核心意义就是释放信号，宣告北约已经决心东扩。至于北约如何解决"怎样东扩"的问题，那就是后来双轨战略的任务了。

---

[1] James M. Goldgeier, *Not Whether But When: The U.S. Decision to Enlarge NATO*, p.95.
[2] Stephen J. Flanagan, "NATO From Liaison to Enlargement: A Perspective from the State Department and the National Security Council 1990-1999," in Daniel S. Hamilton and Kristina Spohr, eds., *Open Door: NATO and Euro-Atlantic Security After the Cold War*, Washington, D.C.: Foreign Policy Institute, 2019, p.108.
[3] Jonathan Eyal, "NATO Enlargement: The Anatomy of a Decision," p.705.
[4] James M. Goldgeier, *Not Whether But When: The U.S. Decision to Enlarge NATO*, p.95.

三、东进欧洲与安抚俄罗斯：北约如何东扩的双轨战略"路线图"

  1994—1995 年间，克林顿政府决心推进东扩，并通过公开发布《关于北约东扩的研究报告》昭示国际社会北约为何要东扩的同时，美国关于如何在政策角度推进北约东扩的"路线图"也在逐渐成型中。根据时任国安会负责欧洲事务主任亚历山大·弗什博的回忆，1994 年秋，国家安全委员会高层为了贯彻克林顿北约东扩政策愿景，秘密制定了一份名为《迈向北约东扩》（Moving Toward NATO Expansion）的关于北约如何一步步东扩的纲领性文件，它也被称为北约东扩的战略性"路线图"（roadmap）。根据一份如今已经解密、标明为 1994 年 10 月 4 日印发的原始档案，这份"路线图"提出了北约东扩的目标（objectives）、理论基础（rationale）、原则（criteria）、时间节点（timing）以及短期的战略（strategy）。这一"路线图"被认为是"双轨战略"（a two-track strategy），一个进程是"最终促成北约实现东扩目标"，另一进程则为"打造一个制度化的（北约）与俄罗斯伙伴关系"。[1] 该战略确立了五大目标，除了在中期将北约东扩到第一批未纳入的国家、与欧盟协调北约的东扩、允许新成员享有北约全部权利等之外，最重要的就是要以某种条约形式构建一种"北约与俄罗斯之间的制度化关系"。这份文件正式提出要确立让某些"和平伙伴关系计划"成员国能够最终加入北约的预期，并且北约东扩将是"渐进式的"，且不针对俄罗斯，而且长期来看，不应该排除民主的俄罗斯最终加入北约的可能性。就东扩的成员国准入标准来看，该"双轨战略"强调要避免给出具体、精确的入盟要求，而只是坚持一些诸如民主政体、市场经济、与友邻

---

[1] Alexander Vershbow, "Present at the Transformation: An Insider's Reflection on NATO Enlargement, NATO-Russia Relations, and Where We Go from Here," p.430.

的良好关系等"前提条件",淡化了成员国是否在军事上与北约标准兼容。就时间节点而言,该报告提出最早大约在克林顿第二个任期的前半段,也就是1996—2000年的中间时段,宣布第一批候选国。[1] 此外,就1994年底克林顿政府短期内要完成的目标而言,要启动对北约扩大框架的正式评估进程,初步勾勒吸纳潜在新成员的标准,进一步推进"和平伙伴关系计划"的实施,为北约—俄罗斯关系设定更高的目标等等。[2] 解密档案显示,1994年9月克林顿与叶利钦的私人通信中就体现了这种双轨战略。克林顿一方面对叶利钦表示"北约将会东扩",另一方面又强调,"北约东扩并不是反俄,而且俄罗斯并没有被排除在(东扩进程)之外。东扩也未制定时间表。"[3] 从后来北约1997年正式宣布东扩,与俄罗斯缓和关系,甚至把俄罗斯拉入G7集团等历史细节来看,《迈向北约东扩》制定的"双轨战略"当之无愧是克林顿政府推进北约东扩的实施"路线图"。

(一)温水煮青蛙:北约"缓扩"战略的考量

显而易见,北约东扩的"双轨战略"是克林顿政府内部各派力量博弈的折中产物,既不同于国务院和国安会的"速扩"立场,也违背了军方"迟扩"的意志,实际上是一种妥协的政策结果。这一战略旨在通过"在北约与俄罗斯之间加强正式的纽带和增进协商来强化相互信任与合作,从

---

[1] 以上报告内容,可参见 "Moving Toward NATO Expansion," Declassified National Security Archives, October 4, 1994, pp.1-3, https://www.archives.gov/files/declassification/iscap/pdf/2016-140-doc05.pdf。

[2] Daniel S. Hamilton, "Piece of the Puzzle: NATO and Euro-Atlantic Architecture After the Cold War," p.21.

[3] "Memorandum of Conversation Between Clinton and Yeltsin," in U.S. Department of State, *Declassified National Security Archives*, September 28, 1994, U.S. Department of State, Case No. F-2017-13804, Declassified National Security Archives, https://nsarchive.gwu.edu/document/27158-doc-04-memorandum-conversation-between-clinton-and-yeltsin.

而向俄罗斯提供安全保证",进而"为巩固中东欧国家以及俄罗斯自身民主改革和将这些国家的防御力量整合进北约系统赢得时间"。[1]这套战略更接近于塔尔博特的立场。他在写给威廉与玛丽学院教授葛雷森（George Grayson）的一封信中表示，"我的确反对快速接纳，因为我认为仓促推进会使赌注太高、情势过于复杂。东扩应该是个深思熟虑的过程，而不应鲁莽行事。"[2]塔尔博特在其自传中表示，他并不认为东扩本身是个坏主意，但是认为东扩时间节点的掌控很关键。如果像速扩派主张的那样快速推进，北约会犯大错误。北约东扩必须避免美俄关系像火车脱轨一样失控。[3]1994年12月21日，克林顿政府优化了双轨战略，在不允许俄罗斯拥有否决权的情况下，以北约国家加俄罗斯的"16+1"模式，进一步提升了俄罗斯的咨询地位，其目的是让俄罗斯即使不"同意"也可以"理解"北约的东扩。[4]

北约—俄罗斯关系在叶利钦时代一度延续了戈尔巴乔夫时代的蜜月期。在1990年德国统一时北约做出的不东扩的非正式保证背景下，在戈

---

[1] A. Thomas Lane, "The Baltic States, the Enlargement of NATO and Russia," *Journal of Baltic Studies,* Vol. 28, No. 4, 1997, pp.301-302.

[2] Johnson Yu Kwong Louie, *Interest Groups, Executive-Legislative Relations and the U.S. Politics of NATO Enlargement*, p.82.

[3] Strobe Talbott, *The Russia Hand: A Memoir of Presidential Diplomacy*, p.99. 也有学者认为布热津斯基也帮助设计了这一双轨战略，参见Joe Burton, *NATO's Durability in a Post-Cold War World*, pp.29-30。

[4] Davide Borsani, "The Origins of the Post-Cold War NATO Enlargement: Stability Projection and Factor of Crisis," p.141.

尔巴乔夫时期，奉行"自由国际主义"、主张融入欧洲、"回归文明"[1]的改革派一度将加入北约作为俄罗斯的国家目标。根据美国前国务卿贝克的说法，1990年前后，戈尔巴乔夫曾经三次讨论俄罗斯加入北约的可能性。[2] "1991年叶利钦给时任北约秘书长写信时也表示俄罗斯考虑将加入北约作为长期的政治目标。"[3] 1992年，苏联解体后俄罗斯的首任外交部长、大西洋主义者安德烈·科兹列夫（Andrei Kozyrev）在《外交事务》发文表示，俄罗斯领导人已不再简单地视北约为敌人。[4] 然而1993年之后发生的一系列事件导致北约方面逐渐认为俄国国内从民主化和市场改革转向了民族主义，美国以及北约与俄罗斯的蜜月期走向终结。[5] 大约在这一时期，美国也逐渐放弃了"俄国优先"的政策，对俄罗斯未来的意图和发展趋势评估开始趋于消极。1993年8月25日，叶利钦访问华沙时对波兰可能加入北约表示了"理解"，但是叶利钦的态度遭到俄国内各政治力量，

---

[1] Michael C. Williams and Iver B. Neumann, "From Alliance to Security Community: NATO, Russia, and the Power of Identity," *Millennium: Journal of International Studies*, Vol. 29, Issue 2, 2000, p.375; *Regional Perspectives Report on Russia*, NATO, p.14, https://www.act.nato.int/wp-content/uploads/2023/05/regional-perspectives-2021-01.pdf; Andrei Kozyrev, "Russia and NATO Enlargement: An Insider's Account," in Daniel S. Hamilton and Kristina Spohr, eds., *Open Door: NATO and Euro-Atlantic Security After the Cold War*, Washington, D.C.: Foreign Policy Institute, 2019, pp.451, 452.

[2] James A. Baker III, "Russia in NATO?" *The Washington Quarterly*, Vol.25, No.1, 2002, p.102.

[3] 吴文成：《从科索沃战争到乌克兰危机：北约东扩与俄罗斯的"战略觉醒"》，《俄罗斯东欧中亚研究》2022年第3期，第10页。

[4] Andrei Kozyrev, "Russia: A Chance for Survival," *Foreign Affairs*, Vol. 71, No. 2, 1992, p.15.

[5] Tuomas Forsberg and Graeme Herd, "Russia and NATO: From Windows of Opportunities to Closed Doors," *Journal of Contemporary European Studies*, Vol. 23, Issue 1, 2015, p.44. 具体的冲突性事件可参见 Taras Kuzio, "NATO Enlargement: The View from the East," *European Security*, Vol. 6, Issue 1, 1997, p.50。

第一章 冷战结束后北约第一轮东扩的决策历程

特别是军方的一致批评，于是，1993年9月中旬叶利钦写信给北约领导人反对北约东扩、吸纳中东欧国家，认为这将是再度孤立莫斯科之举，并重申了北约领导人在德国统一时对俄罗斯做出的不东扩一步的非正式口头保证。[1] 可以说，在1993年底前后，面对北约可能的东扩，俄罗斯日益表现出警惕和反对的态度。例如1993年发布的俄罗斯军事学说表示，北约若拓展到波罗的海地区将威胁到俄罗斯重要的国家利益。[2] 但是，俄罗斯反对北约东扩的态度并不坚决。正如一位研究者所指出的，在整个20世纪90年代，俄罗斯一直在认同自己是西方的一部分还是独立的国家之间摇摆不定。[3] 这种摇摆的态度和模糊的立场也同样体现在俄罗斯对待北约东扩的态度上。例如，在1993年9月15日写给克林顿的信中，叶利钦表示："我们意识到，任何将中东欧国家整合进北约的行为并不会自动构建敌视俄罗斯的联盟，我们并没有将北约视为针对俄罗斯的军事同盟。"[4] 当1994年

---

[1] Chaya Arora, *Germany's Civilian Power Diplomacy: NATO Expansion and the Art of Communicative Action*, p.135. 有很多学者认为，叶利钦承认波兰加入北约的权利，鼓励了美国与候选国开始第一次非正式谈判。1993年8月，在俄罗斯对波兰加入北约表示谅解后，9月美国便与维谢格拉德集团四国进行了第一次非正式入盟会谈。参见 Davide Borsani, "The Origins of the Post-Cold War NATO Enlargement: Stability Projection and Factor of Crisis," p.8. 而根据塔尔博特的回忆录，叶利钦随行的俄罗斯官员认为俄罗斯总统只是表达一种"私人观点"，并不是正式的国家立场。不过安德烈·科兹列夫在回忆中却认为是自己和国防部长建议叶利钦同意波兰人在最后一刻加上的加入北约的愿景，参见 Strobe Talbott, *The Russia Hand: A Memoir of Presidential Diplomacy*, p.96; Andrei Kozyrev, "Russia and NATO Enlargement: An Insider's Account," p.454。

[2] Stephen J. Blank, *NATO Enlargement and the Baltic States: What Can the Great Powers Do*? November 18, 1997, p.1, https://www.files.ethz.ch/isn/47654/NATO_Enlargement_Baltic.pdf.

[3] S. Neil MacFarlane, "NATO in Russia's Relations with the West," p.283.

[4] "Retranslation of Yeltsin Letter on NATO Expansion," Declassified National Security Archives, U.S. Department of State, Case No. M-2006-01499, September 15, 1993, p.3, https://nsarchive.gwu.edu/document/16376-document-04-retranslation-yeltsin-letter.

1月13日克林顿前往莫斯科兜售"和平伙伴关系计划"时,叶利钦当即就表示了认可。北约领导人逐渐意识到,虽然俄罗斯本能上反对北约东扩,但是北约通过提供各种伙伴关系能够安抚俄罗斯。[1]

(二)一波三折:北约与俄罗斯的制度化合作

虽然很多观察家认为美国和北约推出"和平伙伴关系计划"的一大重要动因就在于安抚俄罗斯,但是在早期它的安抚效果并不理想。俄罗斯尽管在1994年6月22日与北约签署了"和平伙伴关系计划"协议,但在最初的热情过后,俄罗斯官员逐渐认为"和平伙伴关系计划"并不是克林顿告诉叶利钦那样是对北约东扩方案的"替代",而实际是通向东扩的"直通车"。根据时任俄罗斯外交部长安德烈·科兹列夫的回忆,时任联邦安全局(FSB)局长的叶普根尼·普里马科夫(Yevgeny Primakov)"告诉叶利钦克林顿欺骗了他","'和平伙伴关系计划'只是个诡计,目的在于将中东欧国家拖进北约……俄罗斯媒体逐渐也认同了这一怀疑。"[2] 1994年下半年,俄罗斯提高了反对北约东扩的调子,开始推出欧安会作为北约的替代。1994年11月29日叶利钦写信给克林顿,主张加强欧安会的地位,但遭到北约领导人的拒绝。[3] 俄罗斯对北约东扩的不安在1994年底的欧安会上表现得更为明显,叶利钦与克林顿在会上发生了激烈的立场对立。叶利钦提醒北约东扩会将俄罗斯变成敌人。叶利钦进一步警告称,北约东扩

---

[1] Andrew T. Wolff, "The Future of NATO Enlargement After the Ukraine Crisis," *International Affairs*, Vol. 91, No. 5, 2015, p.1106.

[2] Andrei Kozyrev, "Russia and NATO Enlargement: An Insider's Account," p.455. 俄罗斯于1994年12月拒绝"个别伙伴关系项目"协定,直到1995年5月才最终签署,参见 Seth A. Johnston, *How NATO Adapts: Strategy and Organization in the Atlantic Alliance since 1950*, Baltimore: Johns Hopkins University, 2017, p.156。

[3] Davide Borsani, "The Origins of the Post-Cold War NATO Enlargement: Stability Projection and Factor of Crisis," p.140.

将可能把欧洲拖入"冷和平"。[1]

为了继续实施双轨战略，1995年3月，美国国防部长佩里召集英法德国防部长召开会议，四方一致同意在推进北约第一轮东扩之时，要做好俄罗斯的工作，要积极构建北约与俄罗斯的战略性伙伴关系。[2]1995年3月俄罗斯原则上同意了"个别伙伴关系项目"协定，但是北约干预波黑内战又导致美俄关系趋于紧张。俄罗斯激烈批评北约1995年8月对塞族人的空袭行动。鉴于俄罗斯将于1996年进行大选，克林顿许诺在俄国大选之年不会推动北约东扩。[3]有评论认为，北约在1995年迟迟不宣布哪些国家和何时进行东扩，就是确保叶利钦能有最大的机会赢得1996年大选。[4]1996年2月，克林顿宣称北约将以"渐进、透明和可操作化方式"推进东扩，与此同时，北约与俄罗斯之间建立一种紧密的合作关系是北约最重要的目标之一。[5]1996年初普里马科夫接替安德烈·科兹列夫担任俄罗斯外长，接管俄罗斯对北约的谈判。7月，普里马科夫提议，以北约保证不在俄罗斯周边部署军事武器以及北约—俄罗斯合作条约不能停留于双边宣言为基础寻求双方的利益交换和互相妥协。7月29日，普里马科夫与德国

---

[1]　Daniel Williams, "Yeltsin, Clinton Clash over NATO's Role," *The Washington Post*, December 6, 1994, https://www.washingtonpost.com/archive/politics/1994/12/06/yeltsin-clinton-clash-over-natos-role/19b7b3a1-abd1-4b1e-b4b2-362f1a236ce9/; Norman Kempster and Dean E. Murphy, "Broader NATO May Bring 'Cold Peace,' Yeltsin Warns," *Los Angeles Times*, December 6, 1994, https://www.latimes.com/archives/la-xpm-1994-12-06-mn-5629-story.html.

[2]　Chaya Arora, *Germany's Civilian Power Diplomacy: NATO Expansion and the Art of Communicative Action*, p.174.

[3]　Andrei Kozyrev, "Russia and NATO Enlargement: An Insider's Account," p.457.

[4]　Michael E. Brown, "The United States, Western Europe and NATO Enlargement," p.26.

[5]　Davide Borsani, "The Origins of the Post-Cold War NATO Enlargement: Stability Projection and Factor of Crisis," p.142.

外交部长克劳斯·金克尔（Klaus Kinkel）谈话时提到了俄罗斯的两条底线，即北约不在俄罗斯周边部署军事力量以及前苏联共和国特别是乌克兰不能加入北约。[1]当叶利钦再度赢得大选后，美国推进北约东扩的动作加快。1996年7月底，美国参众两院相继通过《北约扩大促进法》（NATO Enlargement Facilitation Act），其中众议院以353票对65票、参议院以81票对16票大比例优势通过。[2] 1996年9月，美国国务卿克里斯托弗宣布将于1997年召开北约峰会，届时将讨论第一轮东扩问题。[3]因1996年美俄国内大选而趋于停滞的外交接触，直到1997年2月克林顿再次当选后，美国才开始启动密集的外交攻势，安抚俄罗斯、宣布首轮东扩入选名单、安抚首轮东扩未被邀请的前苏东国家。[4] 1997年初，美国国务卿奥尔布莱特（Madeleine Albright）访问莫斯科，再度向俄罗斯做出一系列口头承诺，保证北约东扩不危害俄国利益。[5]在1997年3月俄美赫尔辛基会谈中双方达成初步协议，叶利钦虽然坚称北约东扩是个错误，但表示俄不得不接受北约东扩，作为交换，美邀请俄加入G7，并建立北约与俄罗斯之间的正式的、制度化合作协定。此外，叶利钦还呼吁与美国签订君子协定，让北约承诺

---

[1] 以上内容参见 Chaya Arora, *Germany's Civilian Power Diplomacy: NATO Expansion and the Art of Communicative Action*, p.185。

[2] James M. Goldgeier, *Not Whether But When: The U.S. Decision to Enlarge NATO*, p.104. 国会还授权6千万美元拨款支持北约东扩，参见 Ryan C. Hendrickson, "The Enlargement of NATO: The Theory and Politics of Alliance Expansion," *European Security*, Vol. 8, Issue 4, 1999, p.91。

[3] Michael E. Brown, "The United States, Western Europe and NATO Enlargement," p.28.

[4] *Ibid*.

[5] Noah Rothman, "Madeleine Albright's NATO Expansion Helped Keep Russia in Check," March 25, 2022, https://www.msnbc.com/opinion/msnbc-opinion/madeline-albright-used-nato-shrink-russia-s-influence-n1293001.

前苏联加盟共和国不加入北约，但提议遭到克林顿拒绝。[1]对于北约与俄罗斯协定的措辞在会谈中一直存有分歧，俄罗斯方面采用一个更具法律约束力的"条约"（treaty），而北约方面则主张用更灵活性和非正式的"宪章"（charter）。[2]实际上从1997年1月20日到5月14日，俄罗斯外长普里马科夫与北约秘书长索拉纳进行了六轮谈判，就最终的文本事宜进行密谈。[3]双方最终于5月27日就协定文本达成最终妥协，签署了《俄罗斯与北约基本法》（NATO-Russia Founding Act）。

《俄罗斯与北约基本法》包括五个部分，决定建立北约—俄罗斯常设联合理事会（NATO-Russia Permanent Joint Council），除了申明北约与俄罗斯互相没有针对对方行动的否决权之外，北约还保证"没有意图、没有计划和没有理由"在新成员国领土上部署核武器。[4]北约同俄罗斯签署基本文件的目的是"通过提升俄罗斯在欧洲安全中的重要性、给予俄罗斯在与北约关系中发声的机会和特定的协商地位但又不让其对北约东扩拥有否决权的方式，鼓励俄罗斯接受北约东扩"。[5]《俄罗斯与北约基本法》的签订无疑是美国双轨战略的实施成果，即打造北约与俄罗斯之间的制度化的合作关系，但是这种制度化合作是基于杜绝俄罗斯的否决权上，其实并没有达到俄方所希望的具有较强的法律约束意义。正如一位研究者所指出的，《俄罗斯与北约基本法》只是一种"政治承诺"，并不具有正式法律

---

[1] Davide Borsani, "The Origins of the Post-Cold War NATO Enlargement: Stability Projection and Factor of Crisis," p.143.

[2] Lawrence S. Kaplan, "NATO Enlargement: An Overview," p.213.

[3] Chaya Arora, *Germany's Civilian Power Diplomacy: NATO Expansion and the Art of Communicative Action*, p.190.

[4] Davide Borsani, "The Origins of the Post-Cold War NATO Enlargement: Stability Projection and Factor of Crisis," p.144.

[5] Center for Preventive Action, *Reducing Tensions Between Russia and NATO*, p.10.

效力，因而不具约束性。[1] 北约—俄罗斯常设联合理事会也仅仅是一个"论坛"，制度化程度并不高。对于北约来说，《俄罗斯与北约基本法》在不给予俄罗斯对北约东扩的否决权而仅仅具有咨商权的基础上，通过一定程度上的制度化合作机制，有效地安抚了俄罗斯对东扩的反对情绪。《俄罗斯与北约基本法》的签订"不但允许北约开启 1997 年的马德里峰会，更重要的是，还有效地弱化了那些认为俄罗斯不会接受北约东扩的（批评）声音"。[2]

（三）说服国内民众：美国双轨战略的重要拼图

随着《俄罗斯与北约基本法》的签订，北约与俄罗斯建立了制度化的联系，事实上扫清了北约第一轮东扩的主要障碍，美国的双轨战略路线图也完成了重要的一环。而推进美国内部协调，特别是获得国会的批准，以及北约内部关于第一批入选名单的协商，则是落实双轨战略路线图较为轻松的一环。甚至在美俄关键性的妥协谈判还在进行时，克林顿总统在 1996 年 10 月就宣布北约即将于马德里峰会官宣东扩，并将于 1999 年北约成立五十周年之际正式接纳新成员。[3] 虽然美国和北约盟国对于第一轮东扩名单有些分歧，但是美国决定吸收波、捷、匈三国的意见最终毫无意外地再次胜出。尽管波、捷、匈三国是美国和欧洲盟国都能接受的候选国，但是法国、意大利、希腊、土耳其、比利时等国期望能将罗马尼亚和斯洛文尼

---

[1] Rein Müllerson, "NATO Enlargement and the NATO-Russian Founding Act: The Interplay of Law and Politics," *The International and Comparative Law Quarterly,* Vol. 47, No. 1, 1998, pp.200-204.

[2] James M. Goldgeier, *Not Whether But When: The U.S. Decision to Enlarge NATO*, pp.116-117.

[3] Stanley R. Sloan, "NATO Enlargement in the Beginning: An American Perspective," p.541.

亚也纳入第一波。[1]在 1997 年 5 月，奥尔布莱特公开宣布美国支持波、捷、匈三国后，虽然欧洲盟国仍属意罗马尼亚和斯洛文尼亚，但到了 7 月马德里峰会时，"没有国家采取持续而有效的努力去挑战美国关于只接纳三国入盟的领导权。"[2]美国决策者的如意算盘是，波、捷、匈三国作为第一波名单，而罗马尼亚、斯洛文尼亚、保加利亚等国则留待第二波。[3]

赢得国会对于东扩的支持对于克林顿政府来说，同样是双轨战略的重要内容。为了说服国会同意北约东扩，克林顿任命了国安会总统立法事务特别助理吉米·罗斯纳（Jeremy Rosner）作为协调人。罗斯纳是国会问题研究专家，也是北约东扩的支持者。[4]罗斯纳领导的国务院单独设立的"北约扩大批准办公室"（NATO Enlargement Ratification Office）的工作目标就是获取东扩所需要的国会三分之二多数批准票。此外，参议院多数党领袖洛特（Trent Lott）在参议院创立了"北约守望小组"（NATO Observer Group），推动北约东扩，小组最终包括 28 名参议员。[5]在接下

---

[1] 九国支持三国之外再加上罗马尼亚和斯洛文尼亚，而美英德挪威主张候选名单限定于三国。参见 Michael E. Brown, "The United States, Western Europe and NATO Enlargement," pp.31-33。

[2] Ryan C. Hendrickson, "The Enlargement of NATO: The Theory and Politics of Alliance Expansion," p.90. 关于美国提前决定了第一轮入盟名单的讨论，还可参见 Stanley R. Sloan, "NATO Enlargement in the Beginning: An American Perspective," p.542。

[3] Taras Kuzio, "NATO Enlargement: The View from the East," p.49.

[4] 他曾于 1996 年在《外交事务》上发表论文，系统阐述了国会如何批准北约东扩问题。参见 Jeremy D. Rosner, "NATO Enlargement's American Hurdle: The Perils of Misjudging Our Political Will," *Foreign Affairs*, Vol. 75, No. 4, 1996, pp.9-16。

[5] 罗斯纳回忆文章认为这一想法最早是其向肯尼迪政府提出的，具体细节可参见 Jeremy D. Rosner, "Winning Congressional and Public Support for NATO Enlargement, and the Political Psychology of Collective Defense," in Daniel S. Hamilton and Kristina Spohr, eds., *Open Door: NATO and Euro-Atlantic Security After the Cold War*, Washington, D.C.: Foreign Policy Institute, 2019, pp.390-391。

来的1997—1998年，"北约守望小组"安排了一系列议员与克林顿政府官员、候选国外交人员的对话与会议。[1] 与此同时，在1997年10月和11月，参议院对外关系委员会安排了一系列听证会，国务卿奥尔布莱特、基辛格（Henry Kissinger）、布热津斯基（Zbigniew Brzezinski）以及部分政府官员和智库研究员、高校学者等都到场接受了议员的问询。根据参议院披露的档案，相关听证会主题包括对北约东扩的支持或反对意见、波捷匈三国入盟的资格问题、北约东扩的成本—收益问题以及联盟内部的成本分担、北约与俄罗斯关系、公众对于北约东扩的看法等。[2] 虽然也有一些反对声音，但是主流是支持北约东扩。经过一系列努力，参议院对外关系委员会在1998年3月3日，以16票比2票通过北约首轮吸纳波捷匈的计划。参议院也毫不意外地于1998年4月30日以80票对19票的绝对优势批准了北约东扩方案。

四、小结

至此，克林顿政府推动北约东扩的双轨战略得以成功实施，北约第一轮东扩看上去已经水到渠成，美国及其欧洲盟国接下来都在兴奋地而略显焦虑地等待1999年波、捷、匈三国的如约入盟。然而就在北约1997年宣布第一轮东扩计划之时，地处中东欧柔软腹部的巴尔干地区战火再起。在

---

[1] Stanley R. Sloan, "NATO Enlargement in the Beginning: An American Perspective," pp.543-545. 罗斯纳表示，小组内议员与克林顿总统、政府高官和中东欧领导人进行了17场对话。参见 Jeremy D. Rosner, "Winning Congressional and Public Support for NATO Enlargement, and the Political Psychology of Collective Defense," p.391。

[2] "The Debate on NATO Enlargement: Hearings Before the Committee on Foreign Relations, United States Senate, One Hundred Fifth Congress, First Session, October 7, 9, 22, 28, 30 and November 5, 1997," U. S. Government Printing Office,1998, https://www.govinfo.gov/content/pkg/CHRG-105shrg46832/pdf/CHRG-105shrg46832.pdf.

1997年到1998年间，由科索沃分离势力引发的前南联盟内战加剧。在不到一年时间里，科索沃危机的加剧一方面导致南联盟地区特别是科索沃局势骤然升温，难民激增，引发广泛的国际关注。另一方面，正如一位研究者所言，"在北约东扩的进程中，前南斯拉夫地区是其扩张的一大障碍。因为塞尔维亚是俄罗斯在东南欧地区的最后一个战略空间，于是分裂塞尔维亚控制科索沃进而掌控巴尔干，向里海和中亚地区扩张，成为美国和北约新的战略构想。"[1] 在东扩的压力下，彼时巴尔干地区局势的不稳定反而为北约证明自己在冷战后仍然是主导性的地区安全组织提供了绝佳的机会。美国和其领导下的北约一反早期对待科索沃危机较为中立和不军事介入的战略，转而积极干预，希望快速解决科索沃危机为1999年北约峰会祭旗和开路的心态已经昭然若揭。在北约1999年要如期启动第一轮东扩"时间窗口"的压力下，美国推动北约快速从和谈方案切换到军事干预方案，转而积极支持并改造科索沃分裂势力，最终导致北约1999年3月空袭南联盟，事实上推动科索沃独立，启动了北约自成立以来第一次大规模联合对外军事干预行动。北约对南联盟的战争以牺牲小国主权为代价证明了自身的战略可信度和军事能力、快速消除了内部对东扩的反对声音。更为重要的是，北约此轮对西巴尔干局势的武力干预，也为后来美国领导下的北约抛开联合国相继对阿富汗、利比亚、叙利亚等主权国家进行军事打击开创了糟糕的先例。

---

[1] 刘会宝：《科索沃独立的根源、动因及困境》，《俄罗斯研究》2008年第2期，第80页。

第二章

科索沃危机的发酵与地区分离势力的独立大战略

地区冲突与北约东扩：以 1999 年科索沃危机与北约的军事干预为例

众所周知，科索沃危机有着非常深刻的种族、历史和宗教根源。以科索沃为代表的巴尔干地区，种族、宗教冲突已延续了几百年，种族间的互相仇杀甚至可以追溯至中世纪。"从奥斯曼帝国统治开始算起，近 800 年以来科索沃的控制权在塞族和阿族之中来回易手。"[1] 近代的冲突则可以追溯到一战和二战。例如二战时期克罗地亚人曾对塞尔维亚人进行过大屠杀，导致后者在波黑冲突中加以血腥报复。[2] 当意大利在二战时期占领塞尔维亚领土时，当时的科索沃阿族人为报复一战后塞族对他们的压制，也大肆驱逐成千上万的塞族人离开家园。[3]

二战胜利后，铁托统治下的南斯拉夫是半联邦制国家，[4] 1990 年前南斯拉夫解体时共有 6 个加盟共和国和 2 个自治地区，其中之一便是科索沃。1946 年南斯拉夫宪法规定科索沃地区为科索沃—梅托希亚自治区（Autonomous Region of Kosovo-Metohija）。在 1963 年，科索沃—梅托希亚自治区升格为自治省。再经由 1974 年宪法，科索沃拥有了自己的政府、

---

[1] Michael E. Smith, "NATO, the Kosovo Liberation Army, and the War for an Independent Kosovo: Unlawful Aggression or Legitimate Exercise of Self-Determination?" *Army Lawyer*, No.2, 2001, p.1.

[2] Rodney P. Carlisle and J. Geoffrey Golson, *Turning Points—Actual and Alternate Histories: The Reagan Era from the Iran Crisis to Kosovo*, Santa Barbara: ABC-CLIO, Inc., 2007, p.206.

[3] James Ker-Lindsay, *Kosovo: The Path to Contested Statehood in the Balkans*, London: I.B. Tauris, 2009, p.9.

[4] Aleksandar Pavković, *The Fragmentation of Yugoslavia: Nationalism and War in the Balkans*, Hampshire:Palgrave Macmillan, 2000, p.69. 铁托为了维持国家统一采取了"塞弱而南强"的民族政策，刻意弱化和打压占主导优势的塞族。参见郝时远：《帝国霸权与巴尔干"火药桶"——从南斯拉夫历史解读科索沃的现实》，第 268 页。

警察和银行系统，[1] 享有相对独立的行政、司法、教育等权力。到了 20 世纪 90 年代前南斯拉夫解体时，科索沃虽然没有共和国的名义，但是享有共和国的一切权利。[2] 科索沃阿族人的民族分离运动虽然由来已久，但真正发酵还是受冷战结束、东欧剧变等国际大格局的影响，特别是前南斯拉夫的解体直接加速了科索沃阿族人的离心倾向和分裂运动。或者更精确地说，科索沃危机的爆发是"在一片已经惨遭暴力蹂躏的土地上多年来不断累积的紧张、敌意以及种族仇杀狂热的结果"。[3]

第一节 20 世纪 90 年代科索沃民族分离运动的种族、经济和社会根源

科索沃是塞尔维亚东正教会的发源地。[4] 对于塞尔维亚人来说，科索沃是历史和宗教"圣地"，或者说是"塞尔维亚的耶路撒冷"。塞尔维亚的国家认同建立在对东正教认同的基础上。在近代民族主义兴起之前，借助宗教对立，奥斯曼帝国和穆斯林被视为塞尔维亚的敌对"他者"，进

---

[1] James Pattison, *Humanitarian Intervention and the Responsibility to Protect: Who Should Intervene?* Oxford: Oxford University Press, 2010, p.6.

[2] Richard Caplan, "International Diplomacy and the Crisis in Kosovo," *International Affairs*, Vol. 74, Issue 4, 1998, p.748.

[3] Peter Ronayne, "Genocide in Kosovo," *Human Rights Review*, Vol. 5, Issue 4, 2004, p.57.

[4] Dale C. Tatum, *Genocide at the Dawn of the Twenty-First Century: Rwanda, Bosnia, Kosovo, and Darfur*, p.110.

而塑造了塞尔维亚的国家认同。[1] 1389年6月28日,塞尔维亚在科索沃被土耳其打败,那里更被赋予了浓厚的历史悲情色彩,成为19世纪塞尔维亚民族主义[2]的重要精神源头。在中世纪晚期,科索沃是塞尔维亚王国的一部分,塞尔维亚民族主义者一直视其为欧洲抵御奥斯曼帝国穆斯林入侵的桥头堡,[3]这种悲情的反抗者身份是塞尔维亚近代民族认同和历史叙事的重要组成部分。正如现代塞尔维亚诗人马蒂亚·贝柯维奇(Matija Beckovic)所说,"即使没有一个塞尔维亚人生活在那里,科索沃都必将是塞尔维亚的。"[4] 1986年的一项统计表明,科索沃地区372件有历史文化意义的文物中,48%是塞族的,只有11%是阿族的。[5]科索沃对于塞尔维亚来说具有宗教、历史和文化上极其重要的意义,因此"和平分离的想法是不可想象的"。[6]但是长期以来,说阿尔巴尼亚语、信奉伊斯兰教的科索沃阿族人的离心倾向越来越严重,且越来越激进化。除了宗教对立和历史恩仇之外,造成科索沃分离的根源既有种族构成上的,更有经济和社会上的。

首先,对于塞族来说,科索沃"圣地"的人口结构出现严重倒挂现

---

[1] Vitalii Vaschenko, *Analysis of the Modern Inter-ethnic Conflict: Case Study of Kosovo*, Master's Thesis, Naval Postgraduate School, 2004, p.48.

[2] Dale C. Tatum, *Genocide at the Dawn of the Twenty-First Century: Rwanda, Bosnia, Kosovo, and Darfur*, p.110.

[3] Robert H. Gregory, *Turning Point: Operation Allied Force and the Allure of Air Power*, p.206.

[4] Nathaniel Harris, *The War in Former Yugoslavia*, Austin: Steck-Vaughn, 1998, p.21.

[5] Vitalii Vaschenko, *Analysis of the Modern Inter-ethnic Conflict: Case Study of Kosovo*, p.9.

[6] Simon Duke, "The Trouble with Kosovo," European Institute of Public Administration, AEI, Working Paper, 98/W/03, 1998, p.3, http://aei.pitt.edu/537/1/98w03.pdf.

象。由于奥斯曼帝国对塞族的几百年征服和人口出生率[1]等原因,科索沃塞族人口直线下降,逐渐沦为彻底的少数派。据统计,"1961—1991年,塞尔维亚人口增长率是6.4%,而科索沃的阿族人高达28.4%。"[2]在第二次世界大战结束时,科索沃塞族人约占30%,到了20世纪80年代,科索沃塞族人口仅占10%左右。[3]相反,得益于位居欧洲最高的人口出生率(27/1000),科索沃阿族人口占比由1948年的63.7%上升到1981年的77.4%。[4]与此同时,在铁托时代,由于受到歧视、恐吓等不安全因素驱动,受过教育和拥有专业技能的科索沃塞族人纷纷选择逃离科索沃。1971—1981年间,科索沃的塞族人减少了18172人;1981—1987年,因安全原因逃离科索沃的塞族人多达2万人。[5]而同一时期,受普里什蒂纳大学(Pristina University)创立的影响,阿族移民却大规模涌入。据估计,1966—1986年,大约有46000名阿尔巴尼亚人从南斯拉夫其他地区移民到

---

[1] 在科索沃危机爆发前,阿族人口多数是年龄低于21岁的年轻人。参见 Howard Clark, *Civil Resistance in Kosovo,* London: Pluto Press, 2000, p.149。还有学者认为其三分之二的人口是35岁以下的年轻人,参见 Vjollca Krasniqi, "Kosovo: Topography of the Construction of the Nation," in Pål Kolstø, *Strategies of Symbolic Nation-building in South Eastern Europe*, Basingstoke: Routledge, 2014, p.140。

[2] 马细谱:《巴尔干纷争》,第436页。

[3] Robert H. Gregory, *Turning Point: Operation Allied Force and the Allure of Air Power*, p.207.

[4] Aleksandar Pavković, *The Fragmentation of Yugoslavia: Nationalism and War in the Balkans*, p.80; James Pattison, *Humanitarian Intervention and the Responsibility to Protect: Who Should Intervene?* p.4.

[5] Jasminka Udovički, "Kosovo," in Jasminka Udovicki and James Ridgeway, eds., *Burn This House: The Making and Unmaking of Yugoslavia*, Durham: Duke University Press, 2000, p.322.

科索沃。[1]到20世纪90年代，人口结构的天平进一步偏向阿族人。1991年，塞族人口占比为11%，而阿族占82%。[2]到了2006年，经过北约的多年军事占领，科索沃种族人口结构更进一步极化，在210万总人口中，阿族人占92%，塞族虽然是最大的少数民族，也仅占5.3%。[3]

其次，除了种族人口结构的倒挂，科索沃在前南时期特别是解体前经济贫困加重，加剧了地区的动荡和种族矛盾。科索沃是前南最穷的地区，失业率最高。1988年科索沃地区的人均收入仅700美元，在前南处于最低水平，而塞尔维亚人均收入是2285美元，整个前南人均收入的平均水平是2520美元。[4] 1948—1965年，科索沃地区的年均产出增长率为5.7%，到了1966—1970年间达到6.0%，随后在1971—1975年到达峰值7.5%，之后一路下滑，在1986—1990年已经变为负增长（-5.6%）。前南解体后，科索沃的经济形势加速恶化。1991—1995年五年间年度产出增长率为-11.6%。1995年科索沃国内生产总值较1989年废除科索沃自治地位时缩水一半，工业和采矿业大幅萎缩。20世纪90年代大规模的去工业化导致科索沃人均收入年度减少13.4%。[5]

20世纪后期科索沃地区加速恶化的经济形势导致失业率奇高。1986—

---

[1] Miranda Vickers, *Between Serb and Albanian: A History of Kosova*, New York: Columbia University Press, 1998, p.195.

[2] Nigel Thomas K. Mikulan and Darko Pavlovic, *The Yugoslav Wars (2): Bosnia, Kosovo and Macedonia 1992-2001*, Oxford: Osprey Publishing, 2013, p.31.

[3] James Pattison, *Humanitarian Intervention and the Responsibility to Protect: Who Should Intervene?* p.3.

[4] World Bank, *Kosovo: Economic and Social Reforms for Peace and Reconciliation*, New York: World Bank Publications, 2001, p.70.

[5] *Ibid.*, pp.1-2.

1988年，科索沃地区的失业率达到60%，位居前南最高。[1] 根据特蕾莎修女救济会（Mother Teresa relief organisation）的统计，需要救济的阿族家庭数量逐年增长。在1992年是43320户，1993年是45835户，到了1994年，更增加到57353户。依据每户平均人口6.52的估算，也就是说，到了1994年，在科索沃所有阿族人口中，多达20%的人口（约37万人）依赖某种外部人道主义救济维持生存。[2] 鉴于阿族人口中大多数是年轻人，当大批年轻人失业、陷入绝境时，不满、反叛与暴力情绪开始弥漫在整个地区，特别是普里什蒂纳大学培养的大批毕业生找不到工作，更推高了这种情绪。面对毕业即失业的沮丧工作前景，"这些学生们成为不满和政治煽动的主要来源。"[3]

更糟糕的是，科索沃地区的塞族人和阿族人所处的经济地位更加剧了两个种族间的对立。长期以来，科索沃地区的塞族人受教育程度更高，也更富裕，并且多受雇于政府机构和国有企业，而阿族人主要从事私营行业。虽然前南政府向科索沃地区进行财政转移支付的比例在所有地区中最高，也提供了大量发展基金用于兴建基础设施和教育建设，还努力降低塞族人在科索沃国有行业的任职比例，如从1966年到1985年，塞族人在科索沃公共部门的受雇占比例"从50%下降到22.5%"，[4] 阿族人比例相应得到提升。但是这一趋势在前南解体，特别是科索沃阿族人的分离运动加剧后被逆转。20世纪90年代中后期，科索沃暴力行动越来越多，经济形势加剧恶化，科索沃阿族人警察和教师等公职人员要么被解雇，要么迫于阿族

---

[1] David N. Gibbs, *First Do No Harm: Humanitarian Intervention and the Destruction of Yugoslavia*, p.176.

[2] Jasminka Udovički, "Kosovo," pp.324-325.

[3] David N. Gibbs, *First Do No Harm: Humanitarian Intervention and the Destruction of Yugoslavia*, p.176.

[4] *Ibid.*, p.175.

社群的分离压力自动离职，[1] 塞族人在公营部门的比例大幅上升。尽管塞族人的收入也急剧下滑，但他们只能依靠政府谋生。[2] 这样一来，20 世纪 90 年代后期，塞族人与阿族人在经济上已经几乎完全分离，塞族人主要依赖国有部门和国有企业，而阿族人则转向私有化的咖啡馆、餐厅等营生。

再次，伴随着塞族人和阿族人经济生活上的脱钩，两个族群在文化、教育等领域也出现全面的社会隔离。形成这种局面的部分原因是前南解体后中央政府与科索沃当地阿族人之间不断升级的敌对状况。另外也因为 20 世纪 90 年代中后期，阿族人出于以非暴力抵抗运动最终赢得独立的战略，很快建立了独立于塞族人的包括教育事业、医疗、体育、媒体、贸易组织以及政党的平行社会系统。[3] 这种社会隔绝相当彻底，例如，"阿族妇女不愿意由塞族医生接生新生儿，因此大约 85% 的阿族婴儿在缺乏专业医疗照顾的情况下出生。"[4]

阿族人建立替代性社会性制度的资金主要依靠阿族移民从海外汇来的资金，也就是俗称的"百分比资金"，即海外阿族移民将自己收入的 3%

---

[1] 例如 20 世纪 90 年代初塞尔维亚议会曾任命 25 名科索沃阿族代表为地区法官，但是 9 名阿族直接拒绝了。参见 Miranda Vickers, *Between Serb and Albanian: A History of Kosovo*, p.274。这一点连欧安会代表也承认，认为阿族人拒绝充当法官是因为当法官需要宣誓，这让阿族人感觉自己那么做就等于承认了塞族统治的合法性，参见 "Situation of Human Rights in the Territory of the Former Yugoslavia: 5th Periodic Report on the Situation of Human Rights in the Territory of the Former Yugoslavia," p.28, https://digitallibrary.un.org/record/176946。

[2] Miranda Vickers, *Between Serb and Albanian: A History of Kosova*, p.277.

[3] Ylber Hysa, "Kosovo: A Permanent International Protectorate?" in Edward Newman and Roland Rich, eds., *The UN Role in Promoting Democracy: Between Ideals and Reality*, New York: United Nations University Press, 2004, p. 283.

[4] Miranda Vickers, *Between Serb and Albanian: A History of Kosova*, p.274.

拿出来作为支持科索沃阿族社群的资金。[1] 尽管科索沃阿族群体建设独立的平行社会系统，部分原因是塞族中央政府与阿族在科索沃的冲突导致的，但是不可否认的是，这套平行系统的创立也并非像主流历史研究所说的那样，是单纯对塞族中央政府在科索沃推行"塞尔维亚化"的被动的应急反应，很大程度上也是科索沃阿族精英谋求独立的战略举措。因此，有学者指出"平行制度的创立旨在推进科索沃的独立"。[2]

如果说塞族人和阿族人在经济领域的相互脱钩、在社会领域的自我隔离，表明了科索沃冲突的深层次根源，那么，两个族群在基础教育领域的全面分离，则预示着20世纪90年代后期不可避免的暴力冲突，以及科索沃阿族人日益急迫的独立倾向和对塞族中央政权的反击决心。为了遏制科索沃地区在前南解体后的独立倾向，1990年塞尔维亚议会通过了在所有共和国内适用新课程大纲的决议，以此加强境内的塞语教育。新课程大纲大幅增加了塞尔维亚的历史和文化内容，而阿尔巴尼亚语和阿族人的历史文化则相应地减少。[3] 对此，阿族社群强烈抵制。1991年塞族中央政府开始停发阿族中小学学校教师的工资，[4] 围绕这一问题，双方之间爆发了激烈的冲突。科索沃阿族大约在1991年11月到1992年1月前后[5]逐渐建立了独立的中小学教育系统。他们自己印刷课本，自己组织教师授课。在1990年到1997年间，据估计科索沃阿族人私下印刷了156种新课本，其中大

---

[1] James Pattison, *Humanitarian Intervention and the Responsibility to Protect: Who Should Intervene?* p.14.

[2] *Ibid.*, p.15.

[3] Miranda Vickers, *Between Serb and Albanian: A History of Kosova*, p.247.

[4] Howard Clark, *Civil Resistance in Kosovo*, p.96.

[5] 关于这个时间点，参见 Miranda Vickers, *Between Serb and Albanian: A History of Kosova*, p.252; Denisa Kostovicova, *Kosovo:The Politics of Identity and Space*, New York: Routledge, 2005, pp.97-98。

多数都是在境外印刷，然后通过走私进入科索沃境内，再散发出去。[1] 到了 1994 年，在 45 万适龄儿童中，大约三分之二的阿族青少年是在私人课堂接受教育，地点包括民居、教堂、饭馆，甚至是车库。[2] 虽然部分阿族学生和塞族学生仍然在同一所学校上课，但是校内隔绝异常严重。即使他们共用同一所校舍，但双方互不接触。这种学校一般设有 2 个入口、2 个管理团队，对外使用两个不同的名字，甚至个别学校在校内建立隔离墙，物理隔绝塞族和阿族学生。[3] 科索沃的两个教育系统并行与相互隔离成为塞族和阿族民族对抗的重要体现，严重加剧了两个民族间的对立和冲突，更加速了科索沃阿族社群内部的统一化进程。[4] 这种隔离致使任何对阿族社群独立趋势持有异议的个体都要遭受严厉的惩罚，也使塞族人与阿族人对于各自立场的妥协变得几乎不可能。而且，这种物理隔离更大幅强化了科索沃阿族内部的民族认同，为 20 世纪 90 年代后半期科索沃解放军进入历史舞台提供了重要的社会基础。

第二节 《代顿协议》与科索沃解放军的暴力崛起

研究科索沃危机的历史学家普遍认为，阿族人因为 1995 年结束了波黑冲突的《代顿协议》未涉及科索沃地位归属问题而倍感绝望，从此科索

---

[1] Howard Clark, *Civil Resistance in Kosovo*, p.99.

[2] Miranda Vickers, *Between Serb and Albanian: A History of Kosova*, p.275.

[3] Denisa Kostovicova, *Kosovo: The Politics of Identity and Space,* pp.108-109.

[4] *Ibid.*, p.125.

沃阿族人特别是青年人滋长了主张暴力反抗的思想，[1] 进而为科索沃解放军的暴力崛起提供了社会空间。

20 世纪 90 年代开始出现了诸多阿尔巴尼亚人政治组织，塞尔维亚当局也无法控制其活动。其中，易卜拉欣·鲁戈瓦（Ibrahim Rugova）领导下的科索沃民主联盟（Democratic League of Kosovo, LDK）是科索沃阿族人最主要的政治力量。科索沃民主联盟初创于 1989 年 12 月 23 日，到 1991 年春天估计有 70 万会员，并在几个欧洲城市如波恩、苏黎世、斯图加特、布鲁塞尔设有办事处，向外传递科索沃的信息，游说欧洲各国对其独立的政治支持。在 20 世纪 90 年代早期，鲁戈瓦作为人权活动家活跃于国际舞台。由于鲁戈瓦本人在阿族社群的"个人威望"，[2] "号召武力反抗塞族人占领的团体很快被科索沃民主联盟边缘化。"[3] 科索沃民主联盟虽然清楚地意识到科索沃的独立必须依靠外部力量的干预，但鉴于双方过于悬殊的实力对比，因此并不主张通过武装斗争暴力反抗塞中央政策实现科索沃独立的目标。然而，科索沃民主联盟的非暴力政策越来越遭到内部新涌现的激进小团体的挑战。在 1993 年开始出现零星的暴力攻击。科索沃共和国人民阵线（Popular Front of the Republic of Kosovo）激进地要求那些拒绝科索沃与阿尔巴尼亚统一的阿族领导人下台。科索沃解放全国运动

---

[1] Miranda Vickers, *Between Serb and Albanian: A History of Kosova*, p.295; Richard Caplan, "International Diplomacy and the Crisis in Kosovo," p.750; Tim Judah, *Kosovo: What Everyone Needs to Know,* Oxford: Oxford University Press, 2008, p.79; 科索沃解放军成员在战后接受访谈时也表达了对《代顿协议》的强烈失望导致阿族人走向暴力的普遍看法。参见 Mariana Qamile Rød, *From Guerillas to Cabinets: A Study of the Development of Post-War Political Parties in Kosovo*, p. 37。

[2] David N. Gibbs, *First Do No Harm: Humanitarian Intervention and the Destruction of Yugoslavia*, p.179.

[3] Miranda Vickers, *Between Serb and Albanian: A History of Kosova*, p.250.

组织（National Movement for the Liberation of Kosovo）也散发传单号召科索沃境内的阿族人武装起义反抗塞族人。他们认为，鲁戈瓦和米洛舍维奇几乎没有多大区别，从来都"反对任何形式的真实抵抗"。[1] 随后陆续有塞族警察遭到枪杀。科索沃民主联盟则对外声称科索沃阿族社区不存在这种暴力化的军事团体。[2]

1995年之前，科索沃民主联盟主张的和平分离路线还能勉强赢得多数人的支持，但是到1995年《代顿协议》丝毫未提及科索沃地位问题，科索沃和平分离主义领导人鲁戈瓦受到重重指责，指责他领导作风不民主、反对包括非暴力的游行示威在内的任何形式的反抗以及软弱的谈判立场等。[3] 科索沃民主联盟的和平分离主义理念逐渐被失望的科索沃年轻人所抛弃。对于他们来说，非常明显的是，"只要科索沃保持相对和平，国际社会就会避免对科索沃主权归属现状做实际的变动。"[4] 在他们看来，代顿会谈完全忽视了科索沃问题，这就"向穆斯林世界释放了一个消极的信号，即只有暴力才能得到西方社会的关注和尊敬"。[5] 在鲁戈瓦的权威受到重创后，连带他主张的整个非暴力战略也被怀疑和否定，而从前被边缘化的激进暴力主张开始赢得科索沃阿族的大力支持。"鲁戈瓦的和平主义政策被边缘化了，1996年科索沃解放军便开始了游击战。"[6] 可以说，"代

---

[1] Henry H. Perritt Jr., *The Road to Independence for Kosovo: A Chronicle of the Ahtisaari Plan*, Cambridge: Cambridge University Press, 2009, p.32.

[2] Miranda Vickers, *Between Serb and Albanian: A History of Kosova*, p.278.

[3] Howard Clark, *Civil Resistance in Kosovo*, p.123.

[4] Miranda Vickers, *Between Serb and Albanian: A History of Kosova*, p.287.

[5] Dale C. Tatum, *Genocide at the Dawn of the Twenty-First Century: Rwanda, Bosnia, Kosovo, and Darfur*, p.122.

[6] Nigel Thomas, K. Mikulan and Darko Pavlovic, *The Yugoslav Wars (2): Bosnia, Kosovo and Macedonia 1992-2001*, p.32.

顿协议后鲁戈瓦支持度的下降直接导致了科索沃解放军的崛起。"[1] 对《代顿协议》的失望和对科索沃民主联盟和平主义路线的不满，不但导致科索沃阿族社群，甚至连移民海外的阿族人也更同情和认可科索沃解放军所奉行的暴力反抗路线和科索沃完全独立的诉求。"1996 年开始，科索沃阿族人的公共舆论已经彻底从支持鲁戈瓦的政党，转向支持科索沃解放军。认为他们是唯一可以终结塞族压迫的力量和方向。"[2] 同情科索沃解放军的内部研究者也认可这一点，认为《代顿协议》让科索沃解放军的暴力反抗方案"获得了即时的可信度"，相信"国际社会只会对暴力做出回应"。[3] 这最终导致科索沃解放军在科索沃长期以来到底是和平独立还是武装独立的路线之争中完胜，而"科索沃人转向支持激进派的后果就是为接下来的巴尔干冲突埋下了伏笔"。[4]

一、科索沃解放军的人员构成与美欧情报部门对其的秘密训练

关于科索沃解放军最早的恐怖袭击活动日期仍不太确定。有西方学者认为，科索沃解放军最早出现于 1992 年。当时 5000 多名科索沃阿尔巴尼亚人前往波黑参加穆斯林军队对抗塞军。也有人认为科索沃解放军第一次恐怖袭击发生在 1993 年，当时他们杀死了 2 名塞族警察。然后在 1995 年

---

[1] David N. Gibbs, *First Do No Harm: Humanitarian Intervention and the Destruction of Yugoslavia*, p.180.

[2] Henry H. Perritt Jr., *The Road to Independence for Kosovo: A Chronicle of the Ahtisaari Plan*, pp.33-34.

[3] Henry H. Perritt Jr., *Kosovo Liberation Army: The Inside Story of an Insurgency*, p.32.

[4] James Pattison, *Humanitarian Intervention and the Responsibility to Protect: Who Should Intervene?* p.16.

8月发动了第一次有组织的恐怖袭击。[1]不过众所周知的是，科索沃解放军在1996年以前可能有零星的恐怖袭击，但是长期处于地下，也未得到大众和科索沃精英阶层的支持。《代顿协议》之后，在绝望情绪的刺激下，科索沃解放军开始系统性地有组织地攻击塞族警察和与塞族合作的阿族人。1996年科索沃解放军袭击了5个从卡拉伊纳（Krajina）迁移到科索沃的塞族难民营。两个月后，科索沃解放军同时袭击了4个塞族警察局，导致2人被杀、3人受伤。[2]科索沃解放军的公开亮相则是在1997年11月28日。当时在一个有2万人参加的阿族教师葬礼上，3名科索沃解放军成员公开宣布了这一组织的存在。[3]科索沃解放军的主要袭击目标除了塞族警察外，还包括阿族内部与塞族政府合作的阿族人。到1996年，绝大多数阿族人已经脱离了与塞族人的接触，但仍有少数阿族人同塞族一起工作。科索沃解放军开始恐吓和杀戮这些人，禁止阿族人同塞族人进行任何形式的对话。从1996年到1998年，一半的科索沃解放军袭击牺牲者是那些被认为与塞尔维亚合作的阿族人。[4]科索沃解放军还同样将"塞尔维亚村庄、农场、政府官员和专业技术人员"列为袭击目标，其目的就是要"激怒塞方、推动其他阿族人走向激进化，从而将冲突升级"。[5]

---

[1] Peter Duignan, *NATO: Its Past, Present and Future*, Stanford: Hoover Press, 2000, p.93; James Pattison, *Humanitarian Intervention and the Responsibility to Protect: Who Should Intervene?* p.16; Jasminka Udovički, "Kosovo," p.326. 也有人认为第一次是1997年，参见 Dale C. Tatum, *Genocide at the Dawn of the Twenty-First Century: Rwanda, Bosnia, Kosovo, and Darfur*, p. 124。但是大多数研究者都认可大规模的攻击发生在1996年以后。

[2] Jasminka Udovički, "Kosovo," p.326.

[3] James Pattison, *Humanitarian Intervention and the Responsibility to Protect: Who Should Intervene?* p.16.

[4] Kate Hudson, *Breaking the South Slav Dream: The Rise and Fall of Yugoslavia*, London: Pluto Press, 2003, p.126.

[5] Michael Parenti, *To Kill a Nation: The Attack on Yugoslavia*, p.99.

第二章 科索沃危机的发酵与地区分离势力的独立大战略

在成立以后的一段时期内,科索沃解放军的规模一直很小。在1998年之前,其成员不到300人。不过,1998年一年就快速扩充到7000人,到1999年3月则进一步增加到17000人。[1] 科索沃解放军最早的核心分子来自被塞族逮捕的科索沃反叛者家庭成员,[2] 其次是海外阿族人移民家庭。科索沃解放军人员构成中80%来自科索沃本地,剩下的20%来自海外,[3] 招募的成员通常是25岁以下男性。[4] 此外,有很多证据表明,大批海外雇佣军和一些基地圣战战士也参加了科索沃解放军,大约有1000名海外雇佣军加入其中。

由于科索沃解放军的新兵缺乏训练,也缺乏武器和资金,因此科索沃解放军的崛起离不开外部势力的支持。根据西方学者的研究,阿尔巴尼亚是他们非常重要的训练基地。在阿境内设立了数量众多的训练营,既培训本土新招募者,也培训海外阿族后裔,早期训练仅停留于让新兵

---

[1] Nigel Thomas, K. Mikulan and Darko Pavlovic, *The Yugoslav Wars (2): Bosnia, Kosovo and Macedonia 1992-2001*, p.45. 依据美国五角大楼的评估,在1999年3月大约科索沃本土有5000人,在阿尔巴尼亚境内大约有1000—2000人的后援,到了1999年5月底,则分别拓展到15000人和5000人,参见 Matthew Bennett, "The Kosovo Liberation Army," in Matthew Bennett and Paul Latawski, *Exile Armies*, New York: Palgrave Macmillan, 2005, p.164。塞尔维亚官方的估计是,在北约轰炸期间,科索沃解放军有2万多人。参见 The Government of The Republic of Serbia, "Albanian Terrorism and Organised Crime in Kosovo-Metohija," p.8, https://www.srbija.gov.rs/kosovo-metohija/en/8925。

[2] Henry H. Perritt Jr., *Kosovo Liberation Army: The Inside Story of an Insurgency*, p.37.

[3] *Ibid.*, p.41.

[4] 也有学者通过访谈指出,科索沃解放军也有少量女性加入,参见 Virginia Stephens,"(Re) gendering Memories of the Kosovo Liberation Army: The Silenced Guerrilla of Women," *Културa/Culture*, No. 5, 2014, pp.125-130。有评估认为大约3%的科索沃解放军战士是女性,绝大多数是20—40岁男性,参见 Alpaslan Özerdem, "From a 'Terrorist' Group to a 'Civil Defence' Corps: The 'Transformation' of the Kosovo Liberation Army," p.85。

熟悉 AK-47 等武器装备。[1] 根据美国媒体的报道，除了邻近的阿尔巴尼亚外，广大的伊斯兰世界也为科索沃解放军提供了训练基地，如伊朗、巴基斯坦和中东国家。[2] 很多媒体和学者都指出，包括德国、英国和美国在内的西方国家也曾秘密为科索沃解放军提供各种支持。例如德国联邦情报局（BND）最早开始训练科索沃解放军，1996年分别在地拉那（Tirana）和罗马设立办公室，遴选并训练科索沃解放军的骨干，还提供武器以及前东德史塔西（东德国家安全部）储存的制服等。[3] 在纽约制片人乔治·巴丹（George Bogdan）为期4年采访制作的纪录片《南斯拉夫：本可避免的战争》（Yugoslavia: The Avoidable War）中，退休的前德国军事反谍报局（German Military Counter-Intelligence）将军也证实德国联邦情报局帮助科索沃解放军训练军官并提供武器。[4] 其他学者也给出了德国秘密援助科索沃解放军的证据：一是科索沃解放军使用一款每把造价高达2000多美元的斯泰尔侦察步枪。如此昂贵的枪械若非政府捐赠，在当时资金完全靠外部援助的情况下，科索沃解放军不会从黑市购买。二是1998年10月15日《今日美国》（USA Today）刊发的美联社拍摄的一张照片显示，科索沃解放军

---

[1] Henry H. Perritt Jr., *Kosovo Liberation Army: The Inside Story of an Insurgency*, p.103. 科索沃解放军士兵后来接受访谈时披露，海外的移民经过了2周的训练才正式加入战斗，参见 Mariana Qamile Rød, *From Guerillas to Cabinets: A Study of the Development of Post-War Political Parties in Kosovo*, p.40。

[2] Jasminka Udovički, "Kosovo," p.326. 关于伊朗支持科索沃解放军发展的详细报道，可参见 Yossef Bodansky, "Italy Becomes Iran's New Base For Terrorist Operations," *Defense and Foreign Affairs Strategic Policy*, Vol.26, No.4-5, 1998, https://www.nlpwessex.org/docs/bodanskyarticle.htm.

[3] Jasminka Udovički,"Kosovo," p.327.

[4] Kate Hudson, *Breaking the South Slav Dream:The Rise and Fall of Yugoslavia*, p.125. 这部 "Yugoslavia: The Avoidable War" 纪录片可参见 https://www.youtube.com/watch?v=Q6fvQrsLZUc。

军队配备此款步枪，并穿的是德国制服。[1] 斯坦福大学胡佛研究所（Hoover Institution）的学者在一本专门介绍北约历史和未来的书中也承认，科索沃解放军的部分教员来自英国和德国。[2]

与官方史学家认为美国是在1998年与科索沃解放军进行接触的观点不同，很多证据证实科索沃解放军的早期发展也得到美国情报部门的秘密支持。美国中情局以及英国陆军特种部队空降特勤队分别在不同的训练营训练科索沃解放军。[3] 美国专门研究中情局的历史学家也揭露，"中情局先是资助、训练和补给波黑军队，然后是科索沃解放军，最后是科索沃解放军内部在塞尔维亚南部和马其顿进行袭击的极端主义者。"[4] 其实，美国早在波黑战争期间就曾借助基地组织联手对抗塞族人，当时来自伊朗和阿富汗等阿拉伯世界的圣战士被空投到离斯雷布雷尼察（Srebrenica）70公里的地方。此外，美国还利用土耳其与伊朗运送武器和士兵。据报道，在1992—1995年，美国从中亚运送了数千名穆斯林圣战者前往欧洲帮助波黑穆斯林对抗塞族人。[5] 对此，英国老牌严肃媒体《星期日泰晤士报》（The Sunday Times）2000年就公开报道了中情局与科索沃解放军的关联。根据报道，科索沃解放军指挥官沙巴·沙拉（Shaban Shala）承认，早在

---

[1] Michael Parenti, *To Kill a Nation: The Attack on Yugoslavia*, p.102. 关于德国秘密援助科索沃解放军的负责人和具体的细节，可参见 "'Kosovo Liberation Army': Tool of Imperialism and Drug Money," https://www.bulgaria-italia.com/fry/docs/uck3.htm 对各国新闻报道的证据汇总。

[2] Peter Duignan, *NATO: Its Past, Present and Future*, p.93.

[3] Nigel Thomas, K. Mikulan and Darko Pavlovic, *The Yugoslav Wars (2): Bosnia, Kosovo and Macedonia 1992-2001*, p.46.

[4] Athan G. Theoharis, et al., *The Central Intelligence Agency: Security under Scrutiny*, Westport: Greenwood Press, 2005, p.65.

[5] Peter Dale Scott, "Bosnia, Kosovo, and Now Libya: The Human Costs of Washington's On-Going Collusion with Terrorists," *The Asia-Pacific Journal*, Vol. 9, Issue 31, 2011, p.6.

1996年他就在阿尔巴尼亚北部与来自英国、美国和瑞士的情报官员会晤。[1]对于美国情报部门与科索沃解放军的秘密联系，联合国前南国际刑事法庭战争罪调查员约翰·森西奇（John Cencich）也做了类似评论。他说，"表面上，科索沃解放军是自由战士，但是他们也有不为人知的黑暗一面……对于这一点，西方情报界当然知道科索沃解放军到底是何种情况，就像在阿富汗中情局帮助（基地组织）对抗苏联人一样，中情局同样出力帮助科索沃解放军的发展。"[2]不过，在1998年之前，美国对科索沃解放军的支持是异常隐秘的，很多是经由国务院资助的私人安保公司如军事专业资源公司（Military Professional Resources, Inc., MPRI）之手。在波黑战争期间，该公司就获得美国国务院4亿美元合同，招募了大批美国退役士兵和军官去训练和装备波黑穆斯林军队。[3]据美国一位退休军官在接受福克斯电视台采访时所言，"军事专业资源公司利用美国退役的军官在阿尔巴尼亚境内的秘密基地训练科索沃解放军。"[4] 1998年以后，美援更是大规模进入科索沃地区。根据塞方的材料，塞军1999年3月在清缴科索沃解放军占据的村庄时，经常发现大量的美国援助，例如，在攻占科索沃解放军占据的代查尼地区的普里莱普村时，塞军发现的美援就包括"卫生设备、床铺、被子、大量弹药、炸弹、地雷、手雷、15套军队制服、20个睡袋、30张

---

[1] Tom Walker and Aidan Laverty, "CIA Aided Kosovo Guerrilla Army," *Sunday Times (London)*, March 12, 2000, http://www.the-times.co.uk/news/pages/sti/2000/03/12/stifgneur02002.html. 全文也可见 www.folk.ntnu.no/tronda/kk-f/fra170100/0460.html 对这一事实的分析，也可见 Michael Parenti, *To Kill a Nation: The Attack on Yugoslavia*, p.102。

[2] Jana Arsovska, *Decoding Albanian Organized Crime: Culture, Politics, and Globalization*, Oakland: University of California Press, 2015, p.45.

[3] Michael Parenti, *To Kill a Nation: The Attack on Yugoslavia*, p.105.

[4] Wayne Madsen, "Mercenaries in Kosovo: The U.S. Connection to the KLA," *The Progressive*, August 1999, 文件被保留在 https://www.thefreelibrary.com/Mercenaries+IN+KOSOVO%3A+The+U.S.+connection+to+the+KLA.-a055309049。

折叠床、10件坎肩、29双靴子和大量的药品"。[1]

二、科索沃解放军的资金来源与外部联系

毫无疑问，科索沃解放军的早期发展除了招募新兵之外，最重要的就是筹集资金购买武器。根据一项研究，加入科索沃解放军的士兵，有高达30%是贫困的无业者，[2]因此，科索沃解放军组织成员本身资金并不充裕。为了获得购买武器所需的资金，科索沃解放军主要依赖两种途径：一是海外阿族移民"三个百分点基金"（Three Percentage Fund）以及后来的"祖国召唤基金"（Homeland Calling Fund）。根据科索沃解放军官方史学家的数据，海外捐款大约在0.75亿美元到1亿美元。[3]二是毒品走私。靠贩毒谋利来获取武器是非常重要的手段。不过很多时候，这两者是互相联系的，即很多海外阿族移民中的黑帮分子要么为科索沃解放军输送资金，要么直接为其走私武器，甚至直接加入其中。根据《华盛顿邮报》的报道，在美国大约有30万—50万阿族移民。《代顿协议》之后，许多以前为鲁

---

[1] Небојша Павковић, *Трећа армија седамдесет осам дана у загрљају "Милосрдног анђела": ратни дневник команданта Треће армије Војске Југославије, Март 1999*, 2018, p.210.

[2] Alpaslan Özerdem, "From a 'Terrorist' Group to a 'Civil Defence' Corps: The 'Transformation' of the Kosovo Liberation Army," p.85.

[3] Henry H. Perritt Jr., *Kosovo Liberation Army: The Inside Story of an Insurgency*, p.88. 但是海外捐资的具体数额已很难精确，对于三个百分点资金的数量，塞尔维亚方面的数字高达50亿美元，而资金负责人布亚尔·布科什（Bujar Bukoshi）给出的数字是2.6亿美元，国际评估大约是5亿美元。不过部分早期资金是流给了科索沃民主联盟和阿族平行社会系统，只是后期才流向科索沃解放军。而对于直接流向科索沃解放军的"祖国召唤基金"，其中有1100万美元来自美国，5000万美元来自瑞士，1000万—1200万美元来自德国，加上其他渠道流入的，科索沃解放军从海外获得资金总额在1亿美元上下。参见 Henry H. Perritt Jr., *Kosovo Liberation Army: The Inside Story of an Insurgency*, pp.89, 90, 92。

戈瓦捐助的大金主开始为科索沃解放军筹款。这些科索沃解放军支持者特别设立了"祖国召唤基金"。这个特别基金起初在康涅狄格州布里奇波特开设账户，随后在瑞典、意大利、比利时和加拿大开设了同样的捐助账户。此外，他们还在美国的阿族人报纸《伊利里亚》（Illyria）上为捐助打广告。截止到1998年5月，美国有超过50万美元被汇给科索沃解放军。[1] 对于在美国的阿族移民给科索沃解放军汇款，美国联邦调查局（FBI）虽然每次都例行询问会不会让恐怖主义分子得到这批钱，但是并没有采取实际的调查行动，为这些汇款流向科索沃解放军大开绿灯。[2]

对于科索沃解放军与海外阿族贩毒黑帮之间的密切联系，很多北美和欧洲媒体曾经做过广泛的报道，塞尔维亚官方也有详细阐述。[3] 正如约翰·森西奇所言，"事实上，很多科索沃解放军成员直接与阿尔巴尼亚的犯罪集团有关联，他们还从事武器走私，并与意大利黑帮相勾结。"[4] 很多黑帮成员是逃离科索沃的阿族移民，他们利用暴力和爱国主义宣传等手段从海外阿族移民那里收取资金来资助科索沃解放军，甚至派遣自己的私人军队帮助科索沃解放军与塞军作战。据称一个绰号叫贝斯弥（Besmir）的犯罪

---

[1] Stacy Sullivan, "Albanian Americans Funding Rebels' Cause," *The Washington Post*, May 26, 1998, https://www.washingtonpost.com/archive/politics/1998/05/26/albanian-americans-funding-rebels-cause/a1e6fdd9.

[2] Henry H. Perritt Jr., *Kosovo Liberation Army: The Inside Story of an Insurgency*, pp.98-99.

[3] 关于科索沃解放军与黑帮贩毒集团联系的公开媒体报道汇总，可参见"Articles on KLA-Kosovo-Drugs-Mafia and Fundraising," www.kosovo.net/kla3.html。对于塞尔维亚情报部门对此的详细分析，可参见 The Government of The Republic of Serbia, "Albanian Terrorism and Organised Crime in Kosovo-Metohija," pp.14-26。有学者提到其还组织跨国卖淫来获取资金，参见 Alpaslan Özerdem, "From a 'Terrorist' Group to a 'Civil Defence' Corps: The 'Transformation' of the Kosovo Liberation Army," p.80。

[4] Jana Arsovska, *Decoding Albanian Organized Crime: Culture, Politics, and Globalization*, p.45.

头目每月为科索沃解放军收敛大约15000欧元的资金。"对于那些没有付钱的人，他们的家门口会留下一颗子弹作为警告。"[1] 由15个家族势力控制的科索沃阿族人黑帮掌控的巴尔干贩毒通道一直是二战后最重要的贩毒路线之一。德国联邦警察表示，"科索沃阿族人输入了欧洲市场上80%的海洛因。"[2] 作为海外阿族移民中最有钱的群体，海外贩毒集团为科索沃解放军贡献了大批资金。美国《琼斯夫人》杂志（Mother Jones）根据一份秘密获得的国会记录估计，30%—50%的科索沃解放军资金来自毒品走私贸易。[3] "海洛因走私和科索沃解放运动之间的紧密联系在不同国家、不同的层级和不同的情报部门都有记录。"[4]

根据欧洲议会理事会（Council of Europe Parliamentary Assembly）得到的内部消息，科索沃解放军的组织指挥体系甚至都直接照搬科索沃阿族贩毒集团内部结构。[5] 而对于科索沃解放军与国际贩毒集团的关联，美国

---

[1] Jana Arsovska, *Decoding Albanian Organized Crime: Culture, Politics, and Globalization*, p.48.
[2] Peter Klebnikov, "Heroin Heroes," *Mother Jones*, January/February 2000, https://www.motherjones.com/politics/2000/01/heroin-heroes.《卫报》的报告认为，科索沃所输入的海洛因占欧洲和北美市场的40%份额，参见Maggie O'Kane, "Kosovo Drug Mafia Supply Heroin to Europe," *The Guardian*, March 13, 2000, http://theguardian.com/world/2000/mar/13/Balkans。国际刑警组织认为，阿人贩毒团伙控制了德国、奥地利、瑞士和斯堪的纳维亚半岛诸国海洛因市场的70%，参见Colin Brown, "Bin Laden Linked to Albanian Drug Gangs," *Independent*, October 21, 2001, https://www.independent.co.uk/news/world/europe/bin-laden-linked-to-albanian-drug-gangs-9156073.html。
[3] Peter Klebnikov, "Heroin Heroes".
[4] Francesco Strazzari, "The Decade Horribilis: Organized Violence and Organized Crime along the Balkan Peripheries, 1991-2001," *Mediterranean Politics*, Vol. 12, No. 2, 2007, p.193.
[5] Council of Europe Parliamentary Assembly, *Inhuman Treatment of People and Illicit Trafficking in Human Organs in Kosovo*, January 7, 2011, p.14, https://pace.coe.int/en/files/12608.

也是心知肚明。2000年，美国战略与国际问题研究中心（CSIC）"全球有组织犯罪"项目主任弗兰克·席鲁夫（Frank Cilluffo）在国会作证时也表示，"很大程度上，对公众们隐藏起来的事实是，科索沃解放军的崛起部分归因于他们从麻醉品销售中获得了大量资金。"[1] 德国情报机关对此也异常清楚，无论是在科索沃战争之前还是之后，诸多高级科索沃解放军指挥官一直都担任犯罪集团头目。2008年维基解密披露了一份加密的德国联邦情报局档案，"揭示出科索沃解放军的关键领导人（此人后来官至科索沃战后最高权力位置），在战前、战争期间和战后均担任包括贩毒的有组织犯罪集团的核心角色。"[2]

实际上，由于得到这些海外资金的支持，到了1998年，科索沃解放军购买武器的资金变得非常充裕。据科索沃解放军一位指挥官后来接受采访时说，"钱根本不是问题，找到途径去花钱购买到武器才是难题所在。每次我派一队小组成员去阿尔巴尼亚购买武器时，我都给他们2000—3000美元现金，有时候甚至给得更多。"[3] 由于1997年前后阿尔巴尼亚政局的混乱，加上科索沃解放军积极介入其内政，科索沃解放军因此获得了珍贵的武器购买渠道。可以说，科索沃解放军很好地利用了阿尔巴尼亚国家政权崩溃的时机。科索沃解放军成员在2006年接受访谈时指出，科索沃解

---

[1] Frank Cilluffo, "The Threat Posed from the Convergence of Organized Crime, Drug Trafficking, and Terrorism," Testimony before the U.S. House Committee on the Judiciary-Subcommittee on Crime on The Threat Posed from the Convergence of Organized Crime, Drug Traffic, December 13, 2000, https://csis-prod.s3.amazonaws.com/s3fs-public/legacy_files/files/attachments/ts001213_cilluffo.pdf.

[2] 转引自 Jaume Castan Pinos, *Kosovo and the Collateral Effects of Humanitarian Intervention*, Abingdon: Routledge, 2019, p.30。原始的德语文档可参见 https://wikileaks.org/wiki/BND_Kosovo_intelligence_report,_22_Feb_2005。参考后文提到的联合国科索沃特别法庭对KLA高级领导人的指控可以相互印证。

[3] Henry H. Perritt Jr., *Kosovo Liberation Army: The Inside Story of an Insurgency*, p.92.

放军资助阿尔巴尼亚社会民主党候选人法托斯·纳诺（Fatos Nano）的竞选活动，并在他1997年当选总理后，利用他的职务便利协助科索沃解放军从阿尔巴尼亚走私军火。"鉴于他的选举资金几乎完全由科索沃解放军提供，纳诺觉得他应该与给他带来大笔好处的正崛起的政治军事团体保持亲密关系。因此，我们就被默许在阿尔巴尼亚北部活动。纳诺对此采取睁一只眼闭一只眼的态度，因为我们肯定会付大笔钱给他。当然，纳诺对约定中的最后一条条款（科索沃解放军为之献款的约定）最感兴趣了，于是我们在阿尔巴尼亚就有了军事基地。"[1]

此外，还有不少研究者提供证据表明，科索沃解放军的发展还得到了基地组织的积极支持。在某种程度上，科索沃解放军与阿族人海外贩毒网络以及恐怖主义组织网络存在着很大的交集。[2] 据称本·拉登（Osama bin Laden）招募了不少阿尔巴尼亚人，让他们在科索沃与科索沃解放军一起作战。[3] 美国有线电视新闻网曾报道一名加入基地组织的澳大利亚籍男子在1999年曾经效力于科索沃解放军。[4] 英国有影响力的《独立报》（The Independent）也披露，国际刑警组织调查显示本·拉登的一位高级助手曾

---

[1] Mariana Qamile Rød, *From Guerillas to Cabinets: A Study of the Development of Post-War Political Parties in Kosovo,* p.60.

[2] 关于科索沃解放军与恐怖主义网络的各种报道汇总，可参见美国参议院共和党政策委员会1998年的报告，United States Senate Republican Policy Committee, *The Kosovo Liberation Army: Does Clinton Policy Support Group with Terror, Drug Ties? From "Terrorists" to "Partners"*, March 31, 1999, https://web.archive.org/web/20000816165402/https://www.senate.gov/~rpc/releases/1999/fr033199.htm。

[3] David N. Gibbs, *First Do No Harm: Humanitarian Intervention and the Destruction of Yugoslavia*, p.180.

[4] Grant Holloway, "Australia Mulls Fate of Al Qaeda Fighter," *CNN*, December 13, 2001, https://edition.cnn.com/2001/WORLD/asiapcf/auspac/12/12/ret.australia.capture.latest/index.html.

经效力于科索沃解放军。[1] 根据《华尔街日报》的报道，在 20 世纪 90 年代，巴尔干地区一直是基地组织最重要的招募和训练基地。本·拉登在 1994—1996 年期间曾亲自来到巴尔干地区。而在阿富汗训练的圣战者早在 1992 年波黑战争期间就来到了巴尔干地区。到了 1995 年，圣战者数量一度达到 6000 人。1994 年，基地组织在科索沃马利塞沃（Malisevo）和米特罗维察（Mitrovica）建立了 2 个训练基地。在阿尔巴尼亚境内，科索沃解放军的支持者、阿前总理萨里·贝里沙（Sali Berisha）甚至把自己的私人领地变成基地组织的训练营。[2] 而且，科索沃极端主义与恐怖组织的联系一直维系到战后。据统计，2015 年有多达 232 名科索沃极端主义分子效力于伊斯兰国，在伊斯兰国所有外籍战士中数量位居第二。[3]

第三节 科索沃解放军崛起后的独立大战略

科索沃解放军在崛起过程中与基地组织和贩毒集团勾连很深，滥杀无辜，早期崛起过程中更是不折不扣的恐怖主义组织。即便在北约接管科索沃后，其有组织犯罪活动也仍然猖獗。例如，欧洲议会理事会于 2011

---

[1] Colin Brown, "Bin Laden Linked to Albanian Drug Gangs". 较全面地分析基地组织与科索沃解放军关系的论述，该书还提到，本·拉登的一位高级助手是科索沃解放军 1999 年的一位高级军官。参见 Peter Dale Scott, *The Road to 9/11: Wealth, Empire, and the Future of America*, Berkeley: University of California Press, 2007, pp.131, 167-170。

[2] Marcia Christoff Kurop, "Al Qaeda's Balkan Links," *The Wall Street Journal*, November 1, 2001, https://www.wsj.com/articles/SB1004563569751363760.

[3] Nóra Pákozdi and György Nógrádi, "Radical Settlements in the Balkan," *Defence Review*, No.1, 2017, p.166, https://honvedelem.hu/files/files/64874/hsz_20171_159_176_angol.pdf.

年发布了一份报告，建议海牙国际法庭设立科索沃特别法庭（The Kosovo Specialist Chamber）审判科索沃解放军在战争期间的罪行。报告指责包括时任"科索沃总统"哈希姆·塔奇（Hashim Thaçi）在内的科索沃解放军高级领导人对塞族和阿族平民实施了酷刑、残暴虐囚、滥杀无辜平民、组织卖淫、贩卖人口，以及摘取、贩卖人体器官等严重罪行。此外，报告还指出他们为贩毒集团提供庇护，甚至直接充当贩毒集团总后台，并大批建立用于种族迫害的集中营。[1] 欧盟的特别调查行动首席检察官克林特·威廉姆森（Clint Williamson）于2014年发表了一份声明，表示经过几年的详细调查，已确认科索沃解放军的诸多高级领导人犯有严重的种族清洗罪行。声明指出，"诸多科索沃解放军成员故意针对科索沃少数民族实施非法杀戮、绑架、强迫失踪、在科索沃和阿尔巴尼亚境内营地非法拘留、性暴力以及其他非人道罪行。这些罪行迫使少数民族个体逃离自己的家园和社区，并导致他们的教堂和其他宗教场所被摧毁。因此，在伊巴尔河（Ibar）河流南部的科索沃地区，相当高比例的塞族和罗姆人（Roma）遭受了严重的种族清洗。""这些暴行几乎针对所有想留在科索沃的塞族人，他们之中很多人还是老人和儿童。"[2] 2015年，海牙科索沃战争罪犯法庭和特别检察官办公室（The Specialist Chambers and Specialist Prosecutor's Office）成立。尽管法官传唤了120多名科索沃解放军成员，但由于缺乏关键证人以及证

---

[1] Council of Europe Parliamentary Assembly, *Inhuman Treatment of People and Illicit Trafficking in Human Organs in Kosovo*, pp.6-28. 大赦国际2012年的报告也公开提到了部分科索沃解放军的战争罪犯罪细节，参见 Amnesty International, *Kosovo: Time for EULEX to Prioritize War Crimes*, London: Amnesty International Ltd, 2012, https://www.amnesty.eu/wp-content/uploads/2018/10/260412_EULEX_Report.pdf。

[2] EU Special Investigative Task Force, "Statement of the Chief Prosecutor of the Special Investigative Task Force," July 29, 2014, https://balkaninsight.com/wp-content/uploads/2019/01/Statement_of_the_Chief_Prosecutor_of_the_SITF_EN.pdf.

人被恐吓，再加上美国的支持，当时尚没有科索沃解放军高级领导人被定罪。[1] 根据德国媒体报道，联合国科索沃特别法庭于 2020 年 6 月决定再次起诉科索沃最高领导人哈希姆·塔奇，指控他犯有包括谋杀、酷刑、迫害在内的 10 项罪行，"起诉书称，塔奇和其他涉嫌行为人要对（针对塞族和其他少数民族的）近百次谋杀负责。"[2] 哈希姆·塔奇于 2020 年 11 月 5 日在科索沃被捕并于同日移交法庭。经过多年调查，海牙科索沃战争罪犯法庭和特别检察官办公室于 2023 年 4 月 3 日对前科索沃解放军最高领导人哈希姆·塔奇及其三名助手进行了新的庭审，将 2021 年、2022 年提起的新指控合并审理。但是，哈希姆·塔奇仍然拒绝向法庭认罪。[3] 2023 年 11 月法庭再度对这些前科索沃解放军指挥官提出新的指控，指控他们干预庭审、威胁证人，导致证人不敢如实进行听证或撤回对被告不利的指控。为此，法庭对哈希姆·塔奇等人进行了单独隔离处理，并临时终止了他们

---

[1] 参见相关报道："Kosovo PM Haradinaj Resigns over War Crimes Summons," *BBC News*, July 19, 2019, www.bbc.com/news/world-europe-49047355; Fatos Bytyci, "Kosovo War Crimes Court Ready for First Indictments: Chief Judge," *Reuters*, November 24, 2017, https://www.reuters.com/article/us-kosovo-court/kosovo-war-crimes-court-ready-for-first-indictments-chief-judge-idUSKBN1DO199; Xhorxhina Bami , "Hague Prosecutors 'Quiz Kosovo War Criminal about KLA Leaders'," January 31, 2020, https://balkaninsight.com/2020/01/31/hague-prosecutors-quiz-kosovo-war-criminal-about-kla-leaders; "Kosovo Appeals Court Upholds Acquittal of Deputy PM on War Crimes Charges," *Britic Magazine*, November 15, 2018, www.britic.co.uk。

[2] 《科索沃总统被控犯有战争罪》，德国之声中文网，2020 年 6 月 25 日，https://www.dw.com/zh/ 科索沃总统被控犯有战争罪 /a-53938993。

[3] "Opening of The Trial of Hashim Thaci, Kadro Veseli, Rexhep Selimi and Jakup Krasniqi Before The Kosovo Specialist Chambers," April 2, 2023, https://www.scp-ks.org/en/opening-trial-hashim-thaci-kadri-veseli-rexhep-selimi-and-jakup-krasniqi-kosovo-specialist-chambers; "Kosovo Ex-president Hashim Thaci Pleads Not Guilty to War Crimes," *BBC*, April 3, 2023, https://www.bbc.com/news/world-europe-65161897。

第二章 科索沃危机的发酵与地区分离势力的独立大战略

与外部的探视、电话等交流权。[1]

需要指出的是，科索沃解放军绝不是毫无政治策略的恐怖组织。与一般的恐怖组织不同，科索沃解放军的宣传、军事和外交策略都非常精明和灵活。这些策略相互配合，成功地服务于其借助国际力量谋求独立的大战略目标。科索沃解放军从诞生之日起就坚持自己的暴力路线，但同时他们清醒地意识到科索沃的独立离不开外部国际力量的支持。而且相比科索沃民主联盟，科索沃解放军展现出更为灵活的大战略去获取更多的外部支持。科索沃解放军获取独立的核心战略便是，利用暴力激起塞方的反击，从而升级冲突。同时，他们利用由此引发的难民危机和人道主义灾难，首先在一定程度上争取西方国家内部主流民意的支持，进而将北约等国际力量彻底拉上自己的战车。对此，很多学者和当时的西方媒体都有非常清醒的认识。[2] 可见，"科索沃解放军的策略就是挑起动乱，诱使塞族当局采取野蛮的压制措施，进而升级冲突，并迫使西方进行干预，进而最终逼迫塞族人同意科索沃独立。"[3] 有西方学者指出了这种挑衅策略背后的逻辑，"这些（挑衅行为）必然会吸引国际关注，进而最终触发国际势力的干预，从而迫使南联盟军警撤出科索沃"。事后回看就会发现，"科索沃解放军的

---

[1] "Hague Prosecutors Accuse Kosovo Guerrilla Leaders of Witness-Tampering," November 23, 2023, https://balkaninsight.com/2023/11/23/hague-prosecutors-accuse-kosovo-guerrilla-leaders-of-witness-tampering.

[2] David R. Willcox, *Propaganda, the Press and Conflict: The Gulf War and Kosovo*, New York: Routledge, 2005, p.69; Jessica Lee Eckhardt, *The Kosovo Liberation Army: Changes in the Presentation of Ethnic and Civic Nationalistic Values to the Media*, Master's Thesis, University of Nevada, 2009, p.10. 其实包括科索沃民主联盟在内，考虑到塞族与阿族的实力对比悬殊，科索沃各派政治力量都意识到国际干预是科索沃获取独立的关键因素，参见 Howard Clark, *Civil Resistance in Kosovo*, p.93。

[3] Nigel Thomas, K. Mikulan and Darko Pavlovic, *The Yugoslav Wars (2): Bosnia, Kosovo and Macedonia 1992-2001*, p.47.

赌博显然是非常成功的。"[1] 另一位学者更直接地点出了为何科索沃解放军要将自己打扮成自由斗士："科索沃解放军的领导层的确深知，聚焦人权问题就能促使国际社会更多地支持科索沃阿尔巴尼亚人的立场。为了达到这一目的，最有效的战略应该就是故意挑衅引发塞方过度反应，从而将国际社会卷入其中。"[2] 对于这一点，科索沃解放军的官方史学叙事也承认引发国际支持是科索沃解放军核心策略。"在整个20世纪90年代中期，（推动）国际干预是科索沃解放军最为核心的战略目标。"[3]

首先，科索沃解放军在宣传上将自己打扮成人权斗士，将科索沃的暴力分离运动建构成科索沃少数民族反抗大塞尔维亚主义民族压迫和种族清洗的正义行动，将自身的独立目标深深隐藏在人道主义灾难、种族清洗等议题之下，成功地吸引了国际舆论的支持，最终在宣传战中完胜塞方。虽然科索沃整个区域都有不少难民出逃，但是国际舆论却主要将科索沃人道主义灾难的责任归咎于塞方，特别是米洛舍维奇。其次，科索沃解放军在军事战略上奉行游击战、不对称战等战法，动员同情者、外围支持者和旁观者为其掩护，成功激发了广大的科索沃阿族民族主义情绪，诱使塞方发动一系列直接或间接的准军事和军事行动，从而帮助科索沃解放军赢得了国际舆论的支持。再次，科索沃解放军刻意回避和弱化自己与背后宗教世界的联系，努力淡化自己的恐怖主义标签。虽然科索沃解放军一直信奉大阿尔巴尼亚主义，试图将科索沃与邻近的阿尔巴尼亚统一起来，但是为了打消国际社会对科索沃危机可能扩散到周边的担忧，在与美欧等国的外交

---

[1] Jaume Castan Pinos, *Kosovo and the Collateral Effects of Humanitarian Intervention*, p.31.

[2] Henry H. Perritt Jr., *The Road to Independence for Kosovo: A Chronicle of the Ahtisaari Plan*, p.43.

[3] Henry H. Perritt Jr., *Kosovo Liberation Army: The Inside Story of an Insurgency*, p.131.

谈判中，科索沃解放军战略性地调整了自己的目标，表示愿意接受一个从短期"自治"逐渐过渡到长期独立的解决方案。可以说，科索沃解放军的宣传、军事和外交战略都是为了将自己塑造为科索沃阿族人的政治代言人。同时，他们努力使包括北约在内的国际力量相信塞方是科索沃难民危机的根源。通过游击战，他们又一步步诱导塞方采取扩大化的打击行动，甚至滥用武力，最终确保了宣传和外交战略的成功。

一、科索沃解放军的人权斗士形象和成功的国际宣传

20世纪90年代初，在国际社会对1994年卢旺达种族大屠杀漠视之后，经过痛苦的舆论反思，人道主义干预思想在联合国和国际社会越来越有市场，主权绝对豁免权越来越遭遇挑战。与此同时，主权即责任的观念开始兴起。[1] 与冷战时期将人权问题视为一国内政不同，自20世纪90年代起，安理会开始将人权问题视为对国际安全与稳定的新威胁。[2] 在西方国家积极推动下，安理会在政策实践中逐渐拓展了干预范围，开始干预一国的内部事务，如干预索马里、波黑、卢旺达、伊拉克、海地的内部冲突。[3] 此外，整个20世纪90年代维和三原则也发生了重要变化。成员国同意原则已经从一致同意转变为"条件允许"，武力使用原则从"非暴力"转变为

---

[1] Jennifer M. Welsh, *Humanitarian Intervention and International Relations*, Oxford: Oxford University Press, 2006, pp.37, 52; 有学者认为，冷战后最大的思潮变化就是第三方干预的兴起，参见 Helle Malmvig, *State Sovereignty and Intervention: A Discourse Analysis of Interventionary and Non-interventionary Practices in Kosovo and Algeria*, "Preface"。

[2] David Chandler, *From Kosovo to Kabul and Beyond: Human Rights and International Intervention*, London: Pluto Press, 2006, p.8.

[3] Jennifer M. Welsh, *Humanitarian Intervention and International Relations*, pp.29-33.

"最小暴力"，中立原则开始从无条件中立变为"积极中立"。[1]这些变化为外部势力干预一国内政提供了思想基础。此外，美英等国的领导人，如克林顿和布莱尔（Charles Blair），积极投入了人权外交的怀抱，人道主义干预得到国内民众和国际大众的普遍欢迎，[2]特别是人权领域的国际非政府组织大量涌现，成为一国人权问题国际化的重要推动力量。据报道，在北约接管科索沃后，就有超过400家NGO进驻了科索沃。[3]以至于到了1997年左右，人权外交的重要性已经显著提升。正如一位资深观察家所言，"事实上没有哪个国家敢于不参与某种形式的人权外交。"[4]不得不提的一点是，整个20世纪90年代，在苏联败于冷战的意识形态竞争之后，整个西方社会弥漫着意识形态"历史终结论"下的普遍乐观主义情绪。西方社会（很大程度上包括国际社会）深信以民主、自由和人权为基本要素的西方民主政体是绝对正确和普世的，因此，像南联盟米洛舍维奇这样的政治强人便被视为在全球拓展民主道路上的障碍。国际社会不再从一个主权国家维护国家领土完整的框架内审视米洛舍维奇在科索沃的军事行动，转而从专制与民主对立的角度加以考察。于是，在这样的国际思潮演变大背景下，科索沃解放军的宣传、军事和外交战略取得了巨大的成功，并一步步接近实现科索沃完全独立的政治目标。

需要承认的是，科索沃解放军非常善于利用媒体，特别是20世纪90年代兴起的新媒体，来塑造自己的形象并传播有利于自身立场的科索沃冲

---

[1] Henning-A . Frantzen, *NATO and Peace Support Operations, 1991-1999: Policies and Doctrines*, Basingstoke: Routledge, 2005, p.54.

[2] David Chandler, *From Kosovo to Kabul and Beyond: Human Rights and International Intervention*, p.6.

[3] Ylber Hysa, "Kosovo: A Permanent International Protectorate?" p.287.

[4] David Chandler, *From Kosovo to Kabul and Beyond: Human Rights and International Intervention*, p.8.

突消息。"科索沃解放军充分利用新兴的互联网和手机等传播工具，开展了多方位的公共关系宣传。同时还在德国、英国和美国展开了成功的游说活动。"[1] 而互联网、手机等新兴传播媒介的兴起极大地提升了西方受众对科索沃冲突的关注度。图像、视频以及互联网各类信息等带来的"实况报道"比文字报道更能打动人心，这让科索沃的难民危机快速传播到全球。[2] 科索沃解放军建立了专门的英文和阿文网站，科索沃信息中心（Kosovo Information Centre）还提供德文版内容，《柯亚·迪特尔》报（*Koha Ditore Times*，又叫 *The Daily Times*）还设有网站进行报道。[3] 而在应对新媒体传播方面，塞方的国有传播媒体仍在依靠传统文字传播方式，这必然使其在舆论战中完败。科索沃解放军官方史学家也承认，科索沃解放军的宣传就是要"确保关于流离失所的难民、燃烧的房屋、被杀的平民等画面出现在西方公众所熟知的新闻媒体头条和他们每晚收看电视节目的屏幕以及他们的网络浏览器上"。[4]

据称，当时许多普里什蒂纳大学毕业生毕业后无所事事，受阿族民族主义的影响，虽然没有正式加入科索沃解放军，但是积极通过各种方式为其提供服务。他们利用掌握的英语技能和自己的手机，充当科索沃解放军与国际记者及NGO的联络人。[5] 科索沃解放军的同情者还渗透进了科索沃

---

[1] Henry H. Perritt Jr., *The Road to Independence for Kosovo: A Chronicle of the Ahtisaari Plan*, p.38.

[2] Dale C. Tatum, *Genocide at the Dawn of the Twenty-First Century: Rwanda, Bosnia, Kosovo, and Darfur*, pp.133-134; David R. Willcox, *Propaganda, the Press and Conflict: The Gulf War and Kosovo*, p.51.

[3] Matthew Bennett, "The Kosovo Liberation Army," p.165.

[4] Henry H. Perritt Jr., *Kosovo Liberation Army: The Inside Story of an Insurgency*, p.147.

[5] Henry H. Perritt Jr., *The Road to Independence for Kosovo: A Chronicle of the Ahtisaari Plan*, p.37.

民主联盟发行的唯一的阿语报纸《柯亚·迪特尔》报，利用这一对手的新闻平台为科索沃解放军做宣传。为避免被塞方逮捕，这些同情科索沃解放军的记者经常与西方记者一起采访。[1]这些报道单方面向西方媒体和公众传递了关于科索沃和科索沃解放军的实时信息，并占据了西方电视新闻的黄金时间和报纸的头条，彻底将塞方和米洛舍维奇塑造成压迫者、独裁者和种族清洗者。据一位大学毕业后在阿尔巴尼亚一家电视台工作的科索沃解放军支持者在接受采访时所说，"我的战斗方式是利用在电视台工作的便利，借助我的技术背景，通过媒体向国际受众播放被害的阿族人画面，以此影响国际社会关于科索沃难民局势的民意。"[2]

而在经历了波黑冲突的漫长媒体报道之后，西方新闻界乃至整个西方社会已经对来自难民群体的口述和自证说法产生了盲目信任，已经不再愿意花费精力去审查和辨识受访科索沃阿族难民信息来源的真伪和可靠性了。正如一位研究者所说，"如果以前的难民需要数周或者数年才能获取西方媒体记者的信任，那么，如今采访科索沃的记者态度更加强硬。经过十年之久的巴尔干暴行的报道，他们终于认识到，举证的责任应该由那些掌握权力的施暴者来承担。"[3]这为科索沃解放军成功实施宣传战略创造

---

[1] Henry H. Perritt Jr., *The Road to Independence for Kosovo*, p.38.

[2] Henry H. Perritt Jr., *Kosovo Liberation Army: The Inside Story of an Insurgency*, p.147.

[3] Samantha Power, *A Problem from Hell: America and the Age of Genocide by Samantha Power*, New York: Basic Books, 2013, p.450. 这一点从美国国务院关于科索沃难民危机的几乎所有信息都来自阿方和前南斯拉夫问题国际刑事法庭（ICTY）可以看出，其中ICTY又被证明是高度政治化的，其信息来源也多来自阿人难民，包括美国在内的诸多北约成员国过于依靠科索沃阿人的信息来源。参见 "The Ethnic Cleansing of Kosovo: Fact Sheet Based on Information from U.S. Government Sources," Department of State, USA, June 4, 1999, https://1997-2001.state.gov/regions/eur/rpt_990604_ksvo_ethnic.html; "Ethnic Cleansing in Kosovo: An Accounting," U.S. State Department Report, December 1999, https://1997-2001.state.gov/global/human_rights/kosovoii/homepage.html.

了便利条件。科索沃解放军的宣传成功地将自己建构为科索沃冲突中的受害者和正义方,是抵抗所谓塞族"暴政"和"种族清洗"的自由战士。[1]而南联盟及其领导人米洛舍维奇则被塑造成独裁又邪恶的敌人,他们对西方公众所认同的自由民主秩序构成了严重挑战。有传播学学者总结了英国媒体在科索沃冲突期间报道科索沃局势的五大议题,即领导人特质刻画、敌人形象描绘、军事威胁分析、国际秩序稳定威胁的阐释以及武器技术。根据学者的归纳,在这五大类报道叙事中,塞方及其领导人米洛舍维奇的形象都是极其负面的,特别是米洛舍维奇被"妖魔化"为纳粹般的存在,南联盟这一主权国家同样被"妖魔化"为西方民主世界眼中十恶不赦的敌人,对国际稳定构成了巨大的威胁。[2]此外,统计结果显示,在161份发表于西方媒体上的文献样本中,过半(81份)的媒体报道采用的报道框架是从科索沃阿尔巴尼亚人视角出发的,支持塞尔维亚人的报道仅有1篇,采用相对中立视角的则为79篇。[3]由此可见,科索沃解放军的国际宣传是非常成功的。

二、科索沃解放军的亲西方外交战略与科索沃唯一政治代言人角色

尽管科索沃解放军得到宗教世界的大力支持,与基地组织有千丝万缕的联系,但是为了取悦西方并获得更广泛的国际支持,科索沃解放军在对

---

[1] Jennifer A. Mueller, *International Norm Echoing in Rebel Groups: The Cases of the Kosovo Liberation Army and the Liberation Tigers of Tamil Eelam*, p.200. 这一自我标榜始于科索沃解放军在1996年8月的一场发布会。

[2] David R. Willcox, *Propaganda, the Press and Conflict: The Gulf War and Kosovo*, pp.91-141.

[3] Babak Bahador, *The CNN Effect in Action: How the News Media Pushed the West toward War in Kosovo*, p.109.

外交往中，刻意淡化宗教色彩，推行亲西方的外交策略。科索沃解放军围绕这一外交目标开展了诸多的外交努力，有意识地将当时流行的国际规范，如人权、国际人权法、反对种族屠杀、反恐等纳入自己的外交话语，"以在当地社会和国际社会获取合法性。"[1] 科索沃解放军官方史学家也承认，为达到争取西方支持的外交目的，科索沃解放军"与伊斯兰影响划清界限，将斗争限制在科索沃境内，在欧美国家公开筹款"。[2] 实际上，科索沃解放军在某种程度上继承了早期科索沃阿族人的外交传统。早在1991年科索沃加入非联合国会员国家及民族组织（The Unrepresented Nations and Peoples Organization, UNPO）时就表现出这一特点了。后来科索沃阿族人又与各种贸易联盟、和平运动等建立了联系。不过，"他们坚决地将自己定位为亲西方力量，避免任何可能让人联想到与伊斯兰世界有联系的关系，这一点成为例外。"[3] 其他学者也指出，在科索沃解放军的外交目标中，除了升级危机、避免谈判之外，他们"矢口否认自己的士兵进行过暗杀和绑架等活动"，而且加入西方舆论界指控南联盟犯下自纳粹以来欧洲最残暴罪行的谴责队伍。[4] 此外，为了确保在西方世界自己是科索沃阿族人唯一的政治代表，科索沃解放军还进行了残酷的内部清洗。他们恐吓和暗杀政治对手科索沃民主联盟的领导人，迫使很多科索沃民主联盟领导人逃离科索沃。到1998年，科索沃解放军已经是科索沃阿族唯一的政治

---

[1] Jennifer A. Mueller, *International Norm Echoing in Rebel Groups: The Cases of the Kosovo Liberation Army and the Liberation Tigers of Tamil Eelam*, p. iv.

[2] Henry H. Perritt Jr., *Kosovo Liberation Army: The Inside Story of an Insurgency*, p.144.

[3] Howard Clark, *Civil Resistance in Kosovo*, p.90.

[4] Michael Parenti, *To Kill a Nation: The Attack on Yugoslavia*, p.104.

代言人了。[1]例如，1998年夏天，流亡瑞士的科索沃民主联盟前总理布亚尔·布科什（Bujar Bukoshi）组建了一支名为科索沃共和国武装部队（Kosovo Republic Armed Forces）的军事组织，意图与科索沃解放军竞争。可到了1998年9月，该军事组织的领导人被暗杀，随后军队被并入科索沃解放军。[2]战后欧洲议会依据内部消息指出，科索沃解放军对内部清洗的热情甚至超过了他们对塞族人攻击的热情，不惜"投入更多资源和政治资本来保持自己在阿族政治派别中的优势地位"。[3]残暴程度之大让后来参与科索沃危机调停的芬兰总统马尔蒂·阿赫蒂萨里都惊叹道："我的一位外国朋友估计，科索沃解放军中有一半成员堪比纳粹分子。"[4]

此外，科索沃解放军在对外交流中一直否认自己进行过恐怖主义袭击，反而给塞方贴上恐怖主义标签。有学者指出，科索沃解放军特别在意自己在西方世界的形象和合法性，去除掉恐怖主义标签是最为关键的内容。一名科索沃解放军成员后来接受采访时曾表示，为了洗脱恐怖主义组织的标签，早在1995年科索沃解放军就研究了爱尔兰共和军是"如何"以及"何时"被定义为恐怖组织的。"我们当时迫切地寻找爱尔兰共和军是在何时从自由解放运动演变成了恐怖主义组织的。这一研究对我们制定战略和开

---

[1] Larry Wentz, *Lessons From Kosovo: The KFOR Experience,* p.66. 科索沃解放军甚至内部互相残杀，清洗异己势力，到2000年5月，据称就有不同派系的23名科索沃解放军指挥官被谋杀。参见Michael Parenti, *To Kill a Nation: The Attack on Yugoslavia*, p.100。

[2] Nigel Thomas, K. Mikulan and Darko Pavlovic, *The Yugoslav Wars (2): Bosnia, Kosovo and Macedonia 1992-2001*, p.45.

[3] Council of Europe Parliamentary Assembly, *Inhuman Treatment of People and Illicit Trafficking in Human Organs in Kosovo*, p.13.

[4] 马尔蒂·阿赫蒂萨里：《在贝尔格莱德的使命：担任科索沃战争调停人》，杜钟瀛译，世界知识出版社2011年版，第7页。

展宣传工作提供了巨大的帮助。"[1]据科索沃解放军驻伦敦代表回忆,英国政府在确认他们不主张恐怖主义行动后才与之接触。[2]

除了掩盖宗教色彩、确保自己是科索沃唯一政治代言人、规避恐怖主义标签外,科索沃解放军外交战略中更成功的一面是主动限制自己的"大阿尔巴尼亚主义"(Greater Albania)民族主义主张。在科索沃解放军刚刚兴起时,他们主要是以种族民族主义来吸引阿族人内部社群支持,即主张泛阿尔巴尼亚主义,要求科索沃、马其顿等阿族人族群与紧邻的阿尔巴尼亚合并,组成一个大阿尔巴尼亚国家。国内研究者也指出,"'大阿尔巴尼亚'主义的代表者主要是'科索沃解放军'。它曾明确宣称自己追求的目标是建立一个'大阿尔巴尼亚'国家。这个'大阿尔巴尼亚'在领土上除了阿尔巴尼亚共和国和科索沃之外,还包括南斯拉夫黑山共和国南端的三分之一、马其顿的西半部以及希腊的马其顿省和伊庇鲁斯省。"[3]一名科索沃解放军成员在2016年接受访谈时表示:"大家都在讨论'种族阿尔巴尼亚'。很自然地一开始存在这种想法,甚至非常迫切地想要实现它。随后人们的想法开始缩回到追求科索沃在领土范围内的独立。"[4]这种转变发生在1998年。当时科索沃解放军已经打败其他政治力量,开始抛弃种族民族主义(ethnic nationalism),转而在外交活动中强调公民民族主义(civic

---

[1] Jennifer A. Mueller, *International Norm Echoing in Rebel Groups: The Cases of the Kosovo Liberation Army and the Liberation Tigers of Tamil Eelam*, p.203.

[2] *Ibid.*, pp.202, 203.

[3] 陈振中、王彪:《"大阿尔巴尼亚"主义与科索沃问题》,《当代世界》1999年第11期,第41页。

[4] Mariana Qamile Rød, *From Guerillas to Cabinets: A Study of the Development of Post-War Political Parties in Kosovo*, p.60.

nationalism）。[1] 与前者建立在单一种族基础上不同，公民民族主义主张科索沃境内不分种族，只要拥有热爱科索沃的爱国主义，作为平等的、权利共享的公民共同体都可以被称为科索沃人。这样的主张就把科索沃境内数量较多的塞族人也纳入其中。尽管战后塞族人被大规模驱逐出科索沃，已经从事实上粉碎了所谓的种族平等主张，但是，公民民族主义这一口号显然比种族民族主义更能被包括北约各国在内的国际行为体所接受。因为种族民族主义让美、英等国担心科索沃解放军会把冲突拓展到临近国家，甚至外溢到整个巴尔干地区。1998年之后，科索沃解放军在不同的外交场合向西方社会确认，自己不追求与阿尔巴尼亚的统一，基本打消了欧美的顾虑。当时科索沃解放军官方发言人曾一度对美国有线电视新闻网和英国广播公司（BBC）说，"我们为整个阿尔巴尼亚地区的统一而战"。这番表态引发了国际行为体的担忧，随后，科索沃解放军通过各种外交途径让美国和欧洲人相信，发言人的讲话是翻译出了错，被外界误读了。科索沃解放军追求的只不过是科索沃的独立。[2] 战后有对科索沃解放军进行采访的学者指出，科索沃解放军为了满足国际社会的需求以确立自己的合法性，战略性地隐藏了自己的真实想法。他表示，"我在科索沃访谈的每一个主要阿族政党的领导人都直言不讳地谈论科索沃加入阿尔巴尼亚的未来可能性。"[3] 这些战后科索沃的主要政党几乎都是从科索沃解放军各派别分化出来的，所以，可以说这其实代表了科索沃解放军成员对于"大阿尔巴尼亚主义"的真实想法。

---

[1] 外国学者通过对科索沃解放军的访谈确认了这一转变，参见 Jessica Lee Eckhardt, *The Kosovo Liberation Army: Changes in the Presentation of Ethnic and Civic Nationalistic Values to the Media*, p.3。

[2] Mariana Qamile Rød, *From Guerillas to Cabinets: A Study of the Development of Post-War Political Parties in Kosovo*, p.61.

[3] *Ibid*.

三、科索沃解放军的游击战术与冲突升级战略

很多学者指出，科索沃解放军打的是第四代战争（Fourth Generation Warfare），即战争目标不是摧毁敌人的有生力量，而是迫使敌人妥协和后退。[1] 客观来看，科索沃解放军的游击战既是当时塞方与阿方悬殊实力对比下不得已为之的产物，也是科索沃解放军精心谋划的战略方针。

正如前文所述，由于脱胎于科索沃黑帮的组织结构，科索沃解放军山头主义非常严重，缺乏有效的自上而下领导，属于典型的各自为战的游击战指挥体系。据称科索沃解放军后期有 7 个战区，每个战区有 1—6 个营级旅。其中至少有 27 个旅后来被证实真实存在。但各大战区独立为战，仅受中央指挥部的有限约束。[2] 战区总部据称有 8 名成员外加 4 名地区指挥官，一周例行碰面一次，并且不设总长，而且"总部成员之间据报道存在大量政治分歧和个人恩怨"。[3] 尽管缺乏自上而下的集中领导，但据科索沃解放军成员战后接受采访时表示，基层的科索沃解放军战士却感觉组织有序，指挥体系完整。不过，因为存在多个指挥中心，"受访者在战时科索沃解放军内部的官阶越高，对科索沃解放军组织严密度的评价就越低。"[4]

---

[1] Jessica Lee Eckhardt, *The Kosovo Liberation Army: Changes in the Presentation of Ethnic and Civic Nationalistic Values to the Media*, p.10.

[2] Nigel Thomas, K. Mikulan and Darko Pavlovic, *The Yugoslav Wars (2): Bosnia, Kosovo and Macedonia 1992-2001*, p.46. 虽然 7 大战区的存在几乎无疑问，但是至于科索沃解放军到底有多少旅，看法则不同，也有学者认为其只有 17 个旅，参见 Matthew Bennett, "The Kosovo Liberation Army," p.163. 在北约轰炸前，科索沃解放军 7 个战区的战斗序列可参见 Nigel Thomas, K. Mikulan and Darko Pavlovic, *The Yugoslav Wars (2): Bosnia, Kosovo and Macedonia 1992-2001*, p.46。

[3] "The Kosovo Liberation Army Down, but Not Out," *Strategic Comments*, Vol.4, No.7, 1998, p.2.

[4] Mariana Qamile Rød, *From Guerillas to Cabinets: A Study of the Development of Post-War Political Parties in Kosovo*, p.40.

第二章 科索沃危机的发酵与地区分离势力的独立大战略

科索沃解放军对塞方的袭击采取游击战术，打完即走。他们常常伪装成平民发动对塞族警察的攻击，并得到大量情报眼线和支持者的掩护，这使得塞方难以有效反击和应对。据科索沃解放军成员后来透露，当塞族警察巡逻时，阿族人便提前将相关情报送给科索沃解放军，于是科索沃解放军提前在预定地点埋伏。"待攻击任务完成后，我们立刻混入人群，并且尽快换上平民衣服再次混入围观的阿族群众之中。"[1] 塞族军队突击科索沃解放军所在的村庄时，所有人都逃离到附近的山上，而一旦塞族军队撤离，科索沃解放军便伪装成平民再度回到村庄。由于塞族人和阿族人水火不容的敌对态势，科索沃解放军的游击战和恐怖主义式袭击得到了广大阿族人的支持，很多普通村民为其提供情报、后勤、兵员等方面的重要支持。南联盟陆军第三军司令、后担任南联盟军队总参谋长的奈博伊沙·帕夫科维奇（Небојша Павковић）的战场日记更直接证实，在与科索沃解放军战斗后，塞军发现"大多数科索沃解放军曾尝试穿村庄里平民的衣服"。科索沃解放军隐藏在平民居住的村落里，村与村之间被布置了地雷，"村子里几乎没有本村的人，只有科索沃解放军的成员"。[2] 而且由于化整为零，又兼有地形和情报、后勤方面的有利条件，科索沃解放军对塞族警察零星和孤立的攻击一时间让塞方难以应对，据称科索沃解放军对塞族警察局的"绝大多数袭击者都没有被抓获"，[3] 这直接鼓舞了阿族群体的暴力思想。

糟糕的是，当时前南联盟对付科索沃解放军的主要力量是警察和其他

---

[1] Henry H. Perritt Jr., *The Road to Independence for Kosovo: A Chronicle of the Ahtisaari Plan*, p.32.

[2] Небојша Павковић, *Трећа армија седамдесет осам дана у загрљају "Милосрдног анђела": ратни дневник команданта Треће армије Војске Југославије, Март 1999*, 2018, p.210.

[3] Henry H. Perritt Jr., *Kosovo Liberation Army: The Inside Story of an Insurgency*, p.41.

准军事组织，甚至有报道称还有很多被释放的罪犯充任其中。[1] 在科索沃解放军的游击战中，手足无措的塞方准军事部队在没法有效打击核心的科索沃解放军成员的情况下，采取的升级的军事反击策略反而提高了科索沃解放军在内部和国际社会的支持。[2] 经常出现的情况是，"塞尔维亚当局不知道谁是分离主义分子，或者即使知道了也难以确定他们的藏身之处，于是，警察开始针对（科索沃解放军）的朋友和邻居采取行动。分离主义分子袭击越激烈，塞族警察的行动就越粗暴。"[3] 此外，《纽约时报》在1998年6月对冲突现场的报道也揭示出，由于无法有效阻止科索沃解放军利用边界走私军火，塞族警察采取了坚壁清野战术，意图在边界地区切断科索沃解放军与阿族支持者的联系。为此，他们采取了诸多应急措施清空了许多阿族人村庄。这也导致了大批阿族人流离失所成为难民，从而更加剧了种族间的全面紧张和对抗。[4] 科索沃解放军游击战诱导塞方扩大报复范围这一策略也得到了亲科索沃解放军史学家的认可，"先不论这是不是有意识的战略目标，科索沃解放军对警察局以及其他塞族国家权威象征的攻击，确实带来了一个主要的效果，那就是促使塞族军事力量进行过度反应。"[5] 中国巴尔干问题专家也认为，"科索沃解放军主要采取偷袭和制造恐怖活动方式与南联盟对抗。从策略上说，它也想通过这种途径不断地

---

[1] Tim Judah, *Kosovo: What Everyone Needs to Know*, p.88.

[2] Jasminka Udovički, "Kosovo," p.330.

[3] Henry H. Perritt Jr., *The Road to Independence for Kosovo: A Chronicle of the Ahtisaari Plan*, p.31.

[4] Chris Hedges, "Both Sides in the Kosovo Conflict Seem Determined to Ignore Reality," *The New York Times*, June 22, 1998, https://www.nytimes.com/1998/06/22/world/both-sides-in-the-kosovo-conflict-seem-determined-to-ignore-reality.html.

[5] Henry H. Perritt Jr., *Kosovo Liberation Army: The Inside Story of an Insurgency*, p.55.

刺激南联盟军队发动进攻，为外界的武装干预创造条件。"[1]

可以说，科索沃解放军的游击战并非旨在直接打败塞方，而是意在扩大冲突，其核心策略是促使塞方报复并扩大打击面，尤其是导致平民伤亡，以此在科索沃阿族人内部制造仇恨和恐慌，达到迫使北约等外部力量介入的最终目的。时隔 20 年之后美国《外交政策》（Foreign Policy）杂志也刊文指出，当时美国"情报部门私下警告，科索沃解放军试图挑衅塞方使其滥杀无辜，期望以此劝服北约支持其要求科索沃独立的主张"。[2] 参议院共和党政策委员会（Senate Republican Policy Committee）1999 年的报告也清楚地认识到这一点，认为科索沃解放军的大战略就是"将暴力升级到某种程度以使外部干预变得极为可能"。[3] 正如一位学者所言，"科索沃解放军深知仅靠自己是无法驱逐塞族人和获取独立的，因此，其目标就是诱使塞尔维亚人做出残酷且显而易见的反应，以迫使西方进行军事干预。"[4]

即使在现在，想要精确地计算出科索沃难民的数据仍然十分困难。据学术界估计，在整个科索沃冲突中有多达 70 万科索沃和马其顿阿族难民

---

[1] 孔寒冰：《科索沃危机的历史根源及大国背景》，第 104 页。

[2] Cameron Abadi, "The Small War That Wasn't: Why the Kosovo Conflict Still Matters Today".

[3] United States Senate Republican Policy Committee, *The Kosovo Liberation Army: Does Clinton Policy Support Group with Terror, Drug Ties? From "Terrorists" to "Partners"*.

[4] Michael Mandelbaum, *Mission Failure: America and the World in the Post-Cold War Era*, Oxford: Oxford University Press, 2016, p.113.

流离在外。[1] 具体来说，1998 年就有 25 万科索沃阿族难民逃离家园，[2] 同时有 10 万—15 万塞族难民出逃。[3] 第三方 NGO "人权观察"（Human Rights Watch）给出的数据则要少很多。根据他们的独立测算，截止到 1999 年 3 月，死于战争或冲突的平民人数大约是 1500—2000 人，有 20 万阿族人无家可归，7 万人逃离科索沃前往临近国家避难，大约有 10 万科索沃阿族人在西欧国家寻求庇护。[4] 战后一项综合了多方访谈和边界跨境登记数据的研究表明，在难民流动高峰期，至少有 38% 的科索沃解放军活动

---

[1] Dimitri G. Demekas, et al., *Building Peace in South East Europe: Macroeconomic Policies and Structural Reforms Since the Kosovo Conflict*, New York: World Bank, 2002, p.4. 也有说是 80 万以及 85 万，参见 World Bank, *Kosovo: Economic and Social Reforms for Peace and Reconciliation*, p.3; Jasminka Udovički, "Kosovo," p.314。联合国人权高专给出的数据则是，到 1999 年 6 月 10 日，大约有 87 万多科索沃阿族难民流落在波黑、黑山、马其顿和阿尔巴尼亚等地，参见 Howard Clark, *Civil Resistance in Kosovo*, pp.183-184。

[2] William M. Arkin, "Operation Allied Force: The Most Precise Application of Air Power in History," in Andrew J. Bacevich and Eliot A. Cohen, eds., *War Over Kosovo: Politics and Strategy in a Global Age*, p.1.

[3] World Bank, *Kosovo: Economic and Social Reforms for Peace and Reconciliation*, p.3. 也有研究者相信，超过 20 万塞族人逃离科索沃，参见 Nadia Alexandrova Arbatova, "European Security after the Kosovo Crisis: The Role of Russia," p.71; Julie A. Mertus, *War's Offensive on Women: The Humanitarian Challenge in Bosnia, Kosovo, and Afghanistan*, Bloomfield: Kumarian Press, 2000, p.45; Michael Parenti, *To Kill a Nation: The Attack on Yugoslavia*, p.157。

[4] Human Rights Watch, *Under Orders: War Crimes in Kosovo*, October 1, 2001, https://www.refworld.org/pdfid/3c2b204a0.pdf.

与科索沃地区的死亡人数高峰是重叠的。[1] 这无疑证明了科索沃解放军的暴力攻击直接导致了部分地区的难民出逃和平民死亡。

到 1998 年，科索沃解放军挑起的暴力分离运动已经导致了塞族人与阿族人之间全面的种族对抗和仇恨。战后一则美军士兵的目击证据很好地揭示了塞阿两族间的种族仇恨的深重。1999 年 6 月，一对塞族夫妇驾车经过科索沃某塞族村庄时，被一群蒙面歹徒拦住并遭面对面射杀。随后一名美军巡逻士兵闻讯赶到现场。根据美军巡逻兵的观察，"一群非常年幼的阿尔巴尼亚儿童在附近的房子里高声欢呼，摆出 V 形型胜利手势，并且比画着用刀切过喉咙的动作。"[2] 由此可以看出，到了 1998 年，科索沃解放军在多年的暴力袭击中，成功地点燃了科索沃战火和仇恨，并不断升级冲突。科索沃冲突升级带来的难民危机和冲突向临近国家扩散的危险，促使包括美英等国在内的北约成员国逐渐改变对科索沃解放军的态度，武力干预的态势也越来越明朗。

---

[1] Patrick Ball, et al., " Killings and Refugee Flow in Kosovo March-June 1999: A Report to the International Criminal Tribunal for the Former Yugoslavia,"in Ewa Tabeau, eds., *Conflict in Numbers: Casualties of the 1990s Wars in the Former Yugoslavia(1991-1999)* , Major Reports by Demographic Experts of the Prosecution in the Trials Before the International Criminal Tribunal for the Former Yugoslavia, Testimonies No. 33, Helsinki Committee for Human Rights in Serbia, Belgrade: Zagorac Belgrade 2009, p.890.

[2] R. Cody Phillips, *Operation Joint Guardian: The U.S. Army in Kosovo*, p.5.

第三章

从中立到选边：
北约对科索沃解放军
立场的激进转变

地区冲突与北约东扩：以 1999 年科索沃危机与北约的军事干预为例

有学者将科索沃危机划分为渐次升级的三个阶段：从 1996 年到 1998 年 2 月是低烈度冲突阶段；从 1998 年 3 月到 1999 年 3 月是冲突升级阶段，塞军增强了对科索沃解放军的反击力度；最后一个阶段是从 1999 年 3 月 24 日到 6 月 12 日，这也是北约轰炸科索沃和前南联盟的阶段。[1] 科索沃冲突烈度的阶段性升级正好对应了科索沃解放军崛起的时间点。1996 年科索沃解放军开始发起有组织的恐怖袭击并且在 1997 年公开露面，此时他们对塞族警察的攻击仍然是小规模的。对此，米洛舍维奇在 1997 年 3 月大幅加强了科索沃的警察力量。1998 年局势进一步升级。2 月中旬，科索沃解放军从德雷尼察（Drenica）山谷根据地向外扩展，并很快掌握了 30% 的科索沃领土。面对这一严峻局势，米洛舍维奇于 2 月 28 日下令 5 万塞方军事力量开始反击，并快速击溃了科索沃解放军。到 6 月 28 日，塞军重新攻占德雷尼察，到 8 月时，塞军几乎重新占领了 90% 的科索沃领土，迫使科索沃解放军躲进临近边境的山洞中进行游击战。[2] 正是在第二阶段塞军反击科索沃解放军过程中，大批科索沃阿族难民开始逃离家园，引发了国际社会的广泛关注。[3] 继南联盟解体和波黑战争之后，科索沃问题再度进入以北约诸国为代表的大国博弈视野之中。科索沃解放军追求的将科

---

[1] Nigel Thomas, K. Mikulan and Darko Pavlovic, *The Yugoslav Wars (2): Bosnia, Kosovo and Macedonia 1992-2001*, p.47.

[2] *Ibid*., pp.47-48. 有学者指出，科索沃解放军之所以早期快速获取大批领土是因为米洛舍维奇刚开始并不知道如何应对这一分离主义武装叛乱，参见 Tim Judah, "The Kosovo Liberation Army," *Perceptions: Journal of International Affairs*, Vol. 5, Issue 3, 2000, p.70。

[3] Helle Malmvig, *State Sovereignty and Intervention: A Discourse Analysis of Interventionary and Non-interventionary Practices in Kosovo and Algeria*, p.58.

索沃问题国际化的目标终于实现，以美欧为代表的北约等各方国际势力开始积极探讨如何去解决或利用这一危机。[1]

第一节 科索沃问题的早期国际关注

虽然历史学家普遍认为科索沃局势的动荡始于 1990 年米洛舍维奇总统取消科索沃依据 1974 年宪法所获得的自治地位，但科索沃独立运动真正始于前南斯拉夫的解体。1991 年 8 月，在鲁戈瓦的领导下，科索沃、马其顿和黑山的阿尔巴尼亚政党组成了一个联合委员会，以统一立场争取国际支持。1991 年 9 月 22 日，科索沃议会批准了"科索沃独立与主权决议案"（Resolution on Independence and Sovereignty of Kosovo），并计划于 9 月 26—30 日举行全民公投。鉴于阿族人口占绝大多数和持续的分离倾向，全民公投结果显而易见——多达 87% 的选民参与投票，支持科索沃独立的选票高达 99.87%。[2] 在科索沃解放军以暴力方式谋求科索沃的独立之前，直到 20 世纪 90 年代中后期，科索沃塞族与阿族社群虽有持续的紧张和零星的对抗，但总体上当地社会政治局势是和平的。尽管美英等北约国家也会关注当时大体稳定而和平的科索沃局势，但总体上，在科索沃解放军血腥崛起之前，科索沃问题并未被真正国际化。很显然，科索沃问题国际化一直是阿族社群寻求独立的最关键和巧妙的战略。例如，早在科索沃分离运动刚萌芽之时，南联盟政府希望召集科索沃新选举的议会代表在 1992 年 5 月 22 日和 6 月 10 日期间前往贝尔格莱德谈判时，阿族代表拒绝了这一建议，

---

[1] Lawrence S. Kaplan, *NATO and the UN: A Peculiar Relationship*, Columbia: University of Missouri Press, 2010, p.171.

[2] Miranda Vickers, *Between Serb and Albanian: A History of Kosova*, p.251.

并提出双边会谈必须坚持一个前提条件,即"任何与塞尔维亚人的正式会谈都必须要有国际协调人在场。"[1] 在经过数月拉锯后,南联盟中央政府竟然接受了这一先决谈判条件,这就为后来的科索沃问题国际化埋下了伏笔。

其实,在 20 世纪的很长一段时期里,科索沃问题并不是美国等北约诸国的关注焦点。美国对科索沃问题的关注主要源于国内大量阿尔巴尼亚移民的推动。1986 年,美国国内的 35 万阿裔组建了阿尔巴尼亚裔美国公民联盟(Albanian-American Civic League),并通过诸多"阿族游说集团"的努力,促使美国国会开始关注科索沃的人权问题。美国国会领袖如众议院领导人罗伯特·多尔(Robert Dole)多次访问了科索沃,[2] 老布什政府也开始关注科索沃局势。1992 年圣诞节,老布什总统警告米洛舍维奇,美国不会容忍南联盟压制科索沃的少数民族,并明确表示:"一旦塞尔维亚的行动导致科索沃地区发生冲突,美国将准备动用军事力量对科索沃和南联盟的塞尔维亚人进行反击。"[3] 不过,克林顿总统上台后,态度相对保守,只是警告米洛舍维奇不要将波黑的冲突扩展到科索沃。除此之外,"直到 1998 年,克林顿的公开讲话、演讲和政府声明中都没有再次提及科索沃问题。"[4] 事实上,美国国会中很多议员并不关心科索沃问题,例如来自俄克拉何马州的共和党参议员詹姆斯·英霍夫(James Inhofe)就曾质疑,"如果回溯到 500 年前,科索沃冲突中各方是否还能区分出好坏?"[5] 美国国会记录中关

---

[1] Howard Clark, *Civil Resistance in Kosovo*, p.93.

[2] *Ibid.*, p.89.

[3] David N. Gibbs, *First Do No Harm: Humanitarian Intervention and the Destruction of Yugoslavia*, p.179.

[4] Henry H. Perritt Jr., *Kosovo Liberation Army: The Inside Story of an Insurgency*, pp.139-140.

[5] Dale C. Tatum, *Genocide at the Dawn of the Twenty-First Century: Rwanda, Bosnia, Kosovo, and Darfur*, p.131.

于科索沃提及的次数也显示，在1992年出现短暂的高峰期之后，美国国会直到1998年才再度对科索沃问题给予高度关注。具体可参见图3-1。

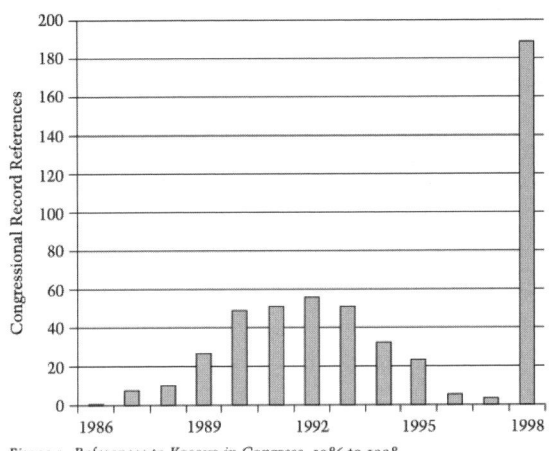

图3-1 美国国会记录文本涉及科索沃关键词（1986—1998年）
资料来源：Henry H. Perritt Jr., *Kosovo Liberation Army: The Inside Story of an Insurgency*, p.139.

因美国忙于干预伊拉克而无暇他顾和苏联解体的冲击，在巴尔干问题的第一阶段，美国并未发挥领导作用，[1] 这一角色实际上由欧洲人承担了。而且，1998年北约主导科索沃事务之前，欧安会一直是关注和调停科索沃问题的主要国际力量。欧洲人对科索沃问题的关注始于1990年左右。1991年，亚当·德马希（Adem Demaçi）获得萨哈罗夫人权奖（Sakharov Human Rights Prize），成为首位在欧洲议会所在地欧洲宫发表演讲的阿尔巴尼亚人。1992年，科索沃阿族人受邀前往伦敦参加针对前南问题的国际会议。[2]

1991年10月，欧安会首次向科索沃派遣人权特派员调查团（Human

---

[1] David N. Gibbs, *First Do No Harm: Humanitarian Intervention and the Destruction of Yugoslavia*, pp.11-12.

[2] Howard Clark, *Civil Resistance in Kosovo*, p.90.

Rights Rapporteur Mission），评估了科索沃的人权形势和少数民族权利问题。1992年1月，特派团向欧安会和南联盟政府分别提交了调查报告，指出科索沃地区存在"不令人满意的人权问题"，并要求再次派员调查。同年4月，欧安会派出了第二批调查团。1992年夏，欧安会第三次派出"实情调查和冲突预防特派团"（Fact-Finding and Conflict Prevention Mission）。该次报告认为，尽管科索沃人权问题"严重"，但未达到两族军事对抗的程度，科索沃危机虽有升级的危险，但"冲突是可以避免的"。[1] 1992年9月8日，欧安会再次行动，向南联盟的三个地区科索沃、桑扎克（Sandjak）以及伏伊伏丁那（Vojvodina）派遣了为期6个月的正式观察团，最初有12名成员，随后扩展至20名。该观察团使命包括"收集各种违反人权的信息"，然而，由于欧安会取消了南联盟政府代表资格，[2] 南联盟决定不再延期观察团的任务，因此该观察团于1993年6月28日到期后结束，并于7月底撤出南联盟。[3] 对此，安理会通过第855号决议表示"严重关切"，呼吁南联盟政府"采取实际措施"与欧安会特派团继续合作。[4]

在这一时期，联合国及其下属的各专业委员会对科索沃局势的关注也

---

[1] 以上几次特派团的情况，参见 Helle Malmvig, *State Sovereignty and Intervention: A Discourse Analysis of Interventionary and Non-interventionary Practices in Kosovo and Algeria*, New York: Routledge, 2006, p.47。

[2] 1992年夏天赫尔辛基会议上，当时南联盟的代表资格被暂时取消，但原因不是科索沃的人道主义灾难，而是在波黑愈演愈烈的暴力冲突。参见 P. Terrence Hopmann, "Building Security in Post-Cold War Eurasia: The OSCE and U.S. Foreign Policy," United States Institute of Peace, Peaceworks No. 31, September 1999, p.11, https://www.usip.org/sites/default/files/pwks31.pdf。

[3] Conference on Security and Co-operation in Europe, The Secretary-General, *Annual Report 1994 on CSCE Activities*, https://www.osce.org/secretariat/14581; Howard Clark, *Civil Resistance in Kosovo*, p.91.

[4] "Resolution 855(1993) Adopted by the Security Council at Its 3262nd Meeting," August 9, 1993, http://unscr.com/en/resolutions/doc/855.

第三章 从中立到选边：北约对科索沃解放军立场的激进转变

仅局限在呼吁和观察层面。1992年10月27日联合国人权事务高级专员办事处（Office of the High Commissioner for Human Rights）发布了特别报告，尽管特派调查员曾两次访问南联盟，包括科索沃地区，但报告的重点主要放在波黑地区的人权问题上。报告在批评塞族的歧视政策的同时，也承认虽然大多数阿族领袖都是"慎重的"和"耐心的"，但"激进的阿尔巴尼亚团体也可能制造暴力"，[1]认为"当前科索沃的形势是比较危险的"。1993年2月23日联合国人权委员会发布的报告再度列出"科索沃的当前局势"一节，除了重申塞族警察滥用暴力、酷刑等问题外，还考察了当地在教育、住房、阿语语言使用等领域存在的种族对立问题，然而，报告并未提出更进一步的应对措施。[2]1994年12月23日，联合国大会通过了"科索沃地区的人权状况"（Situation of Human Rights in Kosovo）决议。决议在重申联合国人权委员会报告关于科索沃地区存在大规模歧视和恶化的人权形势基础上，不仅"谴责"了南联盟军警对阿族人实施的"大规模压制"，还"强烈谴责"南联盟的歧视阿族人和违反人权政策。作为国际社会的应对之策，该决议要求联合国人权委员会特派员"持续密切监控科索沃的人权形势"，并要求联合国秘书长采取必要措施与联合国人权高专和其他地区组织协商，"在科索沃地区建立充分的国际监控，并及时向联大

---

[1] *Report on the Situation of Human Rights in the Territory of the Former Yugoslavia / Submitted by Tadeusz Mazowiecki, Special Rapporteur of the Commission on Human Rights, Pursuant to Paragraph 15 of Commission Resolution 1992/S-1/1 of 14 August 1992*, Geneva: UN, October 27, 1992, p.6, https://digitallibrary.un.org/record/152801#record-files-collapse-header.

[2] *Situation of Human Rights in the Territory of the Former Yugoslavia: 5th Periodic Report on the Situation of Human Rights in the Territory of the Former Yugoslavia*, Geneva: UN, November 17, 1993, pp.27-30, https://digitallibrary.un.org/record/176946.

汇报。"[1] 到了1995年8月18日，联合国防止歧视和保护少数民族小组委员会（U.N. Sub-Commission on Prevention of Discrimination and Protection of Minorities）在第47届会议报告中专门设置题为"科索沃的人权状况"的一节内容。报告认为欧安会1993年长期观察团在"监控人权形势和阻止紧张升级"方面发挥了积极作用。但对于塞族中央政府对少数民族的"歧视"行为，报告只是做了"谴责"，并强调为防止其演变为"暴力冲突"，未来国际社会仍然需要建立充分的国际监控安排来"监控和调查当地的人权形势"。[2] 可见，1992年科索沃阿族人已经吸引了国际力量对其遭遇的同情，但他们仍"未能推动欧美各国采取切实的努力开启干预进程或通过一项决议"。[3] 总之，从1993年到1995年，科索沃仍然只是被包括美欧在内的国际社会视为"当下需要关注并且将来会有麻烦的"地区，"阻止潜在危险并遏制人道主义形势恶化的唯一方案就是更进一步的观察和评估"。[4]

南斯拉夫解体引发了国际力量对科索沃人权问题的关注，但早期国际关注的焦点是波黑地区，科索沃只是作为未来可能的潜在引爆点附带被提起。科索沃局势在前南众多矛盾爆发地区中受到的关注一直排在后面。20世纪90年代早期，无论是联合国安理会、联大人权委员会、欧安会，还

---

[1] *Situation of Human Rights in Kosovo [1994] UNGA 272; A/RES/49/204 (23 December 1994), 1994 United Nations General Assembly Resolutions,* March 13, 1995, p.4, http://www.worldlii.org/int/other/UNGA/1994/272.pdf.

[2] U.N. Sub-Commission on Prevention of Discrimination and Protection of Minorities, *Report of the Sub-Commission on Prevention of Discrimination and Protection of Minorities on its 47th Session, U.N. Docs. E/CN.4/Sub.2/1995/51 (1995),* October 23, 1995, p.94, http://hrlibrary.umn.edu/demo/1995min.html#199510.

[3] Howard Clark, *Civil Resistance in Kosovo.*

[4] Helle Malmvig, *State Sovereignty and Intervention: A Discourse Analysis of Interventionary and Non-interventionary Practices in Kosovo and Algeria,* p.51.

第三章 从中立到选边：北约对科索沃解放军立场的激进转变

是美国政府和美国国会，尽管关注到了科索沃地区所谓塞族军警对阿族人的"歧视"和"滥用暴力"问题，但是仍把这些问题放在南联盟主权范围内进行审视。美欧决策者关注科索沃局势主要是担心其内部冲突可能蔓延至周边地区，进而影响地区稳定。"科索沃危机引发的威胁和紧张是基于科索沃将来可能的发展态势而被建构的。"[1] 克林顿总统1993年在底特律的谈话清晰地阐述了这种担忧。当被问及美国为何要同塞族人进行谈判时，克林顿总统表示美国将加大介入力度，推动各方谈判解决争端，理由除了避免种族清洗变成"不可逆转的态势"外，更最主要的是担心"（波黑地区的）问题将会波及到其他共和国和临近国家"。克林顿强调，"第一次世界大战起源于此不是偶然的"，"如果美国不介入，这个（波黑）事件将扩散到其他地方。"他进一步指出，波黑冲突若得不到解决，将"首先扩散到科索沃，然后波及马其顿，再蔓延至土耳其，最终希腊也将被卷入。这将使我们面临一个非常严重的问题。"[2] 因此，可以说，只要科索沃地区不出现严重暴力冲突，且冲突不出现明显的外溢趋势，美国和欧洲各国实际上都不愿意采取强烈的军事介入政策。然而，这一局面在20世纪90年代中后期随着科索沃解放军的激进崛起而被打破，科索沃阿族人的反叛变得愈发暴力。与此同时，科索沃难民问题日益严重和突出，周边国家如马其顿和阿尔巴尼亚等国局势不断受到科索沃危机的影响。到了1998年，科索沃危机已然成为新的巴尔干火药桶。

---

[1] Helle Malmvig, *State Sovereignty and Intervention*, p.49.
[2] "Remarks at a Town Meeting in Detroit February 10, 1993," Public Papers of the Presidents of the United States, William J. Clinton, Book 1, Presidential Documents, January 20 to July 31, 1993, p.79, https://www.govinfo.gov/content/pkg/PPP-1993-book1/pdf/PPP-1993-book1-doc-pg73.pdf.

地区冲突与北约东扩：以1999年科索沃危机与北约的军事干预为例

第二节 北约对科索沃解放军公开立场的转变

正如第一章所述，众多学者都承认美国一直主导着北约，[1] 因此，可以说美国对科索沃解放军态度的转变决定了科索沃危机的结局。在欧洲盟国之中，英国秉持"英美特殊关系"，基本上唯美国马首是瞻，甚至是主张干预科索沃的急先锋。坚定支持北约东扩的德国，将米洛舍维奇领导下的前南联盟视为北约东扩道路上的重要障碍。于是，德国最早介入科索沃危机，并在早期甚至在一定程度上代替美国扮演了"域外干预"力量领导者的角色，较早地支持和训练科索沃解放军，帮助反对米洛舍维奇的力量不断壮大。而法国和意大利则奉行骑墙政策，一方面主张温和干预，另一方面也强调要维护前南联盟的领土主权完整，并对科索沃解放军的恐怖袭击表示谴责。然而，鉴于科索沃属于前南联盟主权领土已达百年的历史事实，以及国际社会对主权原则的强烈坚守，以美英为首的北约并未从一开始就主张采用武力解决科索沃危机。

一、北约对科索沃解放军定位的变化

正如前文所述，虽然美英德情报机构在科索沃解放军崛起之初就曾秘密提供支持，但是鉴于科索沃解放军与贩毒集团的密切联系、与基地组织的关联和自身的恐怖主义行径，加之前南联盟主权事实和国际社会对国家主权的坚定支持，欧美各国官方早期对待科索沃解放军一直持比较谨慎的态度，并且时不时地批评其恐怖主义袭击。例如，1994年为解决波黑冲突

---

[1] 参见 Frédéric Bozo, "The Effects of Kosovo and the Danger of Decoupling," in Jolyon Howorth and John T. S. Keeler, eds., *Defending Europe: The EU, NATO and the Quest for European Autonomy*, New York: Palgrave Macmillan, 2003, p.62。

而形成的包括美国、法国、德国、英国、意大利和俄国的"接触集团"（Contact Group）在 1998 年 2 月发表的声明中，在主张承认前南联盟对科索沃的主权和科索沃阿族人的合法权益、呼吁双方进行政治对话的同时，也谴责了"对和平示威活动等非暴力表达政治观点的暴力压制，以及科索沃解放军等组织进行的恐怖主义袭击活动"。[1] 3 月 9 日，"接触集团"再次在声明中谴责了科索沃解放军的恐怖主义袭击，明确指出："我们对塞尔维亚警察行动的谴责决不能被错误理解为是支持恐怖主义，我们的立场是明确的，我们完全谴责包括科索沃解放军或任何其他个体与组织所从事的恐怖主义行动。"[2] 随后在 3 月 25 日的声明中，"接触集团"再次重申了"强烈反对任何形式的恐怖主义袭击"。[3]

如果说"接触集团"对科索沃解放军恐怖袭击的谴责，可能因为受到塞尔维亚传统盟友俄罗斯的制衡而不能代表北约各国的立场，那么，同一时期北约发表的集体声明则很好地诠释了北约在 1998 年早期对科索沃解放军恐怖袭击的担忧。在 1997 年之前，北约的联合声明中没有出现过科索沃和科索沃解放军。[4] 然而，到了 1998 年 3 月 5 日，北约理事会发表了一份联合声明，"毫无保留地谴责对非暴力表达政治观点的暴力镇压和旨在通过恐怖主义达成政治目标的恐怖主义行径。"[5] 而且在同年 4 月 30 日

---

[1] Office of the High Representative, "Statement of Kosovo, Moscow, 25/2/1998," Feburary 25, 1998, http://www.ohr.int/?ohr_archive=statement-of-kosovo-moscow-2521998.

[2] "Statement on Kosovo," London Contact Group Meeting, March 9, 1998, https://1997-2001.state.gov/travels/980309_kosovo.html.

[3] Office of the High Representative, "Contact Group Statement on Kosovo – Bonn, 25 March 1998," March 25, 1998, http://www.ohr.int/?ohr_archive=contact-group-statement-on-kosovo-bonn-25-march-1998.

[4] 参见 "Press Releases 1997," *NATO*, https://www.nato.int/docu/pr/1997/index.html。

[5] "Council Statement on the Situation in Kosovo," *NATO*, March 5, 1998, https://www.nato.int/cps/en/natolive/official_texts_25989.htm?selectedLocale=en.

的另一份声明中，北约再次确认了既反对科索沃独立又反对维持现状的立场，同时"主张拒绝任何形式的暴力行为，无论是国家警察力量对政治异见者的暴力镇压，还是恐怖主义组织寻求政治改变的暴力袭击。"[1] 不过，到了5月28日，在北约卢森堡部长理事会声明中，北约对科索沃解放军的恐怖主义标签消失了，尽管总体基调仍然是反对一切暴力，但是在表述上已经明显淡化了将科索沃解放军视为恐怖主义的立场。声明称："我们公开谴责压制政治反对派和追求政治变革的持续暴力"。不过，此时北约仍未将科索沃解放军视为科索沃阿族人的唯一政治代表，而是继续强调科索沃民主联盟作为科索沃阿族人的政治代表，并认为"以鲁戈瓦为代表的科索沃阿族人领导力量将在促成科索沃问题的政治解决方面发挥关键作用"。[2] 然而，随后北约对科索沃解放军的称谓开始发生变化。在6月11日的声明中，科索沃解放军还被描述为极端主义分子，声明称："我们谴责贝尔格莱德当局和科索沃阿族人极端主义分子为实现政治目的而采取的任何暴力行为。"[3] 可到了11月19日，北约的声明虽然仍然同时谴责塞族与阿族的暴力互动，但此时科索沃解放军已经不再是恐怖主义和极端主义集团的代名词了，转而被描述为与塞方具有平等对手地位的"武装科索沃小队"（armed Kosovar elements）。[4] 12月8日北约外交部长会议声明

---

[1] "Council Statement on the Situation in Kosovo," *NATO*, April 30, 1998, https://www.nato.int/docu/pr/1998/p98-051e.htm.

[2] "Statement On Kosovo, Issued at the Ministerial Meeting of the North Atlantic Council, Held in Luxembourg on 28th May 1998," *NATO*, May 28, 1998, https://www.nato.int/docu/pr/1998/p98-061e.htm.

[3] "Statement on Kosovo, Issued at the Meeting of the North Atlantic Council in Defence Ministers Session," *NATO*, June 11, 1998, https://www.nato.int/docu/pr/1998/index.html.

[4] "Press Statement by the North Atlantic Council on Kosovo," *NATO*, November 19,1998, https://www.nato.int/docu/pr/1998/p98-130e.htm.

同样延续了这一称谓。声明尽管也呼吁科索沃解放军"停火并停止挑衅行为",但很显然已经将批评的矛头主要对准了南联盟和米洛舍维奇。[1] 概言之,自 1998 年夏天开始,北约对科索沃解放军的公开立场已经逐渐变化,不再将其视为恐怖主义分子,而是视为与塞方具有同等地位的军事和政治上的对手。

二、美国对科索沃解放军的认知转变

  北约对科索沃解放军立场的转变,很大程度上与美国态度的变化相关。虽然美国情报机构很早就与科索沃解放军有所接触,但是官方正式的接触应当不早于 1996 年。当时美国在科索沃首府普里什蒂纳建立了美国新闻署文化中心(US Information Agency Cultural Centre),该中心事实上是作为美国大使馆的功能在运作和活动。[2] 根据科索沃解放军成员在战后接受采访时透露,该文化中心的官员曾经秘密接触过科索沃解放军成员,并为其提供了一定的协助。1998 年 2 月之前,美国一度将科索沃解放军列为恐怖主义组织。1998 年 2 月克林顿派遣特使罗伯特·杰巴德(Robert Gelbard)前往巴尔干与米洛舍维奇会谈时,杰巴德不仅谴责了米洛舍维奇安全部队的"残暴"行径,同时也对科索沃解放军的恐怖主义袭击表示了谴责,并强调科索沃解放军"毫无疑问是一个恐怖主义组织"。[3] 这种对塞方和科索沃解放军各打五十大板的态度,与同一时期北约和"接触集团"的声明相呼应,它们基本上秉持了一致的立场,即美国和北约其他成员国

---

[1] "Statement on Kosovo, Meeting of the North Atlantic Council in Foreign Ministers Session," *NATO*, December 8, 1998, https://www.nato.int/docu/pr/1998/p98-143e.htm.
[2] Kate Hudson, *Breaking the South Slav Dream: The Rise and Fall of Yugoslavia*, p.125.
[3] 可参见 David R. Willcox, *Propaganda, the Press and Conflict: The Gulf War and Kosovo*, p.49。

尚未下定决心公开支持科索沃解放军的独立主张，不愿意公然违反国际法的主权准则，仍然寄希望于通过施加政治压力迫使塞方让步，以实现科索沃的自治或者说事实上的准独立，而名义上仍保留在南联盟主权范围内。这是一种相对平衡和温和的干预方案。然而，一旦科索沃解放军持续进行激进的暴力袭击，这种骑墙政策注定是要失败的。一方面，北约对塞方连续的谴责和制裁鼓舞了科索沃解放军为了能够引起国际社会的干预而采取更进一步的暴力行为。[1] 另一方面，由于科索沃解放军毫无妥协的暴力立场使科索沃阿族族群日益激进化，以科索沃民主联盟为代表的温和力量被逐渐边缘化。与此同时，暴力冲突的加剧使得地区形势更趋动荡，危机进一步外溢，这些都使以美国为首的北约所采取的折中或者说"艰难的平衡"立场难以为继。[2] 例如，就在罗伯特·杰巴德将科索沃解放军称为恐怖主义之后，塞军对科索沃解放军发动了大规模打击，并击溃了它们。这时候科索沃解放军就开始游说美国将其从恐怖主义名单中除名。[3] 随后，很多人指责杰巴德的发言为塞军攻击科索沃解放军提供了借口，因此美国众议院国际关系委员会（House Committee on International Relations）召集他前去听证，以澄清他的观点。杰巴德迫于压力在1998年3月13日向委员会表示，虽然科索沃解放军有恐怖袭击行为，但"在法律意义上并没有被美

---

[1] James Ker-Lindsay, *Kosovo: The Path to Contested Statehood in the Balkans*, p.13.
[2] Helle Malmvig, *State Sovereignty and Intervention: A Discourse Analysis of Interventionary and Non-interventionary Practices in Kosovo and Algeria*, p.54.
[3] 在1998年2月底，美国将科索沃解放军从恐怖主义名单中除名，参见Dag Henriksen, *NATO's Gamble: Combining Diplomacy and Airpower in the Kosovo Crisis, 1998-1999*, p.127。

第三章 从中立到选边：北约对科索沃解放军立场的激进转变

国政府归为恐怖主义组织"。[1] 之后杰巴德的巴尔干特使职位很快被理查德·霍布鲁克取代。而正如第一章所论述的，霍布鲁克是美国推动北约东扩的协调人和推手，他的上任及快速调整对科索沃解放军的政策，无疑与北约东扩的整体谋划是高度关联的。此外，此时美国与俄罗斯就北约东扩的妥协也基本达成，科索沃危机成为北约东扩道路上的唯一障碍。我们在下文将对此加以详述。

实际上，美国对科索沃解放军立场的转变还体现在媒体对大众舆论的塑造上。以美国有线电视新闻网为代表的大众传媒早已将科索沃危机和人道主义灾难的责任归咎于塞尔维亚一方。根据一项对1998年至1999年共15个月大众传媒报道的研究，发现高达57%的媒体报道将责任完全归咎于塞方，仅有1%的报道指责阿方，而剩余的42%的媒体在报道中则认为双方都有责任，或者试图以更客观的角度呈现双方立场。[2] 在这种国内形势下，美国加快了对科索沃解放军政策调整的步伐。到了1998年6月，美国国务院新闻发言人詹姆斯·鲁宾（James Rubin）宣布，"即使部分科索沃解放军成员参与了恐怖袭击，但美国并不会将科索沃解放军整体视为恐怖主义组织。"[3] 同月，新上任的美国总统特使理查德·霍布鲁克在科索沃尤尼克地区与科索沃解放军指挥官进行了首次公开的官方会面。据参与会见的科索沃解放军代表事后接受采访时透露："我告诉他我们一直在

---

[1] Gary T. Dempsey and Roger W. Fontaine, *Fool's Errands: America's Recent Encounters with Nation Building*, Washington, D.C.: Cato Institute, 2001, p.139. 其实根据另外一项研究，美国根据科索沃解放军的要求，早在1998年2月便将科索沃解放军移出了恐怖主义组织名单，参见 Marcia Christoff Kurop, "Al Qaeda's Balkan Links"。

[2] Babak Bahador, *The CNN Effect in Action: How the News Media Pushed the West toward War in Kosovo*, pp.111-114.

[3] Jennifer A. Mueller, *International Norm Echoing in Rebel Groups: The Cases of the Kosovo Liberation Army and the Liberation Tigers of Tamil Eelam*, p.204.

为自由而战,我们一直在反击塞方把我们描述成恐怖主义的宣传。塞方宣称我们是原教旨主义组织,但自从这次会晤之后,塞方的宣传将不再有任何意义了。"[1] 1998 年 8 月底,霍布鲁克再次在杜卡基尼(Dukagjini)地区与一群科索沃解放军成员会晤。[2]

1998 年夏,美国对科索沃解放军立场的转变,还有部分原因在于其放弃了原先对科索沃民主联盟的支持。在 1998 年之前,美国还寄希望于科索沃民主联盟与塞方进行和谈,如当年 5 月美国还安排米洛舍维奇和鲁戈瓦进行了一场秘密会谈,[3] 然而,由于科索沃民主联盟成员遭到科索沃解放军的暗杀或流亡海外,加之战争基本摧毁了早期科索沃民主联盟建立的科索沃平行社会制度。于是,到了 1998 年夏,在美国的推动下,北约最终放弃把科索沃民主联盟作为合作伙伴,转而选择科索沃解放军作为科索沃阿族人的唯一政治代表。[4] 到 1999 年初时,美国国务院副新闻发言人弗雷(James Foley)公开表示,"美国正加快协助科索沃解放军从一群乌合之众组成的游击小队转型为一支真正的政治力量"。并且,美国承诺"如果他们真有意向成为美国所期望的政治势力,美国将提供大量的建议和实质的帮助"。[5]

---

[1] Jennifer A. Mueller, *International Norm Echoing in Rebel Groups*.

[2] Henry H. Perritt Jr., *The Road to Independence for Kosovo: A Chronicle of the Ahtisaari Plan*, p.39.

[3] David N. Gibbs, *First Do No Harm: Humanitarian Intervention and the Destruction of Yugoslavia*, p.183. 北约卢森堡理事会 1998 年 5 月 28 日声明对科索沃民主联盟的积极态度与美国 5 月份安排会面几乎是同一时间段,由此可见美国对科索沃解放军态度决定了北约的立场。

[4] Council of Europe Parliamentary Assembly, *Inhuman Treatment of People and Illicit Trafficking in Human Organs in Kosovo*, pp.12, 13; Larry Wentz, *Lessons from Kosovo: The KFOR Experience*, p.66.

[5] United States Senate Republican Policy Committee, *The Kosovo Liberation Army: Does Clinton Policy Support Group with Terror, Drug Ties? from "Terrorists" to "Partners"*.

三、美国对科索沃解放军的改造

虽然前文已经提及美国情报部门早期对科索沃解放军的训练和资金支持，但到1998年夏，美国对科索沃解放军的支持力度更大了。[1] 有学者观察到，尽管罗伯特·杰巴德指认科索沃解放军是恐怖主义，但当时美国国务院已经开始考虑"与科索沃解放军建立沟通渠道，并将推动其成为合法的对话伙伴"。[2] 根据科索沃解放军官方史学家的说法，"在1998年中，大多数科索沃解放军战士都缺乏系统的训练。"[3] 这恰好说明了美国和北约对科索沃解放军的大规模援助是1998年6月之后开始的。有证据表明，美国情报部门自1998年起就默许了阿尔巴尼亚向科索沃解放军出售武器。[4] 1998年夏，"在美国私人安保公司的协助下，科索沃解放军的指挥体系得到了重新组织和重构"。[5] 而"到了1998年底，科索沃解放军大多数战区的指挥官已经按照北约的军事训练课程大纲组织数周的军事训练"。[6]

与此同时，中情局还建议科索沃解放军改变其不利于公众形象的旧战略。根据科索沃解放军官方史学家战后对美国情报部门的匿名采访，中情局在不晚于1998年底时向科索沃解放军提出了四点要求："不能允许有

---

[1] 关于美国如何在波黑、科索沃和阿富汗以及后来的利比亚利用恐怖主义组织谋取地缘政治利益的长时段分析，还可参见 Peter Dale Scott, "Bosnia, Kosovo, and Now Libya: The Human Costs of Washington's On-Going Collusion with Terrorists"。

[2] Jaume Castan Pinos, *Kosovo and the Collateral Effects of Humanitarian Intervention*, p.31.

[3] Henry H. Perritt Jr., *Kosovo Liberation Army: The Inside Story of an Insurgency*, p.100.

[4] *Ibid.*, p.141.

[5] Jaume Castan Pinos, *Kosovo and the Collateral Effects of Humanitarian Intervention*, p.31.

[6] Henry H. Perritt, Jr., *The Road to Independence for Kosovo: A Chronicle of the Ahtisaari Plan*, p.49.

穆斯林世界的影响，不能重复波黑的经验；不能依靠毒品走私获取资金；不能在科索沃边境之外有任何恐怖主义袭击；必须尽可能地袭击穿制服的塞方人员而不是平民。"[1] 这次秘密访谈不仅部分证实了之前对科索沃解放军涉及毒品贸易和恐怖主义袭击的指控，更重要的是，它证明了中情局的建议与科索沃解放军转变自身战略时间点大体吻合，两者都发生于1998年夏季之后。对比前文提到的科索沃解放军独立大战略的四个方面，可以清楚地看到中情局建议的影响。很多研究者以及战后部分科索沃解放军成员的访谈都指出，自1998年年中，科索沃解放军对待恐怖主义等问题的态度发生了转变，开始回避与宗教力量特别是基地组织的关系，减少对平民的恐怖主义袭击等。分析科索沃解放军在1995—1999年间的外宣话语可以发现，正是在1998年3月之后，他们开始借用"人权""人权法""人道主义干预""种族灭绝"这些更容易让北约各国民众接受的话语体系进行对外宣传。[2] 同时，科索沃解放军反驳自己是恐怖主义组织的言论数量，也从1998年4月开始直线上升，到1998年底到达顶峰。美国中情局关于将冲突局限在科索沃领土内的建议，实际上是针对科索沃解放军对"大阿尔巴尼亚主义"的态度。这点也通过对科索沃解放军成员的访谈间接加以证实。自从1998年年中起，基于一国国境的公民民族主义话语开始直线上升，而追求巴尔干地区所有阿尔巴尼亚人大一统的种族民族主义话语则呈下降趋势。[3] 科索沃解放军成员在2016年的访谈中透露，科索沃解放军战略目标的转变直接受到其政治领导人哈希姆·塔奇的引导。他指出："科

---

[1] Henry H. Perritt Jr., *Kosovo Liberation Army: The Inside Story of an Insurgency*, pp.141-142.

[2] Jennifer A. Mueller, *International Norm Echoing in Rebel Groups: The Cases of the Kosovo Liberation Army and the Liberation Tigers of Tamil Eelam*, p.108.

[3] Jessica Lee Eckhardt, *The Kosovo Liberation Army: Changes in the Presentation of Ethnic and Civic Nationalistic Values to the Media*, p.26.

第三章 从中立到选边：北约对科索沃解放军立场的激进转变

索沃解放军内部的改变源于政治领袖哈希姆·塔奇。他调整了战略目标，从追求阿尔巴尼亚民族的大一统，转向寻求科索沃的独立。"[1] 如果科索沃解放军继续坚持"大阿尔巴尼亚主义"，冲突势必要蔓延到波黑、马其顿和阿尔巴尼亚等周边国家和地区，这是美国和北约不愿意看到的。这一点在 1999 年北约接管科索沃后得到了证明。当时塞尔维亚方面与北约签署和平条约，塞军撤出科索沃境内，双方在南联盟边境地带维持一个 3 公里的安全区，仅允许持有轻武器的塞族警察驻防。然而，当 2000 年 1 月 26 日 1500 名科索沃解放军及其支持者跨过边境，准备兼并马其顿和科索沃与塞尔维亚南部的"东科索沃"（Eastern Kosova）时，北约在 5 月 24 日竟然允许塞方增兵迫使这部分科索沃解放军成员投降，这显示出北约对"毫不妥协的阿尔巴尼亚民族主义"（uncompromising Albanian nationalism）深表失望和不满。[2]

此外，美国《时代》杂志在 1998 年 11 月对科索沃解放军军官的突击采访也证实，到 1998 年底，科索沃解放军对于有外部伊斯兰圣战战士加入战斗开始讳莫如深，避而不谈。当《时代》杂志记者发现科索沃解放军指挥部附近有年轻的圣战战士时，当地科索沃解放军指挥官明显非常尴尬。当被问及这些外国战士的来历时，他表示自己不清楚他们的派遣者和

---

[1] Mariana Qamile Rød, *From Guerillas to Cabinets: A Study of the Development of Post-War Political Parties in Kosovo*, p.61.

[2] Nigel Thomas, K. Mikulan and Darko Pavlovic, *The Yugoslav Wars (2): Bosnia, Kosovo and Macedonia 1992-2001*, pp.50-51. 对当时这一事件过程以及北约微妙态度的详细分析，参见 John R. Fulton, "NATO and the KLA: How the West Encouraged Terrorism," pp.133-134.

来源地，"我对他们毫无了解"，并且"我们也不会谈论他们"。[1] 很显然，在1998年早期之前，科索沃解放军还高调表示自己是圣战者，但到了1998年底，他们突然低调地与宗教力量划清界限，这一转变无疑受到了外部势力的压力与引导。

第三节 不可避免的军事干预：从《米洛舍维奇—霍布鲁克协议》到朗布依埃最后通牒

一、科索沃解放军暴力路线下北约早期平衡立场的动摇

自1998年夏之后，美国主导下的北约对科索沃解放军立场的逐渐软化，不可避免地导致北约对南联盟和米洛舍维奇政权的强硬和敌视，北约早先在塞方和阿方维持相对平衡的政策逐渐改变。支持科索沃解放军自然要求北约对塞方日益强硬。这突出反映在北约1998年之后观察塞方与阿方关系的叙事逻辑的变化之中，"国家暴力"与"恐怖主义"（state violence and terrorism）的话语逐渐演变为"种族清洗"与"种族战争"（ethnic cleansing and ethnic war）。[2]

在1998年初之前，欧安会声明、联合国决议和北约的声明普遍指责

---

[1] Tom Walker, "US Alarmed as Mujahidin Join Kosovo Rebels," *The Times (London)*, November 26, 1998, https://therearenosunglasses.wordpress.com/2011/10/01/us-alarmed-as-mujahidin-join-kosovo-rebels.

[2] 这种话语体系的矛盾还包括科索沃危机被建构成需要各方自己寻求解决之道的内政问题，即南联盟对阿人的压迫，与此同时，科索沃危机又被视为一个国际危机，需要外部力量干预。Helle Malmvig, *State Sovereignty and Intervention: A Discourse Analysis of Interventionary and Non-interventionary Practices in Kosovo and Algeria*, pp.56, 58-59.

科索沃解放军的恐怖主义行为，同时也批评塞方过度和非法使用暴力，其最终目的是要阻止科索沃危机中平民受到的伤害和非人道对待。然而，这种看似平衡的立场实际上暗含了矛盾的逻辑，且对塞方形成了较为不利的局势。这是因为各种声明都淡化了科索沃解放军暴力行为对平民的伤害，而更多地强调了塞方对平民的所谓"镇压"。比如有学者指出，"接触集团"和联合国决议虽然呼吁各方寻求政治解决争端，但往往将塞族人和阿族人的关系建构成压迫与反抗这样的二元对立关系。[1] 只有在科索沃解放军仍然被视为恐怖主义分子时，科索沃平民遭受的人道主义危机才会被视为双方共同的责任。但是反过来思考，"如果科索沃解放军被确凿无疑地定性为恐怖主义集团，那么再去指责塞尔维亚安全部队滥用暴力显得逻辑上难以自洽。"[2] 等到 1998 年夏天北约将科索沃解放军的定位逐渐从恐怖主义分子变为"游击队、反叛者或分离主义者"时，科索沃人道主义危机的首要责任方就不可避免地被推到塞方了。[3] 而科索沃冲突一旦被归入种族清洗与种族战争叙事逻辑，其政治寓意便发生了根本性的变化，塞族人就会描绘为有罪的清洗方，而阿族人则成为受害者。更糟糕的是这种种族清洗的定性很容易排除政治对话的可能性，使得武力介入成为潜在的解决方案。若双方被视为平等的战争对手，那么科索沃阿族人与塞族人都应承担相应的责任，都要对科索沃平民的死亡和人道主义危机负责。然而，一旦将科索沃危机定性为种族清洗，塞族人一方便被视作主要的作恶者，而科索沃阿族人则成为无辜的受害者，这就进一步削弱了将科索沃解放军视作恐怖主义力量的可能性了。此时，塞族的暴力行为不再被看作是对科索沃解放

---

[1] Helle Malmvig, *State Sovereignty and Intervention: A Discourse Analysis of Interventionary and Non-interventionary Practices in Kosovo and Algeria*, p.57.

[2] *Ibid.*, p.56.

[3] *Ibid.*, p.57.

军暴力路线的回应，而是被解读为"随机地"进行种族清洗。[1] 可以说，如果将责任完全归咎于塞尔维亚中央政府一方，无条件地支持其境内反叛力量势必会引发"道德困境"，即"这种做法可能鼓励叛军采取极度危险性和欺诈式的叛乱行为"，[2] 进而不可避免地推动冲突升级。

在1998年夏之前，美欧等北约成员国对待塞尔维亚的立场除了谴责之外，实质性的压力主要是制裁。例如在1998年5月，美国和欧洲盟友禁止了对塞尔维亚的投资，并且冻结了塞尔维亚在国外的所有资产。紧接着在6月15—16日，欧盟禁止了所有国际航班进出南联盟。[3] 当然正如有学者指出的，由于主要大国间的分歧、对南联盟主权的忌惮和反对科索沃独立这三重因素的制约，北约成员国这一时期采取的制裁措施相对温和。[4]

二、北约对南联盟的武力恐吓与《米洛舍维奇—霍布鲁克协议》的失败

正如前文所述，从1998年夏开始北约对科索沃解放军的定位逐渐从恐怖主义分子向自由斗士转换。特别是1998年5月北约部长理事会声明不再将科索沃解放军称为恐怖主义分子之后，北约对南联盟进行军事打击的态势逐渐显现。在5月28日卢森堡会议声明中，北约已经积极为武力

---

[1] Helle Malmvig, *State Sovereignty and Intervention*, pp.57, 64, 65.

[2] Alan J. Kuperman, "The Moral Hazard of Humanitarian Intervention: Lessons from the Balkans," *International Studies Quarterly*, Vol. 52, Issue 1, 2008, p.49.

[3] Nicholas Rees, "The Kosovo Crisis, the International Response and Ireland," *Irish Studies in International Affairs*, Vol. 11, 2000, p.65.

[4] Richard Caplan, "International Diplomacy and the Crisis in Kosovo," pp.754-755.

干预做好准备，做出一系列军事威慑行动安排，[1] 如派遣地中海常备海军部队（NATO's Standing Naval Force Mediterranean）7 月访问阿尔巴尼亚境内的都拉斯（Durres）港，并计划于 8 月底在阿尔巴尼亚境内开展地面和空中"和平伙伴关系"军事演习，升级原定于 1998 年 9 月与马其顿联合开展的同类军事演习。[2] 在声明中，北约首次明确了寻求和平解决冲突与维持周边国家稳定的两大战略目标。到了 6 月 11 日，北约在声明中表示，已经要求北约军事当局以最快速度在马其顿和阿尔巴尼亚进行空中演习，并且要求军事部门为北约领导层提供"所有可能的恰当备选方案"，且要优先考虑"有效和容易达成的"方案。很显然，北约已经把军事干预纳入考虑之中，并开始进行初步的动员准备。[3] 有学者分析认为，北约的这些空中和海上军事调动旨在展示其海军实力和快速动员能力，以此对南联盟方面进行威慑。[4] 在 6 月 12 日，北约在马其顿开展了"决然之鹰行动"（Operation Determined Falcon）的空中演习，此次演习"涉及 13 个国家、85 架飞机，（旨在）向贝尔格莱德政府施加压力"。[5] 此外，"北约的军

---

[1] 有学者甚至指出，早在 1998 年 2 月，克拉克将军就指示美国驻欧空军指挥官绍特（Michael Short）将军草拟一份有限空中打击计划，随后克拉克将这份计划递交给了华盛顿高层。参见 Dag Henriksen, *NATO's Gamble: Combining Diplomacy and Airpower in the Kosovo Crisis, 1998-1999*, p.135。

[2] "Statement On Kosovo, Issued at the Ministerial Meeting of the North Atlantic Council, Held in Luxembourg on 28th May 1998". 对于北约卢森堡会议的军事动员作用的分析，也可参见 Lawrence S. Kaplan, *NATO and the UN: A Peculiar Relationship*, pp.173-174。

[3] "Statement on Kosovo, Issued at the Meeting of the North Atlantic Council in Defence Ministers Session".

[4] Nicholas Rees, "The Kosovo Crisis, the International Response and Ireland," p.63.

[5] Julian Lindley-French, *The North Atlantic Treaty Organization: The Enduring Alliance*, Basingstoke: Routledge, 2015, p.82. 克拉克回忆说本次演习大约有 100 架飞机飞过塞尔维亚与阿尔巴尼亚边界，Wesley Clark, *Waging Modern War: Bosnia, Kosovo, and the Future of Combat*, New York: Public Affairs, 2002, p.120。

事官员被要求为将来的军事干预起草各种方案。"[1] 根据韦斯利·克拉克（Wesley Clark）将军回忆，整个 6 月中旬，北约虽然对前沿部署地面部队持谨慎态度，但是"由于前有波黑的空袭经验，所以，北约对空袭方案很有兴趣"。[2] 当美国在 7 月份向北约提交了扩大化的空袭方案时，该方案引发不少质疑，因为"空中打击计划显得规模过大，太具威胁性，北约外交官们纷纷询问是否存在一种在初期阶段较为有限的空袭计划"，[3] 他们当时反对将空袭范围扩大到贝尔格莱德。

（一）倚强凌弱：1998 年下半年北约对南联盟的武力恐吓

1998 年 9 月 23 日安理会通过了第 1199 号决议，表示对科索沃难民危机深表忧虑，对包括使用恐怖主义达到政治目标的冲突各方使用暴力都予以谴责，呼吁塞方和阿方立刻停火，并无条件开展建设性的对话。[4] 联合国的决议让北约的动武冲动再度膨胀。北约秘书长索拉纳、盟军最高司令韦斯利·克拉克等强硬派再度考虑对米洛舍维奇动武，以此来拯救濒于溃败的科索沃解放军。北约于 24 日激活了两个有限空袭南联盟的军事计划，其中一个代号为"灵活的铁砧"有限空中反应计划（Flexible Anvil "Limited Air Response"），另一个代号为"阶段性空袭"联军行动（Allied Force "Phased Air Campaign"）。第一个计划主要依赖巡航导弹，短时期内快速对特定

---

[1] Helle Malmvig, *State Sovereignty and Intervention: A Discourse Analysis of Interventionary and Non-interventionary Practices in Kosovo and Algeria*, p.63.

[2] Wesley Clark, *Waging Modern War: Bosnia, Kosovo, and the Future of Combat*, p.120.

[3] *Ibid.*, p.124.

[4] 值得注意的是，此时安理会的决议仍然"要求科索沃阿尔巴尼亚领导人谴责各种形式的恐怖主义袭击行动"，并"强调科索沃阿尔巴尼亚社群的所有成员必须只能以和平方式追求自己的政治目标"。参见 UN Security Council, *Resolution 1199 (1998) / Adopted by the Security Council at Its 3930th Meeting, on 23 September 1998*, September 23, 1998, https://digitallibrary.un.org/record/260416.

第三章 从中立到选边：北约对科索沃解放军立场的激进转变

事件作出军事反应。[1] 第二个计划包含了在科索沃领空设置某种形式的禁飞区。一名五角大楼高级官员表示，这一决定并非意味着立即使用武力，而是允许联盟在必要时能够快速部署军事力量实施打击。[2] 在同一天，北约成员国国防部长授权北约欧洲盟军最高司令韦斯利·克拉克寻求北约成员国准备开展军事行动所需的军事力量。然而，由于预计俄国会反对、五角大楼内部存在分歧以及需要时间在巴尔干地区集结兵力，北约成员国决定暂时搁置武力方案，再次尝试通过外交途径解决问题。[3] 与此同时，北约主导国美国自1998年夏季态度变得强硬起来，很多高级官员主张空袭。国务卿奥尔布赖特和几位迫切想证明自身武器效能的空军司令、克林顿总统的夫人希拉里·克林顿，特别是欧洲盟军最高司令部司令韦斯利·克拉克，都支持空袭南联盟。[4] 根据韦斯利·克拉克的说法，美军参谋长联席会议主席休·谢尔顿（Hugh Shelton）、国防部负责政策事务的副部长沃尔特·斯洛科姆（Walt Slocombe）等人在1998年9月也基本认可军事打击南联盟的想法。[5] 然而，美国军方内部仍然存在怀疑的声音，尚未形成统一意见。例如，美国国防部长威廉姆·科恩（William Cohen）以及国家安全顾问塞缪尔·伯杰（Samuel R. Berger）对于单纯依靠空袭就能击败塞方表示怀疑，

---

[1] William M. Arkin, "Operation Allied Force: The Most Precise Application of Air Power in History," pp.1-2.

[2] Lawrence S. Kaplan, *NATO and the UN: A Peculiar Relationship*, p.174.

[3] Julian Lindley-French, *The North Atlantic Treaty Organization: The Enduring Alliance*, p.82. 还可参见 Nicholas Rees, "The Kosovo Crisis, the International Response and Ireland," p.63。

[4] David N. Gibbs, *First Do No Harm: Humanitarian Intervention and the Destruction of Yugoslavia*, pp.183-184.

[5] Wesley Clark, *Waging Modern War: Bosnia, Kosovo, and the Future of Combat*, p.133.

空军以外的高级军官们也持反对态度。[1] 在此背景下，在1998年9月，"克林顿总统授权了一项旨在推翻米洛舍维奇的秘密行动，具体行动包括协调南联盟国内的反对派，甚至考虑推动南联盟国内军方发动军事政变。"[2]

（二）城下之盟：《米洛舍维奇—霍布鲁克协议》的签署

1998年10月，正当南联盟军队占据压倒性优势，科索沃解放军节节败退，大片"根据地"失守，大批科索沃难民逃离家园之时，北约和美国已经改变了早先相对平衡的立场，对塞方态度日益强硬。在此背景下，北约在空袭的威胁下与塞方达成了《米洛舍维奇—霍布鲁克协议》，成功地迫使米洛舍维奇与科索沃解放军实现停火，为科索沃解放军争取了宝贵的休整机会。当时，克林顿计划派霍布鲁克特使与米洛舍维奇进行谈判。在会谈前，霍布鲁克于10月5日前往布鲁塞尔与韦斯利·克拉克将军和北约秘书长索拉纳进行了会谈。根据克拉克的说法，霍布鲁克表示自己此行有三大目标——迫使米洛舍维奇同意停火（以挽救科索沃解放军）、结束双方之间的战斗和遵守联合国安理会第1199号决议。不过，国防部长警告他，"在任何情况下都不能建议把北约部队作为维和部队派驻科索沃。"[3] 此外，霍布鲁克还希望促使塞方与阿方就早先克里斯托弗·希尔（Christopher Hill）穿梭外交中所提出的建议进行进一步磋商，以达成关于科索沃最终地位的协议。[4] 霍布鲁克在当月13日对外宣称自己与米洛舍

---

[1] 关于伯杰的犹豫，参见 Dag Henriksen, *NATO's Gamble: Combining Diplomacy and Airpower in the Kosovo Crisis, 1998-1999*, p.135。

[2] Shinasi A. Rama, *Nation Failure, Ethnic Elites, and Balance of Power: The International Administration of Kosova*, New York: Palgrave Macmillan, 2019, p.190.

[3] Wesley Clark, *Waging Modern War: Bosnia, Kosovo, and the Future of Combat*, p.137.

[4] 克里斯托弗·希尔的折中方案是先给予科索沃自治但仍留在南联盟内，留待3—5年后来决定科索沃的最终地位问题，参见 Ivo H. Daalder and Michael E. O'Hanlon, *Winning Ugly: NATO's War to Save Kosovo*, pp.46-47。

第三章 从中立到选边：北约对科索沃解放军立场的激进转变

维奇达成初步协议，后续的细节性谈判由北约和欧安组织与塞方分别完成。霍布鲁克要求塞军于16日之前务必撤军，否则将面临北约的空袭。为展示北约的决心，13日，北约将空袭行动级别进一步提升。[1] 该级别要求96小时后启动空袭，且只有经由北约理事会投票后才能暂停。同时，北约在意大利集结了400到650架飞机准备进行空袭。然而，米洛舍维奇并未立刻屈服，塞军于13日继续使用重武器进攻科索沃解放军的大本营德雷尼察。15日，索拉纳和克拉克带领北约情报官员前往贝尔格莱德，与米洛舍维奇确认了塞军新派驻科索沃的军警战斗序列。米洛舍维奇同意撤出这些被北约点名的2月新派遣的正规军，并同意签署允许北约在科索沃上空进行空中巡逻和侦察的协议。[2] 根据协议，北约派出非武装飞机在科索沃领空侦察撤军执行情况，同时塞方需撤离早期部署的预警雷达之外的所有防空系统，且塞军空中力量必须撤出科索沃，仅在边界25公里内进行侦察活动。[3] 16日，欧安组织与塞外交部部长签署了部署科索沃监督停火部队的协议，随后北约将最后撤军日期从16日延长到27日。[4] 20日，克拉克等人再度

---

[1] "Statement to the Press by the Secretary General Following Decision on the ACTORD," *NATO*, October 13, 1998, https://www.nato.int/docu/speech/1998/s981013a.htm; William M. Arkin, "Operation Allied Force: The Most Precise Application of Air Power in History," p.2.

[2] 关于北约在科索沃领空的空中核查（NATO Air Verification Mission）协议问题，可参见 Wesley Clark, *Waging Modern War: Bosnia, Kosovo, and the Future of Combat*, p.145; Nicholas Rees, "The Kosovo Crisis, the International Response and Ireland," p.64。联合国第1203号决议也对此予以确认，认为克拉克等人代表北约与塞方于15号签署了空中侦察协议，参见 United Nations Security Council, "UNSC Resolution 1203(1998), Adopted by the Security Council at Its 3937th Meeting, on 24 October 1998," October 24, 1998, p.2, http://unscr.com/files/1998/01203.pdf。

[3] Ivo H. Daalder and Michael E. O'Hanlon, *Winning Ugly: NATO's War to Save Kosovo*, p.48.

[4] Sabrina Petra Ramet, *Balkan Babel: The Disintegration of Yugoslavia from The Death of Tito to The Fall of Milosevic*, Boulder: Westview, 2002, p.323.

前往贝尔格莱德与塞方会谈，期间克拉克向米洛舍维奇发出了直接的军事威胁，称"如果你不撤出，华盛顿将会指示我轰炸你，且不会留情。"[1] 会谈达成的两个阶段撤军路线随后被北约否定，24 日，克拉克与北约军事委员会主席克劳斯·瑙曼（Klaus Naumann）前往贝尔格莱德与塞方就撤军细节进行谈判。双方于 10 月 25 日签订了最终协议。[2] 克拉克表示，"即便在没有威胁使用地面部队介入的情况下，北约空中力量已经足以让米洛舍维奇退却。"[3] 因此，英国媒体称这一协议为"最后一刻达成的交易"。[4] 根据协议，科索沃解放军应停止攻击塞族警察局，塞方从科索沃撤出 2 月份新派来的野战军队，警察撤回警局，允许科索沃难民回归家园。同时，塞方同意国际社会派出欧安会主导下的未武装的科索沃停火核查国际观察团（Kosovo Verification Mission, KVM）进驻科索沃监督停火。[5] 北约还将部署一支空中监视力量监督停火和撤军，并且在马其顿部署一支部队以防止国际观察团陷入暴力冲突的风险。[6] 然而，到 10 月 26 日，塞方在科索沃仍然有 14000 名警察，数量是塞方 1998 年 2 月份前部署的两倍。在北约设定的最后期限前 24 小时，米洛舍维奇最终将新部署的内务部队撤出

---

[1] Wesley Clark, *Waging Modern War: Bosnia, Kosovo, and the Future of Combat*, p.137.

[2] 这份协议与欧安会与塞方于 16 日签署的《米洛舍维奇—霍布鲁克协议》有所不同。

[3] Wesley Clark, *Waging Modern War: Bosnia, Kosovo, and the Future of Combat*, p.153.

[4] Chris Bird, "British Monitor Wounded in Kosovo," *The Guardian*, January 16,1999, https://www.theguardian.com/world/1999/jan/16/3.

[5] Henry H. Perritt Jr., *The Road to Independence for Kosovo: A Chronicle of the Ahtisaari Plan*, p.39. 克拉克将军在回忆录中表示，他和索拉纳特别反对让欧安会而不是北约主导这一停火监督进程，并主张派遣北约飞机巡逻科索沃领空以监督停火，力图在协议里添加北约空中巡查核实停火这一条，但是遭到塞方坚决反对。参见 Wesley Clark, *Waging Modern War: Bosnia, Kosovo, and the Future of Combat*, pp.140,141。

[6] Nicholas Rees, "The Kosovo Crisis, the International Response and Ireland," p.64.

了科索沃，北约于是暂停了空袭计划。[1]

有学者指出，这一协议不但从军事上拯救了溃败的科索沃解放军，使其有喘息之机"重整军备并重新组织"，而且，国际力量的干预使其在科索沃当地重新获得了信誉。[2]事实上避免科索沃解放军完全被塞军消灭是北约施压的重要动力之一。例如会谈前，9月23日在葡萄牙召开的北约非正式国防部长会议上，北约军事委员会主席克劳斯·瑙曼就表示，"科索沃的前景黯淡。科索沃解放军将会战败。在1999年的春天会爆发更激烈的战斗。"[3]然而，由于没有公开允诺科索沃独立，科索沃解放军仍谴责了这一事实上对其高度有利的协议。

（三）得寸进尺：科索沃解放军单方面撕毁协议

事后证据表明，在协议达成之后，塞方原则上遵守了协议的内容，从科索沃境内撤出了几乎全部军队。作为对10月底塞军遵守协议的回应，北约不但淡化了被允许留在科索沃的塞军准军事部队的最初数目要求，还无限期推迟了空袭命令。[4]然而，当塞军撤退后，科索沃解放军"重新占领了塞军撤离的区域"，[5]重新挑起了争端。当时的北约谈判见证人瑙曼多次在公开场合证实了这一点。他认为米洛舍维奇遵守了协议的内容，完全从科索沃撤出了军队，但是科索沃解放军很快抢占了塞军撤出的阵地，并对塞族人施加了野蛮的暴行，迫使米洛舍维奇要么还击，要么坐视不管。

---

[1] Sabrina Petra Ramet, *Balkan Babel: The Disintegration of Yugoslavia from The Death of Tito to The Fall of Milosevic*, p.324.

[2] Tim Judah, *Kosovo: What Everyone Needs to Know*, p.84.

[3] Wesley Clark, *Waging Modern War: Bosnia, Kosovo, and the Future of Combat*, p.135.

[4] Joyce P. Kaufman,"NATO and the Former Yugoslavia: Crisis, Conflict and the Atlantic Alliance,"*Journal of Conflict Studies*, Vol.19, No. 2, 1999, https://journals.lib.unb.ca/index.php/JCS/article/view/4355.

[5] Wesley Clark, *Waging Modern War: Bosnia, Kosovo, and the Future of Combat*, p.156.

他认为实际上是科索沃解放军最终把北约拖入了战争。[1] 2002年，瑙曼在联合国前南国际刑事法庭（International Criminal Tribunal for the Former Yugoslavia, ICTY）针对米洛舍维奇的战后审判做证时再次重申了这一看法。他认为，南联盟政权遵守了《米洛舍维奇—霍布鲁克协议》，成功地在24小时内撤出6000名警察，尽管这一过程非常不容易。[2] 在2002年英国广播公司制作的关于科索沃危机的访谈式纪录片里，著名主持人艾伦·利特尔（Allan Little）首先指出，由于协议仅单方面约束塞方而不涉及科索沃解放军，因此难以对科索沃解放军进行有效监控。他进一步指出，"当塞族人撤退时，科索沃解放军则向前填补了真空。"随后被问及为何难以监控科索沃解放军时，时任科索沃解放军指挥官阿吉姆·切库（Agim Ceku）回应称："停火协议对我们十分有利，它使我们可以重新组织、大幅强化并发展壮大。"他还表示："我们期望尽可能地扩大我们队伍的地盘，让科索沃解放军的战斗小组和小队能够在科索沃全境活动。"当时的国际观察团部队副指挥官补充说，科索沃解放军是"渗透式前进"。对此，欧盟科索沃事务特别代表沃尔夫冈·佩特里奇（Wolfgang Petritsch）指出，在协议达成后，科索沃解放军基本夺回了在1998年夏季被塞军攻占的阵地和领土。之后，主持人提及一份由时任科索沃停火核查国际观察团部队领导人、美国大使威廉·沃克（William Walker）提交给北约决策机构北大西洋理事会的秘密备忘录。该备忘录指出科索沃解放军是"整个暴力事件的主要肇事者"，并"故意发起了一场蓄谋已久的挑衅攻势"。针对这一说法，

---

[1] 这是转述的瑙曼在英国议会作证时的观点，参见 "Examination of Witness（Questions 1080-1092），" The Right Honourable, The Lord Gilbert, June 20, 2000, https://publications.parliament.uk/pa/cm199900/cmselect/cmdfence/347/0062005.htm。

[2] 转引自 David N. Gibbs, *First Do No Harm: Humanitarian Intervention and the Destruction of Yugoslavia*, p.185。

第三章 从中立到选边：北约对科索沃解放军立场的激进转变

沃克大使先是否认，表示自己不记得了，但随后把责任归为塞阿双方，表示："我在提交给北大西洋理事会的绝大多数简报都指出双方均有不遵守协议约定的行为，双方都做了很多错事。"[1]

而当时的媒体报道也证实，协议签署后，"科索沃解放军通过从阿尔巴尼亚边境走私武器得到了补给，并重新占领了塞尔维亚安全部队撤出的村庄"。另有接受匿名采访的科索沃停火核查国际观察团部队高级官员表示，"激怒塞族人对科索沃解放军来说轻而易举，而且塞族人总是过度反应，开展报复行动并导致诸多平民伤亡。"这种暴力行为"将会促使北约再度介入，从而实现科索沃解放军的战略目的"。[2] 一位当时的国际观察员后来回忆说，"随着科索沃解放军针对塞尔维亚安全部队的挑衅事件频发，停火协议的形势恶化了"，科索沃解放军的行动明显违反了协议，并引发了塞方的报复。[3]

很可能的情况是，由于协议对科索沃解放军缺乏约束力，科索沃解放军首先破坏了协议，重新攻占了塞军撤退后留下的土地，导致塞军随后反击，最终双方之间的冲突于12月再次爆发。[4] 甚至在1999年1月还出现

---

[1] 以上BBC的原始纪录片文字记录，可参见 "Moral Combat: NATO at War," A BBC Two Special, 9pm Sunday, March 12, 2000, Reporter Allan Little, http://news.bbc.co.uk/hi/english/static/events/panorama/transcripts/transcript_12_03_00.txt。

[2] "Serbs Dare West to Raise the Stakes," *The Guardian*, January 19, 1999, https://www.theguardian.com/world/1999/jan/19/3. 对此媒体采访责任认定倾向性的解读，还可参见 David R. Willcox, *Propaganda, the Press and Conflict: The Gulf War and Kosovo*, p.69。

[3] Rollie Keith, "Monitor in Kosovo Speaks," Burnaby: BC New Democrats, May 1999. 转引自 Michael Parenti, *To Kill a Nation: The Attack on Yugoslavia*, p.103。

[4] 有学者也指出，当时的媒体报道给出的证据较为矛盾和混乱，很大可能是科索沃解放军和塞军最终都没有完全遵守协议。Sabrina Petra Ramet, *Balkan Babel: The Disintegration of Yugoslavia from The Death of Tito to The Fall of Milosevic*, pp.323-324。认为双方可能都不打算完全遵守协议的观点，还可参见 Jasminka Udovički, "Kosovo," pp.331-332。

了专门针对国际维和人员的蓄意攻击事件。[1] 由于非武装的国际观察团部队无法有效地阻止暴力事件的再次发生，《米洛舍维奇—霍布鲁克协议》在仅仅维持了几个月的短暂和平后宣告失败。[2] 由欧安组织出面协调但由美国人担任领导的非武装国际维和部队最多时有1400多人。这支部队既缺乏有效的监督能力，又高度政治化。有媒体和学者甚至指出，中情局派人伪装混进了科索沃停火核查国际观察团队伍中，秘密为科索沃解放军出谋划策。国际维和行动失败之后，这些情报人员把卫星电话和全球定位系统留给科索沃解放军，以便需要时与北约联系。据称科索沃解放军甚至有北约欧洲盟军司令克拉克将军的私人手机号码。[3] 考虑到1998年夏美国官方对科索沃解放军公开态度的显著转变，以及中情局对科索沃解放军的出谋划策和秘密塑造，我们可以推断，在《米洛舍维奇—霍布鲁克协议》签订之时，美国与科索沃解放军之间已经形成了正式的联盟合作关系。这种合作的目的之一就是在北约诸国特别是美国因担心伤亡极不情愿出动陆军部队时，科索沃解放军在未来可能的轰炸行动中充当北约的地面辅助力量，为北约提供及时的战场形势报告和轰炸目标的准确坐标信息。[4]

---

[1] Chris Bird, "British Monitor Wounded in Kosovo".

[2] 例如有学者将北约未料到科索沃解放军利用塞军撤退机会扩张自己视为《米洛舍维奇—霍布鲁克协议》失败的三大核心因素之一，参见 S. Rynning, *NATO Renewed: The Power and Purpose of Transatlantic Cooperation*, New York: Palgrave Macmillan, 2005, p.74。

[3] David N. Gibbs, *First Do No Harm: Humanitarian Intervention and the Destruction of Yugoslavia*, pp.186-187.

[4] Chris Hedges, "Kosovo's Rebels Accused of Executions in the Ranks," *The New York Times*, June 25, 1999.

三、走向干预：拉查克村事件与朗布依埃最后通牒

(一) "CNN 效应"：北约诸国媒体的偏向性报道

1999 年 1 月后塞军与科索沃解放军冲突再度激烈，流落到国外的难民人数激增（见图 3-2）。随之北约诸国特别是美国和英国国内的媒体对科索沃危机的报道也大幅增加，科索沃人道主义灾难、种族清洗等成为头条报道。例如在 1999 年 4 月 22 日到 29 日的一周内，美国媒体涉及科索沃的报道就有 645 篇。尽管当时有战争爆发因素的刺激，但"科索沃"问题占很多媒体全部报道比例之高还是很罕见的，具体可参见表 3-1。

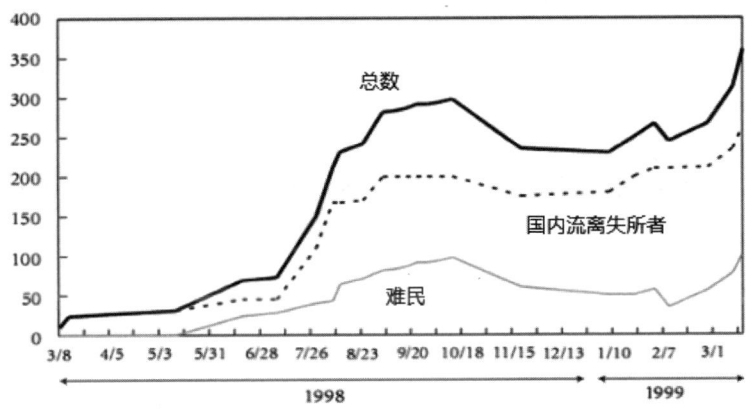

图 3-2 1998 年 3 月—1999 年 3 月科索沃难民和国内流离失所者增长趋势（单位：千人）
资料来源：Ivo H. Daalder and Michael E. O'Hanlon, *Winning Ugly: NATO's War to Save Kosovo*, p.41.

媒体名称	涉及科索沃报道数量	涉科索沃报道在该机构总报道中所占百分比
美国广播公司	42	7.1%
美联社	142	15.1%
哥伦比亚广播公司	50	22.4%
美国有线电视新闻网	176	7.1%
基督教科学箴言报	37	18.2%
洛杉矶时报	68	6.4%
微软全国广播公司	45	10.9%
纽约时报	93	11.6%
华盛顿邮报	92	6.3%

表3-1 美国主流媒体对科索沃报道比例（1999年4月22日—29日）

图表来源：Richard C. Vincent, "A Narrative Analysis of US Press Coverage of Slobodan Milosevic and the Serbs in Kosovo," *European Journal of Communication*, Vol.15, No.3, 2000, p.326.

在这一周美国主流媒体的报道中，除了恐怖主义和难民的恐惧情绪外，"米洛舍维奇的独裁""塞尔维亚人的邪恶"成为媒体报道核心叙事主题。其中关于"米洛舍维奇是独裁者"的报道，在哥伦比亚广播公司全部报道中占10%，在《基督教科学箴言报》中占10.8%，在微软全国广播公司中占13.3%。而关于邪恶的塞尔维亚人形象的建构，在微软全国广播公司的报道占11.1%，《基督教科学箴言报》占8.2%，《华盛顿邮报》占6.5%，美国有线电视新闻网占6.3%，哥伦比亚广播公司占6.0%。[1]而在同一周内，美国主流媒体对于"科索沃解放军与毒品关联""科索沃解放军与犯罪集团关联""科索沃解放军与恐怖主义""科索沃解放军与走私""科索沃解放军和强迫征兵"等相关报道主题则鲜有提及或几乎"消失"了（具体

---

[1] Richard C. Vincent, "A Narrative Analysis of US Press Coverage of Slobodan Milosevic and the Serbs in Kosovo," p.330.

第三章 从中立到选边：北约对科索沃解放军立场的激进转变

参见表3-2）。

媒体名称	科索沃报道总篇数	科索沃解放军与犯罪集团关联	科索沃解放军与毒品关联	科索沃解放军与恐怖主义	科索沃解放军与走私	科索沃解放军和强迫征兵
美国广播公司	42	0	1	2	0	0
美联社	142	0	0	0	0	0
哥伦比亚广播公司	50	0	0	0	0	0
美国有线电视新闻网	176	2	0	2	0	0
基督教科学箴言报	37	0	0	0	0	0
洛杉矶时报	68	0	0	0	0	0
微软全国广播公司	45	0	0	0	0	0
纽约时报	93	2	1	0	0	2
华盛顿邮报	92	5	1	3	2	0

表3-2 美国主流媒体对科索沃解放军相关问题的选择性沉默（1999年4月22日—29日）

图表来源：Richard C. Vincent, "A Narrative Analysis of US Press Coverage of Slobodan Milosevic and the Serbs in Kosovo," p.332.

尽管当时北约轰炸刚开始不久，战争爆发因素固然推高了报道的数量并加深了对敌对方领导人和国民的负面认知，但是如此高的负面报道，基本可以反映出1999年春天时包括美国国内媒体在内的国际媒体对于科索沃危机的态度，以及国际大众对塞方与科索沃解放军的立场。这种一边倒的媒体报道妨碍了普通民众对科索沃危机的全面理解。有传媒研究学者指出，"普通民众对政治的理解取决于信息如何以系统化和通俗易懂的方式呈现给他们。"[1] 这种"CNN效应"不仅引发了西方社会民众对人道主义

---

[1] Adam J. Berinsky and Donald R. Kinder, "Making Sense of Issues Through Media Frames: Understanding the Kosovo Crisis," *The Journal of Politics*, Vol. 68, No. 3, 2006, p.654.

灾难的高度同情和恐惧，还使得通过武力干预解决人道主义问题在这些民选政体中获得了政治合法性，[1] 从而推动了各国政客采取军事行动来应对类似问题。[2]

（二）真假莫辨：作为战争动员的所谓拉查克村"屠杀"事件

在已经把塞尔维亚和米洛舍维奇塑造成十恶不赦的历史罪人和种族清洗的罪犯的国际舆论背景下，一旦科索沃解放军与塞军冲突中造成的平民伤亡被国际媒体报道出来，舆论几乎一边倒地指责塞方负有主要责任。1999年1月15日发生的科索沃拉查克村（Racak）"屠杀"事件就是在这样的历史背景下发生的。大量科索沃危机的研究者都认为这一事件是危机的转折点。[3] 1999年1月8日和10日，科索沃解放军两次设伏袭击了塞军，共杀死3名塞族警察、4名其他类型的警务人员，2位平民受伤，还有8名塞军士兵沦为人质。随后，塞军在拉查克村附近小镇集结，准备进攻以该村为军事基地的科索沃解放军。[4] 1月15日，塞军与科索沃解放军在拉查克村附近展开了激烈的战斗。塞军不久便攻占了这个人口不足400人的小村落，随后于傍晚时分撤离。之后，科索沃解放军重新占领了这个村庄。第二天，国际观察团部队负责人威廉·沃克大使陪同国际媒体抵达现场时，宣称他们发现了45具尸体。沃克大使随即匆忙向国际社会宣布，

---

[1] Jasvir Singh, *Problem of Ethnicity: The United Nations and Kosovo Crisis*, Chandigarh: Unistar Books, 2008, p.129.

[2] Babak Bahador, *The CNN Effect in Action: How the News Media Pushed the West toward War in Kosovo*, pp.121-127.

[3] Ivo H. Daalder and Michael E. O'Hanlon, *Winning Ugly: NATO's War to Save Kosovo*, p.64. 甚至在当时的媒体都认为是转折点，Chris Bird, "Recak Report Finds Serbs Guilty," *The Guardian*, March 18, 1999, https://www.theguardian.com/world/1999/mar/18/4。

[4] Babak Bahador, *The CNN Effect in Action: How the News Media Pushed the West toward War in Kosovo*, pp.85-86.

第三章 从中立到选边：北约对科索沃解放军立场的激进转变

发生在拉查克村的战斗是针对无辜平民的大屠杀。16日沃克告诉克拉克将军："当看到这个场景时，我就知道这是大屠杀。……这些人不是战士，他们是农民，从他们的衣服和他们的手就可以看出来。"[1]这一消息引发世界舆论的哗然，并最终形成巨大的来自美国等北约成员国国内的民意压力，成为北约轰炸南联盟的合法理由。而塞方则坚称当天的战斗打死了15名科索沃解放军恐怖分子，否认故意杀害平民，并指责科索沃解放军伪装现场、构陷塞军。

为了寻求真相，由芬兰病理学家海伦娜·兰塔博士（Helena Ranta）率领的欧盟法医团队（EU Forensic Team）于22日抵达现场核验并进行尸检。由于尸体已经被搬离事发现场且耽搁时日，欧盟团队在最后报告里并未对事件进行定性，只是指出"这些死者最有可能在被发现的地方被射杀，且绝大多数尸体都已被翻转过"，还强调死者财物并未被洗劫，"死者的衣服也极不可能被换过或脱掉过"，然而值得注意的是很多受害者的鞋子被脱掉了。报告否认这是一次屠杀事件，并指出"调查结果无法给出确切的结论，以断定那里是否曾经爆发过战斗，或这些受害者是否死于其他场合"。[2]尽管欧盟法医团队拒绝了沃克大使要求其将拉查克死亡事件定性为大屠杀并将责任直接归咎于塞方的要求，但是迫于压力，兰塔博士在新

---

[1] Wesley Clark, *Waging Modern War: Bosnia, Kosovo, and the Future of Combat*, p.174.
[2] *Report of the EU Forensic Expert Team on the Racak Incident*, United States Information Agency, March 17, 1999, https://phdn.org/archives/www.ess.uwe.ac.uk/Kosovo/Kosovo-Massacres2.htm.

闻发布会上还是将这一事件描述为是"一起反人类的罪行"。[1] 这一表态无疑间接支持了北约的立场，并加强了国际舆论对塞方的指责力度。不过若干年后，兰塔的态度有了逆转。在2008年接受采访时，兰塔博士又披露，因为她开始并不同意指认谁对这次事件负责和定性为大屠杀，当时"他（沃克大使）极度愤怒，并且把一支铅笔扔向了我"。[2] 2017年她接受《知情者》（Insajder）媒体采访时再度描述了沃克愤怒的表现，"沃克希望我证实谁制造了这起拉查克村屠杀事件，但是我不能这么做。我是科学家，不是政客或者外交官或别的身份"。"我不知道为何沃克会那么做，他当时手里拿了一把铅笔，然后他把这些铅笔掰断了，当着我的面将断笔扔在了桌子上。"[3] 在本次采访中，她还对当年在新闻发布会上把拉查克村事件称为反人类罪行表示了后悔。值得指出的是，甚至当时送检的受害者遗体也并非来自案发现场。2001年兰塔博士私下里向一位求证的研究者透露，由于死亡时间久远，当时接受扫描电镜检测的送检样本"并非采集自拉查克村受害者的尸体"，而是来自别处被害者的尸体。[4] 在1999年的新闻发

---

[1] 她在美国压力下的这一公开表态也被业内人士批评为"打破了法医行业的基本规则"，即法医不是法官，不能评判对错，特别是在真相不明的情况下。参见 Aleksandar Ivanovic and Zoran Bazovic, "Consequences of Disregarding Contemporary Forensic Standards," in Gorazd Mesko, Milan Pagon and Bojan Dobovsek, eds., *Policing in Central and Eastern Europe: Dilemmas of Contemporary Criminal Justice*, Ljubljana:University of Maribor, Slovenia, December 2004, p.10。

[2] "Ranta Speaks out About 'Račak Massacre'," October 23, 2008, https://www.b92.net/eng/news/crimes.php?yyyy=2008&mm=10&dd=23&nav_id=54430. 沃克在接受英国《卫报》采访时也表示，自己的确对欧盟报告内容很不满，参见 Chris Bird, "Recak Report Finds Serbs Guilty"。

[3] "Finnish Forensic Expert Helena Ranta: Because of Report on Racak Everyone Pressured Me," *Insajder*, May 12, 2017, https://insajder.net/en/site/focus/4654.

[4] Michael Mandel, *How America Gets Away with Murder: Illegal Wars, Collateral Damage and Crimes Against Humanity*, London: Pluto Press, 2004, p.75。

第三章 从中立到选边：北约对科索沃解放军立场的激进转变

布会上她并未提及这一点。可以想象当时她承受的外部压力之大。关于拉查克村事件的真相，2001年当年参与调查的三位芬兰科学家撰文表示，接受尸检的40人都死于枪伤。这些伤口应该是由"火力强大、小口径且能持续发射的武器造成的，最有可能是攻击步枪所致"。此外他们强调甚至"不能确认受害者来自拉查克村"。[1]在另外一份论文里，他们再次强调"没有充足的信息去证实这些受害者的死因"。[2]

尽管拉查克事件的真相至今依旧扑朔迷离，而且现在也并没有足够的证据证明，到底是塞军实施了对平民的屠杀，[3]还是科索沃解放军伪造了现场，但是国际舆论特别是美国舆论早已经认定这是一场针对无辜平民的大屠杀。在1999年1月16日至22日期间，美国主流电视媒体对此事件进行了大量报道，共计21篇，其中支持科索沃解放军的报道占86%，而且没有任何一篇报道支持塞方的立场。具体可见表3-3。

---

[1] J. Rainio, K. Lalu and A. Penttila, "Independent Forensic Autopsies in an Armed Conflict: Investigation of the Victims from Racak, Kosovo," *Forensic Science International*, Vol. 116, Issue 2-3, 2001, p.183. 另外一篇对整个科索沃危机期间欧盟法医团队对各个屠杀事件的调查进行分析的论文，也透露出进行尸检的科学家根本无法判断出很多被害者是不是真的来自受害现场，参见 Juha Rainio, et al., "Forensic Osteological Investigations in Kosovo," *Forensic Science International*, Vol. 121, Issue 3, 2001, p.171。这一点推翻了原始报告中关于尸检对象来自拉查克村的判断，从而为塞方指认科索沃解放军从别处伪造尸体的说法提供了可能性。

[2] J. Rainio, et al., "Forensic Investigations in Kosovo: Experiences of the European Union Forensic Expert Team," *Journal of Clinical Forensic Medicine*, Vol. 8, Issue 4, 2001, p.220. 经过对中国方面专业人士的咨询，他们也认为，要准确判断武器类型和具体的型号，需要考察现场情况，而由于被害者尸体被反复挪动，完全还原现场几乎不可能。在此特别感谢中国人民武装警察大学中国维和警察培训中心何银教授及相关人士的帮助。

[3] 在2001年塞尔维亚军方对前南联盟时期军人参与1998—1999年的犯罪行为进行了调查，共起诉245名军官和士兵，其中183人被定罪，参见 Carlotta Gall, "Yugoslav Army Charges 183 in Crimes in Kosovo," *The New York Times*, April 25, 2001, http://movies2.nytimes.com/2001/04/25/world/25YUGO.html。

报道框架倾向性	报道数量	占总数的百分比 *
支持阿尔巴尼亚的框架	18	86%
支持塞尔维亚的框架	0	0
双方观点都报道的	2	10%
中立立场	1	5%

表 3-3 美国电视媒体对拉查克事件报道的倾向性

图表来源：Babak Bahador, *The CNN Effect in Action: How the News Media Pushed the West toward War in Kosovo*, p.88.

* 因为四舍五入，故百分比数超过 100%

与之形成鲜明对比，当 2023 年底以色列入侵加沙、轰炸加沙飞地造成十多万人员伤亡时，以 CNN 为代表的西方主流媒体虽然也报道了加沙人员的死伤情况，但在用词和责任归因上表现得相当谨慎，始终避免使用"大屠杀"（massacre）一词。特别是 2024 年 2 月 29 日以色列在加沙难民物资援助点野蛮射杀无辜民众，造成 110 多人死亡、700 多人受伤后，全球舆论一时间哗然、谴责声四起。此时，CNN 的报道用词虽升级为"无差别的杀戮"（carnage），但仍未使用"大屠杀"（massacre）一词。carnage 一词更多地反映了战争环境下敌对双方实力基本持平、相互厮杀的背景，而不是指拥有绝对优势武力的一方对无法自卫的平民进行蓄意屠

第三章 从中立到选边：北约对科索沃解放军立场的激进转变

杀。[1] 然而，对于早先哈马斯攻击以色列造成以色列平民大规模死亡的事件，CNN 社论报道用词却是 massacre。[2] 此外，公开报道还指出，CNN 关于耶路撒冷的所有媒体报道都要经过以色列国防军的严格审查，其中类似"战争罪"（war-crime）、"种族屠杀"（genocide）等词汇都是报道禁忌，不会出现在新闻中。[3] 由此可见，西方主流媒体在报道特定历史事件时，使用的报道框架是有选择性的，通常与本国政府的立场保持较高的一致性。

（三）兵临城下：北约对南联盟的极限施压与朗布依埃最后通牒

在拉查克事件后，一方面，南联盟政府采取强硬立场，竭力驱逐沃克大使，结束国际观察员使命，并拒绝前南国际刑事法庭检察官入境，这使得南联盟与北约的对抗进一步加剧。另一方面，拉查克事件带来的美欧各国国内民意压力和科索沃地区局势进一步动荡的风险，为已经酝酿了近一

---

[1] 参见 "Video From Israeli Military Shows Moments of Carnage at Gaza Food Aid Site," *CNN*, https://edition.cnn.com/videos/world/2024/02/29/gaza-food-aid-truck-israel-diamond-pkg-vpx.cnn。另外的报告中 CNN 的用词是 killings at Gaza aid site，参见 Alex Marquardt, MJ Lee and Mostafa Salem, "Talks on an Israel-Hamas Ceasefire Deal Appear on Track after Killings at Gaza Aid Site, Officials Say," *CNN*, March 1, 2024, https://edition.cnn.com/2024/03/01/politics/israel-hamas-ceasefire-talks/index.html。对于这次杀戮事件更常规的用词是更中性的"以色列的炮火"（Israeli gunfire），参见 Abeer Salman and Jeremy Diamond," More Than 100 Killed amid Israeli Gunfire and Panic at Gaza Food Lines, Palestinian Officials and Witnesses Say," *CNN*, March 1, 2024, https://edition.cnn.com/2024/02/29/middleeast/gaza-city-deaths-food-israel-intl/index.html。

[2] Oren Liebermann, "Exclusive: Bodycam Video Shows Early Moments of Hamas Massacre in Israel and Tunnels under Gaza," *CNN*, November 15, 2023, https://edition.cnn.com/2023/11/15/middleeast/bodycam-video-hamas-massacre-tunnels-intl/index.html.

[3] Sharon Zhang, "Report: All CNN Gaza Coverage Seen by Bureau Monitored by IDF Before Publication," *Truthout*, January 5, 2024, https://truthout.org/articles/report-all-cnn-gaza-coverage-seen-by-bureau-monitored-by-idf-before-publication/; Daniel Boguslaw, "CNN Runs Gaza Coverage Past Jerusalem Team Operating Under Shadow of IDF Censor," *The Intercept*, January 4, 2024, https://theintercept.com/2024/01/04/cnn-israel-gaza-idf-reporting/.

年的北约对塞动武添加了新的动力。在国际和国内舆论一边倒支持科索沃阿族人的合法性支撑下，借助"种族清洗"和"大屠杀"等话语的议题框定效应，美国和北约认为，打破主权原则这一国际秩序的基石进行武力干预，进而最终解决科索沃问题和前南问题的时机已然成熟，不需要再犹豫了。[1] 在得知所谓拉查克村"屠杀"事件后，美国随即召开了国家安全委员会会议。国务院"主张立刻对南联盟采取军事行动"，主要策略是利用导弹对南联盟进行有限空中打击。[2] 1999 年 1 月 30 日，北约理事会授权北约秘书长索拉纳在谈判无果的情况下启动对南联盟的空袭。[3] 这标志着北约"正式和精确地"威胁要轰炸南联盟。[4] 正是在这高度紧张的背景下，1999 年 2 月到 3 月间，北约与南联盟在朗布依埃的会谈最终变成了北约迫使南联盟无条件让步的最后通牒。[5]

虽然表面上主持朗布依埃会谈的是欧洲各国，意在"象征欧洲人有能

---

[1] 根据克拉克的回忆，16 日晚北约理事会就召开了会议，但是并没有决定立刻攻击，主要原因是担心欧安会派驻科索沃的 1000 多名国际观察团部队士兵会变成塞方的人质。随后克拉克等人前往贝尔格莱德与米洛舍维奇谈判时，再次威胁动武，"如果我们把你的回答传回北约，他们将会命令我们开始空袭"。参见 Wesley Clark, *Waging Modern War: Bosnia, Kosovo, and the Future of Combat*, pp.159, 161。

[2] Ivo H. Daalder and Michael E. O'Hanlon, *Winning Ugly: NATO's War to Save Kosovo*, p.12.

[3] William M. Arkin, "Operation Allied Force: The Most Precise Application of Air Power in History," p.2.

[4] Marc Weller, "The Rambouillet Conference on Kosovo," *International Affairs*, Vol.75, No.2, 1999, p.212.

[5] Michael Parenti, *To Kill a Nation: The Attack on Yugoslavia*, p.113. 根据解密档案，早在 1998 年秋季，美国就已经制定了迫使南联盟屈服的最后通牒计划，参见 "Kosovo: Preparing for the Ultimatum, Memorandum for the President from Samuel Berger, September 24, 1998," *Declassified Documents Concerning Kosovo*, The Clinton Digital Library, p.1, https://clinton.presidentiallibraries.us/items/show/16195。

力自己解决发生在欧洲后花园的麻烦",而无须依赖美国,[1] 但背后仍然是由美国主导。美国人设定了议程,并将科索沃解放军推选为主要的阿方谈判代表,从而影响了最终的会谈结果。会议分为两个阶段,第一阶段于2月6日至23日在朗布依埃举行,由英法外长主持。23日会谈濒于破裂后,从3月15日至18日在巴黎举行第二阶段会谈。第一阶段主要是采取欧洲方式,力图通过劝说和妥协达成协议。然而到了第二阶段后,美国强势介入,并准备单方面行动,推翻了此前第一轮谈判达成的部分谅解,这导致部分北约欧洲成员国因感到自己"被拖入战争"而深感不满。[2] 值得特别强调的是,在朗布依埃会谈中,科索沃阿族代表团在美国的挑选下主要由科索沃解放军及其支持者担任,占据三分之二多数,并由哈希姆·塔奇担任阿方谈判团长。因此,"阿方代表团实际上由科索沃解放军及其支持党派人士主导",鲁戈瓦领导的和平主义路线支持者在代表团内被严重边缘化。[3] 对此,后来参与谈判的芬兰总统马尔蒂·阿赫蒂萨里在回忆录中认为,"由于联络小组由对科索沃解放军最不持否定态度的美国人担任组长,其他人也就不得不附和了。"[4]

科索沃解放军作为主导性的阿方谈判代表参与朗布依埃会谈,是科索沃危机发展的"重大转折点"。[5] 一方面,正如前文所分析的,这表明美

---

[1] Marc Weller, "The Rambouillet Conference on Kosovo," p.212. 持这种观点的代表性国家是法国,其次是意大利。

[2] Marc Weller, *Peace Lost: The Failure of Conflict Prevention in Kosovo*, Boston: Martinus Nijhoff Publishers, 2009, p.123.

[3] Marc Weller, *Peace Lost: The Failure of Conflict Prevention in Kosovo*, p.93. 科索沃解放军占据代表团5名成员数量。美国学者指出,科索沃代表团之所以被扩大到包括科索沃解放军,谈判方"据说对这件事施加了影响"。参见 Marc Weller, "The Rambouillet Conference on Kosovo," p.227。

[4] 马尔蒂·阿赫蒂萨里:《在贝尔格莱德的使命:担任科索沃战争调停人》,第30页。

[5] Ylber Hysa, "Kosovo: A Permanent International Protectorate?" p.293.

国支配下的北约至此已经完全抛弃了科索沃阿族人内部的和平力量，武力对抗已经成为北约唯一的考虑。另一方面，鉴于科索沃解放军毫不妥协的独立立场，北约将科索沃解放军视为阿方的合法代表，并且北约提前准备好的谈判文本也是"严重偏向"科索沃解放军一方，[1] 科索沃最终独立不可避免了。英国议会战后的调查报告承认，实际上，由于"国际社会对科索沃阿尔巴尼亚人的同情"，朗布依埃谈判协议"和以前的协议一样，总体上更有利于阿族人"。[2] 因此，科索沃最终独立已经呼之欲出。事实上，美国主导下的北约组织的朗布依埃会谈，本质上就是逼迫南联盟无条件接受科索沃独立的最后通牒，只不过北约为科索沃的独立设置了一个过渡期缓冲而已。

很多观察家认为，在第一阶段谈判中塞方立场较为灵活，期望在默认科索沃事实上对教育、宗教等拥有自决权，一定程度上享受事实上的独立地位之外，保持南联盟中央政府在经济和外交事务上的权力，并限制任何外国军事力量驻军科索沃。[3] 简言之，南联盟原则上接受科索沃享有高度自治，但拒绝北约派兵进驻科索沃监督和核查，只允许欧安组织继续履行监督使命。[4] 根据南联盟驻意大利大使米奥德拉格·莱基奇（Miodrag

---

[1] Patrick A. Mello, *Democratic Participation in Armed Conflict: Military Involvement in Kosovo, Afghanistan, and Iraq*, p.65.

[2] *The Kosovo Crisis After May 1997*, Select Committee on Foreign Affairs, Fourth Report, Minutes of Evidence, House of Commons, May 23, 2000, https://publications.parliament.uk/pa/cm199900/cmselect/cmfaff/28/2809.htm#a19.

[3] Michael Parenti, *To Kill a Nation: The Attack on Yugoslavia*, p.111.

[4] Barry R. Posen, "The War for Kosovo: Serbia's Political-Military Strategy," p.47.

第三章 从中立到选边:北约对科索沃解放军立场的激进转变

Lekić)的回忆,塞方的谈判立场根本没有被其他大国严肃对待。[1]南联盟面对的是美国和北约提出的一系列"不可谈判的原则"(non-negotiable principles),这些原则包括未来民选产生的科索沃政府将享有高度的警察、司法等自治权力;欧安会以及其他外部力量需要进驻科索沃确保阿族人的人权;在科索沃结束暴力冲突后将设立一个三年过渡期,之后再决定科索沃最终地位;确保自由与公正的选举等。这些都是塞方不能谈判、必须接受的硬性条件和原则。[2]在朗布依埃会谈期间,一向对与米洛舍维奇和谈持怀疑态度的美国国务卿奥尔布赖特再度发出武力威胁。在2月14日的新闻发布会上,她强调:"北约的空袭威胁仍然有效。"[3]事实上,"自从1998年科索沃暴力冲突升级以来,奥尔布赖特的言辞便反映了她坚信只有武力才能迫使米洛舍维奇接受科索沃自治的强硬立场。"[4]克拉克也指出,欧安组织和美国的外交官们在朗布依埃会谈中再度运用"胡萝卜加大棒"的策略,他警告塞族人:"如果他们不参与谈判并且接受拟定的协议,他们将会面临北约的空中打击。"[5]同时,北约的欧洲成员国也发出了明

---

[1] Miodrag Lekić, *Moj rat protiv rata- Dnevničke zabeleške ambasadora SRJ u Italiji za vreme NATO bomabardovanja (My War Against the War - Diary Notes of the FRY Ambassador in Italy during the NATO Bombing)*, Beograd: Službeni Glasnik, 2007, p.32. 根据莱基奇的说法,塞方会议代表团直接受米洛舍维奇掌控,外交部和驻外大使对于塞方当时的谈判动态和立场都不知情。

[2] Ivo H. Daalder and Michael E. O'Hanlon, *Winning Ugly: NATO's War to Save Kosovo*, pp.77-78. 完整的原则清单包括总则(General elements)、科索沃地方治理(Governance in Kosovo)、人权(Human rights)、实施机制(Implementation),参见 Marc Weller, "The Rambouillet Conference on Kosovo," pp.225-226。

[3] David N. Gibbs, *First Do No Harm: Humanitarian Intervention and the Destruction of Yugoslavia*, p.188.

[4] Ivo H. Daalder and Michael E. O'Hanlon, *Winning Ugly: NATO's War to Save Kosovo*, p.12.

[5] Wesley Clark, *Waging Modern War: Bosnia, Kosovo, and the Future of Combat*, p.174.

确的威胁。在朗布依埃会谈刚开始，欧盟科索沃事务特别代表沃尔夫冈·佩特里奇就警告道：“如果冲突不能在4月底得到解决，北约将进行空袭以促成协议的达成。”[1]

在武力威胁的阴影下，过分偏向科索沃解放军立场的朗布依埃会谈注定过程艰难。各方谈判代表于2月6日到达朗布依埃后，收到了一份只有一页纸的正式的关于结束冲突的政治协定文本，以及涵盖科索沃新宪法、选举和外部监督、科索沃解放军战后解散等这些民事协定的一系列补充附件。额外的军事附件则在第二阶段被添加进去。在第一阶段，经过一周的沉默，克里斯托弗·希尔大使前往贝尔格莱德与米洛舍维奇会谈后，塞方于17日提交了书面建议，虽然对很多条款提出了修正，但原则上同意在尊重南联盟主权前提下的科索沃自治。[2]在这一阶段，以科索沃解放军成员主导的阿族代表团坚持两大核心要求，一是三年科索沃过渡期后需要进行全民公投，二是北约地面部队必须进驻科索沃监督协议实施。[3]这两个主张都遭到了塞方的抵制。克里斯托弗·希尔大使于2月19日再次前往贝尔格莱德试图说服米洛舍维奇，但未获成功。随后，欧安会部长们决定将会谈延长到20日。

在临近终止日期而谈判无果的情况下，欧安组织和美国决定继续延长

---

[1] Tim Judah, "NATO Deadline on Peace Deal in Kosovo," *The Guardian*, Feburary 7, 1999, https://www.theguardian.com/world/1999/feb/07/balkans. 很显然，这个4月底结束的时间要求必然是与北约1999年华盛顿峰会召开日期密切关联的，也反映出北约在峰会召开之前解决科索沃问题的急迫心态。

[2] 关于塞方同意科索沃高度自治的情况，可以从接触集团在23号所做的总结声明中看出来，其表示各方谈判代表"就科索沃的实质性自治达成一致"。Office of the High Representative,"Contact Group Statement – Rambouillet, 23 February 1999,"February 23, 1999, http://www.ohr.int/?ohr_archive=contact-group-statement-rambouillet-23-february-1999.

[3] "The Kosovo Crisis After May 1997".

第三章 从中立到选边：北约对科索沃解放军立场的激进转变

谈判日期至 23 日。这时美国国务卿奥尔布赖特强势介入谈判，为了说服科索沃解放军接受过渡期协议，她安排了克拉克将军向科索沃解放军做了军事保证，允诺战后与科索沃解放军建立安全伙伴关系，帮助科索沃解放军转变成新型的军事力量。最为核心的是，奥尔布赖特提议在三年过渡期结束后，借由"展示出来的人民意志"来决定科索沃最终地位。奥尔布赖特还表示，如果科索沃解放军接受协议，她将签署一份文件，表明美国"承认科索沃阿族人有权在三年之后就科索沃最终地位问题举行全民公投"。[1] 奥尔布赖特的建议直接体现在 3 月 18 日朗布依埃协定的最终文本上，第八章第一条规定："本协定生效之后三年应召开一次国际会议，依据人民的意愿、有关当局的意见和每一个缔约方对执行本协定的努力以及《赫尔辛基最后文件》，确定最后解决科索沃问题的最后机制。"[2] 虽然最终文本没有明确提及三年过渡期后科索沃阿族人将进行全民公投，但是根据英国议会报告，当时有"大量的评论指出朗布依埃协定向科索沃阿尔巴尼亚人许诺了三年自治期结束后的公投"。[3] 然而，即使已经得到了美国关于延期独立的保证，科索沃解放军首领哈希姆·塔奇仍然拒绝签字。后来，在美国持续的压力下，担心失去国际支持，科索沃解放军最终同意了分阶段进行独立公投建议。[4]

由于在第一阶段未能就前期的北约驻军监督和科索沃独立延期公投问

---

[1] Ivo H. Daalder and Michael E. O'Hanlon, *Winning Ugly: NATO's War to Save Kosovo*, p.12. 信件原文可参见 "The Kosovo Crisis After May 1997"。

[2] 《朗布依埃协定：科索沃和平与自治临时协定》，第 8 章，"修正、全面评估和最后条款"，第 1 条，第 61 页。参见 https://peacemaker.un.org/sites/peacemaker.un.org/files/990123_RambouilletAccord%28ch%29.pdf。

[3] "The Kosovo Crisis After May 1997"。

[4] Mariana Qamile Rød, *From Guerillas to Cabinets: A Study of the Development of Post-War Political Parties in Kosovo*, p.63.

题达成协议，各方代表15日决定移师巴黎进行第二阶段谈判，而在会谈第二阶段突然加上的允许北约突破南联盟主权的军事协议，更直接导致了谈判破裂。在23日，当欧安组织提交了前期谈判协议全文时，突然添加了一个新的军事补充协议，即附件B，其内容是允许北约部队和装备可以无障碍穿行南联盟领土。根据后来披露的协议文本，协议规定北约在科索沃享有完全的治外法权，如北约"驻科部队有专权在任何时候检查任何驻扎营地或其他任何地点，任何缔约方均不得干涉"，且"北约应享有所有无论是民事、行政或刑事的法律诉讼豁免"，以至于"北约人员应享有不受南联盟当局任何形式的逮捕、调查或拘留的豁免"。[1] 此外，除了事实上控制科索沃之外，这份军事附件还要求南联盟的领土和领空完全对北约军队开放。协议规定，"北约人员应同其车辆、船只、飞机和设备一起享有在南联盟全国各地包括有关的领空和领水自由和不受限制地通行以及不受妨碍地出入的权利。这将包括但不限于露营、调动、宿营以及利用为支助、训练和业务所需的任何地区和设施的权利"。而且，"南联盟当局应优先并以一切适当的手段方便人员、车辆、船只、飞机、装备或用品通过或在所用的领空、港口、机场或公路的一切流动。"[2] 针对这一条款所造成的负面影响，美国学者认为该条款纯粹是为了给驻科索沃部队提供"后勤支持"，[3] 北约根本不是真的去侵犯南联盟主权，南联盟在谈判时也没有提及。英国议会"第四报告"也辩称，这一军事条款并未成为南联盟拒绝签字的决定性因素，而只是米洛舍维奇对外宣传的"烟幕弹"，充其量

---

[1] 《朗布依埃协定：科索沃和平与自治临时协定》，第7章，第16条"K日"，"附录B：多国军事执行部队的地位"，第8条，第61、63页。参见 https://peacemaker.un.org/sites/peacemaker.un.org/files/990123_RambouilletAccord%28ch%29.pdf。

[2] 同上书，第63—64页。

[3] Ivo H. Daalder and Michael E. O'Hanlon, *Winning Ugly: NATO's War to Save Kosovo*, p.12.

第三章 从中立到选边：北约对科索沃解放军立场的激进转变

也就是北约在谈判中犯下的"愚蠢的小错误"。[1] 但很显然，如此明确的军事干预条款是任何一个主权国家都难以接受的。[2] 克拉克在回忆录中承认，这份军事协议是北约要求他和他的手下依据《代顿协议》的模板草拟的。[3] 克拉克向来主张对待米洛舍维奇要采取强硬立场，早在1998年就积极推动北约对塞动武。克拉克的强硬立场与他对科索沃局势和米洛舍维奇的认知紧密相关。他认为，处理科索沃危机需要"强硬、坚定和果敢"，并声称自《代顿协议》以来所得到的最大教训就是"我们一直对米洛舍维奇的施压还不够充分。"[4] 对此，时任布莱尔政府国防采购国务大臣、负责国防部情报工作的约翰·吉尔伯特（John Gilbert）在英国国会做证时表示："我认为朗布依埃协定给出的和谈条件对米洛舍维奇来说是绝对不能接受的。他怎么可能接受这些条款。这些条款是精心设计的——当然，这并不是为塞方做的诸多错误行为开脱，但是当时我们处于那样的形势之下，许多人感到必须去采取某些行动，于是挑起了这场战争。"[5]

在原始档案未充分解密的条件下，我们无法百分百认定北约添加这样的军事干预条款旨在"破坏达成意向外交协议的任何可能性，为发动战争制造借口"，[6] 目前还缺少直接的证据证明这一点。但鉴于美国单方面给阿族人独立公投的保证，在谈判最后一刻添加几乎不可能同意的军事干预附加条款以及让科索沃解放军主导阿方代表团等种种表现，仍还有不少学

---

[1] "The Kosovo Crisis After May 1997".

[2] Kate Hudson, *Breaking the South Slav Dream: The Rise and Fall of Yugoslavia*, p.128.

[3] Wesley Clark, *Waging Modern War: Bosnia, Kosovo, and the Future of Combat*, p.162.

[4] *Ibid*., pp.81, 112.

[5] "Examination of Witness (Questions 1080-1092)".

[6] David N. Gibbs, *First Do No Harm: Humanitarian Intervention and the Destruction of Yugoslavia*, p.190. 类似的看法还有"战争会议"，参见 Michael Mandel, *How America Gets Away With Murder: Illegal Wars, Collateral Damage and Crimes Against Humanity*, p.80。

者指称美国实质上是借此为武力干预做铺垫，旨在"帮助北约的欧洲盟国向国内民众证明武装干预的正当性"，同时也意图加强北约内部支持武力干预选项成员国之间的团结。[1] 一位美国前国务院高级官员曾私下吹嘘说，美国在会谈时"故意抬高谈判条件以使塞方难以接受……塞尔维亚人需要被轰炸一番后才能进行理性思考"。[2] 无论如何，美国单方面给予的延期公投承诺和事实上的科索沃独立状态，加上北约在科索沃驻兵的武力保障，使得科索沃在三年过渡期后走向独立似乎成为定局。因此，"对于塞族人来说，由于朗布依埃协定并未对科索沃最终独立设置任何约束，因此，他们有足够的理由担心（朗布依埃会谈）不可避免地导致科索沃的独立。"[3] 美国主导下的朗布依埃会谈，希望通过最后通牒强迫塞方让步，几乎没有给双方留下多少妥协的空间。"北约在朗布依埃会谈展现的攻击性外交姿态，如在政治和军事方面的苛刻要求，无疑让米洛舍维奇和他的支持者们相信，（一旦塞方）同意签署协议，北约方面紧接着就会提出更多无理的要求。"[4] 因此，出于对多米诺骨牌效应的恐惧，塞方最后拒绝签署协议也显得合情合理。毕竟除了科索沃的民族问题外，在南联盟境内还有伏伊伏丁那自治省等地区塞族也是少数派。可能正如一位学者所评论的，"在任何角度看，朗布依埃会谈都与谈判的内容和过程无关，而更像是直接的

---

[1] Patrick A. Mello, *Democratic Participation in Armed Conflict: Military Involvement in Kosovo, Afghanistan, and Iraq*, p.65.

[2] Michael Parenti, *To Kill a Nation: The Attack on Yugoslavia*, p .113; Jasminka Udovički, "Kosovo," p.333. 原文来自一位名叫吉米·贾初斯（Jim Jatras）的政策分析师 1999 年 5 月在卡托研究所的发言，参见 Jim Jatras, "NATO's Balkan War: Finding an Honorable Exit," May 18, 1999, https://balkania.tripod.com/resources/geostrategy/jatras_remarks.html。

[3] Barry R. Posen, "The War for Kosovo: Serbia's Political-Military Strategy," p.44.

[4] *Ibid.*, p.48.

最后通牒——南联盟要么接受（北约的）建议，要么就面临轰炸。"[1] 既然塞方拒绝接受这份最后通牒，并决定不惜一战以捍卫国家领土完整和主权，那么，北约准备已久的战略轰炸也就随之而来了。

---

[1] Kate Hudson, *Breaking the South Slav Dream: The Rise and Fall of Yugoslavia*, p.128.

第四章

地区动荡、东扩压力与北约军事干预的战略动因

地区冲突与北约东扩：以1999年科索沃危机与北约的军事干预为例

朗布依埃会谈失败后，政治解决危机的道路彻底被堵死，北约武力干预已迫在眉睫。对此，塞方也早有认识。3月10日，美国参联会代表团秘密访问贝尔格莱德。3月11日，塞方在与克拉克将军多次电话会谈后，前南联盟武装部队总参谋长和国防部长奥伊达尼奇将军（Dragoljub Ojdanić）得出结论，北约更可能武力干预科索沃。[1] 3月19日至20日，欧安组织的国际监控停火部队从科索沃撤离，[2] 预示着大战一触即发。尽管霍布鲁克在3月22日和23日前往贝尔格莱德进行了最后一次斡旋，但仍未能成功说服米洛舍维奇接受北约的条件，于是23日他宣布"将把问题的解决进程移交给北约秘书长索拉纳"。[3] 随后，索拉纳指示克拉克将军于3月24日对南联盟进行空袭。这样一来，"联军行动"的决策既非出自美国，也非来自联合国，而是北约秘书长索拉纳的决定，很显然把索拉纳推到前台是为了应对美国国内舆论的批评。[4]

关于美国和北约最终发动战争的原因，学术界一直众说纷纭。除了主流叙事的人道主义利他干预论这种传统观点外，基本上还可以划分出两个主要的阵营：第一种观点是主动式的阴谋论，认为美国和北约早已蓄意要

---

[1] Bojan B. Dimitrijević and Jovica Draganić, *Vazdušni Rat Nad Srbijom 1999. godine* (*Air War over Serbia in 1999*), Beograd: Institut za savremenu istoriju, 2010, p.97.

[2] Peter Ronayne, "Genocide in Kosovo," *Human Rights Review*, Vol.5, No.4, 2004, p.63. 塞方承诺保证其人身安全、请求其不要撤离未果，参见 Miodrag Lekić, *Moj rat protiv rata- Dnevničke zabeleške ambasadora SRJ u Italiji za vreme NATO bombardovanja* (*My War Against the War—Diary Notes of the FRY Ambassador in Italy during the NATO Bombing*), p.35。

[3] Tim Youngs, Mark Oakes and Paul Bowers, *Kosovo: Operation "Allied Force"*, House of Commons Library, Library Research Papers, 99/48, April 29, 1999, p.8.

[4] Lawrence S. Kaplan, *NATO and the UN: A Peculiar Relationship*, p.179.

第四章 地区动荡、东扩压力与北约军事干预的战略动因

对南联盟进行武力打击。这一看法得到俄罗斯、塞尔维亚的诸多学者以及部分美国激进派学者的支持。[1] 第二种观点是被动式的信守承诺论。这种观点认为，由于塞方从 1998 年起便一直无视北约不断升级的空袭警告，为了维护北约的信誉和威信，即使北约并不愿意进行武力干预，却不得不践行自己的威胁承诺，否则北约在全球和地区的影响力将会受损，组织根

---

[1] 本人于 2019 年前往塞尔维亚贝尔格莱德大学访问期间，所访谈的塞方历史学者基本持这种美国和北约主动制造危机和借口、最终轰炸塞方的观点。参见笔者 2019 年 8 月 6 日上午与塞尔维亚近代史研究所所长米莱·别拉亚茨（Mile Bjelajac）的交流。南联盟驻联合国大使弗拉迪斯拉夫·约万诺维奇（Vladislav Jovanović）也认为，朗布依埃仅仅是为美国和北约采取军事行动寻找的借口，"表明和平的政治手段已经穷尽"，参见 Vladislav Jovanović, *Rat Koji se Mogao Izbeći* (*The War that Could Have Been Avoided*), Beograd: Nolit, 2008, p.282. 北约早有预谋制造危机进而干预南联盟的一个佐证是所谓威利·魏玛信件（Willy Wimmer letter），欧安会议会副主席德国政治家威利·魏玛（Willy Wimmer）在 2000 年给德国总理施罗德的信件中表示，美国进攻科索沃是为了纠正二战时艾森豪威尔所犯下的错误。"出于一些战略原因，美国军队必须驻扎在那里，以纠正从 1945 年之后美国错过的战略机会"，参见本人 2019 年 8 月在贝尔格莱德对南联盟前外交部长伊万洛维奇（Zivadin Jovanovic）的访谈。伊万洛维奇表示，最早的文本是他认识的一位德国朋友透露给他的，随后才为世人所知。具体文本可参见 Aleksandar Pavic, "Correspondence Between German Politicians Reveals the Hidden Agenda Behind Kosovo's 'Independence'," https://www.globalresearch.ca/correspondence-between-german-politicians-reveals-the-hidden-agenda-behind-kosovo-s-independence/8304; Andrej Grubacic, "Eisenhower's Mistake: A Tale of an Astonishing Letter to the Former German Chancellor," https://zcomm.org/zcommentary/eisenhowers-mistake-a-tale-of-an-astonishing-letter-to-the-former-german-chancellor-by-andrej-grubacic。

基也将会动摇。[1]前一种观点虽然承认北约空袭南联盟是主动为之的战略行为，但完全忽视了难民危机和人道主义危机对于北约诸国国内民意的催化作用，没有看到地区动荡与北约干预之间的相互作用。后一种观点则完全采取了被动式的解释，认为北约是被动卷入冲突和战争的。这种分析淡化了北约轰炸南联盟背后的国家利益和组织利益的考量，并在很大程度上为北约开脱了战争责任，具有美化侵略战争的倾向。

然而，从冷战的终结、前南斯拉夫解体、波黑战争、北约东扩等历史事件中各方的反应来看，以历史的视角来分析可以发现，美国主导下的北约对历次巴尔干危机的干预均为主动的过程，武力解决科索沃冲突更是经过深思熟虑的战略决策。北约的干预完全符合美国和北约的利益，只不过这种利益内涵已经发生了重要变化。进一步看，此次武力解决危机并不仅仅是应对传统的安全威胁，也不仅仅是为了维护传统的国家利益和组织利益。美国的这种利益当时更多地体现在遏制地区危机扩散、扩大民主以及推动北约东扩顺利实现等方面。其中前两个是北约一再对外公开宣扬的目标，而后面一个则是避免直接提及的潜在目标。

正如第一章所述，不容否认，随着北约在20世纪90年代早期的功能转型，传统的领土防御职能逐渐转变为冷战后开展"域外行动"。因此，到20世纪末，推广民主、阻止危机在地区的扩散以维持地区稳定，已经

---

[1] Howard Clark, *Civil Resistance in Kosovo*, p.183; Adam Roberts, "NATO's 'Humanitarian War' Over Kosovo,"in Larry Minear, Ted van Baarda and Marc Sommers, eds., *NATO and Humanitarian Action in the Kosovo Crisis*, Occasional Paper #36, Rhode Island: Thomas J. Watson Jr. Institute for International Studies, 2000, p.124; Samantha Power, *A Problem from Hell: America and the Age of Genocide*, p.448; Henry H. Perritt Jr., *Kosovo Liberation Army: The Inside Story of an Insurgency*, p.141; Erik Yesson, *Sending Credible Signals: NATO's Role in Stabilizing Balkan Conflicts*, NATO/EAPC Fellowship Final Report, June 2003, https://www.nato.int/acad/fellow/01-03/yesson.pdf.

逐渐被纳入美国和北约的利益考量之中。换句话说，北约的"联军行动"不仅符合美国和其他北约成员国的国家利益，也符合北约的组织利益，但这种利益较之冷战时期已经扩大化了。作为冷战的唯一胜利方，美国和北约从霸权护持的角度出发认为，巴尔干作为欧洲的后花园，发生在这一地区的危机将严重威胁欧洲的稳定，而欧洲的稳定是美国和北约的核心利益所在，因此，遏制危机进一步蔓延，正如北约声明中所说的那样，符合其利益。反观历史，可以发现在冷战美苏对抗期间，美国和英国并不关心科索沃的地位问题，只是反对当时将阿尔巴尼亚并入南斯拉夫联邦。[1] 这从侧面也可以看出，冷战后消除地区动荡、维持地区稳定是美国和北约必须加以考虑的事项。

颠覆强人政权、推广民主也是20世纪90年代美国克林顿政府、北约东扩追求的重要目标。正如前文所述，自从冷战终结，美国与北约在与苏联及华约集团的意识形态对抗中取得胜利之后，西方社会一度弥漫着意识形态对抗"历史终结"的极度乐观情绪，[2] 认为在以欧美国内治理模式为范本的新自由主义之后，将不会出现意识形态领域的挑战者。在这样的背景下，人道主义干预突破主权限制，不但在欧美国内社会获得了越来越大的正当性，在一些发展中国家也有很多附和的声音。因此，当科索沃解放军发动暴力袭击导致巴尔干冲突升级后，国内压力的确推动了北约各国领导人决定进行积极干预。在1999年4月12日的北约理事会声明中，北约开篇就明确指出："科索沃危机对北约成立以来坚守的民主、人权和法治这些核心价值观构成了根本性的挑战，因此，我们必须团结起来坚决应对

---

[1] Ethem Ceku, *Kosovo and Diplomacy Since World War II: Yugoslavia, Albania and the Path to Kosovan Independence*, London: I. B. Tauris, 2016, p.35.

[2] Aidan Hehir, *Humanitarian Intervention After Kosovo: Iraq, Darfur and the Record of Global Civil Society*, Basingstoke: Palgrave Macmillan, 2008, p.33.

这一挑战"。而战后科索沃的理想状态是变成一个"和平的、多种族共存的、民主的科索沃，届时其境内的所有人民能够在平等基础上共享安全和普遍的人权与自由"。[1] 冷战结束后，不少西方国家决策者认为，一国如果在国内滥用武力，那么，它更可能在国际社会滥用武力，而一国国内的动荡会引来外部势力，进而危及地区秩序。依据这一认知，美欧社会开始普遍地把国内治理与国际冲突连接起来，相信只有在国内和国际政治中都"最大化地减少使用暴力"，才能最好地维护一个和平的国际秩序。[2] 而且，正如第一章所述，"扩大民主"作为克林顿的竞选纲领在克林顿政府的外交政策中占据了重要地位。克林顿政府不但把促进民主作为北约东扩的重要目标，民主政体的确也是1996年美国国防部长佩里提出的北约接纳新成员标准的东扩五原则之一。[3] 因此，在巴尔干地区扩大民主，也是北约所要实现的一个重要目标。

此外，1997年北约宣布东扩第一轮入盟名单并将在1999年华盛顿峰会正式东扩。此时巴尔干地区的战火继续燃烧显然不利于北约巩固自己作为欧洲安全维护者的声誉和承诺可信度，[4] 这既难以证明北约东扩的正当性，也削弱了其吸引其他中东欧国家申请加入的能力。鉴于南联盟长期由政治强人领导，政治上对抗西方和北约，而且作为巴尔干地区唯一独立的

---

[1] "The Situation in and Around Kosovo: Statement Issued at the Extraordinary Ministerial Meeting of the North Atlantic Council Held at NATO Headquarters, Brussels, on 12th April 1999," *NATO*, April 12, 1999, https://www.nato.int/docu/pr/1999/p99-051e.htm.

[2] John Williams, *Legitimacy in International Relations and the Rise and Fall of Yugoslavia*, Basingstoke: Palgrave Macmillan, 1998, pp.164-165.

[3] 参见 Gerald B. Solomon, *The NATO Enlargement Debate, 1990-1997: The Blessings of Liberty*, "Appexdix C, Fundamental Principles of NATO Enlargement", p.160。

[4] 声誉和可信度的确是北约所顾忌的，但是本书认为，北约更担心在科索沃危机上的应对不力，让北约作为欧洲安全维护者的声誉和承诺可信度在潜在申请国中受损，从而使将于1999年正式官宣纳入维谢格拉德集团三国的计划受阻。

第四章 地区动荡、东扩压力与北约军事干预的战略动因

国家，未加入任何联盟，[1] 因此，历来藐视北约的南联盟米洛舍维奇政权本身的存在与延续也有损北约在巴尔干地区的威信。此外，巴尔干危机对传统的北约集体防御使命构成了深刻挑战，特别是波黑危机和后来愈演愈烈的科索沃危机，它们从根本性挑战了《北大西洋公约》第五条所强调的抵御对北约成员国领土攻击的"防御"概念。在科索沃危机这样的一国内部冲突中，塞方并未攻击和威胁任何一个北约成员国。若北约自证域外干预行动的合理性，选择军事干预科索沃危机，那将是对传统的领土防御概念的实质性突破。因此，打击一直藐视北约权威的南联盟，不仅对其他中小国家起到震慑作用，还能彰显北约在军事上的强大实力，证明北约东扩所推进的"域外行动"能够取得成功，为北约后续的东扩奠定坚实基础。

具体而言，北约的这三重战略目标对于科索沃冲突中的塞族和阿族来说，各有不同的政策意涵，并且很多都在北约接管科索沃后得到贯彻，具体见图 4-1。

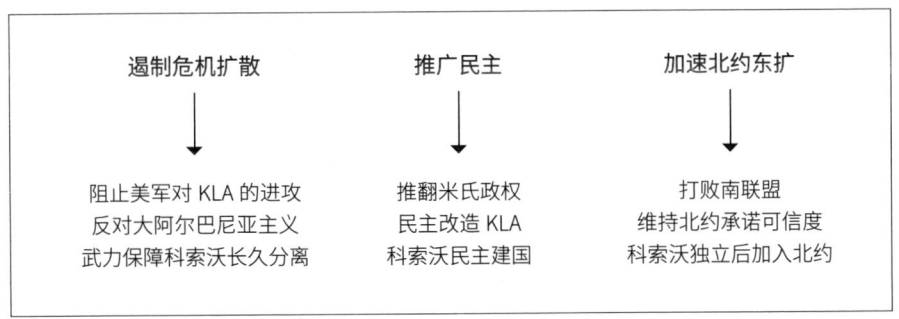

图 4-1 北约"联军行动"的战略目标及其政策寓意
资料来源：作者自制。

---

[1] Rodney P. Carlisle and J. Geoffrey Golson, *Turning Points—Actual and Alternate Histories: The Reagan Era from the Iran Crisis to Kosovo*, p.202.

首先，为遏制危机扩散，一方面必须阻止塞军对科索沃局势的控制，并通过北约的武力实现对塞族人和阿族人的物理分离，这实质上是为了确保科索沃的远景独立。另一方面，也需要对科索沃解放军进行限制，特别是要限制其打破传统的国家疆界，寻求阿尔巴尼亚族群的大统一。因为如果大阿尔巴尼亚实现了统一，巴尔干地区的传统国家边界就要被改写，地区将陷入持续动荡。因此，这也是北约在接管科索沃后立刻行动解除科索沃解放军的武装、压制其大阿尔巴尼亚主义思想的重要原因。其次，用民主制度改造大巴尔干地区符合北约的长远战略利益，因而除掉米洛舍维奇本人及其政权一直是北约军事干预的重要目标之一。例如在"联军行动"中，北约飞机就轰炸了米洛舍维奇的私人住宅，并投下了号召塞族人起来推翻米氏政权的传单。[1] 尽管"联军行动"没有直接导致米洛舍维奇下台，但是战后他很快就被国内反对派（由中情局策动）送上了国际刑事法庭。北约民主改造巴尔干的策略与美国后来推出的"大中东民主改造计划"类似，除了解除主张暴力与激进的科索沃解放军的武装之外，还将其组织架构政党化，即依据科索沃解放军及其同盟者内部的不同派系，战后组建了多个政党，[2] 并参考美欧的代议制模式进行民主建国。再次，由于北约欧洲成员国一直希望通过欧洲的方式和力量和平解决科索沃危机，并且大西洋两岸对北约的组织任务是否从"集体防御"向"危机管理"转型存在争议，科索沃危机就成为北约未来东扩的试金石。为实现这一目标，北约必须坚决维护自己武力惩罚并打败南联盟的长期威胁承诺，以维护北约的可信度

---

[1] Aleksandar Pavković, *The Fragmentation of Yugoslavia: Nationalism and War in the Balkans*, p.195.
[2] 关于战后科索沃组建政党与科索沃解放军及其盟友科索沃民主联盟内部派系关系图，可参见 Mariana Qamile Rød, *From Guerillas to Cabinets: A Study of the Development of Post-War Political Parties in Kosovo*, p. 98。

和组织声誉,从而吸引巴尔干地区的前华约国家加入。因此,在"联军行动"第一阶段战果有限的情况下,北约仍然逐步扩大了轰炸范围,并放松对民用设施乃至平民的攻击的限制,通过近乎无限制的战略轰炸摧毁了塞尔维亚的抵抗意志,迫使其从科索沃撤军,并接受了北约提出的议和条件。在理想情况下,科索沃独立建国后加入北约将无疑加速北约在巴尔干地区的东扩。事实上,在"建国"后不到两年,即2010年,科索沃总理就已经公开表示将寻求加入北约。[1] 而在2012年,美国国务卿希拉里·克林顿与科索沃总理萨奇在华盛顿会晤时也表示,"美国将为科索沃提供支持,帮助其加入欧盟和北约。"[2] 至于前南斯拉夫解体后新独立的国家,除了塞尔维亚外,斯洛文尼亚、克罗地亚、黑山、波黑、马其顿目前都已先后投入北约的怀抱。

第一节 北约明示的干预目标:维护地区稳定和民主改造巴尔干

正如前文所述,科索沃解放军毫不妥协的对抗路线导致科索沃危机日渐暴力化,这一危机引起了国际力量的广泛关注,并逐步吸引了美国和北约的注意。如果说在巴尔干地区进行民主化改造、推动北约东扩是北约的远景战略目标,那么,阻止地区危机的外溢、扼制危机向邻国和周边地区

---

[1] 《科索沃领导人称将争取在4年内加入北约》,中国日报网,2010年11月30日,http://www.chinadaily.com.cn/hqgj/2010-11/30/content_11630781.htm。
[2] 《美国将为科索沃加入欧盟及北约提供支持》,环球网,2012年4月5日,https://world.huanqiu.com/article/9CaKrnJuQxq。

扩散则是北约面临的当务之急。有学者指出，"美国及其盟友逐渐意识到南斯拉夫对欧洲稳定构成的威胁。"[1]而美国和北约对科索沃的关注，"主要源自他们担忧阿尔巴尼亚人的反抗将扩散到马其顿——另一个拥有大量阿族人口的前南斯拉夫加盟共和国，进而会危及阿尔巴尼亚自身，甚至破坏整个地区的稳定。"[2]因此，欧美外交官们"在前南斯拉夫地区的首要目标是恢复稳定，即要确保局势足够稳定，以便将那些在欧洲国家不受欢迎的难民和寻求庇护者遣返，同时恢复正常的商业交往"。[3]

毫无疑问，北约的战略目标是由美国主导确立的，因此，在讨论北约的战略目标之时，需要先探讨美国的立场。在克林顿时代，美国作为全球霸主将"全球混乱"（global chaos）视为苏联之后的新敌人。[4]克林顿政府认为，美国的干预是应对这些混乱的必要条件，如果放任这些混乱不管，美国的国家安全将遭受严重威胁。"当克林顿使用或威胁使用武力时，他的目的是限制和管控形势的发展，从而防止其升级并危害美国的国家利益。"[5]有学者总结了"克林顿主义"的干涉逻辑："本质上，克林顿主义是一种管理混乱的方法，即在问题尚未恶化之前将其控制在局部范围内。这种对混乱的管理可以保持更大范围的地区稳定，并抑制混乱，进而使之在将来不会威胁美国及其盟友的安全。"[6]秉承这一逻辑，美国接连干预索马里、海地、波黑等危机。克林顿政府自然也不会任由科索沃冲突自行

---

[1] Nigel Thomas, K. Mikulan and Darko Pavlovic, *The Yugoslav Wars (2): Bosnia, Kosovo and Macedonia 1992-2001*, p.55.

[2] Lawrence S. Kaplan, *NATO and the UN: A Peculiar Relationship*, p.171.

[3] Howard Clark, *Civil Resistance in Kosovo*, p.160.

[4] Jason A. Edwards, *Navigating the Post-Cold War World: President Clinton's Foreign Policy Rhetoric*, Lanham: Lexington Books, 2008, pp.xvi-xvii.

[5] *Ibid.*, p.64.

[6] *Ibid.*, p.89.

升级。对于美国决策者来说,"威胁是基于假设性的方式来构建的,即科索沃危机未来可能会如何演变。科索沃被视为潜在的冲突爆发点或火药桶,那里发生的冲突将很容易扩散到马其顿和其他地方。"[1] 因为马其顿有四分之一人口是阿尔巴尼亚人,所以,塞族人和阿族人在科索沃的冲突将"破坏临近的马其顿境内脆弱的种族平衡"。此外,科索沃冲突也会危及临近的波黑的稳定。美国为维持波黑地区的和平局势彼时已经累计投入了100亿美元。[2] 克里斯托弗·希尔大使在1999年3月24日接受美国广播公司采访时也表示,"我们相信科索沃(问题)需要得到解决,如果得不到解决,危机将扩散到巴尔干的其他地区。科索沃冲突对整个欧洲有着切实的影响。"[3] 美国国防部长在战后给国会递交的报告中指出,"确保东欧的稳定"被明确列为美国的三大目标之首。[4] 在战后不久,索拉纳在谈到北约干预科索沃危机动因时也公开表示,南斯拉夫内部的战争"持续地存在从爆发点升级到域外的威胁,并动摇更广泛地区的稳定"。[5]

在冷战期间,由于美苏两强对抗,巴尔干地区的不稳定不但不会威胁到美国的利益,反而为美国提供了大国竞争的机会。然而,随着苏联的崩溃、

---

[1] Helle Malmvig, *State Sovereignty and Intervention: A Discourse Analysis of Interventionary and Non-interventionary Practices in Kosovo and Algeria*, p.49.

[2] Samantha Power, *A Problem from Hell: America and the Age of Genocide by Samantha Power*, p.448.

[3] "Ambassador Christopher Hill Interview on ABC's 'Good Morning America'," Washington, D.C., March 24, 1999, https://1997-2001.state.gov/policy_remarks/1999/990324_hill_kosovo.html.

[4] "Message from Secretary of Defense William S. Cohn, Chariman of the Joint Chiefs of Staff Henry H. Shelton," in Department of Defense, USA, *Report to Congress: Kosovo/Operation Allied Force After-Action Report*, p.1. 其他两个目标是"阻止种族清洗"和"维持北约的信用"。

[5] Javier Solana, "NATO's Success in Kosovo," p.114.

地区冲突与北约东扩：以1999年科索沃危机与北约的军事干预为例

东欧地区全面转向资本主义制度，巴尔干地区的动荡逐渐被美国和北约视为对自己战略利益的威胁。而且当时北约正在突破"域外行动"的限制，积极进行组织功能转型。因此，经历了短暂的摇摆后，自1998年夏美国转而支持科索沃解放军，美国解决科索沃危机的思路大体上明确了。例如，1998年10月27日克林顿总统在一次内部讲话中就已经明确提出了美国处理科索沃危机的三个（明示的）目标：

从一开始，我们在科索沃就有三个目标：第一，结束威胁巴尔干地区脆弱稳定性的暴力冲突；第二，阻止（塞方）对科索沃阿尔巴尼亚人的压迫，避免人道主义危机演变为大灾难；第三，再造一个自治的政府，将科索沃还到其人民手中。[1]

在这一讲话中，除了远期的北约东扩计划未直接提及之外，阻止危机扩散和民主改造巴尔干的战略目标都已经阐述得相当明确。然而，正如上文所述，一旦科索沃实现独立并完成民主改造，鉴于其与塞尔维亚的敌对关系以及相对弱小的实力，必然会追求加入北约以获得安全保障，因此科索沃独立将是其加入北约的第一步。

有学者指出在整个20世纪90年代，不仅美国，北约盟国内部也都普遍弥漫着对冲突外溢的担忧情绪，他们"害怕一国发生的冲突火星将扩散到其他国家，进而演变成熊熊大火。"[2]例如，作为美国在北约内的坚定盟友，英国特别担心科索沃危机的外溢，认为巴尔干危机的外溢将对英国国家利益构成威胁。布莱尔首相和英国的政治精英们坚信，"一个问题领域的冲突将在不同的问题领域和地理空间扩散"，而"巴尔干某一地区的内战和

---

[1] "Remarks to Regional Federal Officials, October 27, 1998," *Compilation of Presidential Documents*, https://www.govinfo.gov/content/pkg/WCPD-1998-11-02/pdf/WCPD-1998-11-02-Pg2145.pdf.

[2] Alastair Finlan, *The Collapse of Yugoslavia 1991-1999*, Wellingborough: Osprey Publishing, 2004, p.64.

不稳定将不可避免地波及整个区域,并影响欧洲其他地区"。[1]有研究者认为,正是出于对科索沃危机扩散可能导致地区不稳定的担忧,英国首相布莱尔坚决地支持北约进行武力解决危机,甚至成为后期主张北约地面入侵南联盟的最坚定推手。

美国对科索沃危机冲击巴尔干地区稳定的担忧也必然反映在北约的立场中。例如早在1998年3月5日,北约理事会在谈到北约干预的正当性时就表示,"北约和国际社会有正当理由关注科索沃局势的发展,因为科索沃局势的演变势必对整个地区产生影响,而这正是北约所关心的。"[2]美国的三个战略目标在1999年1月北约秘书长索拉纳的声明中得到隐晦的体现。1月28日索拉纳在声明中表示:"北约完全支持'接触集团'调停下所达成的早期政治协议,即提升科索沃的政治地位、保证南联盟的领土主权、保证少数民族人民的权利。"[3]北约理事会1月30日的声明除了重申1月28日索拉纳的立场外,还强调:"科索沃危机对地区的和平与安全构成了持续的威胁,北约的战略旨在消除暴力,支持科索沃过渡协议的实施,从而避免更大的人道主义灾难。"[4]在3月23日的新闻发布会上,索拉纳再次重申:"我们的目标是减少更多的人道主义苦难,阻止针对科索沃平民的更多镇压和暴力,我们必须行动起来阻止不稳定在本地区的扩

---

[1] Jason W. Davidson, *America's Allies and War: Kosovo, Afghanistan, and Iraq*, p.79.
[2] "Council Statement on the Situation in Kosovo," *NATO*, March 5, 1998, https://www.nato.int/docu/pr/1998/p98-029e.htm. 同期美国的欧安会盟友也表达了对危机扩散导致地区不稳定的担心, 参见 Helle Malmvig, *State Sovereignty and Intervention: A Discourse Analysis of Interventionary and Non-interventionary Practices in Kosovo and Algeria*, p.56。
[3] "Statement to the Press by NATO Secretary General, Dr. Javier Solana," *NATO*, Janurary 28, 1999, https://www.nato.int/docu/pr/1999/p99-011e.htm.
[4] "Statement by the North Atlantic Council on Kosovo," *NATO*, Janurary 30, 1999, https://www.nato.int/docu/pr/1999/p99-012e.htm.

散。"[1] 在1999年4月12日布鲁塞尔北约理事会上，北约进一步明确了军事干预所要实现的政治目标，并且在4月23日的会议上得到北约领导人的再度确认。[2] 这些目标包括以下几点：

立刻停止所有军事行动、结束一切暴力和镇压，并确保停止行动可核查；

确保从科索沃撤出所有的军队、军警和准军事力量；

同意国际军事部队进驻科索沃；

无条件和安全地确保难民和国内流离失所者返回家园，并允许人道主义救援机构通畅地联络他们；

展现出令人置信的意愿，保证以朗布依埃协议为基础，在联合国宪章和国际法准则的基础上，确立科索沃的政治框架。[3]

毋庸置疑，这些政治目标仍然是围绕着解决危机、解决难民问题、维持地区稳定来展开的。迫使南联盟同意朗布依埃协定、北约进驻科索沃和塞军的撤离，预示着科索沃不可避免走向独立，并在战后以欧美模式建国。[4] 虽然美国和北约的多次声明中均表示要尊重南联盟的主权，并不支持科索沃的法理独立，但是波黑战争的历史经验表明，美国和北约事实上推动了前南斯拉夫各加盟共和国的独立进程。例如，布什政府官员就曾鼓励波黑领导人脱离南联盟，建立独立的国家。[5] 理查德·霍布鲁克大使在1999年

---

[1] "Press Statement by Dr.Javier Solana, Secretary General of NATO," *NATO*, March 23, 1999, https://www.nato.int/docu/pr/1999/p99-040e.htm.

[2] Nicholas Rees, "The Kosovo Crisis, the International Response and Ireland," p.63.

[3] "The Situation in and around Kosovo: Statement Issued at the Extraordinary Ministerial Meeting of the North Atlantic Council Held at NATO Headquarters, Brussels, on 12th April 1999".

[4] 朗布依埃协定很大一部分规定了科索沃自治时期的政体结构和权力分享架构，基本上照搬美欧的多党竞争代议民主制。

[5] David N. Gibbs, *First Do No Harm: Humanitarian Intervention and the Destruction of Yugoslavia*, p.12.

3月24日接受采访时意外地承认，鉴于科索沃塞族人和阿族人处于"如此根深蒂固的敌对状态"，外部力量的进驻是"必要的"。[1] 既然美国承认塞阿两族之间存在如此深的种族仇恨，那么在朗布依埃协定规定的过渡期后，要想维持短期的和平，科索沃独立几乎成了无须多言的解决方案。所以，北约驻军以武力隔绝塞族人和阿族人必然最终导致科索沃的独立。而科索沃在民主建国后加入北约也只是时间早晚的问题。正如一位学者所指出的，在战后，"占据科索沃人口绝对多数的阿尔巴尼亚人利用国际社会推动了国家建构，巩固了法律、政治和事实层面的独立国家属性"。[2]

第二节 北约隐藏的议程：凝聚共识、制度竞争与推动北约东扩

虽然北约明确表达的平息地区动荡、阻止危机外溢以及对巴尔干地区实施民主化改造的目标，具有一定的合理性和可信度，但是科索沃危机自1992年前后就开始酝酿，并在1997年后开始恶化，那么，北约为何在1998年夏突然转变立场，开始毫无顾忌地支持并改造实施恐怖主义行为的地区分离势力？为此，想要理解北约执意在1998年、1999年对南联盟动

---

[1] "Ambassador Holbrooke Interview on ABC's Nightline, March 24, 1999," https://1997-2001.state.gov/policy_remarks/1999/990324_holbrooke_nghtln.html. 科索沃于2008年2月17日宣布独立后，第二天美国就同其欧洲盟国宣布承认科索沃独立。还有报道称，美国在2010年还试图胁迫其他国家承认科索沃，参见《外媒称美国将逼迫40多个国家承认科索沃独立》，腾讯网，2010年7月22日，https://news.qq.com/a/20100722/001709.htm。
[2] Elton Skendaj, "Shaping Peace in Kosovo: The Politics of Peacebuilding and Statehood," p.2.

地区冲突与北约东扩：以1999年科索沃危机与北约的军事干预为例

武以快速解决危机的决策，必须要结合北约在1997年正式开启东扩这一大的历史背景。本书认为，为了确保1999年4月举办的华盛顿首轮东扩峰会的成功，展现北约较之其他欧洲安全组织在维护欧洲安全方面更强的能力，继续提升北约对于中东欧国家的吸引力、彰显北约东扩的合理性，等等，北约需要以军事干预科索沃危机为契机，为北约顺利实现第一轮东扩保驾护航。由于篇幅所限，本书将重点探讨北约如何通过军事干预以凝聚"域外行动"的共识，以及借助动用武力平息危机在与欧安会、欧盟等竞争性地区安全制度竞争中胜出这两个核心要点。

一、弥合北约内部关于"域外行动"的分歧，为北约的功能扩展凝聚共识

正如本书第一章所详细论述的，在冷战结束后，北约扩张并未首先体现在成员国数量的增加上，而是其联盟功能从冷战时期的领土防御向冷战后的"域外行动"拓展。换言之，北约东扩始于打破领土地理限制，开展"域外行动"。第一章已详细分析了北约如何通过1991年的北大西洋合作委员会和1994年的"和平伙伴关系计划"，逐步实现了组织功能层面的扩张。尽管总体上看，在美国的主导下，北约盟国大体跟随美国，配合北约功能转型的变革，但在欧洲盟国内部，对于北约开展"域外行动"的分歧与不满依然存在，各国对于"域外行动"的范围、节奏和领导力量都有不同于美国的考量。

（一）北约欧洲成员国对东扩的保留与疑虑

冷战结束后，随着老对手苏联的解体，北约一时间找不到自己的定位。苏联的消失使北约失去了"共同的敌人"，也失去了"共同追求的目

标"。[1] 与此同时，冷战后国际体系越来越多地遭遇新型战争，即爆发于一国内部的内战的挑战。[2] 20世纪90年代初期，北约发现自己因失去外部威胁而缺乏维持联盟继续存在的理由，北约的存续遭受政策界和学术界的诸多质疑。[3] 为了维系组织生存和寻求新的使命，北约开始了艰难调整。[4] 自1991年发布第一份联盟战略概念文件后，北约的组织目标就开始从遏制与威慑逐步转变为维和、危机管理、解决冲突。[5] 克林顿政府开始寻求突破传统的集体防卫概念，推动北约从军事联盟向维和和危机管理组织转型。危机管理能够为北约开展诸如人道主义干预和"和平支持行动"（peace support operation, PSO）这类的"域外行动"提供一种政治口号和政治框架。克林顿相信，"北约能像在二战结束后拯救西欧那样，在东欧发挥同样的

---

[1] Ø. Østerud and A. Toje, "Strategy, Risk and Threat Perceptions in NATO," in J. Matlary and M. Petersson, *NATO's European Allies Military Capability and Political Will*, Basingstoke: Palgrave Macmillan, 2013, p.77.

[2] Henning-A. Frantzen, *NATO and Peace Support Operations, 1991-1999: Policies and Doctrines*, p.17.

[3] John J. Mearsheimer, "Back to the Future: Instability in Europe After the Cold War," pp.5-6; Kenneth N. Waltz, "The Emerging Structure of International-Politics," p.75. 经典联盟理论和新现实主义都预测，在主要威胁消失后联盟会解体，参见 Robert B. McCalla, "NATO's Persistence after the Cold War," *International Organization*, Vol. 50, No. 3, 1996, pp.445-475。

[4] 关于北约东扩的现实主义和建构主义、制度主义等解释，可参见 A. Lasas, *European Union and NATO Expansion: Central and Eastern Europe*, Basingstoke: Palgrave Macmillan, 2010, pp.4-5; Robert W. Ruchhaus, ed., *Explaining NATO Enlargement*, London: Routledge, 2013, pp.11, 13-14。塞尔维亚人也认为北约东扩是维持自我生存，参见 Radovan Radinović and Dr. Stanislav Stojanović, *Od Agresije do Secesije 2 Povodom 14. godišnjice agresije NATO*, Beograd: Beogradski forum za svet ravnopravnih, 2013, pp.18-19。

[5] Peter Duignan, *NATO: Its Past, Present and Future*, p.67.

作用，为其提供一个安全的环境，从而为自由、民主和繁荣提供保障"。[1] 除了克林顿之外，美国国务卿奥尔布赖特也相信，冷战后的这代美国人"不能做历史的奴隶"，而要主动"创造历史"。[2] 同样在1993年，时任美国国防部长的莱斯·阿斯平在谈到北约的未来时也表示，"在冷战时期，北约是应对外部威胁的安全联盟。到了新的后冷战世界，北约可以成为基于共享的民主理念和自由市场（价值观）的联盟。"[3] 第一章对此有详细论述，在此不再过多赘述。

1997年，北约开始吸收捷克、匈牙利和波兰这三个中东欧国家加入北约，正式开启东扩之路，逐步将昔日的对手纳入麾下。1999年4月23日在北约50周年首脑峰会上，这三个东欧国家正式加入北约。尽管他们并非巴尔干国家，但都曾是北约的对手华约的成员国，"他们加入北约是一个重要的信号，预示着欧洲正经历着怎样的变化。"[4] 更重要的是，美国计划在北约成立50周年峰会上正式发布新的战略概念文件，为21世纪的北约发展构建"新的理念"。然而，围绕北约新的组织目标和使命，美欧之间产生了一系列分歧，这使得北约第一轮东扩遭遇阻力，其中最核心的新战略概念文件迟迟难以达成共识。这样一来，如何应对科索沃危机就成为检验北约开展"域外行动"进行危机管理能力的试金石。

---

[1] Ted Galen Carpenter and Barbara Conry, *NATO Enlargement: Illusions and Reality*, Washington, D.C.: Cato Institute, 1998, p.4.

[2] Michael A. Felice, *Modern Warfare: NATO's War Amongst the People in Kosovo*, pp.17-18.

[3] A. Lasas, *European Union and NATO Expansion: Central and Eastern Europe*, p.89.

[4] Rodney P. Carlisle and J. Geoffrey Golson, *Turning Points—Actual and Alternate Histories: The Reagan Era from the Iran Crisis to Kosovo*, p.203.

第四章 地区动荡、东扩压力与北约军事干预的战略动因

在北约东扩的过程中，总体上美德两国最为积极，[1]而法国、意大利、希腊等国相对谨慎和迟疑。英国虽然基本上偏向美国，但立场有时也比较摇摆不定。其中，法国的态度尤为值得关注。事实上，法国对于将北约东扩作为解决北约成员与前华约成员之间冲突与分歧的核心举措更是疑虑重重。而且，法国对于北约被美国完全主导也心有不甘。[2]法国对美国积极推动北约进行联盟功能转型并在传统西欧范围之外开展"域外行动"一直持犹豫和较为抵触态度，并借机与美国讨价还价。例如，早在1991年北约罗马峰会决定建立北大西洋合作委员会这一联系制度以拓展"域外行动"时，法国最终是在美国承诺将在北约内部建立欧洲支柱，即"欧洲安全与防务特性"（European Security and Defense Identity, ESDI）后，才松口表示支持。[3]对于北约在20世纪90年代中后期为领导实施"域外行动"而建立的"多兵种联合特遣部队"，法国则是希望由欧洲人掌控，由欧洲决定如何使用北约的军事资产。[4]用兰德智库研究者的话来说，虽然法国在推进北约"域外行动"时比其他欧洲盟国要积极，但它并未按照美国所期望的"正式协调的方式"行事，[5]也就是说法国人不希望在美国的领导下以北约的名义开展行动。例如，法国1992年向联大提议在联合国的领导

---

[1] Peter Duignan, *NATO: Its Past, Present and Future*, p.56. 关于德国是仅次于美国的主要支持者的看法，还可参见 A. Lasas, *European Union and NATO Expansion: Central and Eastern Europe*, p.91。

[2] K. Kamp, "NATO Entrapped: Debating the Next Enlargement Round," *Survival: Global Politics and Strategy*, Vol. 40, Issue 3, 1998, p.176.

[3] Timothy A. Sayle, *Enduring Alliance: A History of NATO and the Postwar Global Order*, p.236.

[4] Roland Dannreuther, "Eastward Enlargement: NATO and the EU," Institutt for Forsvarsstudier, 1997, p.19, http://hdl.handle.net/11250/99491.

[5] Richard L. Kugler, *U.S.-West European Cooperation in Out-of-Area Military Operations: Problems and Prospects*, Rand, 1994, p.55.

下创建一支国际维和力量，此举旨在表明可以构建不同于美国主导下的北约维和势力。[1]

关于"域外行动"是由西欧联盟或欧洲联盟来领导，还是统一归于北约这一原则性问题，在20世纪90年代中期欧洲内部有三派意见。其中，英国和荷兰支持美国的观点，主张"域外行动"应该整合进北约的指挥和控制体系，即接受美国的领导。除了法国之外，西班牙和比利时也主张独立于北约架构另起炉灶。德国和其他西欧联盟国家则持中间立场。[2] 但是很显然，欧洲在寻求发展独立于北约的力量以开展"域外行动"方面，与美国和北约存在一定的分歧。美国的做法是实践先行，通过一次次地开展"域外行动"以既成事实不断弥合内部分歧，以北约军事干预的不断"成功"凝聚共识。1992年，北约决定以个案审议形式开展"域外行动"。1995年北约干预波黑问题成为其历史上第一次独立完成的"域外行动"，北约开始使用武力构建民主，维护一国内部的社会稳定和安全。[3] 尽管很多研究者都指出，北约在波黑展开的域外维和行动导致跨大西洋关系出现严重裂痕，但是只要美国及其领导下的北约将军事力量视为"域外行动"的唯一有效途径，淡化政治和外交手段的作用，那么军事上的"域外行动"越多，内部分歧将会越少。这是因为美国越强调北约开展"域外行动"的军事性，欧洲人就越意识到自己力量的弱小和欧洲独立防务力量的缺失。

---

[1] Mariano Aguirre and Penny Fischer, "Discriminate Intervention: Defining NATO for the'90s," p.31.

[2] Richard L. Kugler, *U.S.-West European Cooperation in Out-of-Area Military Operations: Problems and Prospects*, p.65.

[3] Torunn Laugen, "Stumbling into a New Role: NATO's Out-of-area Policy After the Cold War," Institutt for Forsvarsstudier, 1999, pp.69-83, http://hdl.handle.net/11250/99627.

(二)科索沃战争对北约欧洲成员国立场的改变

因此,当美国领导的北约如法炮制采用武力解决科索沃危机时,可以预期在危机早期和中期,欧洲人会持迟疑的立场。他们希望优先利用欧洲自己的力量来解决危机,主张发挥欧安组织、联合国等的作用去解决科索沃危机。[1] 不出所料,对于北约抛开联合国单独展开军事行动,法国再次持较强的反对立场,并且法国的担忧也获得了部分盟友的支持。例如,在1998年10月之后,北约在科索沃动武已成定局,但是考虑到俄罗斯和中国将在安理会否决动武提案,北约不得不面临单方面动武的局面。对此,法国和意大利坚持北约动武必须得到安理会授权,并且强调科索沃是北约"域外行动"的"例外"案例。法国还坚持北约部署在科索沃的驻军也应得到联合国的授权。与之相对应,英国虽然也主张北约干预要考虑到安理会,但它不强调必须获得一致同意才能进行干预。德国则主张采用外交渠道解决问题,并且也强调获得安理会授权的重要性。[2] 而美国则认为北约武力打击南联盟法理上既不需要安理会授权,实际上也没有必要。[3] 在1998年早期,德国立场仍然是坚持北约的干预必须获得安理会授权,但到了下半年,在美国的压力下德国才改变了立场,但仍坚持北约因为科索沃问题动武不能成为"先例"。[4] 在1998年12月8日的北大西洋理事会会议上,

---

[1] Henning-A. Frantzen, *NATO and Peace Support Operations, 1991-1999: Policies and Doctrines*, p.67. 有学者指出,不光是法国,其他主要的欧洲盟友政府也不希望将北约的防务范围扩散到欧洲之外,参见 S. Rynning, *NATO Renewed: The Power and Purpose of Transatlantic Cooperation*, p.83。

[2] Patrick A. Mello, *Democratic Participation in Armed Conflict: Military Involvement in Kosovo, Afghanistan, and Iraq*, p.63.

[3] Ivo H. Daalder and Michael E. O'Hanlon, *Winning Ugly: NATO's War to Save Kosovo*, pp.45, 80.

[4] Patrick A. Mello, *Democratic Participation in Armed Conflict: Military Involvement in Kosovo, Afghanistan, and Iraq*, p.64.

针对奥尔布赖特提出的北约可以在未获得联合国授权的情况下独自干预危机的观点，北约的欧洲成员国和加拿大再次表达了反对立场。加拿大外交部长在会上表示："作为新行动的一部分，北约构建的干预角色需要加以清晰的界定，并且要与联合国宪章寻求某种兼容性。"[1]

需要指出的是，很多研究者将北约在冷战后对"域外行动"限制的突破分为三个阶段，1999年北约对科索沃的干预是其"最后一步"。[2]尽管北约内部对绕开联合国对科索沃进行武力干预仍存有疑虑，但大西洋两岸关于北约新组织使命、开展"域外行动"等的分歧，在北约轰炸科索沃后虽未根本消除，却显著缩小了。经过这一行动，北约再次确保了自己作为"地区稳定的主要保障者"的地位。[3]有学者指出，科索沃战争促使欧洲同意北约向外部拓展，使北约被重新改造为危机管理的工具。[4]学者们普遍认同，"联军行动"加速了北约在新世纪的第二份战略概念文件的出台。美欧围绕"域外行动"和新战略概念文件的分歧，主要集中在北约的"域外行动"与联合国授权的关系问题，但经过此次轰炸，"对于北约的和平支持行动，甚至偶尔的'域外行动'，联盟内部已经不再有严肃的抵制声音"。[5]虽然1997年北约马德里峰会上已经决定要更新旧版的战略概念文件，但由

---

[1] S. Rynning, *NATO Renewed: The Power and Purpose of Transatlantic Cooperation*, p.84.

[2] M. Metreveli, *Legal Aspects of NATO's Involvement in the Out-of-Area Peace Support Operations*, Final Report of NATO-EAPC Research Fellowship（2001-2003), Tbilisi, 2003, p.35, https://www.nato.int/acad/fellow/01-03/metreveli.pdf.

[3] Jasvir Singh, *Problem of Ethnicity: The United Nations and Kosovo Crisis*, p.119.

[4] Ø. Østerud and A. Toje, "Strategy, Risk and Threat Perceptions in NATO," pp.78-79.

[5] Henning-A. Frantzen, *NATO and Peace Support Operations, 1991-1999: Policies and Doctrines*, p.73. 但是欧洲关于建立独立防务框架的需求依然存在，这就导致了科索沃战后欧盟共同安全与防务政策（Common Security and Defence Policy, CSDP）的出台，参见Ø. Østerud and A. Toje, "Strategy, Risk and Threat Perceptions in NATO," p.80; Julian Lindley-French, *The North Atlantic Treaty Organization: The Enduring Alliance*, p.81.

于欧洲盟友的反对，1998 年 9 月初稿出台后引发了各方争论不休。[1] 直到 1999 年 4 月的华盛顿峰会才公布了最终文本。与此同时，时任北大西洋议会（NATO Parliamentary Assembly）主席的美国参议员威廉·罗斯（William Roth）在 1998 年 10 月草拟了一份关于"域外行动"地理范围的报告，指出《华盛顿条约》原先已经包含了进行"域外行动"的规定，但是"联盟成员不愿在这一问题上明确这一政策，而是期望在未来外部环境需要时再做决策"。[2] 北约在 4 月 24 日的新闻发布会上宣布，北约和欧盟在前南地区"缔造和平"的努力是互相配合的。[3] 有专门研究北约的学者指出，在北约华盛顿峰会上，"美国最终成功化解了欧洲追求独立安全与防务的努力，即欧盟领导下的防务架构可以是独立的，但不应独立于北约之外。"[4]

虽然北约的欧洲成员国在华盛顿峰会上强调科索沃干预是"特例"而非美国所主张的"先例"，[5] 但是很明显，北约的组织目标和使命自此已发生转变，从传统的相对被动地"维持和平"正式转变为积极主动地"保护和平"。基于"域外行动"理念的危机管理正式被纳入北约的组织使命，北约的安全逻辑也从遏制和防御外部入侵转变为防御潜在的不稳定因素和危机。这一转变也标志着北约从防御型组织向进攻型组织过渡的完成。[6]

---

[1] S. Rynning, *NATO Renewed: The Power and Purpose of Transatlantic Cooperation*, pp. 78-79.

[2] *Ibid.*, p.81.

[3] "Washington Summit Communiqu Issued by the Heads of State and Government Participating in the Meeting of the North Atlantic Council in Washington, D.C. on 24th April 1999," *NATO*, April 24, 1999, https://www.nato.int/docu/pr/1999/p99-064e.htm.

[4] Julian Lindley-French, *The North Atlantic Treaty Organization: The Enduring Alliance*, p.84.

[5] S. Rynning, *NATO Renewed: The Power and Purpose of Transatlantic Cooperation*, p.85.

[6] Henning-A. Frantzen, *NATO and Peace Support Operations, 1991-1999: Policies and Doctrines*, pp.73-74.

而且，北约所要干预的"域外行动"的范围也显著扩大了，拓展至"欧洲—大西洋区域"。[1]可以说，经历了科索沃战争，北约对域外危机干预的地理范围大幅扩张了。北约后续对阿富汗、利比亚和叙利亚等危机的域外干预进一步表明，武力干预科索沃危机已经成为北约干预地区危机的先例。正如学者们所说，科索沃战争清除了北约战略定位的模糊性，是北约东扩进程中的一个重要"突破点"。[2]美国通过军事干预科索沃成功地促使欧洲盟友开始重视"对欧洲之外多样化和日趋严重的威胁进行灵活的安全管理"。[3]

二、压制欧洲独立防务合作，确保北约在泛欧安全制度竞争中胜出

正如第一章所述，在20世纪90年代，北约东扩主要表现为北约成员国的扩张和突破"域外行动"。北约双重扩张的主要目的是应对冷战结束后中东欧地区的地缘政治真空，确保整个欧洲大陆的稳定与繁荣。尽管北约借助超强的军事实力在冷战后诸多泛欧安全制度的竞争中占得先机，但是究竟谁才是冷战后欧洲占主导地位的安全制度，北约也遭遇其他多边制度的挑战，其中比较重要的是欧安组织（前身为欧安会）和欧盟（包括早先的西欧联盟）。[4]北约顺利东扩让欧洲的替代性安全框架胎死腹中，欧安组织和西欧联盟的扩张势头都被扼杀。换言之，"北约东扩帮助华盛顿

---

[1] "Washington Summit Communiqu Issued by the Heads of State and Government Participating in the Meeting of the North Atlantic Council in Washington, D.C. on 24th April 1999".

[2] S. Rynning, *NATO Renewed: The Power and Purpose of Transatlantic Cooperation*, p.69.

[3] *Ibid*., p.83.

[4] Ted Galen Carpenter and Barbara Conry, *NATO Enlargement: Illusions and Reality*, p.124.

可以确保关于欧洲安全的最重要决策，都必须在北约这一美国拥有最大影响力的政治平台内讨论。"[1]

（一）欧安组织的逐渐边缘化

不容否认，在冷战刚结束时，为了拉拢前社会主义国家，1990年北约伦敦峰会和1991年的罗马峰会都许诺在欧安会框架内开展和解和军控谈判等议题。北约甚至在伦敦峰会宣言中强调"在欧洲的未来中应该更凸显欧安会（地位）"，并积极推动欧安会的制度化发展，旨在"为一个更统一的欧洲提供政治对话的平台"。[2] 北约罗马峰会宣言亦表明，欧安会在欧洲的民主和稳定中发挥了"关键性作用"，具有"独特的优势"，北约将"加强努力以支持欧安会发挥其作用"。[3] 在冷战结束伊始，北约俨然摆开了要力推欧安会作为泛欧安全制度的架势。到了1995年，欧安会进一步转型为更制度化的欧安组织。[4] 事实上，发展欧安会的作用并推进其制度化，是北约与俄罗斯在德国和平统一时达成的口头协议。[5] 长期以来，

---

[1] Sean Kay, "NATO Enlargement: Who Gains? Who Loses?" in Gustav Schmidt, ed., *A History of NATO: The First Fifty Years,* Vol. 1, Basingstoke: Palgrave Macmillan UK, 2001, p.226.

[2] "London Declaration on A Transformed North Atlantic Alliance Issued by the Heads of State and Government Participating in the Meeting of the North Atlantic Council".

[3] "Rome Declaration on Peace and Cooperation, Issued by the Heads of State and Government Participating in the Meeting of the North Atlantic Council in Rome".

[4] 除了美国、加拿大以及塔吉克斯坦等中亚国家外，欧安会成员基本为欧洲国家，包括前华约和北约国家。截至目前其共有57个成员国，每两年举行一次首脑会议，每年举行一次外长会议。参见 "Participating States," https://www.osce.org/participating-states。

[5] John Borawski, "If Not NATO Enlargement: What Does Russia Want?" *European Security,* Vol.5, No.3, 1996, p.387; Jan Eichler, *NATO's Expansion After the Cold War: Geopolitics and Impacts for International Security,* p.34.

欧安会一直是俄罗斯青睐的替代性泛欧安全制度。1994年布达佩斯欧安会峰会时，俄罗斯曾提出一项基于欧安会构建新型安全模式的建议。[1] 很多研究者指出，在冷战后的泛欧安全架构中，欧安会对俄罗斯最具吸引力。[2] 因为作为欧安会成员国，俄罗斯在其中能发挥一定的影响力，而北约则把俄罗斯排除在外。即使在关系缓和的蜜月期，俄罗斯也难以实质性影响北约的决策。实际上，冷战结束初期，除俄罗斯外，部分欧洲国家如法国甚至捷克都倾向于推动欧安组织的发展。[3] 很多中东欧国家如维谢格拉德集团在独立之初也倾向于支持欧安会的发展。但在北约成员国不支持欧安会发展，并将北约东扩作为替代方案后，维谢格拉德集团才转而投入北约的怀抱。[4] 然而，欧安会的发展显然不符合美国的霸权利益。在短暂的热情后，美国对欧安组织失去了兴趣。俄罗斯推动欧安组织的努力也随即遭到美国及其盟友的怀疑和抵制。随着美国将北约东扩作为唯一的多边安全制

---

[1] Vladimir K. Volkov, "Expanding NATO Eastward: A View from Moscow," *Problems of Post-Communism*, Vol.44, No.3, 1997, p.62.

[2] Vladimir Baranovsky, "Russia: A Part of Europe or Apart from Europe?" *International Affairs*, Vol. 76, No. 3, 2000, p.453; O.N. Mehrotra, " NATO Eastward Expansion and Russian Security," *Strategic Analysis*, Vol.22, No. 8, 1998, p.1225; Marianne Hanson, "Russia and NATO Expansion: The Uneasy Basis of the Founding Act," *European Security*, Vol.7, No.2, 1998, pp.15-16; Andrei Zagorski, "Russia and NATO in the 1990s," in Daniel S. Hamilton and Kristina Spohr, eds., *Open Door: NATO and Euro-Atlantic Security After the Cold War*, Washington, D.C.: Foreign Policy Institute, 2019, p.468. 甚至到了1996年，俄罗斯仍然在推动欧安组织的发展，参见 Chaya Arora, *Germany's Civilian Power Diplomacy: NATO Expansion and the Art of Communicative Action*, p.180。

[3] Rebecca R. Moore, *NATO's New Mission: Projecting Stability in a Post-Cold War World*, p.16.

[4] Stuart Croft, "The EU, NATO and Europeanisation: The Return of Architectural Debate," p.13.

度选项，它绝不允许在欧洲大陆上发展起能与北约抗衡的泛欧安全制度。[1] 在美国和北约的持续反对下，自 1994 年欧安会布达佩斯峰会之后，俄罗斯对欧安会进一步发展的兴趣也逐渐减弱。随着北约推出如"和平伙伴关系计划"等一系列旨在容纳俄罗斯的举措，俄罗斯开始寻求在西方既有的制度框架内提升自己的地位。[2]

除了在波黑危机中发挥了"关键性的"[3]维和作用外，欧安会在科索沃危机的早期和中期也一直发挥了积极作用，主张采用外交谈判手段解决危机。以法国为代表的欧洲盟友曾谨慎地希望欧安组织能介入科索沃危机，但是美英坚决认为，应对像科索沃冲突这样的危机，应由北约而不是欧安组织扮演关键性角色。[4] 不少研究者指出，在波黑危机和科索沃危机的早期国际调停中，欧洲曾试图借助欧安组织等欧洲安全组织力量解决欧洲内部冲突，但这种和平努力一再遭到美国的破坏和干扰。[5] 这在一定程度上导致欧安组织、欧盟和欧洲其他独立的防御组织失去效力和声誉。实际上，欧安组织与联合国安理会一样，本是可以阻止美国主导的国际组织。[6] 在一些美国学者看来，欧安组织因为规模庞大而难以有效决策，且缺乏统筹

---

[1] Andrei Zagorski, "Russia and NATO in the 1990s," p.470; Edward W. Walker, "Between East and West: NATO Enlargement and the Geopolitics of the Ukraine Crisis," p.143.

[2] Bernard von Plate, "The OSCE: Its Place in Russia's Security Policy," in S. Neil MacFarlane and Oliver Thranert, eds., *Balancing Hegemony: the OSCE in the CIS*, Kingston: Center for International Relations, Queen's University, 2000, p.60. 对于俄罗斯弱化对欧安组织支持的分析，还可参见 Andrei Zagorski, "Russia and NATO in the 1990s," p.471。

[3] Stanley R. Sloan, "NATO Enlargement in the Beginning: An American Perspective," p.528.

[4] Howard Clark, *Civil Resistance in Kosovo*, p.91.

[5] David N. Gibbs, *First Do No Harm: Humanitarian Intervention and the Destruction of Yugoslavia*, pp.12, 186, 190; Marc Weller, *Peace Lost: The Failure of Conflict Prevention in Kosovo*, p.123.

[6] Nicholas Rees, "The Kosovo Crisis, the International Response and Ireland," p.64.

机构实施决议。更重要的是欧安组织缺乏北约所具有的硬权力,无法利用军事力量去贯彻组织的意志。[1] 尽管欧安组织及其前身欧安会在20世纪90年代早期发挥了积极的作用,并延续至今,但是欧安组织支持的以外交手段开展"预防性外交"遏制危机发展的方式,最终被北约的军事干预方案所取代。正如有观点所认为的:"欧安组织因为缺乏军事能力而显得薄弱,但其优势在于拥有合法的授权。相反,北约虽有强大的军事能力,但却缺乏(使军事行动)合法化的权力。"[2] 当1999年北约抛开联合国自行证明其危机干预的合法性之后,科索沃模式使北约的军事干预不再顾忌是否有联合国或欧安组织的授权了。这样一来,欧安组织在危机管控中的地位与角色就被极大地削弱了。

(二)欧洲独立防务制度的发展与美国的反对立场

实际上,冷战结束后美国主导下的北约面临的主要竞争对手是其欧洲盟友推动建立的独立的欧洲安全制度。正如第一章第一节所述,遏制西欧联盟以及随后兴起的欧盟发展独立于北约的安全力量,始终是美国的重要考量。甚至有评论家认为,阻止欧盟发展为替代北约的多边安全组织,是美国历届政府不遗余力推动北约东扩的重要动力。[3] 即使在老布什政府时期,很多决策者就已经开始担心欧洲盟国可能会追求独立的安全架构,这

---

[1] Seth A. Johnston, *How NATO Adapts: Strategy and Organization in the Atlantic Alliance since 1950*, p.133; Richard L. Kugler, *U.S.-West European Cooperation in Out-of-Area Military Operations: Problems and Prospects*, pp.62-63; Gareth Winrow, "NATO and Out-of-area: A Post-Cold War Challenge," *European Security*, Vol.3, No.4, 1994, pp.617-638.

[2] Maria Raquel Freire, *Conflict and Security in the Former Soviet Union: The Role of the OSCE*, Burlington: Ashgate, 2003, p.67.

[3] 将美国的北约东扩政策称为"欧洲政治的人质"。参见 Joshua R. Itzkowitz Shifrinson, "Eastbound and Down: The United States, NATO Enlargement, and Suppressing the Soviet and Western European Alternatives, 1990-1992," p.20。

将使北约变得不再重要和过时,进而会削弱美国通过这一多边安全制度影响欧洲大陆事务的能力。[1] 此外,美国还担心欧洲追求独立防务会损害美国国内公众对北约的支持度。[2] 尽管美国不得不对欧洲争取独立安全框架的努力予以回应和在一定程度上加以安抚,但整体来看,美国坚持"欧盟共同安全与防务政策的发展必须以北约优先为基础"。[3]

事与愿违,面对冷战结束这一历史大机遇,在法国的积极推动下,欧洲人打算建立"不需要美国深度卷入之下就能解决问题"的欧洲安全组织。[4] 当1991年北约审议新的战略文件时,法国在德国的支持下就提出建立独立的欧洲防御力量的提议,这包括建立一支只对西欧联盟负责、规模达4万人的军队。然而这一提议很快遭到美国和英国的反对,他们抵制建立独立的欧洲安全架构和军队。[5] 此外,在法德的支持下,欧洲人还期望建立独立的欧洲防务支柱——"欧洲安全与防务特性"。早在1990年12月6日法德首脑就发表声明表示要建立立足于西欧联盟的欧洲人自己的防务框架。[6] 自1993年《马斯特里赫特条约》将"共同外交与安全政策"(Common Foreign and Security Policy, CFSP)列为欧盟的三大支柱以来,欧盟与北约之间关于欧洲是否应该发展独立的安全与防务力量及指挥体系的矛盾日益

---

[1] Liviu Horovitz, "The George H.W. Bush Administration's Policies vis-à-vis Central Europe: From Cautious Encouragement to Cracking Open NATO's Door," p.78.

[2] Timothy A. Sayle, *Enduring Alliance: A History of NATO and the Postwar Global Order*, p.234.

[3] 郑启荣:《全球视野下的欧盟共同外交和安全政策》,世界知识出版社2008年版,第145页。

[4] Lawrence S. Kaplan, *The Long Entanglement: NATO's First Fifty Years*, Westport: Praeger, 1999, p.191.

[5] Joe Burton, *NATO's Durability in a Post-Cold War World*, pp. 13-14.

[6] Yuki Abe, *Norm Dilemmas in Humanitarian Intervention: How Bosnia Changed NATO*, New York: Routledge, 2020, p.91.

加剧。对于欧洲人来说，"与美国保持协调是欧盟共同外交与安全政策发展的基本保证，然而，如果总是跟在美国后面亦步亦趋，该支柱也就在很大程度上失去了存在的意义。"[1] 1996年，经过欧洲的争取，北约柏林部长会议决定建立一个"独立而不分离"的"欧洲安全与防务特性"。其中，西欧联盟被视为"欧洲安全与防务特性"的重要基石，也是"欧洲安全与防务特性"与北约连接的制度纽带，因为当时仍有部分欧盟成员国尚未加入北约。[2] 对于"欧洲安全与防务特性"的发展，美国人自然表达了不满与反对，并提出建立"多兵种联合特遣部队"作为欧洲独立防务力量的替代品。[3] 而法国希望"多兵种联合特遣部队"能够在欧盟指挥下行动，美国对此表示反对。事实上，美国很多政要对欧洲独立防务问题都持激烈的反对态度。如国务卿奥尔布赖特就持特别消极的立场，她曾提出了"3Ds"原则，即"不重复、不歧视和不脱钩"，具体而言就是避免重复建设与北约重叠的能力、不歧视非欧盟北约成员国、更不能损害北约的功能。[4] 英国作为美国最忠实的盟友也持反对态度。英国首相布莱尔在1997年10月25日的演讲中也坚持道："欧盟建立共同的安全和防务政策是必须的……但是我们需要确保，新的制度机制只能对北约能力加以补充，决不能有损

---

[1] 朱明权：《欧盟共同外交和安全政策与欧美协调》，文汇出版社2002年版，第17页。
[2] "ESDI: 'Separable But Not Separate'?" *NATO*, July 1, 2000, https://www.nato.int/docu/review/articles/2000/07/01/esdi-separable-but-not-separate/index.html.
[3] K. Jazwinski, "The Role of Britain in the Development of the ESDI and the Transatlantic Link," *NATO*, p.4, https://www.nato.int/acad/fellow/01-03/jazwinski.pdf. 法国人希望通过发展"欧洲安全与防务特性"打造双重角色的北约（"dualist" NATO），将北约划分为传统的对应第五条外部入侵的军事力量和开展危机管理的非第五条行动的军事结构，这一意图遭到美国的坚决反对。参见Alexander Moens, "Thinking Outside the Box: NATO-ESDP Cooperation at Twenty-Three," p.70。
[4] Julian Lindley-French, *The North Atlantic Treaty Organization: The Enduring Alliance*, p.80.

北约。"[1]

随着1998年英法达成《圣马洛宣言》，欧洲独立防务态势看上去发展更趋积极。《圣马洛宣言》表示，"欧盟必须具备采取自主行动的能力。这种能力要以可依赖的军事力量、决定使用这种军事力量的手段以及使用军事力量的准备所支持，以便对国际危机做出响应。"[2]与此同时，在1999年初，欧盟已经总体上接受了"欧洲安全与防务特性"，并试图将西欧联盟纳入欧盟，将其打造成欧洲的防务支柱，进而逐渐转变为"欧洲共同安全与防务政策"。此时，华盛顿对欧洲人追求独立防务的努力更加警惕。《圣马洛宣言》的发布"令华盛顿非常吃惊，让它更加担心这一发展将削弱北约的基础"。[3]正如一位评论者所言："一个能够取代北约可以发挥中心作用的欧洲制度，即便只在安全领域，也将损害美国的利益，因此必须加以反对"。因此，"为了避免出现（北约被取代的）可能性，对于美国来说，采取一切必要举措以确保在军事和安全领域持续发挥作用就变得至关重要了。"[4]

（三）名存实亡：科索沃战争对欧洲独立安全制度的弱化

面对1999年4月北约计划进行第一轮东扩，在美国看来，1998年科索沃局势的持续加剧凸显了北约在军事上的无能和低效。因此，美国采用军事干预科索沃危机可以起到一石二鸟的作用：一方面展示了武力，强调了北约的军事实力，向欧洲盟国和潜在的联盟申请者表明北约仍然是欧洲安全唯一的不可替代的维护者。另一方面，北约的军事干预实际上强化了

---

[1] Julian Lindley-French, *The North Atlantic Treaty Organization: The Enduring Alliance*, p.80.

[2] 朱明权：《欧盟共同外交和安全政策与欧美协调》，第136页。

[3] 郑启荣：《全球视野下的欧盟共同外交和安全政策》，第144页。

[4] Svein Melby, "NATO and U.S. Global Security Interests," p.46.

地区冲突与北约东扩：以1999年科索沃危机与北约的军事干预为例

以武力解决复杂的地区危机的美式危机管理方案，让外交谈判手段逐渐在应对复杂的主权国家内部动荡和危机中失去吸引力，从而为后续一系列突破国家主权保护人权的做法开创先例。实际上，从1997年底到1999年3月，欧盟一直试图借助外交和平手段调节科索沃危机，而且也取得了一定的成果。"在这一时期，欧盟努力的主要目标是通过经济与外交手段对南联盟施压，防止科索沃危机演变为像波黑冲突那样的大规模内战，并且试图在美国介入之前就促成问题的解决。"[1]1998年3月19日欧盟就通过了一项共同声明，主张通过利用包括"武器禁运、拒绝提供可被用于内部镇压和恐怖主义的装备、暂停出口信贷以及禁止向被确定为在科索沃负有明确安全责任的塞尔维亚官员发放签证"[2]等举措对南联盟进行施压来"为科索沃寻找和平解决的方法"。但是美国突然在1998年夏转变了对科索沃解放军的立场，这导致科索沃地区爆发大规模内战变得不可避免。客观上看，美国立场的转变事实上破坏了欧盟通过外交手段解决科索沃危机的计划。同时，美国对塞方不断施压，发出最后通牒，对南联盟动武的意图愈发明显。虽然目前没有解密的外交档案证据直接支撑这一观点，但美国推动北约赶在1999年4月华盛顿峰会前对南联盟动武的决策背后的逻辑也是相当明显的。

事实上，1999年的科索沃战争的确如美国所愿，让欧盟基本失去了在欧洲安全问题上与北约争锋的机会，虽然后者周期性地提出新的安全概念和名词，但时至今日，欧洲人在安全领域对北约的依赖与日俱增。美国在科索沃战争中的表现让欧盟意识到在军事领域与美国的差距，"科索沃危机让欧盟深刻感到自身能力严重不足。"[3]高强度的战略轰炸行动让大多数北约的欧盟成员国承认他们缺乏有效开展危机管理的能力。相反，科

---

[1] 朱明权：《欧盟共同外交和安全政策与欧美协调》，第241页。
[2] 同上书，第242页。
[3] 朱立群：《欧洲安全组织与安全结构》，世界知识出版社2002年版，第132页。

索沃战争证明了北约的内部凝聚力和军事有效性。[1] 战争结束后，"所有的欧盟成员都表达了支持美国领导下北约继续强大的愿望。"[2] 尽管科索沃战争也让欧洲人追求独立防御的主观愿望更强烈，但从机制上看，欧盟取代北约的现实可能性基本消失了，美国提出的关于欧洲安全防务架构的"3Ds"原则和"独立而不分离"原则已经胜出。欧洲人的"欧洲共同安全与防务政策"只能停留在宣言、文件与口号中了，已不可能成为北约的替代性地区多边安全制度。2002 年 12 月 6 日欧盟与北约联合发布的《欧盟与北约关于 ESDP 的联合声明》（EU-NATO Declaration on ESDP）就突出了"相互强化"原则。这种强化不仅仅体现在各自的危机管理行为，还特别提出彼此要发展"连续的、透明的和相互加强的军事能力"。[3] 这样一来，如果欧洲发展独立的欧洲防务架构威胁到北约的军事能力，就有违"相互强化"原则，因此，实际上这一宣言基本上扼杀了欧洲人发展独立防务力量的机会。2003 年 3 月 17 日通过的欧盟与北约之间的《柏林补充协定》（Berlin Plus Agreement）正式将"相互强化"原则法律化了，[4] 终结了欧盟与北约之间在安全防务领域的制度竞争。自此之后，北约作为在欧洲大陆唯一发挥关键作用的多边安全制度的地位得到进一步巩固，不再受到挑战。

---

[1] Jiří Šedivý, "The Puzzle of NATO Enlargement," *Contemporary Security Policy*, Vol. 22, No. 2, 2001, p.1.

[2] Kristin Archick and Paul Gallis, "NATO and the European Union," in Eduardo B. Gorman, ed., *NATO and the Issue of Russia*, New York: Nova Science Publishers, 2009, p.89.

[3] "EU-NATO Declaration on ESDP," *NATO*, December 16, 2002, https://www.nato.int/cps/en/natolive/official_texts_19544.htm.

[4] *Berlin Plus Agreement*, https://www.europarl.europa.eu/meetdocs/2004_2009/documents/dv/berlinplus_/berlinplus_en.pdf.

第五章

战略轰炸与外交谈判：北约干预科索沃危机的双重路径

地区冲突与北约东扩：以 1999 年科索沃危机与北约的军事干预为例

美国主导下的北约期望在 1999 年 4 月华盛顿峰会召开之前通过发动"联军行动"，借助空中轰炸以武力解决科索沃危机。一方面，北约认为南联盟与北约之间的军事实力差距过于悬殊，对南联盟展开的战略轰炸将很快让米洛舍维奇屈服，从而达到自己的战略目的。另一方面，由于北约对科索沃危机的军事干预是非法的、未经联合国安理会授权，因此，北约方面最初并不想扩大规模，期望复制波黑冲突的短期干预模式，通过展示北约的武力逼迫南联盟求和。正是北约的高度自信和对战略轰炸的政治控制，以及南联盟军民的有效应对，使"联军行动"呈现出打击力度"渐次升级"的特点。当持续多日的战略轰炸没有产生预期效果时，北约开始利用科索沃解放军配合自己的军事行动，不断释放要发动地面入侵的威胁信号，试图迫使南联盟最终让步。但由于一系列内外因素的限制，北约的地面入侵威胁看上去不太具备可信度。

鉴于战略轰炸未能及时发挥作用、地面入侵威胁又显得可信度较低，美国不得不回归外交手段。为了尽快迫使米洛舍维奇让步，美国联合北约欧洲成员国一起，寻求与南联盟的盟友俄罗斯进行外交接触，试图通过美欧俄三方的一系列秘密谈判来结束危机。1997 年美俄达成一揽子妥协之后，俄罗斯与北约关系在 20 世纪 90 年代后期一度处于缓和之中。为了维护与美国和北约关系的大局，俄罗斯在确保北约方面尊重南联盟对科索沃地区法理上的主权权利的前提下，逐渐做出了让步，最终同意北约派兵入驻科索沃地区、南联盟撤出军事力量、科索沃行政事务由联合国派员接管。

纵观北约干预科索沃危机的整个历程，我们可以发现，即使在 20 世

第五章 战略轰炸与外交谈判：北约干预科索沃危机的双重路径

纪90年代美国霸权实力最强的"单极时刻"[1]，美国领导下的北约也未能通过单纯的武力手段迫使弱小的南联盟屈服，最后不得不回归外交谈判，借助第三方力量才暂时结束了科索沃危机。因此，对于像科索沃危机这样因复杂的种族、宗教、政治、文化等多重因素引爆的地区危机，靠强力手段强行平息并不可行。而且从长远来看，军事干预治标不治本，仍然酝酿着潜在的地区动荡风险。

第一节 "联军行动"：北约渐进式战略轰炸与科索沃分离力量的地面配合

由于国内对伤亡问题的巨大关注和波黑轰炸的历史经验，[2] 在北约历时一年多的军事方案筹备过程中，战略轰炸选项从一开始就因其避免地面接触能最大限度地减少人员伤亡、打击力度政治上高度可控、盟友间分歧最小而备受青睐。依据克林顿总统1999年3月24日的讲话，北约"联军行动"的军事目标包括展示北约反对侵略的坚定立场、阻止米洛舍维奇继续对科索沃阿族人进行攻击并升级冲突，以及摧毁南联盟未来发动战争的能力。[3] 总体来看，北约的轰炸无非是要实现朗布依埃会谈中被塞方拒绝

---

[1] Charles Krauthammer, "The Unipolar Moment," *Foreign Affairs*, Vol. 70, No. 1, 1990/1991, p.24.
[2] 美国主导下的北约对波黑的17天的轰炸经验为对南联盟的轰炸行动提供了历史经验和蓝本，参见Helle Malmvig, *State Sovereignty and Intervention: A Discourse Analysis of Interventionary and Non-interventionary Practices in Kosovo and Algeria*, p.72。
[3] Daniel L. Byman and Matthew C. Waxman, "Kosovo and the Great Air Power Debate," p.14; Mark F. Ramsay, *Aerial Coercion as Operational Art: Past Lessons Were Forgotten in Kosovo*, Thesis, Naval War College, National Defense University, 1999, p.13.

的政治目标，其中最为核心的三个目标就是允许北约进驻科索沃、塞军从科索沃全境撤出、南联盟同意科索沃远期的事实独立。然而，像任何现代战争一样，军事战略的核心是克敌制胜，运用一切手段打击敌人保存自己是唯一正确选择，但政治领导人需要考量的因素却更为全面和复杂，他们会经常性地对军事打击的目标、范围以及程度施加限制。因此，"联军行动"的军事战略目标并不总是与各国领导人期望的政治目标完全吻合。出于对各自的国内政治动机和国际主权共识的考量，北约领导人一直在动态调整控制战略轰炸这一战争形态，以灵活实现既定的政治目的。

与冷战后的其他早期干预不同，"联军行动"从一开始就受到严格的政治控制。大到战略目标的设定，小到每天轰炸目标的选择，无不经过北约成员国的精心讨论，甚至"武器类型的遴选和力量的部署都需要提前得到所有北约成员国政府的批准。"[1] 可以说这一行动是美军后来干预行动中精确外科手术式打击的雏形。例如，"各国派驻北约理事会的大使们每天都要批准轰炸目标和各种军事细节"，而且"空战的每一个战术改变都必须得到克林顿总统的批准"。[2] 此外，为了降低附带损伤、减少轰炸造成的平民死伤以避免国际舆论的反弹，北约优先使用精确制导武器和弹药。据称"联军行动"中高达90%的美军参战飞机可以发射精确制导武器。在所有塞方目标中，58%遭受精确制导武器攻击。[3] 中国军事学者认为，北约在科索沃战场首次使用了联合防区外发射空地导弹AGM-154、高效能卫星制导联合直接攻击弹药（JDAM）、CBU-94型电子石墨炸弹、CBU-97

---

[1] Steve Bowman, *Kosovo and Macedonia: U.S. and Allied Military Operations*, p.4.

[2] Peter Duignan, *NATO: Its Past, Present and Future*, p.95.

[3] Benjamin S. Lambeth, *NATO's Air War for Kosovo: A Strategic and Operational Assessment*, p.87.

反装甲集束炸弹、阿巴斯空射巡航导弹等精确制导武器等。[1] 美军和北约精确制导武器占所有武器弹药比例具体可参见图 5-1 和图 5-2。

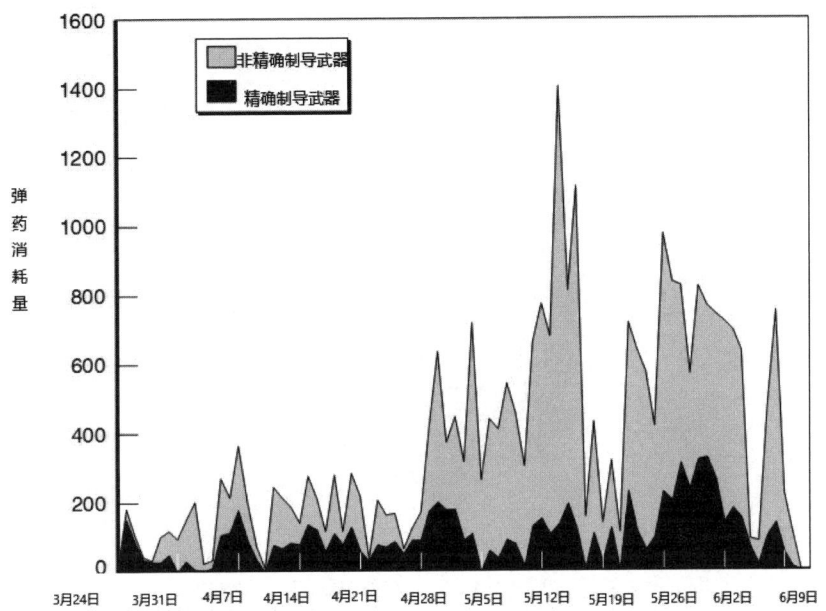

图 5-1 "联军行动"中北约精确制导武器与非精确制导武器弹药消耗比例
数据来源：Benjamin S.Lambeth, *NATO's Air War for Kosovo: A Strategic and Operational Assessment*, p.65.

最后，北约方面精确的战场信息控制机制也增强了打击的精确性以及领导人对军事打击的政治控制。美军近乎垂直管理的指挥链条也非常完整和精确，确保了飞行员所接收到的目标信息完整准确（具体见图 5-3）。首先，北约南欧联军总司令（Commander Allied Forces Southern Europe）下达攻击命令，随后机载控制中心（通常位于 EC-130E "突击队独唱"电子干扰机）上的指挥官将战斗情报告知飞行员，并命令加满油的战斗机向前沿空中火

---

[1] 刘克俭、王修柏等：《第一场以空制胜的战争：科索沃战争》，第 185—195 页。

力导引员（位于 A-10 "雷电II"攻击机上）汇报，火力导引员会将准确的目标信息告知飞行员，令其完成轰炸任务。这种精确的指挥链条确保了飞行员对目标进行准确的轰炸，大幅增强了政治领导人对一线战况的控制和了解，从而使军事行动的指挥控制权牢牢掌握在文官手中。

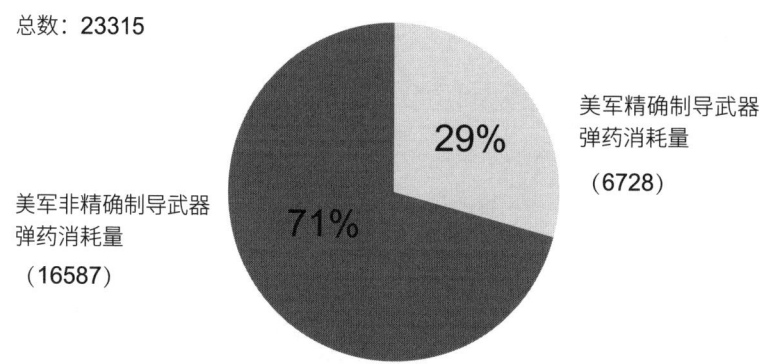

图 5-2 美军精确制导武器弹药消耗比例

数据来源：Benjamin S. Lambeth, *NATO's Air War for Kosovo: A Strategic and Operational Assessment*, p.88.

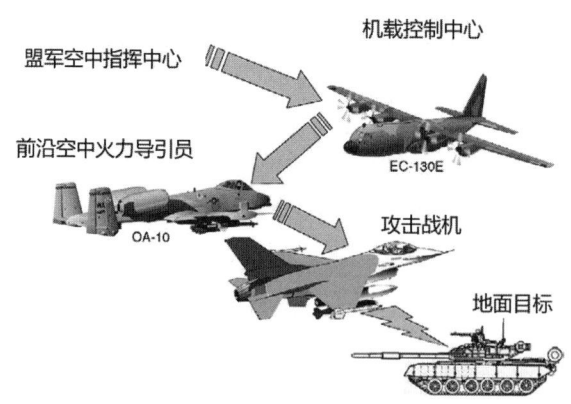

图 5-3 美军空中轰炸指挥链

资料来源：Bruce R. Nardulli, et al., *Disjointed War: Military Operations in Kosovo*, 1999, p.35.

第五章 战略轰炸与外交谈判：北约干预科索沃危机的双重路径

虽然很多评论家和参与这一历史事件的当事人都声称，北约在展开"联军行动"时准备不足、行动仓促，[1] 甚至断言北约领导人当时预期在3—5天内就能迫使南联盟屈服，[2] 美国轰炸行动初期只是展示决心，因而目标选择并非基于"一个清晰和易行的军事计划"。[3] 然而，这种说法显然与历史事实不符。自1998年夏，北约就开始筹划各种武力干预科索沃危机的方案。到战争爆发时，北约的战略轰炸计划已经修改了40多稿，包含了联合有限空袭、美国独家干预和地面强力入侵等多种方案。[4] 之所以要将"联军行动"描述成被动应对科索沃局势的仓促军事行动，就是为了证明北约的军事干预是出于应对科索沃日益严重的人道主义危机的响应，而非维护北约各国的利益。实际上，"联军行动"打击力度的"渐次升级"[5] 并不是北约战争规划的失误或误判，而是体现了北约成员国政治意愿对于军事轰炸的直接和精准控制。

一、北约轰炸目标的逐渐扩大

（一）北约确立阶段性升级空袭方案

打击力度的"渐次升级"主要体现在北约对轰炸目标的选择上。北约

---

[1] Dag Henriksen, "Inflexible Response: Diplomacy, Airpower and the Kosovo Crisis, 1998-1999," *The Journal of Strategic Studies*, Vol. 31, No. 6, 2008, p.825.

[2] Rodney P. Carlisle and J. Geoffrey Golson, *Turning Points—Actual and Alternate Histories: The Reagan Era from the Iran Crisis to Kosovo*, p.211.

[3] United States General Accounting Office, *Kosovo Air Operations: Need to Maintain Alliance Cohesion Resulted in Doctrinal Departures*, Report to Congressional Requesters, GAO-01-784, July 2001, p.7, https://www.gao.gov/products/gao-01-784.

[4] William M. Arkin, "Operation Allied Force: The Most Precise Application of Air Power in History," pp.2-4.

[5] Larry Wentz, *Lessons From Kosovo: The KFOR Experience*, p.105.

通过逐步扩大轰炸目标来增加对南联盟的军事压力，以最终使其屈服于自己的意志。解密档案显示，早在1998年夏季，白宫就已经批准了逐步升级空袭的打击计划。在1998年9月24日总统安全顾问伯杰向克林顿提交的一份备忘录中提出，为了迫使米洛舍维奇屈服，联盟需要为其设定一份最后通牒。同时，还强调"为了确保最后通牒的可信度，在米洛舍维奇继续顽抗的情况下，我们和联盟需要发动一场有限的巡航导弹打击。如果米洛舍维奇还是执迷不悟，我们就需要进一步升级，对其开展更广泛的空中打击"。[1] 同期解密的另外一份会议记录档案也证实，在1999年3月20日美国事实上就已经确立了阶段性的空袭计划。[2] 一位研究北约决策程序的学者基于自身访谈成果认为，实际上，北约领导人在轰炸开始前就已经制定了为期三个阶段的渐次升级的空袭方案，每个后续阶段都是对前一阶段暴力打击力度的升级：

第一阶段的打击目标毫无疑问是军事目标，包括空防系统、飞机场以及军队集中区域，对这些目标的打击有非常强的共识。第二阶段的目标主要是基础设施，例如桥梁、油品仓库，因而对于这些军民两用设施，目标选择更有争议性。而在第三阶段，北约针对的是那些"更多代表塞尔维亚国家压制力量的目标"。[3]

具体而言，从地理上看，这三个阶段的空袭计划如下：第一阶段重点

---

[1] "Kosovo: Preparing for the Ultimatum, Memorandum to the President from Samuel Berger, September 24, 1998," p.1.

[2] "Meeting on Kosovo Military Operation," March 19, 1999, p.1, *Declassified Documents Concerning Kosovo*, The Clinton Digital Library, https://clinton.presidentiallibraries.us/items/show/16195.

[3] Paul Gallis, *NATO's Decision-Making Procedure*, CRS Report for Congress, Congressional Research Service, May 5, 2003, p.4, https://www.everycrsreport.com/files/20030505_RS21510_938903f6732d885dcddf7fd385713ad6c62ff63e.pdf.

攻击塞军的空防系统和军事设施，主要集中在科索沃地区；第二阶段扩大打击范围，攻击南联盟境内北纬44度线以南包括塞尔维亚南部和科索沃的军事目标；第三阶段进一步将轰炸战线拓展到北纬44度线以北，包括轰炸贝尔格莱德市区。[1]北约领导人在开始阶段限制空袭规模和严格选择打击目标，尽管在一定程度上可能违背了某些军事信条，例如规避打击对于南联盟来说利益最为核心的目标，但这是一种运用适度暴力达到政治目标的灵活战略。

联盟决定将采取"渐进式空中轰炸"。这一策略以一种非常谨慎的可控的方式来攻击南联盟。北约领导人期望早期的空中打击让南联盟总统米洛舍维奇快速意识到北约军事攻击的决心，进而迫使他妥协并接受北约方面的要价。如果联盟的条件未获接受，北约可逐渐升级空袭的强度。[2]

事实上，北约对于南联盟目标的三个阶段渐次扩大打击，完全符合美军基于效用理论（utility targeting theory）的空中轰炸战略思想，[3]具体见图5-4。根据这一理论，敌人作为一个系统由各部分组件构成，越靠近内环的圆心，其产生的效力越高，越在外围，其产生的效力就越低。

---

[1] Benjamin S. Lambeth, *NATO's Air War for Kosovo: A Strategic and Operational Assessment*, pp.13-14.

[2] United States General Accounting Office, *Kosovo Air Operations: Need to Maintain Alliance Cohesion Resulted in Doctrinal Departures*, pp.7-8.

[3] 例如，兰德公司对联军行动的评估报告引用了时任美国空军参谋长约翰·P. 江珀（General John P. Jumper）的国会证言和私人访谈，江珀认为，联军行动是"阶段性的空袭计划"，而且其轰炸目标选择是"基于效果"，参见 Benjamin S. Lambeth, *NATO's Air War for Kosovo: A Strategic and Operational Assessment*, p.12, note 12。

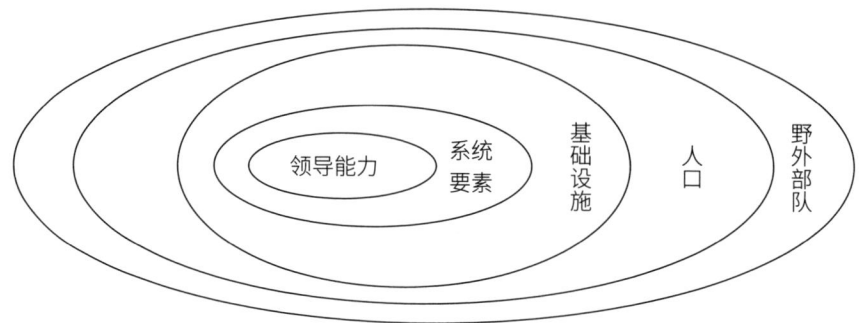

图 5-4 战略轰炸的效用目标空袭理论
资料来源: Peter W. Wuninga, "Beyond Utility Targeting: Toward Axiological Air Operations," *Aerospace Power Journal*, Vol. 14, No. 4, 2000, p.49.

有学者指出, "联军行动"开始时, 北约的军事目标是 4 个 D, 即"展现、威慑、毁坏和削弱"（demonstrate, deter, damage, degrade）。这个模糊的 4D 目标让军事指挥官可以灵活地调整空袭策略。甚至美国国防部也承认, 随着战争的发展, 军事打击目标也需要不断修订和完善。[1] 国会研究服务局在战后给美国国会的报告中也指出, "联军行动"在初期将目标"主要聚焦于飞机场、空防和通讯中心、军营以及一些武器制造工厂, 但随后攻击范围扩展到后勤补给设施、南联盟驻科索沃地面部队以及国家电子和电视播放系统"。[2] 具体而言, 在 3 月 24 日空袭开始时, 北约初步遴选了战略和战术两类目标, 包括八大类固定目标群、共六百多个潜在打击目标。主要的战略目标包括塞尔维亚的空防系统、控制和指挥系统、南联盟军事力量、内务部队, 以及支撑这些力量的基础设施、补给线和相关资源等, 而战术类目标则只针对南联盟已经部署在科索沃和南部地区的军队。

---

[1] William M. Arkin, "Operation Allied Force: The Most Precise Application of Air Power in History," p.6.

[2] Steve Bowman, *Kosovo and Macedonia: U.S. and Allied Military Operations*, p.3.

到了 5 月，第九类目标被非正式加入打击范围，即开始定点打击与南联盟领导人米洛舍维奇有关的目标。[1] 这种从军事力量转移到一国的领导人的目标转移，表明在 5 月北约的轰炸目标大幅扩大，意图通过直接给最高决策者施压来结束战争。

（二）北约初期空袭的低效与第二阶段战略轰炸的启动

客观来说，北约在"联军行动"初期的空袭并未达到预期效果。除了天气这一自然因素影响外，主要原因有两方面：一是北约自我施加的政治限制，二是塞军有效的战略战术应对。首先，美国总统和国防部长科恩等人坚持要求避免美军伤亡，因此他们都不赞同克拉克将军追求纯粹军事胜利的强硬做法。为了尽可能地避免盟军人员伤亡，"联军行动"的参战飞机在早期都被要求在 15000 米高空执行轰炸任务。[2] 然而，轰炸机在如此高度飞行，加之多变的天气，空袭效果并不理想。因此，攻击经常不得不被取消。"法国的数据显示，在 851 次突击飞行任务中，有 420 次被取消；在海军航空方面，412 次飞行任务中有 88 次被取消。"[3] 除了避免己方人员伤亡的考虑外，北约领导人还担心一旦北约对南联盟的轰炸造成大批平民伤亡，国际国内舆论的反弹会动摇军事干预的合法性和自身在国内的支持率。毕竟北约是打着解决人道主义危机的旗号进行军事干预的，且"联

---

[1] William M. Arkin, "Operation Allied Force: The Most Precise Application of Air Power in History," p.6.

[2] 有学者指出，空袭是最有效地降低人员伤亡的军事手段（relatively risk-free），参见 Larry Minear, Ted van Baarda and Marc Sommers, eds., *NATO and Humanitarian Action in the Kosovo Crisis*, p.134。对于克林顿期望最小化美军伤亡的分析，还可参见 Dale C. Tatum, *Genocide at the Dawn of the Twenty-First Century: Rwanda, Bosnia, Kosovo, and Darfur*, p.133。

[3] Bojan B. Dimitrijević and Jovica Draganić, *Vazdušni rat nad Srbijom 1999. godine*, p.247.

军行动"并未得到联合国的授权。因此，部分北约国家倾向于从一开始就严格限制轰炸目标。为此，在最初的目标选择上，北约采取了一定程度的豁免措施，确保"最小化附带损伤、避免误伤友军和保存南联盟的基础设施"。[1] 在这种情况下，南联盟的指挥中心、电力系统、广播站等民用设施在轰炸初期都在豁免之列。此外，北约在行动初期对于轰炸目标的谨慎，还跟其政治决策模式有关。北约采用一致同意的决策方式，所有成员国都拥有对任何备选轰炸目标的否决权。尽管这一决策机制已经高度制度化，但是一致同意的决策模式，仍然给北约各国"在确立目标和选择合适的战略以实现这一目标"[2] 方面带来较大的困难。因此，在轰炸前期选择轰炸诸如军事设施、有生军事力量这样的军事目标相对更容易获得北约18个成员国的一致通过。

其次，塞军的军事伪装策略也有效地削弱了北约轰炸的效果。北约初期的打击目标主要是塞军的坦克、大炮等"重型装备"。但是，据说塞军广泛汲取了伊拉克人的经验，[3] 采用灵活的战略战术应对北约的空中打击。此外，北约开始空中轰炸时，塞军已经在科索沃境内基本击溃科索沃解放军，"这使得南联盟军队可以化整为零，打乱建制隐藏在平民和民用设施

---

[1] William M. Arkin, "Operation Allied Force: The Most Precise Application of Air Power in History," p.7.

[2] Scott A. Sendmeyer, *NATO Strategy and Out-of-Area Operations*, Thesis, United States Army Command and General Staff College, 2010, p.24.

[3] David N. Gibbs, *First Do No Harm: Humanitarian Intervention and the Destruction of Yugoslavia*, p.197.

之中"。[1] 塞军很好地运用了伪装战略，将大批重武器伪装并隐藏起来，例如利用干草堆来伪装坦克，这使得北约的打击效果大打折扣。[2] 据统计，大约只有五分之一的塞军装甲部队遭受损失、10%—30% 的大炮被毁，塞军在空袭中仍然保存了大量重武器。[1] 北约战后对空袭效果的自我评估可参见表5-1。不过，很多研究者都指出，在早期没有科索沃解放军作为地面观察员和提供评估情报的情况下，北约的自我评估严重高估了空袭效果。

种类	目标总计	摧毁	严重损伤	中度损伤	轻度损伤	无损伤
基础设施						
反政权 counter regime	7	1	1	3	2	0
发电厂 electrical power	19	6	0	0	9	4
石油、燃油和润滑油 （POL）	30	13	10	7	0	0
指挥、控制、通讯、电脑和情报系统（C4I）	87	31	6	18	9	23
桥梁和铁路 (bridges and railroads)	67	39	8	2	6	12
军事工业 (military industry)	17	4	5	4	1	3

---

[1] "Operation Arrow, Task Force Hawk and Air Power: KLA Ground Offensive and U.S. Army Targeting and Intelligence Point to Synergy of Joint Approach," *National Securiy Watch*, June 8, 1999, The Institute of Land Warfare, https://www.ausa.org/sites/default/files/NSW-99-1-Operation-Arrow-Task-Force-Hawk-and-Air-Power-KLA-Ground-Offensive-and-US-Army-Targeting-and-Intelligence-Point-to-Synergy-of-Joint-Approach.pdf.

[2] Christopher E. Haave and Phil M. Haun, eds., *A-10s over Kosovo: The Victory of Airpower over a Fielded Army as Told by the Airmen Who Fought in Operation Allied Force*, Alabama: Air University Press, 2003, p.62.

[1] James E. Beaty, *Luck Is Not a Strategy: Inefficient Coercion in Operation Allied Force*, pp.24, 25.

续表

种类	目标总计	摧毁	严重损伤	中度损伤	轻度损伤	无损伤
军事设施						
地面军事设施（ground force facilities）	105	23	35	31	16	0
边界哨所（border posts）	18	5	3	5	3	2
飞机场（airfield）	8	0	5	3	0	0
空防设施						
一体化空防系统（integrated air defense system）	28	12	4	6	4	2
萨姆导弹发射场及其设施（SAM sites and facilities）	32	15	6	5	1	5
总计	418	149	83	84	51	51

表 5-1 北约空袭的南联盟军用和民用目标数量及其损伤评估

资料来源：William M. Arkin, "Operation Allied Force: The Most Precise Application of Air Power in History," p.23.

经历一星期左右的狂轰滥炸后，塞军的抵抗意志并未被摧毁，于是，北约领导人开始升级压力，扩大了轰炸范围，将更多轰炸目标纳入轰炸计划，最终正式启动了第二阶段战略轰炸。3月28日，经过内部激烈争论，"联军行动"升级了对南联盟的轰炸。根据《华盛顿邮报》的报道，3月30日北约各国同意"扩大打击范围和加大空袭力度"，将打击目标"聚焦支撑南联盟在科索沃军事力量的基础设施"[1]。4月1日北约正式轰炸南联盟的基础设施，但基本避开了贝尔格莱德市区。4月12日北约开始轰炸南联盟的炼油厂和石油储存仓库。为了完成扩大化的轰炸，克拉克将军在

---

[1] Thomas W. Lippman and Dana Priest, "NATO Agrees to Target Belgrade," *The Washington Post*, March 31, 1999, https://www.washingtonpost.com/wp-srv/inatl/longterm/balkans/stories/kosovo033199.htm.

4月9日和4月13日分别要求增加82架和300架美军战机。[1] 4月24日，英国首相布莱尔开始主张让将军们放手决定空袭目标，而不再由北约理事会讨论决定，并得到克林顿的部分支持。[2] 在4月30日之后，北约解除了执飞飞机在15000米高空进行空袭的限制。[3] 在最后十天，北约轰炸的主要目标已瞄准农业设施。[4] 当时中国驻南联盟的外交人员认为"这是以轰炸激起民变的策略"，"北约当前打击民用目标的目的，是为了造成大面积断水断电，切断能源和燃料供应，使人们的生活变得难以忍受，让他们把满腔怒火向当权派宣泄，把不满的矛头指向米洛舍维奇政权。"[5]

（三）不可能的"意外"：北约对中国驻贝尔格莱德大使馆的野蛮轰炸

特别需要指出的是，北约进一步扩大空袭目标后，5月7日，北约悍然轰炸了中国驻贝尔格莱德大使馆。这是轰炸进入第三阶段的重要标志。在这一阶段，北约轰炸的目标主要是南联盟的指挥、控制中心以及与米洛舍维奇直接相关的领导中枢，包括他的"私人寓所"。[6] 空袭旨在"惩罚

---

[1] Bruce R. Nardulli, et al., *Disjointed War: Military Operations in Kosovo,* 1999, pp.32-33.

[2] Alastair Campbell, *The Blair Years: Extracts from the Alastair Campbell Diaries,* London: Hutchinson, 2008, p.383.

[3] *NATO/Federal Republic of Yugoslavia: "Collateral Damage" or Unlawful Killings? Violations of the Laws of War by NATO during Operation Allied Force,* Amnesty International, June 5, 2000, p.19.

[4] Michael Parenti, *To Kill a Nation: The Attack on Yugoslavia,* p.174.

[5] 潘占林：《战火中的外交官：亲历北约炸馆和南联盟战火》，当代中国出版社2006年版，第66页。这个扩大轰炸激起民变的策略虽然失效，但是也大幅降低了民众对持续抵抗的信心，参见本人对塞尔维亚当代世界研究所青年历史学家的访谈，泽蒙，2019年8月25日。

[6] Aleksandar Pavković, *The Fragmentation of Yugoslavia: Nationalism and War in the Balkans,* p.194.

贝尔格莱德的政治和军事精英，削弱米洛舍维奇的国内权力基础"。[1] 当天，美军 B-2 隐形轰炸机从密苏里州怀特曼空军基地长途奔袭 15 小时，发射五颗精确制导炸弹直接命中中国驻贝尔格莱德大使馆和大使官邸，其中一颗精确制导钻地弹因为引信故障而未能爆炸。此次轰炸造成邵云环、许杏虎和朱颖 3 名中国记者遇难，27 名外交人员受伤。[2] 随后，美国各个层级官员一致声称是误炸。奥尔布赖特在 5 月 8 日致信中国外交部长唐家璇，表示"对你们大使馆的攻击绝对不是故意的"。[3] 按照吴建民大使的回忆，2011 年 11 月奥尔布赖特告诉吴大使说，获悉此事以后，她"试图与中国外长唐家璇通电话"未果后，带领参联会副主席罗斯顿将军（Joseph Ralston）、副国务卿皮克林（Thomas Pickering）和白宫国安会特别助理李侃如（Ken Lieberthal）前往中国驻美使馆道歉。"奥尔布赖特向李肇星大使解释轰炸事件是一桩非常严重的意外"，[4] 但她这番托词遭到中国大使的严词批驳。

事发当日，克林顿总统正在俄克拉荷马州视察灾情，他对记者表示，"中国使馆被炸事件是一起并非故意制造的不幸事件。"[5] 美方声称这次误炸是老旧地图导致的坐标错误所致。美国国防部事后的调查报告也宣称，轰炸中国大使馆"是完全非本意的"，是"识别和确认所要攻击目标过程中

---

[1] Benjamin S. Lambeth, *NATO's Air War for Kosovo: A Strategic and Operational Assessment*, p.38.

[2] 潘占林：《战火中的外交官：亲历北约炸馆和南联盟战火》，第六、七章，第 71—90 页。

[3] Kerry Dumbaugh, *Chinese Embassy Bombing in Belgrade: Compensation Issues*, CRS Report for Congress, http://congressionalresearch.com/RS20547/document.php.

[4] 吴建民：《外交案例Ⅱ》，中国人民大学出版社 2014 年版，第 350—351 页。

[5] 唐家璇：《劲雨煦风：唐家璇外交回忆录》，世界知识出版社 2009 年版，第 175 页。

第五章 战略轰炸与外交谈判：北约干预科索沃危机的双重路径

发生的一次失误"。[1] 中情局局长乔治·特内特（George Tenet）在国会听证会作证时也表示，"在轰炸过程中的任何环节，没有人意识到我们的炸弹是瞄准中国大使馆。"[2] 虽然北约在事后修改了轰炸目标选择程序，增加了一批"禁止轰炸"目标并且暂停了4天轰炸，[3] 但这并不能证明那是一次失误。首先，正如前文所述，北约每天的轰炸目标都是经过严格筛选的，并且需要北约理事会18国一致同意通过。按照北约说法，炸弹本来是投向大使馆旁边的南联盟供应与采购局总部（Yugoslav Federal Directorate for Supply and Procurement）。但由于中国大使馆与其间隔仅几百米，才造成了此次误炸。可是很难想象在目标选择时，北约方面会确定轰炸如此可能带来"牵连损伤"的目标，何况北约一直努力避免出现此种情况。而且乔治·特内特也承认，本次轰炸是中情局一手策划，地图更是由中情局派驻贝尔格莱德的间谍实地测绘而成，[4] 将地图错误归咎为中情局外勤特工的测绘失误很难有说服力。其次，根据中国外交官的回忆，除了轰炸大使馆的五枚炸弹外，随后还有一枚炸弹击中了"离使馆几百米的贝尔格莱德旅馆"。[5] 鉴于北约对精确制导炸弹的广泛使用，再次误炸旅馆几乎不可能。而且轰炸这种无足轻重的目标明显是不符合轰炸标准的。果然，北约第二

---

[1] Department of Defense, USA, *Report to Congress: Kosovo/Operation Allied Force After-Action Report*, "Executive Summary," p.xx.

[2] "DCI Statement on the Belgrade Chinese Embassy Bombing," July 22, 1999, https://www.cia.gov/news-information/speeches-testimony/1999/dci_speech_072299.html.

[3] Michael D. Snoderly, *Compressing The Levels of War: Operation Desert Storm and Operation Allied Force Case Study*, Thesis, Naval War College, National Defense University, 2001, p.7; Daniel Williams, "Missiles Hit Chinese Embassy," *The Washington Post*, May 8, 1999, https://www.washingtonpost.com/wp-srv/inatl/longterm/balkans/stories/belgrade050899.htm.

[4] "DCI Statement on the Belgrade Chinese Embassy Bombing".

[5] 潘占林：《战火中的外交官：亲历北约炸馆和南联盟战火》，第77页。

天便承认，攻击贝尔格莱德旅馆是因为那里被认为是南联盟内政部"备用的总部"。[1] 再次，北约蓄意轰炸中国大使馆符合当时北约轰炸的阶段性目标特征。5月初，北约的轰炸进入第三阶段，即直接针对南联盟国家权力机器和米洛舍维奇本人，旨在直接打击南联盟指挥中枢。在5月8日北约的新闻发布会上，北约透露"我们非常谨慎地选择那些轰炸目标，将瞄准那些直接服务于米洛舍维奇的政治和领导机构、部署在科索沃的军事和准军事力量，以及那些支撑其维持压迫能力的要素"。综合上述信息，显然我们可以推断出，此时北约的空袭目标选择已经拓展到第三阶段。北约5月7日的打击目的"完全在于从国家层面切断对部署在科索沃的军警力量的领导能力"。[2] 可见，进入第三阶段后，北约轰炸的目标主要集中在南联盟及其领导人的控制、通信和指挥系统上。然而，南联盟供应与采购局作为军民两用基础设施应该属于第二阶段的轰炸目标，而不属于第三阶段对国家机器和米洛舍维奇领导能力本身的攻击范围。很显然，北约对中国大使馆的攻击是蓄意的，[3] 其目的无非是进一步增加对南联盟的压力，也是对在安理会反对北约空袭行动的中国的一种警示。

---

[1] "Morning Briefing by NATO Spokesman, Jamie Shea," *NATO*, May 8,1999, https://www.nato.int/koSovo/press/b990508a.htm.

[2] *Ibid.*

[3] 2019年，BBC点出了北约蓄意轰炸的具体原因。BBC记者简·豪斯（Jens Holsoe）在20年前就任英国主流大报《观察家》（*The Observer*）记者时就引述自己的北约内部信息源表明，北约轰炸是蓄意的，目的在于切断中国对南联盟的支持。一名丹麦高级军官曾告诉他，"如果他再对这件事再泄露半句，他不但会丢掉工作，还可能被判刑"，参见Kevin Ponniah and Lazara Marinkovic, "The Night the US Bombed a Chinese Embassy," *BBC News*, May 7, 2019, https://www.bbc.com/news/world-europe-48134881。更细节的报道，参见"Truth Behind America's Raid on Belgrade,"*The Observer*, November 28, 1999, https://www.theguardian.com/theobserver/1999/nov/28/focus.news1。

二、北约加大利用科索沃解放军提升轰炸效率

在轰炸之初，为不给国际舆论留下口实，北约一直避免向科索沃解放军提供直接的、公开的空中支持，也不敢公开武装科索沃解放军。但随着"联军行动"未能取得预期战果，除了继续将轰炸目标扩大至南联盟民用设施之外，同时，北约方面还加强了与科索沃解放军的合作，特别是利用他们提供塞军的目标信息、让他们攻击并引诱塞军集结兵力以便于轰炸。"联军行动"实施的轰炸并未给科索沃解放军带来多少帮助，相反，在塞军的猛烈攻势下，塞军攻占了科索沃解放军在德雷尼察和波杜耶沃（Podujevo）的主要据点，还切断了科索沃解放军与阿尔巴尼亚间的补给线。到3月29日，科索沃解放军部分败退回阿尔巴尼亚，少数则化整为零逃入山洞作战。[1] 所以，想凭借科索沃解放军力量打败塞军几乎是不可能的。故而科索沃解放军主要是"间接地"为北约轰炸提供塞军地面部队的目标信息。[2] 兰德公司战后评估报告也承认，"利用中情局与科索沃解放军之间的秘密联系，北约能够获得南联盟陆军实力和防御虚实的情报。"[3] 很多科索沃解放军士兵在事后的访谈中认为自己是"北约的地面部队"。[4] 然而在轰炸初期，

---

[1] Nigel Thomas, K. Mikulan and Darko Pavlovic, *The Yugoslav Wars (2): Bosnia, Kosovo and Macedonia 1992-2001*, pp.49-50.

[2] Benjamin S. Lambeth, *Air Power Against Terror: America's Conduct of Operation Enduring Freedom*, Santa Monica: Rand, 2005, pp. 261-262. 例如有学者指出，为了降低伤亡，北约首次在战场使用了无人机，但其需要地面部队提供雷达导引，很显然，这里所说的"联盟地面小队"，无疑就是科索沃解放军了，参见 Miranda Vickers, *Between Serb and Albanian: A History of Kosova*, p.295。

[3] Benjamin S. Lambeth, *NATO's Air War for Kosovo: A Strategic and Operational Assessment*, p.72.

[4] Armend R. Bekaj, "KLA and the Kosovo War: From Intra-state Conflict to Independent Country," Berghof Transisition Series, No.8, 2010, p.25, https://www.berghof-foundation.org/fileadmin/redaktion/Publications/Papers/Transitions_Series/transitions8_kosovo.pdf.

为了避免给国际社会一种直接支持科索沃独立的印象，北约一直避免公开双方间的这种合作关系，曾公开表示"北约没有兴趣成为科索沃解放军事实上的空军，而且也不打算通过提供装备使他们变成北约的前沿突击部队。"[1] 可是，事实上北约官员与科索沃解放军一直保持着定期电话联系。3月底，《华盛顿邮报》引述接受采访的一位美国军官的话说，"我们接到从普利什蒂纳房间地下室的（科索沃解放军）士兵打来的电话，他们报告说仍然坚守在那里。"[2] 在4月的另外一份报道中，《华盛顿邮报》确认"科索沃解放军和北约军队保持着经常性但比较有限的电话联系"。[3] 如果说在轰炸早期，科索沃解放军主要是背地里作为北约的"前哨观察员"，进入4、5月后，北约期望科索沃解放军能够发挥"迫使敌军集中并暴露自己"的作用。[4] 正是在这段时间，科索沃解放军得益于北约的支持而势力迅速扩张。根据美国的估计，5月底时，科索沃解放军在科索沃已有1.5万—1.7万名士兵，在阿尔巴尼亚还有5000多名，而3月24日还分别只有5000和1000—2000名。[5]

根据美国参议院共和党政策委员会披露的信息，"在轰炸持续了一周后，美国领导层广泛讨论了将来各种应该采取的行动方案，其中之一便

---

[1] Benjamin S. Lambeth, *Air Power Against Terror: America's Conduct of Operation Enduring Freedom*, p.262, note 32.

[2] Thomas W. Lippman and Dana Priest, "NATO Agrees to Target Belgrade".

[3] Dana Priest and Peter Finn, "NATO Gives Air Support to KLA Forces," *The Washington Post*, June 2, 1999, https://www.washingtonpost.com/wp-srv/inatl/longterm/balkans/stories/military060299.htm.

[4] Benjamin S. Lambeth, *Air Power Against Terror: America's Conduct of Operation Enduring Freedom*, pp.261-262.

[5] Ivo H. Daalder and Michael E. O'Hanlon, *Winning Ugly: NATO's War to Save Kosovo*, pp.151-152.

是打造美国与科索沃反叛力量科索沃解放军的亲密关系。"[1]当时美国决策层甚至已经考虑将"公开武装分离主义组织科索沃解放军"作为未来的三个备选方案之一。到了5月,北约开始公开利用空袭配合科索沃解放军的攻势,其中最主要的是配合科索沃解放军发起的"箭"行动(Operation Arrow)。5月中下旬,科索沃解放军在阿尔巴尼亚境内逐渐集结了4000多兵力,意图打通科索沃与后方根据地阿尔巴尼亚之间的交通走廊。然而,即使有北约的B-52轰炸机作为"空中支援",他们也未能突破塞军对科索沃—阿尔巴尼亚边境的封锁。[2]这次代号为"箭"的攻击行动,号称是科索沃解放军成立以来"最为主要的战役",[3]集聚了全部军力的科索沃解放军从阿尔巴尼亚境内分三个方向试图突破塞军的边境防线。遭遇塞军炮火反击后,科索沃解放军向北约寻求了空中支持。美军情报官员告诉《华盛顿邮报》称,北约方面"断然阻绝"了塞军的反击攻势。而且北约军机还轰炸了科索沃解放军正进攻的两个村庄附近的塞军目标,以"确保叛军能攻占这些村庄"。[4]据《华盛顿邮报》报道,这是北约首次公开承认配合科索沃解放军。南联盟陆军第三军司令奈博伊沙·帕夫科维奇的战场日记则表明,科索沃解放军的这次大规模攻击行动共分为两个阶段,其中4月20日—5月20日为第一阶段,20日之后为第二阶段。塞方估计科索沃

---

[1] United States Senate Republican Policy Committee, *The Kosovo Liberation Army: Does Clinton Policy Support Group with Terror, Drug Ties? From "Terrorists" to "Partners"*.

[2] Aleksandar Pavković, *The Fragmentation of Yugoslavia: Nationalism and War in the Balkans*, p.196; James E. Beaty, *Luck Is Not a Strategy: Inefficient Coercion In Operation Allied Force*, p.24.

[3] "The President: Operation 'Arrow' Was the Main Project of the Kosovo Liberation Army," https://president-ksgov.net/en/news/the-president-operation-arrow-was-the-main-project-of-the-kosovo-liberation-army.

[4] Dana Priest and Peter Finn, "NATO Gives Air Support to KLA Forces".

解放军有 3000—5000 兵力参战，还有 300—500 左右特种部队士兵参战，这些士兵由北约成员国教官负责指导和训练。根据塞方情报，"驻扎在库克斯（Кукс）的北约小组领导他们的行动，该小组负责协调航空和大炮的作战行动。该指挥所与在维切察（Виђенца）的北约司令部有直接的联系，同时也与华盛顿有直接联系。"[1]

科索沃解放军自杀式攻击虽然自身遭受巨大伤亡，却意外地迫使南联盟军队放弃伪装和分散战术，转而集中兵力和武器反击科索沃解放军的进攻。北约趁机暂时扩大了空袭战果，单日轰炸击毁了包括坦克、大炮在内的塞军 84 件军事装备，更声称给塞军带来 5000 多人伤亡。[2] 美方的事后评估报告认为，从此"科索沃解放军地面部队成为一种关键的（空袭）促成者（a key enabler），帮助北约释放了空袭的全部潜能，并让空袭对地面形势产生直接的影响。"[3] 美国学者也认为，"当科索沃解放军在 5 月底发动攻势（配合空袭）后，北约的战术轰炸取得了更好的效果。"[4] 科索沃解放军帮助北约集中塞军的角色一直持续到 6 月份。在 6 月 2 日的美国国会研究服务局的每日情况简报中，再次确认了科索沃解放军的这一作用。[5]

---

[1] Небојша Павковић, *Трећа армија седамдесет осам дана у загрљају "Милосрдног анђела", Мај 1999*, Београд 2018, p.573.

[2] "Operation Arrow, Task Force Hawk and Air Power: KLA Ground Offensive and U.S. Army Targeting and Intelligence Point to Synergy of Joint Approach".

[3] *Ibid.*

[4] Ivo H. Daalder and Michael E. O'Hanlon, *Winning Ugly: NATO's War to Save Kosovo*, p.130.

[5] Kosovo Task Force, *Kosovo Situation Reports*, Congressional Research Service, June 22, 1999, p.3, https://www.everycrsreport.com/files/19990622_RL30191_250f066b4e4861a254225885c9222fb0264623af.pdf.

第二节 走向妥协：虚张声势的地面入侵威胁与美俄秘密外交协调

正如朗布依埃会谈失败引发"联军行动"所表明的，当北约在谈判桌上无法达成既定目标时，就期望在战场上实现这些目标。然而，在经历了几十天的狂轰滥炸之后，到了4、5月份，北约在战场上依然未能实现自己想要的政治目标，于是，北约领导人不得不重新回到谈判桌上，企图借助战场上的绝对军事优势和大国之间的秘密外交交易，来实现原定的战略目的。一方面，在继续扩大轰炸目标的同时，北约内部不断放出要出动地面部队入侵科索沃的风声，加大军事压力。另一方面，美国秘密派遣特使寻求南联盟传统盟友俄罗斯的谅解与支持，希望借助俄罗斯之手向南联盟领导人施压迫使其妥协让步，接受北约的和平条件。

如上文所述，在轰炸进入胶着状态后，北约于4月12日和23日提出了塞军停火、撤军、北约入驻、难民回归、接受朗布依埃协议这五大要求。这些要求的核心仍然是压迫南联盟接受科索沃在北约武力保护下的短期自治和长远独立。虽然北约在正式文告里一再强调要尊重南联盟对于科索沃的主权，但是早在3月底，美国国务院新闻发言人鲁宾在谈到未来科索沃的地位时就强烈暗示了对科索沃独立的支持。在接受记者提问时他一边例行公事地表示："我们对于（科索沃）独立的立场没有改变"，但同时他又指出科索沃已不可能再回归塞尔维亚，"塞尔维亚人正在让科索沃阿族人日益激进化，因而现在更加难以想象今后会出现塞族和阿族共同生活在一起的局面"。[1] 很显然，美国支持科索沃独立的立场已经呼之欲出。可是，

---

[1] Thomas W. Lippman and Dana Priest, "NATO Agrees to Target Belgrade".

无论对于靠科索沃问题获取民心赢得支持率的米洛舍维奇，[1] 还是从塞尔维亚民众展现出来的反对外部势力干预的主流民意来看，[2] 塞方接受科索沃独立都是异常困难的。因此，靠单纯的轰炸迫使塞尔维亚人民屈服也存在一定难度。若从北约方面来看，放手武装科索沃解放军虽然进入北约的考虑范围，但这一方案面临较多的反对意见。最为核心的担忧是，如果北约公开武装科索沃解放军，不但会引发国际舆论的批评，更可能导致科索沃解放军实力增强后将冲突扩散到邻近国家，乃至整个地区，从而点燃巴尔干火药桶。可是，在经历了持续的轰炸后，北约也不可能轻易让步。在北约华盛顿峰会后，北约领导人一致表示，"我们不可能失败，无论采取何种措施，我们不会认输。"[3] 在这样的背景下，北约采取了一边加大军事施压力度一边与大国秘密谈判的双重手段，来迫使南联盟接受北约的停火条件。地面入侵威胁便是北约首当其冲的胁迫工具。

一、北约对南联盟的地面入侵威胁

北约自从 1998 年改变对科索沃解放军的态度后，对南联盟使用武力的方案经过大量的内部争辩和修改，最后才形成了"联军行动"这样的单纯依赖空袭的军事战略。事实上，除了空袭，地面入侵也一直在北约的考虑范围之内，但是因为两个方面的因素导致北约把动用地面部队的选项从最后方案中排除掉。一个因素是后勤补给困难。科索沃地区地形复杂难以

---

[1] Tim Judah, *Kosovo: What Everyone Needs to Know*, p.65.
[2] 在 1998 年 4 月举行的全民公投中，高达 95% 的塞族人反对外部势力作为仲裁者解决科索沃问题，参见 Helle Malmvig, *State Sovereignty and Intervention: A Discourse Analysis of Interventionary and Non-interventionary Practices in Kosovo and Algeria*, p.58。
[3] Doyle McManus, "Clinton's Massive Ground Invasion That Almost Was," *Los Angeles Times*, June 9, 2000, https://www.latimes.com/archives/la-xpm-2000-jun-09-mn-40263-story.html.

第五章 战略轰炸与外交谈判：北约干预科索沃危机的双重路径

进入，缺乏有效的前沿军事基地等。另一个因素是缺乏国会支持和担心战斗伤亡。[1]

美国盛行的"政治文化"不允许总统轻易出动地面部队，否则就是"政治自杀"。因此，在轰炸初期，克林顿和美国政府高层一直宣称暂时不会派出地面部队。[2] 克林顿在开战第一天就表示，"我并不准备把我们的地面部队送到科索沃进行战斗。"[3] 3月底，参联会主席谢尔顿接受电视采访时表示："在科索沃问题尚未得到和平解决的情况下，（美国）目前暂时不会派遣地面部队。"[4] 国防部长科恩也表示不能向"敌对的环境"派驻地面部队。[5] 在战后接受美国公共电视网（PBS）采访时，他也表示："对我来说，非常明显的一点是，向国内民众兜售地面入侵方案虽然不是说不可能，但会异常艰难。美国人民难以接受将派遣高达15万地面部队进攻科索沃的计划。"[6] 前美国欧洲司令部（United States European Command）副司令查尔斯·沃尔德（Charles Wald）中将在4月上旬的五角大楼吹风会

---

[1] Benjamin S. Lambeth, *NATO's Air War for Kosovo: A Strategic and Operational Assessment*, p.12.

[2] Dale C. Tatum, *Genocide at the Dawn of the Twenty-First Century: Rwanda, Bosnia, Kosovo, and Darfur*, p.133.

[3] Blaine Harden, "Crisis in the Balkans: Doing the Deal—A Special Report: The Long Struggle That Led Serb Leader to Back Down," *The New York Times*, June 6, 1999, https://www.nytimes.com/1999/06/06/world/crisis-balkans-doing-deal-special-report-long-struggle-that-led-serb-leader-back.html. 克林顿这句话还可参见 PBS 的纪录片，https://www.pbs.org/wgbh/pages/frontline/shows/kosovo/etc/script2.html。

[4] Paul Richter, "Use of Ground Troops Not Fully Ruled Out," *Los Angeles Times*, March 29, 1999, https://www.latimes.com/archives/la-xpm-1999-mar-29-mn-22192-story.html.

[5] Benjamin S. Lambeth, *NATO's Air War for Kosovo: A Strategic and Operational Assessment*, p.12.

[6] "Frontline 1813 'War in Europe', Part 2," February 29, 2000, https://www.pbs.org/wgbh/pages/frontline/shows/kosovo/etc/script2.html.

上也指出，空袭会按照计划进行下去。除非南联盟同意北约部队和平进驻，否则"当前根本没有任何部署地面部队的考虑"。[1] 很显然，美国军方高层在4月仍然不愿意进行地面战。

此外，除了高级官员对动用地面部队心存疑虑之外，美国国会根本就不同意派兵。参议院虽然在3月23日通过了无约束力的同意总统在南联盟境内开展空袭军事行动的联合法案，但随后被众议院在4月28日否决。[2] 在同一天，众议院以249票对180票通过了限制在科索沃动用美国地面部队的众议院第1569号决议（House Resolution 1569）。[3] 决议提出，"除非（国防部）获得法律特别授权以营救美军、北约士兵或美国平民，（否则）禁止向国防部提供财政拨款或授权，使其能在南联盟境内部署任何美国陆军'地面部队'。"[4] 可以想见，美国民调也极力反对派遣地面部队。[5] 美国皮尤研究中心（Pew Research Center）在4月15—18日的民调数据显示，对于派遣地面部队，有47%的民众支持、48%的民众反对。反对的比例略高于支持的比例，显示出民众对遭受伤亡和长时间卷入冲突的担忧非常明显。其中，共和党人的反对声音较民主党人更为强烈，参见表5-2。随着

---

[1] Thomas W. Lippman, "NATO Expands Fleet of Aircraft," *The Washington Post*, April 11, 1999, https://www.washingtonpost.com/wp-srv/inatl/longterm/balkans/stories/kosovo041199.htm.

[2] Alan W. Brown, *U.S. Armed Forces Abroad: Selected Congressional Roll Call Votes Since 1982*, Congressional Research Service, May 8, 2003, p.16, https://fas.org/sgp/crs/natsec/RL31693.pdf.

[3] Dale C. Tatum, *Genocide at the Dawn of the Twenty-First Century: Rwanda, Bosnia, Kosovo, and Darfur*, p.131.

[4] "H.R.1569 - Military Operations in the Federal Republic of Yugoslavia Limitation Act of 1999," 106th Congress（1999-2000），https://www.congress.gov/bill/106th-congress/house-bill/1569.

[5] Dale C. Tatum, *Genocide at the Dawn of the Twenty-First Century: Rwanda, Bosnia, Kosovo, and Darfur*, p.127.

战争的持续，美国公众对空袭方案的支持度也从 4 月底的 65% 下降到 5 月中旬的 59%，反对空袭比例则从 30% 上升到 38%。[1] 可见，地面入侵一直缺乏坚实的民意支持。美国民众对战场伤亡的低忍受度，也让克林顿等美国高层尽力回避地面入侵方案。

Q8. 如果空袭不能阻止塞军在科索沃的军事攻势，您是否支持或反对派遣美国地面部队随同北约其他国家部队一起进攻科索沃？

Q17a. 您对美国在出动地面部队时遭受伤亡有多担心？非常担心，有些担心，不太担心，根本不担心。

	支持（百分比）	反对（百分比）	没有回答（人数）
非常担心	41	51	331
有些担心	59	37	127
不太担心	64	29	26
根本不担心	38	62	15
不知道或拒绝回答	0	0	3
总计	47	48	502

表 5-2 预期伤亡考虑与美国民众对派遣地面部队的支持度

资料来源：Eric V. Larson and Bogdan Savych, *American Public Support for U.S. Military Operations from Mogadishu to Baghdad: Technical Appendixes*, Santa Monica: Rand, 2005, p.25, https://apps.dtic.mil/dtic/tr/fulltext/u2/a434570.pdf.

入侵方案需要经历 5 个政策酝酿阶段，[2] 而美国想在这所有阶段都获得北约成员国的一致同意非常困难。实际上，北约领导人也不想打一场持久战。根据克拉克的回忆，当第一天晚上北约秘书长索拉纳得知北约的飞机打下了一架南联盟米格-29 战斗机后，并没有欣喜之意，反而说"这可

---

[1] Benjamin S. Lambeth, *NATO's Air War for Kosovo: A Strategic and Operational Assessment*, p.47.

[2] Andrew L. Stigler, "A Clear Victory for Air Power: NATO's Empty Threat to Invade Kosovo," *International Security*, Vol. 27, No. 3, 2002/03, p.144.

不太妙,这可不太妙"。他担心遭受损失的塞尔维亚人会更坚决地投入战斗,从而使得战局拖长。[1] 由此可以看出,索拉纳也是不愿意打地面持久战的。有学者指出,北约并没有空袭之外的后备计划(plan B),"他们对直接在地面战场获取胜利的可能性并未进行充分认真的准备。"[2] 北约欧洲盟友根本没有公开讨论过发动地面战的问题。除了英国之外,德意都不支持派遣地面部队。法国则表示,只有在得到安理会授权后才同意地面行动。[3] 德国战略分析人士强调,"德国不会参与地面战,这不是可选项,我们在德国议会中不可能得到支持。"[4] 巴尔干地区国家如马其顿也拒绝北约利用其国土进攻科索沃。克拉克回忆说,马其顿的态度是"小心翼翼的"。[5] 马其顿的拒绝让北约失去了一个便利的地面入侵桥头堡,使地面行动变得更加困难了。此外,塞方得到的情报显示,美国军方担心入侵会使危机永久化,"五角大楼估计科索沃危机可能持续十年以上,担心科索沃可能成为另一个越南",[6] 而美国一直极力避免陷入另一个越南战争的泥潭中。

当然,美国内部也不乏支持地面入侵的力量。持强硬立场的克拉克将军和奥尔布赖特无疑是支持出动地面部队的。克拉克在回忆录中表示,如果空袭不成功,"我们必须在地面做点事情,而且应该直接在科索沃境内展开"。他接着表示,"诚然,每个人都对出动地面部队心怀畏缩,但是

---

[1] Wesley Clark, *Waging Modern War: Bosnia, Kosovo, and the Future of Combat*, p.199.

[2] Ivo H. Daalder and Michael E. O'Hanlon, *Winning Ugly: NATO's War to Save Kosovo*, p.105.

[3] Madeleine Albright, *Madam Secretary: A Memoir*, New York: Harper Perennial, 2013, p.528.

[4] "Frontline 1813 'War in Europe', Part 2," February 29, 2000.

[5] Wesley Clark, *Waging Modern War: Bosnia, Kosovo, and the Future of Combat*, p.119.

[6] Небојша Павковић, *Трећа армија седамдесет осам дана у загрљају "Милосрдног анђела"*, Јун 1999, Београд 2018, p.211.

我们能让自己的政策因此而瘫痪吗？"[1]事实上，克拉克从 1998 年夏开始就力图把地面入侵方案打包进总体方案中，并向美国国防部和白宫高层兜售自己的强硬立场。不过，科恩等人一直没有同意。在"联军行动"开始后，克拉克便又因地面入侵问题顶撞了上司，"恼怒于华盛顿和北约都拒绝严肃考虑将联军行动拓展至地面进攻，在空袭开始不久，他要求陆军从堪萨斯州李文渥斯堡的美国陆军指挥与参谋学院下属的先进军事研究院（The School of Advanced Military Studies）派出半打的陆军军官，为其秘密起草涵盖各种方案的地面入侵计划。"[2]但是克拉克出动高达 17.5 万士兵的入侵建议当时仍然遭到参联会、国防部长科恩和国家安全顾问伯杰的反对。[3]在整个"联军行动"时期，克拉克抓住一切机会向美国高层推销地面入侵方案。根据当事者回忆录，从 4 月中旬开始，克拉克就是坚定的地面入侵方案支持者，积极支持布莱尔出动地面部队的意见。克拉克私下还抱怨"联军行动"受到太多政治约束，认为这次军事行动因为太多政客掺和进来而成为"一场噩梦"。4 月 29 日，克拉克甚至将美国高层可能正在寻求与米洛舍维奇达成政治交易的消息透露给了布莱尔的幕僚长。到了 5 月 10 日，克拉克再度抱怨说美国的很多将军们不喜欢他，"他说出动地面部队是唯一可行的选项，但是美国人已经被吓坏了"，[4]以至于不敢行动。

除了铁杆鹰派克拉克将军之外，在美国政府高层之中，奥尔布赖特是另一位地面入侵的强力支持者。根据美国国务院高级官员回忆，奥尔布赖

---

[1] Wesley Clark, *Waging Modern War: Bosnia, Kosovo, and the Future of Combat*, p.119.

[2] Benjamin S. Lambeth, *NATO's Air War for Kosovo: A Strategic and Operational Assessment*, p.45.

[3] Samantha Power, *A Problem from Hell: America and the Age of Genocide by Samantha Power*, pp.458-459.

[4] *Ibid.*, p.390.

特主张北约应该发出"足以令人信服的地面入侵威胁"。[1] 奥尔布赖特向来笃信军事实力，且素有鼎力支持干涉主义的名声。[2] 早在波黑冲突时，她曾当面质疑时任美军参联会主席科林·鲍威尔在使用武力方面的谨慎态度，问道，"如果我们有这么一支优秀的军队却不用，那留着它又有何益？"[3] 在空袭进入第二周后，奥尔布赖特就暗示假设空袭创造了"条件适宜的环境"，北约可能会出动地面部队。[4] 而且，她还表示北约将驻扎在马其顿和阿尔巴尼亚的军队增加了一倍，这些军队在必要时将会作为地面入侵的主力部队。对于将北约视为世界秩序的基石和贯彻美欧集体意志的"鲜活的圣约"的奥尔布赖特而言，[5] 如果空袭不能迫使南联盟屈服，那么，在北约战略信誉受损和不计伤亡出动地面部队这两个选项之间抉择时，答案肯定是不言自明的。

　　令人意外的是，很多材料证实，英国首相布莱尔是在美国之外对地面入侵持最积极和最狂热的态度。布莱尔与克林顿私交甚好，布莱尔更把英美特殊关系视为英国外交战略的基石。可以说，布莱尔对克林顿的外交选择发挥着很大的影响。根据布莱尔幕僚长、唐宁街新闻秘书阿拉斯泰尔·坎贝尔（Alastair Campbell）日记显示，当轰炸一周后，布莱尔对空袭未能取得预期效果感到"垂头丧气"。3月30日，沮丧的布莱尔认为，"我们必

---

[1] Ivo H. Daalder and Michael E. O'Hanlon, *Winning Ugly: NATO's War to Save Kosovo*, p.132.

[2] Samantha Power, *A Problem from Hell: America and the Age of Genocide by Samantha Power*, p.447.

[3] 玛德琳·奥尔布赖特：《读我的胸针：一位外交官珠宝盒里的故事》，邱仪译，广西师范大学出版社2011年版，第66页。

[4] Benjamin S. Lambeth, *NATO's Air War for Kosovo: A Strategic and Operational Assessment*, p.45.

[5] 参见 Madeleine Albright, *Fascism: A Warning*, New York: Harper, 2018, p.218。

第五章 战略轰炸与外交谈判：北约干预科索沃危机的双重路径

须开始做一些真正有杀伤力的事情。"[1]4月14日，英国方面切实讨论了从黑山、马其顿和阿尔巴尼亚三路进攻科索沃的路线，并向布莱尔汇报了两种方案。其一是为期三个月动员8万人的有限入侵，其二是涉及20万军队的无限期入侵计划。4月18日，布莱尔再次重申了英国要着手准备地面入侵方案。4月21日，布莱尔已经坚信，"若不动用地面部队的话"，北约绝对不会获取胜利。[2] 随后，布莱尔提前一天前往美国参加北约华盛顿峰会，并与克林顿进行了秘密会谈。美国的欧洲问题专家伊沃·达尔德（Ivo Daalder）在接受美国公共电视网纪录片采访时声称，布莱尔此行唯一的任务是"说服（美国）总统动用地面部队"。[3] 但是克林顿态度暧昧，仍然寄希望于加大施压力度从而与米洛舍维奇做交易。克林顿表示，美国国内恐怕只有共和党人支持入侵方案，因为那会终结克林顿的政治生命。在劝说克林顿未果的情况下，布莱尔甚至希望通过第一夫人希拉里来游说克林顿支持地面入侵计划。

当"联军行动"进入5月份后，第三阶段的空袭虽然重创了南联盟的基础设施，但是并没有摧毁米洛舍维奇的抵抗意志。轰炸迟迟达不到预定战略效果的僵局，让克林顿等人不得不开始考虑双管齐下，加速寻求外交和军事方面的突破口。一方面，北约开始认真考虑地面入侵，更主要的是做出即将入侵的威胁姿态，意图影响米洛舍维奇的心理预期，希望让南联盟相信北约的地面入侵已经迫在眉睫、势不可挡，从而放弃抵抗。另一方面，秘密接触南联盟的核心盟友俄罗斯，试图借助俄罗斯之手迫使米洛舍维奇

---

[1] Alastair Campbell, *The Blair Years: Extracts from the Alastair Campbell Diaries*, pp. 372-373.

[2] *Ibid.*, pp.376, 380-382.

[3] "Frontline 1813 'War in Europe', Part 2," February 29, 2000.

屈服。[1]但是，很显然，正如前文所述，通过发出入侵威胁姿态打心理战并不能奏效，原因在于北约发出的入侵威胁并不具备较高的可信度。

特别需要指出的是，因国际国内舆论环境也不太利于北约发动地面入侵，北约地面入侵威胁的可信度进一步降低。毋庸置疑，北约的轰炸也引发了塞尔维亚人民的强烈愤怒。在1999年的一份民调中，有55.2%的受访者认为"西方的私利"推动了北约的"联军行动"。[2]国际人权运动也对"联军行动"以人权为借口发动战争表示不满，指出其短期内不但未能解决人权问题，反而可能加剧了人权形势的恶化。[3]北约的"联军行动"在国际上也遭到了广泛反对，特别是来自中国、俄罗斯、印度以及不结盟运动国家的国际力量。[4]如在2000年4月，参加77国集团峰会的133个国家发表公开声明，明确表示"拒绝所谓的人道主义干预的正当性，在联合国宪章和普遍国际法规则中都不存在这样的法律基础。"[5]即使在北约成员国内部也有很强的反对声音，一些成员国国内支持度甚至都不到10%。虽然英国广播公司1999年4月23日的报道宣称，三分之二的北约

---

[1] 事实上，美国大约在4月底也开始秘密直接接触塞方。当时，美国能源部长比尔·理查德森（Bill Richardson）通过墨西哥驻联合国大使作为中间人，秘密接触南联盟驻联合国大使弗拉迪斯拉夫·约万诺维奇，试探塞方反应，参见 Vladislav Jovanović, *Rat Koji se Mogao Izbeći (The War that Could Have Been Avoided)*, pp.306-308。

[2] Eric Gordy, "Tracing Dialogue on the Legacy of War Crimes in Serbia," in Dubravka Zarkov and Marlies Glasius, eds., *Narratives of Justice in and out of the Courtroom: Former Yugoslavia and Beyond*, New York: Springer, 2014, p.115.

[3] Larry Minear, Ted van Baarda and Marc Sommers, eds., *NATO and Humanitarian Action in the Kosovo Crisis*, p.122.

[4] James Pattison, *Humanitarian Intervention and the Responsibility to Protect: Who Should Intervene?* p.20.

[5] "Declaration of the South Summit," The Group of 77 South Summit, Havana, Cuba, April 10-14, 2000, https://www.g77.org/summit/Declaration_G77Summit.htm.

民众支持联军行动，[1] 但《经济学家》杂志在轰炸开始后至 4 月 17 日的国际民调显示，除了英美德加等北约大国外，北约内部的中小国家对于轰炸塞尔维亚支持率并不很高（参见表 5-3）。而且国际反对意见强烈，特别是俄罗斯国内高达 94% 的民众反对轰炸。另外一份综合各国多次民调统计数据后的结果显示，多数北约成员国国内民众的支持率也并不高。在平均多次民调数据后，即使是英美等国的支持率也仅仅超过半数，希腊等国的支持率甚至只有 2%（参见表 5-4）。举例而言，爱尔兰政府既不支持也不谴责北约轰炸，《爱尔兰时报》（The Irish Times）所做的调查也显示，其国内仅有 46% 民众支持"联军行动"，42% 民众反对。[2] 即使在英国这样一个北约成员国中最为积极支持轰炸的国家，其他的民调结果也比《经济学家》统计的要低。例如 1999 年 3 月 26—27 日的莫里民意测验（MORI Poll）表明，大约有 55% 的民众认为英国应该参与"联军行动"。3 月 26 日的 ICM 民调则显示，仅有 56% 的英国民众认为英军参与轰炸是正确的。[3]

国别	支持（%）	反对（%）	未表态（%）
加拿大 ※	64	33	4
克罗地亚	82	7	11
捷克 ※	35	57	8
丹麦 ※	74	19	7
芬兰	50	35	16
法国 ※	54	34	12
德国 ※	57	36	7
匈牙利 ※	48	41	11

---

[1] "World: Europe 'Two in Three Support Strikes'," *BBC News*, April 23, 1999, http://news.bbc.co.uk/2/hi/europe/326481.stm.

[2] Nicholas Rees, "The Kosovo Crisis, the International Response and Ireland," p.67.

[3] Jason W. Davidson, *America's Allies and War: Kosovo, Afghanistan, and Iraq*, p.80.

续表

国别	支持（%）	反对（%）	未表态（%）
意大利 ※	47	47	5
挪威 ※	64	23	13
波兰 ※	54	31	16
俄国	2	94	4
斯洛伐克	21	75	5
乌克兰	4	89	7
英国 ※	68	23	10
美国 ※	68	27	5

表 5-3 《经济学家》杂志 1999 年 4 月民调数据

资料来源："'Oh What a Lovely War!'," *Economist*, April 24, 1999.

※ 为北约成员国。

国别	平均支持率	被统计不同种类民调数量
荷兰	71.0	5
丹麦	69.5	2
挪威	64.1	1
英国	61.0	5
加拿大	60.5	2
德国	60.0	10
法国	59.4	9
比利时	58.5	2
美国	58.2	17
匈牙利	55.5	4
波兰	50.5	2
芬兰	47.0	2
爱尔兰	46.0	1
西班牙	44.5	2
意大利	44.0	7
捷克	42.5	2

续表

国别	平均支持率	被统计不同种类民调数量
奥地利	41.0	1
葡萄牙	41.0	1
瑞典	34.0	1
斯洛文尼亚	23.5	2
保加利亚	22.0	1
罗马尼亚	9.0	1
希腊	2.0	1

表 5-4 北约成员国民众是否支持"联军行动"历次民调平均值（1999 年 3 月 22 日—4 月 22 日）

资料来源：Patrick A. Mello, *Democratic Participation in Armed Conflict: Military Involvement in Kosovo, Afghanistan, and Iraq*, p.84.

综上所述，在 4 月底 5 月初，克林顿政府已面临着棘手的政策选择，是继续加码军事解决方案，还是应寻求外交渠道的突破？一方面，北约持续的战略轰炸并不能让南联盟屈服，而提升军事打击的强度、在轰炸基础上积极释放地面入侵南联盟的威胁信号，又因种种政治、舆论等内外因素的掣肘而缺乏可信度。因此，在依靠军事解决方案难以解决科索沃危机的背景下，借助秘密外交手段结束危机逐渐在克林顿政府中占据上风，而若重拾外交手段，加强美国与俄罗斯的沟通与合作则是绕不开的命题。正是在这一背景下，美俄秘密外交谈判正式登场，并开始发挥独特的作用，最终推动了战争的终结。

二、美俄的秘密外交施压与北约科索沃战争的结束

（一）俄罗斯对北约军事干预科索沃危机的初步反应

俄罗斯与塞尔维亚有着悠久的文化和外交关系。作为斯拉夫民族的一

分子，俄罗斯自奥斯曼帝国时代就始终支持塞尔维亚的独立。在塞尔维亚历史发展的诸多紧要关头，俄罗斯都表达了坚定支持，[1] 可以说是塞尔维亚的坚定盟友。此外，俄罗斯也从车臣问题的视角来看待科索沃问题，认为这一问题的本质是分离主义运动而非单纯的人道主义问题。俄罗斯外长曾直接致电奥尔布赖特反问："你难道不知道俄罗斯有多少个类似科索沃（的问题）吗？"[2] 事实上，俄罗斯一直担心北约抛开联合国进行武力干涉可能引发"多米诺骨牌效应"，这可能会为美国领导下的北约干预世界其他地区的内部危机创造先例，甚至可能因为俄罗斯内部分离势力而军事干预俄罗斯。例如，俄罗斯负责北约事务的将军列昂尼德·伊瓦绍夫（Leonid Ivashov）在 1998 年就警告，如果北约在未取得安理会授权的情况下进行军事干预，将"在欧洲开启一场新的冷战"。[3] 俄罗斯一再警告北约，将在安理会否决美国军事干预科索沃的提案。

不过，我们要在北约既要东扩又要安抚俄罗斯的双轨战略下来审视俄罗斯对北约军事干预科索沃危机的反应。一方面，正如第一章所述，在 20 世纪 90 年代，俄罗斯多以口头外交抗议来表达对北约东扩的反对立场。加之北约既推进东扩、又安抚俄罗斯的双轨战略推行得一直较为顺利，特别是 1997 年签署了《俄罗斯与北约基本法》、设立了北约—俄罗斯常设联合理事会、俄罗斯加入 G7 这一大国俱乐部，这些一度让俄罗斯对自身能够影响北约的决策产生了乐观情绪，因此，在反对北约东扩时俄罗斯就持较为妥协的态度。但另一方面，北约不顾俄罗斯的警告和反对执意轰炸

---

[1] Rodney P. Carlisle and J. Geoffrey Golson, *Turning Points—Actual and Alternate Histories: The Reagan Era from the Iran Crisis to Kosovo*, p.212.

[2] Strobe Talbott, *The Russia Hand: A Memoir of Presidential Diplomacy*, p.301.

[3] Vincent Pouliot, *International Security in Practice: The Politics of NATO-Russia Diplomacy*, Cambridge: Cambridge University Press, 2010, p.196.

第五章 战略轰炸与外交谈判：北约干预科索沃危机的双重路径

其同根同源的盟友，这实际上暴露了俄罗斯与北约的制度化合作存在根本性缺陷，也说明俄罗斯无力否决北约的干预决策。事实上，北约的轰炸震惊了俄罗斯，其政治精英集体意识到一边倒的亲西方政策已然失败，这种"幻灭感"使他们强烈反对北约的军事干预，[1] 多达 94% 的俄国民众也反对北约的轰炸。[2]

1999 年 3 月 24 日空袭开始后，克林顿给叶利钦打电话解释，叶利钦在表达愤怒的同时绝望地表示，尽管他做了诸多努力让俄罗斯人民向西方靠拢，但是现在北约对科索沃的轰炸已经不可能让他们继续亲西方，想要避免这一趋势成为不可逆的"唯一路径"就是北约"立刻停止轰炸"。[3] 叶利钦在回忆录中表示，他对克林顿说："为了我们的关系和欧洲将来的安全，请你停止轰炸。"[4] 根据另外一位当事人的回忆，叶利钦告诉克林顿，北约的轰炸将大幅削弱自己"推动俄罗斯人民亲近西方"的努力，在克林顿拒绝停止轰炸后，叶利钦不悦地表示："好吧，很显然我未能说服美国总统，那么再见吧。"[5] 叶利钦当天还在俄罗斯电视上呼吁北约停止轰炸

---

[1] Derek Averre, "From Pristina to Tskhinvali: The Legacy of Operation Allied Force in Russia's Relations with the West," *International Affairs*, Vol.85, No.3, 2009, p.577. 有评论认为这种幻灭感带来"情绪化的狂怒"，参见 Sharyl Cross, "Russia and NATO Toward the Twenty-First Century: Conflicts and Peacekeeping in Bosnia-Herzegovina and Kosovo," *The Journal of Slavic Military Studies*, Vol.15, No. 2, 2002, pp.2-3.

[2] Erik Yesson, "NATO and Russia in Kosovo," *The RUSI Journal*, Vol.144, No.4, 1999, p.20.

[3] Strobe Talbott, *The Russia Hand: A Memoir of Presidential Diplomacy*, p.305.

[4] 鲍里斯·叶利钦：《午夜日记——叶利钦自传》，曹缦西、张俊翔译，译林出版社 2001 年版，第 295 页。

[5] John Norris, *Collision Course: NATO, Russia, and Kosovo*, p.5.

这一"悲剧性的一步",[1] 但是很显然,叶利钦的警告丝毫没有发挥作用。

(二)美俄秘密外交谈判渠道的启动及其历程

当轰炸进入胶着状态时,4 月 14 日德国外长费舍尔(Joschka Fischer)等人前往俄罗斯,与俄方讨论了结束科索沃战争的六点计划。尽管美国最终拒绝了德方倡议,但是德国和谈计划开启了利用与俄罗斯的外交谈判来结束危机的新思路。[2]

德方的建议激起了叶利钦的积极反应。根据叶利钦的回忆,他于 4 月 14 日当天任命切尔诺梅尔金为俄罗斯巴尔干问题特使,准备"在两个方向上采取行动:一面对北约施加压力,另一面对米洛舍维奇施加压力"。[3] 克林顿 4 月 19 日再度给叶利钦打电话,但是叶利钦没有表态。4 月 25 日,叶利钦给克林顿打了 75 分钟的电话,[4] 表示俄罗斯杜马和军方正准备向南联盟提供支持,包括提供防空武器给塞尔维亚。同时,叶利钦表示自己正在控制这些国内势力,但他希望克林顿帮助他推进美苏之间的外交合作。为此,叶利钦承诺将约束米洛舍维奇。[5] 克林顿同意重启切尔诺梅尔金——

---

[1] Vladimir Petrovič Kozin, "NATO Aggression in Yugoslavia in 1999 and the Position of Russia," in Radovan Radinović, Stanislav Stojanović, Jelena Lopičić jančić, Nenad Uzelac, Branislava Mitrović, НОВИ "Хладни Рат" Novi "Hladni Rat" Agresija NATO 15 godina posle (The New "Cold War":15 Years after NATO Aggression), Beogradski: Beogradski forum za svet ravnopravnik, 2014, p.95.

[2] Ivo H. Daalder and Michael E. O'Hanlon, *Winning Ugly: NATO's War to Save Kosovo*, p.166.

[3] 鲍里斯·叶利钦:《午夜日记——叶利钦自传》,第 299 页。

[4] Benjamin S. Lambeth, *NATO's Air War for Kosovo: A Strategic and Operational Assessment*, p.69.

[5] Strobe Talbott, *The Russia Hand: A Memoir of Presidential Diplomacy*, p.310.

第五章 战略轰炸与外交谈判：北约干预科索沃危机的双重路径

戈尔会谈渠道（Gore-Chernomyrdin channel），[1]但不同意暂停空袭，表示北约盟友给停止空袭设定了条件，只要米洛舍维奇还未满足这些条件，北约空袭将持续下去。4月27日，美国副国务卿斯特普·塔尔博特作为美方谈判代表前往莫斯科与切尔诺梅尔金进行了会谈。切尔诺梅尔金反对塞军完全撤出科索沃，认为那样一来科索沃必然会独立。他更要求北约不要入侵。这时候，北约与俄罗斯的立场已经基本接近了。到4月29日，克拉克说美国高层"正在准备做一项交易"。[2] 5月3日，切尔诺梅尔金按照先前约定飞往华盛顿与美国副总统戈尔会谈。双方都各自表述官方立场，谈判并无多大进展，但在会谈接近结束时，切尔诺梅尔金表示希望找一个国际协调员共同居中协调。随后塔尔博特先后向奥尔布赖特等美国高层推荐了芬兰总统玛尔蒂·阿赫蒂萨里（Martti Ahtisaari），他既支持北约立场，又将于当年7月接替德国担任欧盟轮值主席国。第二天，奥尔布赖特向切尔诺梅尔金推荐了阿赫蒂萨里，后者立刻表示同意。根据奥尔布赖特自传，之所以推荐阿赫蒂萨里是因为"芬兰是不结盟的，中立的，这个国家与东方、南方和西方都有良好的关系，而且总统有联合国和巴尔干的经验，他受到了各方的高度评价"。[3] 5月5日，塔尔博特打电话给阿赫蒂萨里请

---

[1] 这一交流渠道是美国副总统戈尔与俄罗斯总理切尔诺梅尔金之间的电话交流机制，根据克林顿图书馆解密两人电话会谈的一份不完整报告抬头显示，至少在1997年9月到2001年1月之间，切尔诺梅尔金—戈尔会谈渠道一直在运转。该解密档案显示，在科索沃战争期间，从4月26日起，直到28、30日以及5月初，两人都有密切的交流。参见"Declassified Documents Concerning Kosovo," National Security Council, *Clinton Presidential Records: NSC Cable, Email, and Records Management System*, William J. Clinton Presidential Library & Museum, https://clinton.presidentiallibraries.us/items/show/58574. 而早在4月14日，叶利钦就任命切尔诺梅尔金为俄罗斯"调节南斯拉夫局势的特使"。参见鲍里斯·叶利钦：《午夜日记——叶利钦自传》，第300页。

[2] Alastair Campbell, *The Blair Years: Extracts from the Alastair Campbell Diaries*, p.385.

[3] 马尔蒂·阿赫蒂萨里：《在贝尔格莱德的使命：担任科索沃战争调停人》，第6页。

求其出山时还表示，阿赫蒂萨里的欧盟背景也是重要考量。他说，"您还有一个好处，那就是欧盟……我们希望，这在 7 月 1 日芬兰接任欧盟主席之前就能实现，您也在三驾马车之中，不久将出任主席，欧盟也就参与和平的实施了。"至于三方会谈的目的则是"为了与俄国人最大可能地进行外交合作。至于同米洛舍维奇能做到什么程度，我们心里也没底"。[1] 至此，美欧俄的外交谈判格局基本形成，三方联合施压米洛舍维奇的态势也大体明朗。

但是，军事强人米洛舍维奇一开始并没有被美欧俄三方联合施压吓倒，他认为尽管自己不会赢得战争，但是也不会输，表示"四百年里我们都没有被征服"，北约要是敢进攻，他们"肯定会输掉地面战争"。[2] 在此情况下，北约方面加大了地面入侵的威胁力度，使其更具可信度。5 月 19 日，克林顿在被媒体问到是否考虑出动地面部队时，他说，"我们目前仍然没有、将来也不会排除任何选项。"[3] 克林顿 5 月 20 日与内阁官员讨论了入侵时间表，克拉克将军正式向总统汇报了自己拟定的出动 17.5 万北约士兵从阿尔巴尼亚作为主要突破口进攻科索沃的地面入侵方案。其中，美国要派遣 10 万士兵。虽然克林顿总统和高级幕僚们并没有表态支持，但是"所有与会者都意识到做出这样入侵决策的机会窗口日渐消失"。[4] 到了 5 月底，北约方面加大了对地面入侵方案的讨论力度，向米洛舍维奇发送了更为清

---

[1] 马尔蒂·阿赫蒂萨里：《在贝尔格莱德的使命：担任科索沃战争调停人》，第 7 页。
[2] 鲍里斯·叶利钦：《午夜日记——叶利钦自传》，第 303 页。
[3] "Frontline 1813 'War in Europe', Part 2," February 29, 2000; Katharine Q. Seelye, "Crisis in The Balkans: The White House; Clinton Resists Renewed Calls for Ground Troops in Kosovo," *The New York Times*, May 19, 1999, https://www.nytimes.com/1999/05/19/world/crisis-balkans-white-house-clinton-resists-renewed-calls-for-ground-troops.html.
[4] Ivo H. Daalder and Michael E. O'Hanlon, *Winning Ugly: NATO's War to Save Kosovo*, p.157.

晰的威胁信号。美国国防部长科恩 5 月 27 日秘密会见北约成员国的国防部长讨论地面入侵的利弊得失，此举被视为北约方面第一次严肃地考虑动用地面部队。科恩与英、法、德和意大利国防部长进行了六个半小时的会谈。英国强烈支持入侵方案，[1] 英国国防部甚至表示可以贡献 5.4 万名士兵。而法国和意大利国防部长虽然没有作出承诺，但是两国国防部长表示，"一旦地面入侵方案被批准，他们将贡献各自的军事力量。"[2] 六国之中仅剩下美德两国未作出明确表态。接近 6 月时，北约向媒体放风，表示 5 月底北约"向在巴尔干地区开展某种地面军事行动更靠近了"。[3]

就在 5 月份美国和北约向南联盟发出了日益清晰的地面入侵威胁信号后，美欧俄三方的秘密外交协商也开始取得进展。俄罗斯、北约和欧盟方面公开宣布了结束战争的官方要价，联合向米洛舍维奇施压。5 月 9 日，八国集团（G8）外交部长波恩峰会提出了结束危机的七点倡议，具体包括：在科索沃立刻无条件和可核实地停止压迫和暴力；南联盟的一切军队、警察和准军事力量从科索沃撤离；在联合国的倡议和支持下，在科索沃部署国际民事和安全力量；在安理会的决定下，确立一个科索沃过渡政府架构；所有难民和国内流离失所者可以安全返回家园；在朗布依埃协定和南联盟主权与领土完整原则基础上，逐步确立一个过渡性政治框架。自开战以来，"这是第一次俄罗斯和西方就科索沃问题达成一项共同准则"，[4]

---

[1] Benjamin S. Lambeth, *NATO's Air War for Kosovo: A Strategic and Operational Assessment*, pp.47-48.

[2] Ivo H. Daalder and Michael E. O'Hanlon, *Winning Ugly: NATO's War to Save Kosovo*, pp.157-158.

[3] Benjamin S. Lambeth, *NATO's Air War for Kosovo: A Strategic and Operational Assessment*, p.48.

[4] Ian Traynor and Ian Black, "Peace Plan Draws in Russia," *The Guardian*, May 7, 1999, https://www.theguardian.com/world/1999/may/07/ianblack.iantraynor.

双方同意利用外部军事力量强迫米洛舍维奇接受科索沃的短期自治和远期独立，以及解除科索沃解放军的武装。不过，俄罗斯外长伊万诺夫（Igor Ivanov）反对北约掌握科索沃国际驻兵的领导权。[1]

随后，切尔诺梅尔金、塔尔博特和阿赫蒂萨里先后于5月13日、5月21日进行会晤，俄方作出了主要让步，表示南联盟已经原则上同意北约进驻科索沃，但是双方对于北约驻军的主导权、塞军是否可以保留在科索沃以及俄军驻军与北约是否存在领导关系等核心议题上仍存在较大分歧。至此，北约与俄罗斯之间最大的分歧就是驻科索沃国际和平力量的构成和领导权问题了，更具体来说，就是俄罗斯能否独立派兵进驻科索沃。5月底，切尔诺梅尔金与芬兰总统阿赫蒂萨里计划前往贝尔格莱德，行前决定于5月26日在莫斯科草拟一份书面的谈判文本。5月27日，三人在莫斯科斯大林别墅会面，切尔诺梅尔金答应第四次前往贝尔格莱德。随后俄国人对米洛舍维奇施加了巨大的外交压力。根据叶利钦的说法，切尔诺梅尔金五次会见了米洛舍维奇，其中四次是一对一私下会谈。"切尔诺梅尔金最主要目的是说服、迫使米洛舍维奇同西方进行和谈。切尔诺梅尔金对他施加了强硬的压力，表明俄罗斯不会给予军事援助，而且政治援助的资源已经耗尽。"[2] 5月28日，当切尔诺梅尔金再次会见米洛舍维奇时，"南联盟方面告知，他们接受由八国集团最早提出的科索沃调停总原则。"[3] 在切尔诺梅尔金离开贝尔格莱德之后，南联盟方面发表了一份声明，表示愿意在八国集团提出的原则基础之上进行和谈，但是强调南联盟的主权和领土完整是不可谈判的，塞方仍然强烈反对北约部队作为维和力量进驻科索

---

[1] "G8 Nations Draw up Peace Plan," *The Guardian*, May 6, 1999, https://www.theguardian.com/world/1999/may/06/balkans12.

[2] 鲍里斯·叶利钦：《午夜日记——叶利钦自传》，第304页。

[3] 同上书，第305页。

沃。[1] 不久后奥尔布赖特召集了英、法、德、意外长举行了电话会议确定北约的对策。会议中美英外长立场继续保持强硬，反对法德准备采取行动回应塞方声明的想法。德国外长费舍尔希望在切尔诺梅尔金和阿赫蒂萨里再次前往贝尔格莱德之前能够召开八国集团会议讨论可能的联合国决议，但这一倡议遭到奥尔布赖特的坚决反对。随后法国表示想立刻采取行动发表一份回应声明。但是英美联合起来反对法德的立场，主张北约暂时按兵不动，静观切尔诺梅尔金和阿赫蒂萨里等人下次贝尔格莱德之行的谈判结果后再决定对策。当德国外长威胁如果各国外交部长会议达不成一致意见，德国准备单方面行动时，奥尔布赖特则宣称这种行动是不可接受的。[2]

俄方随后建议美国派出高级谈判代表代替塔尔博特，并坚持让德国总理施罗德加入会谈。但是五国外交部长讨论后仍然坚持让原先的三位谈判代表按照既定计划在德国会谈，施罗德将以主持人的身份出席。6月1日，在俄罗斯彼得堡召开了最后的会谈。会谈第一天，俄罗斯拒绝塞军全部撤兵，要求国际驻兵必须接受联合国政治控制，而且俄国驻科索沃部队能够独立自主，不接受北约的领导。但是美国人寸步不让，坚持俄罗斯部队要接受北约的统一领导。到了下午，开展了多轮各种形式的对谈，谈判陷入僵局。6月2日早晨，会谈继续，俄国人最终让步。随后双方讨论北约接管科索沃后的驻军指挥结构。俄国人坚持当地驻军由自己指挥，塔尔博特在征询华盛顿同意后，建议把这一问题移出正式文本，在注释里各自宣示美俄立场，留待后续解决。[3] 当切尔诺梅尔金等人再次会见米洛舍维奇时，他们向米

---

[1] John Norris, *Collision Course: NATO, Russia, and Kosovo*, p.153.

[2] *Ibid.*, pp. 154-155.

[3] 上述谈判进展，参见 Strobe Talbott, *The Russia Hand: A Memoir of Presidential Diplomacy*, p.325 的描述。这个谈判未解决的尾巴也为后续俄军抢占普里什蒂纳机场事件埋下了导火索。

洛舍维奇提出了最终达成的一些原则，并表示这些原则是"不容商量的"。如果塞尔维亚拒绝，俄罗斯将"接受一项强制执行的解决方案"。[1] 最终，米洛舍维奇在压力下不得不接受了北约的条件，但表示必须先征得议会的同意。6月3日，塞议会同意接受结束战争的条件。随后，切尔诺梅尔金在米洛舍维奇的办公室门口给塔尔博特打电话，建议尽快在北约和塞军之间建立联系，以促使协议尽快实施。很快，北约和南联盟军队建立起电话联系，北约的轰炸也随后逐渐停止。6月10日，联合国安理会通过第1244号决议，追认了北约和南联盟达成的停火协议，宣告科索沃危机结束。

（三）米洛舍维奇最终妥协的原因

米洛舍维奇在抵抗了2个多月后，最终迫于压力同意从科索沃撤兵允许北约进驻，不得不接受科索沃将要独立于南联盟的事实。南联盟让步的原因是多方面的。正如有学者总结认为，除了空袭对南联盟基础设施的毁灭性破坏之外，[2] "对塞尔维亚政体稳定的担忧、北约地面入侵的威胁、俄罗斯撤回外交支持"等因素是塞军屈服的主要原因。[3] 具体而言，首先，双方之间的实力悬殊。美国在1999年达到霸权的顶峰，当时仅美国一国的国防预算就是南联盟的15倍。[4] 与北约这个当今世界上综合国力和军事力量最强的军事同盟相比，经历过波黑战争后国土被大幅分离、经济崩溃的南联盟，无论经济实力还是战争能力，都无法与任何一个北约成员国相提并论，

---

[1] James Ker-Lindsay, Kosovo: *The Path to Contested Statehood in the Balkans*, p.15.
[2] 持这一立场的研究参见 Matthew Bennett, "The Kosovo Liberation Army," p.164。
[3] Daniel L. Byman and Matthew C. Waxman, "Kosovo and the Great Air Power Debate," p.7. 也有认为是北约的团结一致促使米洛舍维奇屈服，参见 Jason W. Davidson, *America's Allies and War: Kosovo, Afghanistan, and Iraq*, p.75。
[4] Andrew J. Bacevich and Eliot A. Cohen, "Introduction: Strange Little War," in Andrew J. Bacevich and Eliot A. Cohen, eds., *War Over Kosovo: Politics and Strategy in a Global Age*.

第五章 战略轰炸与外交谈判：北约干预科索沃危机的双重路径

更不要说面对整个北约了。因此，从实力对比看，南联盟放弃抵抗是不可避免的，关键在于何时、以何种方式放弃。[1]然而，在事关国家主权和领土完整的根本性问题上，南联盟虽然清楚一旦交战胜利的机会很渺茫，但还是展现出了维护核心国家利益的坚定意愿。这种敢于进行地面战的信号可能会让北约不敢轻易地真正发动地面入侵。因此，南联盟能否最终保住科索沃在一定程度上取决于双方之间的信号博弈和意志抵抗。也就是说，当北约在5月份真正考虑并着手准备进行地面入侵时，这一信号在俄罗斯方面的佐证和放大下，让米洛舍维奇觉得地面入侵的威胁看起来较为真实。[2]

其次，俄罗斯放弃支持南联盟。正如本书第一章所详细论述的，在20世纪90年代的叶利钦时代，俄罗斯的外交战略是向西看，主要的战略诉求包括融入欧洲、靠近甚至是加入北约。[3]根据英国广播公司的报道，1994年叶利钦总统曾向克林顿总统表示，俄罗斯"一定要先于中欧和东欧国家第一个加入北约，之后俄罗斯和美国就能形成某种可以确保欧洲和世界的安全的联合"。[4]因此，尽管俄罗斯对北约军事干预科索沃危机轰炸南联盟感到愤怒和不满，对北约—俄罗斯常设联合理事会的作用感到失望，但是1997年北约与俄罗斯关系的缓和态势还是很大程度地约束了俄罗斯的最

---

[1] 不过，根据事后的评估，尽管"联军行动"持续了2个多月，可南联盟的军事实力仍然基本保存完好，有生力量未受到实质性损伤，但民用设施、公用基础设施损毁严重。

[2] 不过，时任南联盟外交部长伊万洛维奇认为，正因为北约方面在战场上遭遇了困难才开始了和谈，参见作者对伊万洛维奇的访谈，贝尔格莱德，2019年8月22日。

[3] 此处作者要感谢社科院俄罗斯东欧中亚所庞大鹏研究员以及韩克敌、李勇慧研究员给予的专业知识指导。关于1997—1999年普里马科夫时代俄罗斯与北约亲密关系的描述，可参见 Dov Lynch, "'Walking the Tightrope': The Kosovo Conflict and Russia in European Security, 1998-August 1999," *European Security*, Vol.8, No.4, 2007, pp.60-62。

[4]《美俄战略军控：中国如何成了第三者》，BBC中文网，2020年6月2日，https://www.bbc.com/zhongwen/simp/world-52896478。

终态度。总体来看，当时俄罗斯并不希望科索沃问题破坏其与美国和北约的整体外交关系，因此，俄罗斯也希望借助外交渠道解决问题。根据俄方的资料，叶利钦4月20日发表的公开电话讲话时表示："尽管北约实施了侵略行动，我们却不能断绝与西方国家的关系，我们不能把自己孤立起来。因为我们身处欧洲，没有人能把我们从欧洲踢出去。"[1]在这样的背景下，俄罗斯自然不愿意为了南联盟破坏与美国和北约关系的大局。叶利钦认为，"如果战争持续的时间超过一两个月，俄罗斯必定会被卷入，新的'冷战'就要爆发。"[2]所以，当谈判陷入僵局时，叶利钦变得很焦躁，他对切尔诺梅尔金表示："我不在乎你们还需要做些什么（来结束危机），赶紧去做好！危机已经毁掉了所有的事情。"[3]除了这一宏观因素外，还有研究者指出，叶利钦身边的政治精英出于个人利益考虑和内部政治斗争也推动了俄罗斯向米洛舍维奇施压。[4]在俄罗斯和北约的强力施压下，孤立无援的米洛舍维奇最终决定让步，[5]事实上接受了北约在朗布依埃会议上提出的条件。6月10日，米洛舍维奇同意从科索沃撤出部队，北约停止了空袭。6月12日，北约派遣15000名士兵占领科索沃。6月20日，塞军撤军完毕。至此，科索沃危机以科索沃解放军的暴力开始，并以北约的暴力结束。

---

[1] Dov Lynch, "'Walking the Tightrope': The Kosovo Conflict and Russia in European Security, 1998-August 1999," p.70.

[2] 鲍里斯·叶利钦：《午夜日记——叶利钦自传》，第305页。

[3] Andrew L. Stigler, "A Clear Victory for Air Power: NATO's Empty Threat to Invade Kosovo," p.141.

[4] Nadia Alexandrova Arbatova, "European Security after the Kosovo Crisis: The Role of Russia," p.70.

[5] 有学者认为，俄罗斯的外交努力在结束危机过程中发挥了"关键性作用"（crucial），参见James Hughes, "Russia and the Secession of Kosovo: Power, Norms and the Failure of Multilateralism," *Europe-Asia Studies*, Vol. 65, No. 5, 2013, p.1003。

第六章

北约对科索沃危机军事干预的地区和国际后果

地区冲突与北约东扩：以1999年科索沃危机与北约的军事干预为例

北约军事干预科索沃危机是冷战后当代国际关系史上一件标志性事件，对地区局势、大国关系和国际格局的演变都产生了深远的影响。一方面，北约以强凌弱，对南联盟进行了长达近3个月的大规模轰炸，导致大量军民伤亡和财产损失。其中，北约在战争中大量使用的集束炸弹更是伤及大量的无辜平民，而且贫铀弹的广泛使用还给科索沃和南联盟境内留下了严重的环境污染。这种对地区环境的长期破坏性影响是潜在且不易为大众所察觉的。此外，北约派兵进驻科索沃，实际上助长了科索沃的分离运动。南联盟被迫从科索沃撤兵，这实际上剥夺了其维护国家统一的最后手段，导致科索沃地区在战后不久宣布独立成为必然。受篇幅所限，本书在此不再对这一点进行详细阐述。另一方面，北约对科索沃危机的军事干预为欧亚腹地更大范围和更强烈度的地区冲突和危机埋下了伏笔。其中最显著的影响是俄罗斯与北约和美国的关系逐渐走向战略上的对抗。在经历了"9·11"事件后短暂的战术性缓和之后，俄美关系转入长期的下行道。受科索沃战争的鼓舞，北约第二轮东扩内部分歧减少，不再需要进行公开辩论，北约东扩如脱缰野马般一发不可收拾。在2002年宣布吸纳波罗的海三国后，北约又将目光瞄向了与俄罗斯有着更亲近历史、文化和地缘关系的格鲁吉亚、乌克兰等国，并在乌克兰、白俄罗斯等俄罗斯"近邻"国家不断策动"颜色革命"。可以看出，北约一再的东扩极大地压缩了俄罗斯的地缘政治空间，加深了俄罗斯对外部威胁感知，强化了不安全感。这导致俄罗斯与北约关系发生范式性变革。2008年俄罗斯为了阻止北约进一步吸纳格鲁吉亚而发动的俄格战争即是明证，标志着北约东扩早期推行的双轨战略彻底失败，俄罗斯与北约进入持续战略性冲突的时期。从历史角度来看，2014年克里米亚危机以及2022年俄乌冲突，都是俄罗斯与北约之间持久冲突的突出表现。[1] 由此观之，20多年前爆发的科索沃战争仍然在无形中对当代国际政治的走向产生着深远影响，其对未来国际格局演变的影响力仍不容小觑。

第一节　平民伤亡与地区环境恶化：北约军事干预科索沃危机造成的严重战争破坏

作为北约成立后第一次实战，"联军行动"考验了北约内部的协调能力。由于北约并不强制成员国提供军事力量，虽有13个成员国允诺提供战机，但实际上只有8国派飞机参与战斗。[2] 其中，英国提供了39架战机，法国提供84架战机。[3] 在整个空袭行动中，12个北约国家从59个空军基地共出动37465架次飞机，其中14006架是攻击任务。到轰炸结束时，北约共有912架飞机和35艘舰艇参与了"联军行动"（美国之外的北约成员国贡献可参见表6-1）。[4] 北约每天平均花费6200万美元军费，[5] 其中美国

---

[1] 认为克里米亚事件可以归因到北约东扩的阐释，最著名的是米尔斯海默尔，参见 John J. Mearsheimer, "Why the Ukraine Crisis Is the West's Fault: The Liberal Delusions That Provoked Putin," *Foreign Affairs*, Vol. 93, Issue 5, 2014, pp.77-89。类似的观点可以参见 Peng Chengyi, "Why the Ukraine Crisis Is the West's Fault: A Historical and Philosophical Perspective," *International Critical Thought*, Vol. 7, Issue 2, 2017, pp.267-278。
[2] William M. Arkin, "Operation Allied Force: The Most Precise Application of Air Power in History," p.1.
[3] Jason W. Davidson, *America's Allies and War: Kosovo, Afghanistan, and Iraq*, pp.76, 85.
[4] Larry Minear, Ted van Baarda and Marc Sommers, eds., *NATO and Humanitarian Action in the Kosovo Crisis*, p.133. 又有数据称参与的飞机是941架固定翼飞机、279架直升飞机。参见 S. Rynning, *NATO Renewed: The Power and Purpose of Transatlantic Cooperation*, p.69。
[5] Aleksandar Pavković, *The Fragmentation of Yugoslavia: Nationalism and War in the Balkans*, p.196.

花费最多。根据美国国会研究服务局的报告，美国国会在 1999 年追加拨款 30 亿美元，2000 财年拨款 20 亿美元，外加 2001 财年的 17 亿美元，在"联军行动"和后续的占领科索沃行动中，美国额外花费了 67 亿美元军费。美国具体花费参见表 6-2。[1] 而且客观来看，"联军行动"几乎可以说是美国人的战争。美国战机执行了 80% 的攻击性任务，提供了 90% 的指挥、控制、通信设施，发射了 90% 的智能武器。[2] 而且美国还提供了 90% 的空中加油机，其中有 112 架现役、63 架后备。[3] 美国在"联军行动"中的主导可参见图 6-1、图 6-2、图 6-3。

任务类型	法国	德国	意大利	荷兰	英国
空中加油	389	0	90	126	291
空中战斗巡逻	458	0	362	656	148
空中密接支援	396	0	358	110	686
战场空中封锁	821	0	90	319	415
对敌防空压制	0	414	170	0	4
空中侦查	230	205	10	41	205
空中预警	49	0	0	0	163
电子侦查	71	17	1	0	38

表 6-1 北约核心欧洲成员国飞行架次列表

数据来源：John Peters, et al., *European Contributions to Operation Allied Force: Implications for Transatlantic Cooperation*, p.20.

---

[1] Steve Bowman, *Kosovo and Macedonia: U.S. and Allied Military Operations*, "Summary".

[2] Ø. Østerud and A. Toje, "Strategy, Risk and Threat Perceptions in NATO," p.80.

[3] William J. Begert, "Kosovo and Theater Air Mobility," *Air and Space Power Journal*, Vol. 13, No. 4, 1999, p.12.

财年	1999 年	2000 年	总计
军事花费	3000	2025	5025
非军事花费	256	302	558
总计	3256	2327	5583

表 6-2 美国 1999—2000 年科索沃军事行动花费（单位：百万美元）

资料来源：Gary T. Dempsey with Roger W. Fontaine, *Fool's Errands: America's Recent Encounters with Nation Building*, p.129.

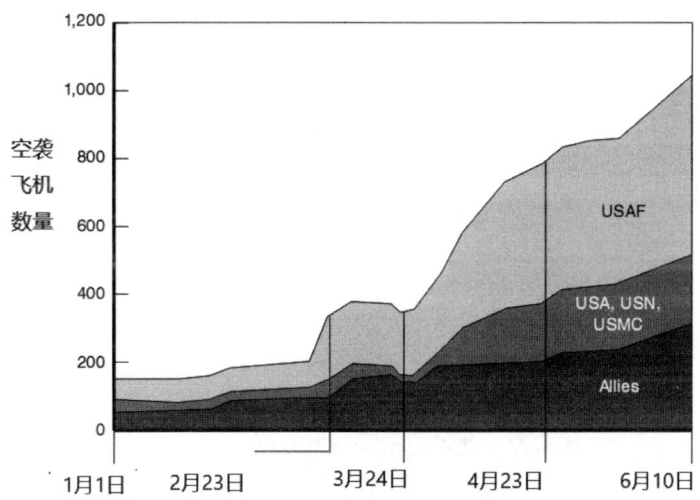

图 6-1 "联军行动"中美军与北约盟国飞机出动数量

数据来源：Benjamin S. Lambeth, *NATO's Air War for Kosovo: A Strategic and Operational Assessment*, p.35. 其中，USAF 是美国空军、USN 是美国海军、USMC 是美军海军陆战队。

地区冲突与北约东扩：以 1999 年科索沃危机与北约的军事干预为例

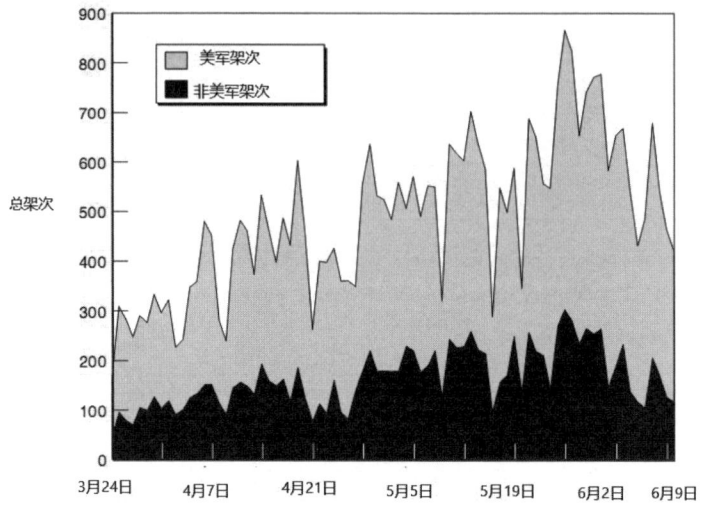

图 6-2 "联军行动"中美军与盟军的轰炸总架次

数据来源：Benjamin S. Lambeth, *NATO's Air War for Kosovo: A Strategic and Operational Assessment*, p.50.

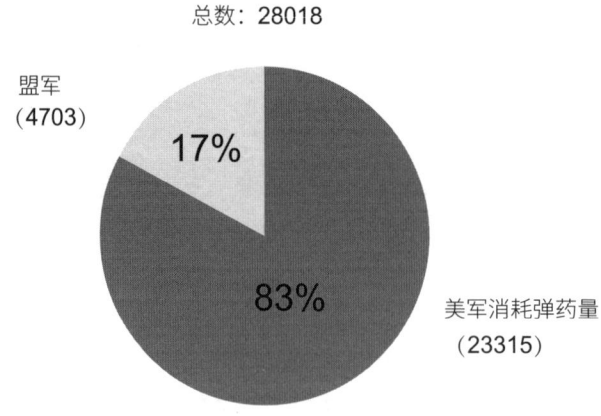

图 6-3 "联军行动"中美军与盟军的弹药消耗量（单位：发）

数据来源：Benjamin S. Lambeth, *NATO's Air War for Kosovo: A Strategic and Operational Assessment*, p.66.

一、科索沃战争所带来的平民伤亡

虽然悬殊的实力对比导致战争胜负毫无悬念，但北约取得的军事战果可能并不如其宣称的那样显著，更多是对南联盟平民和民用基础设施等造成了巨大伤害。南联盟的空军实力很弱，仅有3个萨姆-2导弹营、16个萨姆-3导弹营、25个萨姆-6导弹连。除了这些雷达制导的萨姆导弹，南联盟还有100个车载萨姆-9和少量萨姆-13。此外，塞军还有1850架高射炮、238架战斗机，包括15架米格-19和64架米格-21。[1] 过于薄弱的空军和空防实力导致南联盟完全失去了制空权。在战争中，南联盟仅仅击落两架北约飞机。而北约方面造成的毁伤数据可能并不如公开宣布的那样理想。根据北约自己的估计，在轰炸中，南联盟陆军（VJ）损失了26辆坦克、153辆装甲战车、389门大炮，死亡约5000人。[2] 但其他渠道的评估则认为北约空袭战果有限，只摧毁了13辆坦克，杀死了400名塞军士兵，此外还有南联盟境内500—1400名平民遭受轰炸而亡。[3] 塞尔维亚方面的

---

[1] Benjamin S. Lambeth, *NATO's Air War for Kosovo: A Strategic and Operational Assessment*, p.17. 还有一种说法是60架米格-21，参见 Bruce R. Nardulli, et al., *Disjointed War: Military Operations in Kosovo, 1999*, p.29。

[2] Nigel Thomas, K. Mikulan and Darko Pavlovic, *The Yugoslav Wars (2): Bosnia, Kosovo and Macedonia 1992-2001*, p.49。

[3] Kate Hudson, *Breaking the South Slav Dream: The Rise and Fall of Yugoslavia*, p.131. 南联盟官方宣布的最高数字又说是1800名，500名是人权观察组织评估的，也是被北约接受的数字。参见 Michael Mandel, *How America Gets Away With Murder: Illegal Wars, Collateral Damage and Crimes Against Humanity*, p.60。

文献显示，南联盟在战后官方公布的战斗伤亡数字是1002人。[1] 此外，北约的战略轰炸效率可能也没有自己鼓吹的那样高。北约在78天轰炸中共针对11大类421个固定目标进行了打击，据信其中35%的目标被摧毁，10%毫发无伤，剩下的55%的目标遭受不同程度的损伤。[2] 尽管南联盟军事实力弱小，但是他们仍然"用其绝大多数老旧的空防系统为北约飞机制造了持续的空中威胁"，伪装后幸存的"地空导弹和防空火炮仍然对北约飞机在低空和中空飞行造成了持续的威胁"，迫使北约飞机在15000米高空进行战略轰炸，从而大大降低了轰炸的实际效果。[3]

根据塞方数据，在北约造成的战场毁伤中，虽然北约的导弹造成的损害最大、最具破坏性，[4] 但集束炸弹的使用却造成了更大量的平民伤亡。最重要的一个例子是，1999年4月12日一架美国F-15E战斗轰炸机按照指示准备发射激光制导炸毁格尔代利察（Grdelica）的一座桥梁。正当炸弹发射时，一列客运列车恰巧经过该桥，结果被炸弹击中。之后飞行员再次折回，对着大桥不同的位置再度发射了炸弹，二次击中火车，导致10

---

[1] Bojan B. Dimitrijević and Jovica Draganić, *Vazdušni Rat Nad Srbijom 1999. godine*, p.369. 一位塞尔维亚将军在战后撰文认为，北约袭击共摧毁塞军18辆坦克、10辆战斗装甲车和13门大炮，军队伤亡271人，内务部伤亡22人，参见 Admiral Boško Antić (Serbia), " NATO Aggression in Federal Republic of Yugoslavia ," in Radovan Radinović, Stanislav Stojanović, Jelena Lopičić jančić, Nenad Uzelac, Branislava Mitrović, НОВИ "Хладни Рат" *Novi "Hladni Rat": Agresija NATO 15 godina posle (The New "Cold War": 15 Years after NATO Aggression)*, Beogradski: Beogradski forum za svet ravnopravnik, 2014, pp.67-68。

[2] Benjamin S. Lambeth, *NATO's Air War for Kosovo: A Strategic and Operational Assessment*, p.62.

[3] Bruce R. Nardulli, et al., *Disjointed War: Military Operations in Kosovo, 1999*, pp.27-28.

[4] Bojan B. Dimitrijević and Jovica Draganić, *Vazdušni Rat Nad Srbijom 1999. godine*, p.369.

名平民死亡、至少15人受伤。[1] 参战的塞方指挥官在回忆录中也证实了北约方面多次使用了集束炸弹。[2] 一项独立的实地环境评估报告也认为，精确制导武器往往带来"意想不到的和长期的损害后果"。[3] 据第三方评估，美英使用的集束炸弹直接导致了90到150名平民的死亡。[4] 北约一开始拒绝承认在"联军行动"中使用了集束弹药，经过媒体曝光后，北约又强调自己在使用集束弹药方面非常谨慎。例如，4月7日英国空军指挥官大卫·威尔伯（David Wilby）在接受媒体采访时表示，"即使我们可能使用集束弹药，我们也是极其小心。"[5] 英国国防部战后发布的总结科索沃战争教训的报告也承认，美国因为战时使用的集束炸弹存在缺陷而紧急召回，直到轰炸快结束时才重新投入战场。而英国"采用了不同类型的功能稳定的集束炸弹，就没有将其撤出战场。"[6] 北约副新闻发言人在1999年5月15日的新闻发布会上也表示，集束弹药是非常有效的武器，"当使用集束

---

[1] Frederic L. Borch, "Targeting After Kosovo: Has the Law Changed for Strike Planners?" *Naval War College Review*, Vol. LVI, No. 2, 2003, p.69.

[2] Небојша Павковић, *Трећа армија седамдесет осам дана у загрљају "Милосрдног анђела"*, p.161.

[3] Sriram Gopal and Nicole Deller, "Precision Bombing, Widespread Harm: Two Case Studies of the Bombings of Industrial Facilities at Pancevo and Kragujevac During Operation Allied Force, Yugoslavia 1999," Institute for Energy and Environmental Research, November 2002, "Preface", https://ieer.org/resource/in-serbian-%D1%83-%D1%81%D1%80%D0%BF%D1%81%D0%BA%D0%BE%D0%BC/precision-bombing-widespread-harm.

[4] Human Rights Watch, "Civilian Deaths in the NATO Air Campaign," *Human Rights Watch Report*, Vol. 12, No. 1, 2000, p.2.

[5] Virgil Wiebe, "Cluster Bomb Use in the Yugoslavia/Kosovo War," June 1999, http://www.oocities.org/hebdo99/dossier/cluster.htm.

[6] "Great Britain: Ministry of Defence, Kosovo: Lessons from the Crisis, 2000," http://www.geocities.ws/nzdefence/pdf_files/uk_lessons_from_kosovo.pdf.

弹药时，我们采取了所有可能的预防性措施来避免非预期的伤害。"[1]可是，这些集束弹药在战后仍然会对当地的平民造成巨大的危害。据报道，在1999年6月到2000年3月这战后几个月中，科索沃就有54人死于仍未爆炸的集束弹药。[2]

二、科索沃战争对当地环境的巨大破坏

除了集束弹药对平民造成的附带杀伤，为击穿坦克的装甲，北约在轰炸中还大量使用了贫铀弹。这些贫铀弹不但给平民带来即时的伤害，也对当地环境造成了长期的损害。有学者指出，在整个对前南的战争中，北约使用了约3.1万枚贫铀弹，其中在波黑战争中使用了约1万枚，其余2万多枚则用在了科索沃战争中。[3]贫铀弹具有很强的放射性，是高度致癌物，特别是增加肺癌的发病率。此外，北约每天发射的战斧导弹也含有大量的贫铀物质，对南联盟和周边国家都带来了巨大的环境危害。有研究指出，最具危害性的PGU-14/B API燃烧穿甲弹被广泛用于A-10"雷电Ⅱ"攻击机。[4]而A-10攻击机不但作为前沿火力引导员的控制平台，而且根据一些A-10攻击机飞行员的回忆，其也是北约用来直接攻击南联盟坦克的火力平台。一名美军飞行员战后回忆，当他发现用干草堆伪装的塞军坦克时，便"操控起GAU-8机枪，向着地面坦克打出了2个150发30毫米高爆穿甲

---

[1] "Press Conference Given by NATO Spokesman, Peter Daniel and SHAPE Spokesman, Major General Walter Jertz," *NATO*, May 15, 1999, https://www.nato.int/kosovo/press/p990515b.htm.

[2] *NATO/Federal Republic of Yugoslavia: "Collateral Damage" or Unlawful Killings? Violations of the Laws of War by NATO during Operation Allied Force*, p.19.

[3] Kate Hudson, *Breaking the South Slav Dream: The Rise and Fall of Yugoslavia*, p.132.

[4] T. E. Liolios, "Assessing the Risk from the Depleted Uranium Weapons Used in Operation Allied Force," *Science & Global Security*, Vol.8, No.2, 2000, p.178.

燃烧弹。"[1] 很显然，这种最具危险性和辐射性的贫铀弹被北约广泛用于攻击南联盟的坦克和雷达等地面军事设施。英国国防部长、后来的北约秘书长罗伯逊（George Robertson）在接受议会质询时承认，"虽然英国没有使用，但是在冲突中北约战机使用了贫铀装甲穿刺弹药。"[2] 这间接证实了北约其他国家的确使用了这一武器。[3] 根据一项研究，A-10 攻击机打出的每发贫铀穿甲弹含有 275 克贫化铀（depleted uranium，DU）。[4] 联合国环境署（UNEP）2001 年 4 月发布的田野调查报告表明，遗留在科索沃当地的主要为铀 238，其最高浓度超过正常值 10000 倍。[5] 由 14 名专家组成的考察组实际考察了 11 个地点，"在 5 处共计发现了 7.5 个贫铀弹头"。[6] 由于考察组只能挖掘非常少量的样本，仅检查了 12% 被贫铀弹攻击的地点，因此大批贫铀弹必然仍埋在土层中，会持续污染地下水。"如果贫铀较天然铀易溶于水，则水中的铀浓度可能增加 10 倍。科索沃受攻击地区发射弹头数量最多的是 2500 枚，假如全部埋入地下，保守估计水中铀浓度将

---

[1] Christopher E. Haave and Phil M. Haun, eds., *A-10s over Kosovo: The Victory of Airpower over a Fielded Army as Told by the Airmen Who Fought in Operation Allied Force*, pp.61-62.

[2] "Great Britain: Ministry of Defence, Kosovo: Lessons from the Crisis, 2000".

[3] "Depleted Uranium Weapons," April 13, 1999, https://api.parliament.uk/historic-hansard/written-answers/1999/apr/13/depleted-uranium-weapons#S6CV0329P0_19990413_CWA_282.

[4] Michael Parenti, *To Kill a Nation: The Attack on Yugoslavia*, p.174.

[5] UNEP Mission to Kosovo, *Depleted Uranium in Kosovo: Post-Conflict Environmental Assessment*, November 5-19, 2000, p.19, https://wedocs.unep.org/handle/20.500.11822/8647.

[6] 于水、叶常青：《贫铀武器对科索沃环境的影响评价》，中华医学会放射医学与防护学分会第三次全国青年学术交流会论文摘要汇编，2001 年 9 月，第 25 页。

高出本底 150 倍", 铀含量将超过 WHO 的水中指导水平 10 倍多。[1] 虽然, 考察组对检查结果有点轻描淡写, 但是在结论部分也承认, "鉴于有太多的不确定性, 可信地预测（科索沃地区）的地下水铀污染水平仍不太可能"。[2] 在 1999—2002 年, 贝尔格莱德大学化学系学者的调查也发现, 在受贫铀污染的区域, 很多受检查者被发现"存在细胞损伤的一定风险", 虽然研究并没有发现贫铀对人体直接的明显的损伤, 但考虑到贫铀漫长的半衰期, 研究者也表示, "仍然不能排除（贫铀污染）后续的影响。"[3]

北约的"联军行动"对当地和周边自然环境造成的损害也很大。1999 年 5 月由联合国环境署和联合国人居署（United Nations Centre for Human Settlements, UNCHS）牵头的对"联军行动"造成的环境影响进行调查的报告也证实, 轰炸对当地土壤和水资源、生物多样性带来了各方面的环境灾难。[4] 北约对化学工厂的轰炸也造成有毒气体泄漏和长期汞污染问题, 对当地公众健康造成巨大威胁。一位法律学者也认为, "北约的空中轰炸

---

[1] 于水、叶常青：《贫铀武器对科索沃环境的影响评价》, 第 26 页。实际上, 正如前文所述, 北约在科索沃战争中使用的贫铀弹数量可能是这一估计数字的十倍, 达到 2 万多枚。

[2] UNEP Scientific Mission to Kosovo, *Depleted Uranium in Kosovo: Post-Conflict Environmental Assessment*, p.26.

[3] S. Milačić and J. Simić, "The Consequences of NATO Bombing on the Environment in Serbia," p.8, http://irpa11.irpa.net/pdfs/1d11.pdf.

[4] UNEP and UNCHS, *The Kosovo Conflict: Consequences for the Environment & Human Settlements*, January 1,1999, pp.28-71, https://www.unenvironment.org/resources/assessment/kosovo-conflict-consequences-environment-and-human-settlements. 值得注意的是, 有学者指出, 为了避免激怒北约, 这两个机构的报告用词谨慎, 不用 widespread、long-term、severe 这些程度较重的词, 实际上还为北约推卸了一部分违反国际法的责任。参见 Arie Afriansyah, "State Responsibility for Environmental Damage During International Armed Conflict Post the UNCC," *Jurnal Hukum Internasional: Indonesian Journal of International Law*, Vol.10, No.4, 2013, p.366。

行动给南联盟领土造成了大范围异常严重的环境灾害。"[1] 欧盟的一项环境评估报告认为，北约的狂轰滥炸向当地排放了"100多种有害物质"。1999年4月，罗马尼亚环境监测当局发现多瑙河中的重金属超标了"2倍"，其中锌浓度超标了20倍。而罗马尼亚和南联盟边界地区的土壤中重金属则超标"50倍"。[2] 实际上，美国军方对北约轰炸给当地环境造成的破坏也是非常清楚的。为了保障战后部署在科索沃的美军的健康问题，美军环境监测机构的做法也被认为采取了"全面的和精心规划的方法"。在空袭接近结束时，专门负责美军应对潜在有毒环境的机构美国陆军健康促进与预防医学中心（U.S. Army Center for Health Promotion and Preventive Medicine, USACHPPM）特意绘制了美军基地附近南联盟各工业设施的位置信息，以减少美科索沃驻军的健康伤害。[3]

此外，除了平民损伤和环境影响，"联军行动"还沉重打击了南联盟和周边国家的经济。战后统计显示战争严重破坏了南联盟的国民经济，使其出口下降45%，GDP下降15%。[4] 比如以南联盟为主要出口市场的马其顿，1999年的出口下降70%，国际收支赤字剧增到该国GDP的9.5%。此外，北约炸毁多瑙河上的六座大桥导致1750英里的河流失去运输能力，保加

---

[1] Arie Afriansyah, "State Responsibility for Environmental Damage During International Armed Conflict Post the UNCC," p.363.

[2] Mr Serhiy Kurykin, *Environmental Impact of the War in Yugoslavia on South-east Europe*, Committee on the Environment, Regional Planning and Local Authorities, EU, Doc. 8925, January 10, 2001, http://www.assembly.coe.int/nw/xml/XRef/X2H-Xref-ViewHTML.asp?FileID=9143&lang=EN.

[3] Jeffrey S. Kirkpatrick, "The Impact of U.S. Military Operations in Kuwait, Bosnia, and Kosovo (1991-2000) on Environmental Health Surveillance," *Military Medicine*, Vol. 176, Issue Suppl_7, 2011, pp.41, 43.

[4] Dimitri G. Demekas, et al., *Building Peace in South East Europe: Macroeconomic Policies and Structural Reforms Since the Kosovo Conflict*, p.5.

利亚出口在随后的 1999 年第一季度下降了 24%，罗马尼亚也因为多瑙河断航缩水了 7.3% 的 GDP。[1]

第二节　战术缓和与战略恶化：1999 年科索沃战争后美俄关系的演变

根据美俄欧三方谈判协议，联合国于 1999 年 6 月 10 日通过了第 1244 号决议，一方面，重申对"南斯拉夫联盟共和国以及该区域其他国家的主权和领土完整的承诺"，从法理上确保南联盟对科索沃的所有权，保障南斯拉夫的领土完整和主权。另一方面，又表示要确保科索沃地区的"高度自治和有效的自我管理"，规定南联盟撤出所有军事、警察、准军事部队，并"在联合国的主持下在科索沃部署民事和安全存在"。[2] 实际上，安理会通过的决议还是以上文提到的美俄协议为基础，核心是南联盟从科索沃撤出一切形式的军事力量，北约派兵进驻。虽然联合国科索沃临时行政当局特派团（United Nations Interim Administration Mission in Kosovo, UNMIK）负责科索沃的行政事宜，但北约驻科索沃维和部队并不隶属于前者，事实上北约才是战后科索沃地区政治局势的主导者。在 6 月 11 日，安理会通过决议第二天，北约"科索沃和平实施部队"正式成立，6 月 12 日北约小股部队进入科索沃首府。自那时起，北约驻科索沃维和部队一直留驻至今。早期北约一度计划派驻 5 万人，其后逐渐减少，到 2023 年底，

---

[1] Chuka Stephen Enuka, "Extra-territorial Consequences of NATO's War on Serbia," *International Journal of Security Studies*, Vol. 1, Issue 1, 2018, p.5.
[2] 《联合国安理会第 1244 号决议》，1999 年 6 月 10 日安理会第 4011 次会议通过，第 2 页，United Nations Digital Library System, https://digitallibrary.un.org/record/274488?ln=zh_CN&v=pdf。

北约及其伙伴国共27国在科索沃部署了4500名军人。[1] 尽管根据联合国安理会第1244号决议，在北约的驻军保护和南联盟撤出一切武装力量的条件下，对科索沃解放军进行了非武装化，使之转化为各类政党，但是，南联盟对科索沃自治区名义上拥有的主权逐渐被北约支持的科索沃地方当局蚕食是不可避免的。甚至可以说，推动科索沃远景独立建国就是美国和北约在1999年3月开战前解决科索沃问题的终极方案。因此，当科索沃当局于2008年单方面违反联合国安理会第1244号协议自行宣布独立后，快速获得以美英法德意为首的北约及其伙伴国的承认也就不足为怪了。正如国内研究巴尔干问题的著名专家所说，"如果单靠阿族人自己，科索沃的地位恐怕很难有所改变，因此，它最终能够宣布独立，起关键作用的还是西方国家。"[2] 可以说，科索沃单方面宣布独立并迅速获得北约成员国的承认，是北约发动科索沃战争后果的自然延伸。

同时，北约与俄罗斯的关系也因派兵问题开始再度紧张。由于在美俄秘密谈判中，因俄罗斯反对将自己在科索沃驻军的领导权交给北约统一指挥，联合国在科索沃的安全部队领导权并未最终达成协议，而是被刻意模糊处理了。为了在联合国决议下坚持独立的维和任务，200名部署在波黑维和的俄罗斯军人在6月12日当天经南联盟领土先期快速抢占了普里什蒂纳机场，引发北约与俄罗斯的紧张对峙。此前6月11日，俄罗斯计划经由匈牙利等国领空空运士兵到科索沃，美国得悉这一计划后迫使这些东欧国家拒绝向俄罗斯开放领空。盟军最高司令韦斯利·克拉克11日建议使用直升机快速空运北约士兵进入普里什蒂纳机场，这一建议最后因盟军

---

[1] "NATO's Role in Kosovo," *NATO*, November 20, 2023, https://www.nato.int/cps/en/natolive/topics_48818.htm.

[2] 孔寒冰：《科索沃独立的历史过程及其后果》，《中国国际战略评论》2009年，第187—188页。

快速反应部队（Allied Rapid Reaction Corps, ARRC）司令、时任驻科索沃维和部队指挥官麦克·杰克逊（Michael Jackson）担心会诱发与俄罗斯军队发生直接的军事对抗而被拒绝。[1] 随后，塔尔博特在莫斯科与俄罗斯外长伊戈尔·伊万诺夫进行了密集会谈，俄方寻求在北约控制的维和区中单独负责一个区域。[2] 正如一位外国观察家所言，俄军抢先入驻普里什蒂纳机场主要是做给国内民众看，并且的确取得了较大的政治效果，此举"在俄罗斯国内获得了广泛的政治和大众支持"。[3] 根据塔尔博特的回忆录，俄方一位高级官员当时对他解释俄罗斯采取这一象征性行动的主要目的是"不能使俄国民众认为俄罗斯总统叶利钦是北约的傀儡"。[4] 虽然最后双方都不愿意扩大事态，同意以波黑维和模式解决俄罗斯维护部队和北约之间的领导权问题，但是直到6月17日，俄罗斯军队仍然拒绝北约军队入驻机场建立前进指挥部。当然俄罗斯的少量军事部署也未能阻挡北约派兵入驻科索沃首府，到6月17日，北约已经派遣了1.5万名士兵进入科索沃自治区。[5]

---

[1] Robert G. Kaiser and David Hoffman, "Secret Russian Troop Deployment Thwarted," *The Washington Post*, June 25, 1999. 塔尔博特在回忆录中认为俄罗斯最初计划借助东欧诸国空运1000名士兵，参见 Strobe Talbott, *The Russia Hand: A Memoir of Presidential Diplomacy*, p.346。但在麦克·杰克逊的回忆文章中，刻意淡化了俄罗斯抢占机场事件，认为整个事件都是被媒体炒作出来的，参见 Mike Jackson, "KFOR: The Inside Story," *The RUSI Journal*, Vol.145, No.1, 2000, p.16。

[2] "Russian and British Troops in Tense Pristina Stand-off," *The Guardian*, June 12, 1999.

[3] Tim Youngs, Paul Bowers and Mick Hillyard, *Kosovo: KFOR and Reconstruction*, House of Commons Library Research Paper, 99/66, June 18, 1999, pp.11-12.

[4] Strobe Talbott, *The Russia Hand: A Memoir of Presidential Diplomacy*, p.344.

[5] Tim Youngs, Paul Bowers and Mick Hillyard, *Kosovo: KFOR and Reconstruction*, p.10.

一、科索沃战争后北约与俄罗斯关系的短期转圜

短期来看,北约军事干预科索沃确实给美俄关系带来紧张,但是尚处于可控范围内。科索沃战争后,俄罗斯仍选择了与北约保持一定合作的态度,而北约继续执行东扩的"双轨战略",即一边东扩压缩俄罗斯战略空间,一边安抚俄罗斯,继续构建与俄罗斯的制度化对话平台。

为了抗议和抵制北约的军事干预,在开始空袭科索沃时,俄罗斯便暂停了在"和平伙伴关系"以及"北约—俄罗斯常设联合理事会"等的活动,召回驻北约大使,并终止双方之间的军事交流。[1] 然而,很快在 1999 年 6 月俄罗斯恢复了"北约—俄罗斯常设联合理事会"工作组的活动,1999 年 9 月俄罗斯驻北约大使返回岗位。[2] 一时间,北约对俄罗斯盟友、斯拉夫小兄弟的狂轰滥炸似乎已经被人遗忘。

普京执政后,北约与俄罗斯的关系开始有了战术性缓和。虽然坚持重振俄罗斯的大国地位,但由于国力的虚弱,普京采取了与西方"务实性合作"(pragmatic cooperation)战略,[3] 希望为俄罗斯经济发展、现代化以及整合周边"近邻"地区创造空间和争取时间。有学者指出,"在执政早期,毫不奇怪的是,普京政府的外交政策主线是努力建构和维持一个支撑俄罗

---

[1] O. Antonenko, "Russia, NATO and European Security after Kosovo," *Survival: Global Politics and Strategy*, Vol.41, Issue 41, 1999, p.31; Hannes Adomeit, "Inside or Outside? Russia's Policies Towards NATO," p.7, https://www.swp-berlin.org/publications/products/arbeitspapiere/NATO_Oslo_ks.pdf.

[2] Martin A. Smith and Graham Timmins, "Russia, NATO and the EU in an Era of Enlargement: Vulnerability or Opportunity?" *Geopolitics*, Vol. 6, Issue 1, 2001, p.79.

[3] "Regional Perspectives Report on Russia," NATO Report, p.14, https://www.act.nato.int/wp-content/uploads/2023/05/regional-perspectives-2021-01.pdf.

斯内部稳定和复苏的外部战略环境。"[1] 为此，普京一上台就邀请北约秘书长罗伯逊勋爵于 2000 年 2 月赴莫斯科访问，意图缓和双边关系。[2]

而在科索沃战争后，北约对一边东扩一边安抚俄罗斯的"双轨战略"更加自信，希望在后续东进过程中再度重演历史。兰德智库学者在 1999 年再度呼吁，北约在坚定不移地维持"开门"承诺的可信度的同时，需要维持与俄罗斯的可靠的伙伴关系，以"给俄罗斯接受新的战略现实的时间"，因此，在进行第二轮扩大时"既要深思熟虑地稳步推进，又不能使北约与俄罗斯的关系破裂"。[3] 而"9·11"事件的爆发为北约与俄罗斯缓和因科索沃战争带来的龃龉提供了良机。借助反恐的契机，北约与俄罗斯双方在反恐、核扩散、全球能源等问题上展开了合作，俄罗斯为北约在阿富汗的军事行动提供了便利，允许美国在中亚地区的前苏联领土驻军，甚至向美国提供了反恐情报。[4] 据称在 2000 年，当克林顿访问莫斯科时，普京总统也与克林顿探讨了俄罗斯加入北约的可能性。[5] 在 2002 年，此前一度反对俄罗斯加入北约的前国务卿贝克呼吁北约要认真考虑俄罗斯加入的可行性，而普京总统则抱怨俄罗斯被排除在西方的政治和经济结构之外，建议

---

[1] S. Neil MacFarlane, "Russia, NATO Enlargement and the Strengthening of Democracy in the European Space," in Aurel Braun, ed., *NATO-Russia Relations in the Twenty-First Century*, London: Routledge, 2008, p.44.

[2] Martin A. Smith and Graham Timmins, "Russia, NATO and the EU in an Era of Enlargement: Vulnerability or Opportunity?" p.79.

[3] F. Stephen Larrabee, "NATO Enlargement after the First Round," *The International Spectator: Italian Journal of International Affairs*, Vol. 34, Issue 2, 1999.

[4] *Russia's Wrong Direction: What the United States Can and Should Do*, Council on Foreign Relations, Independent Task Force Report No. 57, 2006, p.24, https://cdn.cfr.org/sites/default/files/report_pdf/Russia_TaskForce.pdf.

[5] Rajan Menon and William Ruger, "NATO Enlargement and US Grand Strategy: A Net Assessment," p.385.

以法国模式处理俄罗斯与北约合作的问题。[1] 在 2001 年，北约驻俄罗斯信息处（NATO Information Office in Moscow）正式成立。[2] 2002 年 5 月 24 日，美俄签署《关于削减进攻性战略力量条约》和美俄《关于新战略关系联合宣言》等文件，一时间，"两国迎来了自叶利钦上台时'蜜月'之后的'第二次亲密接触'。"[3]

进入 21 世纪后，随着北约东扩双轨战略的顺利推进，特别是科索沃战争中俄罗斯的相对克制，进一步鼓励了美国和北约按照原计划推进第二波北约东扩。学者们已经揭示出，甚至在第一轮扩大尚未完成时，美国就在考虑第二轮扩大。[4] 而且美国国会早已讨论，认为在 1999 年第一轮东扩结束时，等待三年再开启第二波，届时将罗马尼亚和斯洛文尼亚等国纳入。由于科索沃战争的胜利，北约第二轮东扩已经没有了内部争议，所以，到了 2002 年前后，北约第二轮东扩已是箭在弦上。

虽然在 1998 年、1999 年左右俄罗斯高官就一再表示波罗的海三国不加入北约是俄罗斯的底线和红线，俄国智库甚至规划了若波罗的海三国加入北约俄罗斯针对三国的军事计划。[5] 早在 1997 年 3 月俄美赫尔辛基

---

[1] Michael Ruhle, "NATO Enlargement and Russia Die-Hard Myths," NDC Research Report, May 14, 2014, p.4, https://www.files.ethz.ch/isn/180632/Report_Ruehle_15May14-1.pdf.

[2] "NATO Information Office in Moscow," NATO, https://www.nato.int/structur/oip/niom/060508-niom-e.pdf. 有研究认为，该办公室最初计划于 2000 年就开始设立，参见 Frederic Labarre , "NATO-Russia Relations and NATO Enlargement in the Baltic Sea Region," *Baltic Defense Review*, No.6, 2001, p.52。

[3] 《美俄第二次"亲密接触"，普京和布什为何越走越近》，中国日报网站，2002 年 5 月 28 日，https://news.sina.com.cn/w/2002-05-28/1642589321.html。

[4] Joshua R. Shifrinson,"NATO Enlargement and US Foreign Policy: The Origins, Durability, and Impact of an Idea,"*International Politics*, Vol.57, No. 3, 2020, p.346.

[5] Taras Kuzio, "NATO Enlargement: The View from the East," *European Security*, Vol. 6, No.1, 1997, p.56.

会谈敲定第一轮妥协时，叶利钦就私下里向克林顿提出禁止北约东扩到包括波罗的海三国在内的前苏联加盟共和国的提议。[1] 不过叶利钦的要求遭到克林顿的拒绝，克林顿表示西方并不承认波罗的海国家是前苏联的合法组成部分，也不能排除任何主权国家选择加入北约的合法权利，而且排除波罗的海国家和乌克兰加入北约，也会导致俄罗斯丧失未来加入北约的可能性。[2] 最终，2004年北约以"大爆炸式"东扩，一口气吸纳了7个中东欧国家，其中包括前苏联加盟共和国波罗的海三国。[3] 不过，有研究者指出，当北约继续无视俄罗斯的抗议推进第二波东扩时，俄国领导人鉴于俄罗斯虚弱的国力和试图实质性提升俄罗斯与北约的伙伴关系的期望，虽然口头上表达了反对，但再度选择了默认既成事实。[4] 面对第二轮东扩箭在弦上的态势，普京一方面表示，"我们不认为北约东扩能够增加哪一方的安全，不论是申请加入的国家还是北约这个组织本身"，但是另一方面，他又默认了第二轮东扩的既成事实，表示只要北约不在三国驻军，波

---

[1] Gerald B. Solomon, *The NATO Enlargement Debate, 1990-1997: The Blessings of Liberty*, p.113.

[2] Alexander Vershbow, "Present at the Transformation: An Insider's Reflection on NATO Enlargement, NATO-Russia Relations, and Where We Go from Here," p.436.

[3] Joseph Fitchett, "NATO Sees a 'Big Bang' Enlargement to the East," *The New York Times*, Feburary 26, 2002, https://www.nytimes.com/2002/02/26/IHT-nato-sees-a-big-bang-enlargement-to-the-east.html.

[4] Rajan Menon and William Ruger, "NATO Enlargement and US Grand Strategy: A Net Assessment," p.382; Mark Kramer, "NATO, The Baltic States and Russia: A Framework for Sustainable Enlargement," p.748. 有学者认为俄罗斯对波罗的海三国加入的反对主要停留于媒体上的口头抗议（verbal attacks in the press），参见 Frederic Labarre, "NATO-Russia Relations and NATO Enlargement in the Baltic Sea Region," p.61。

罗的海国家加入北约"不是一个悲剧"。[1]作为补偿，北约将"北约—俄罗斯常设联合理事会"升级为制度化程度更高的"北约—俄罗斯理事会"（NATO–Russia Council, NRC）。同时，北约在莫斯科建立军事联络处（The Military Liaison Mission），以支持北约军事委员会与俄罗斯国防部之间的对话。[2]"北约—俄罗斯理事会"采取"20+1"的运行模式，下设17个次级委员会，讨论议题包括联合打击毒品、反恐、联合军演、危机管理、反对大规模武器扩散、国内军事改革等。尽管"北约—俄罗斯理事会"比"北约—俄罗斯常设联合理事会"制度化水平更高、俄罗斯的咨商地位看起来更平等一点，但是其仍然只是个对话平台，俄罗斯依然没有否决权。就如一位研究者所言，"在2002年春夏，没有人能真正确定'北约—俄罗斯理事会'是否以及如何超越旧有的'北约—俄罗斯常设联合理事会'的缺陷而继续前行。"[3]

但是北约与俄罗斯关系的短暂缓和难以掩盖双方根本性的地缘政治冲突底色。对于针对俄罗斯提出的北约不能在三国驻军的要求，这三国一加入北约后，北约战机就开始在波罗的海三国领空巡逻。[4]2004年俄罗斯国

---

[1] Marcus Warren, "Putin Lets NATO 'Recruit' in Baltic," *The Telegraph*, June 25, 2002, https://www.telegraph.co.uk/news/worldnews/europe/russia/1398379/Putin-lets-Nato-recruit-in-Baltic.html; Mark Kramer, "NATO, The Baltic States and Russia: A Framework for Sustainable Enlargement," p.748. 普京2002年在其他场合的类似表态，可参见 "Putin: U.S. Deployment 'No Tragedy'," *CNN*, March 1, 2002, https://edition.cnn.com/2002/WORLD/europe/03/01/georgia.putin/index.html。

[2] 该办事处于2021年10月被俄罗斯关闭，参见 "Military Liaison Mission in Moscow," *NATO*, August 31, 2022, https://www.nato.int/cps/en/natohq/topics_50341.htm。

[3] Martin Smith, *Russia and NATO Since 1991: From Cold War Through Cold Peace to Partnership?* New York: Routledge, 2006, p.100.

[4] Tuomas Forsberg and Graeme Herd, "Russia and NATO: From Windows of Opportunities to Closed Doors," p.48.

家杜马通过了一项谴责北约东扩的决议,以及北约在立陶宛部署四架 F-16 战斗机进行巡逻的行为。[1] 波罗的海三国加入北约更直接恶化了俄罗斯的地缘政治脆弱性,"2004 年波罗的海三国加入北约后,北约军事设施距俄罗斯边界的距离从苏联时期的 1600 公里骤降至 160 公里,许多原来位于苏联纵深处的城市面临北约的直接军事威胁。"[2] 面对北约持续东进,俄罗斯地缘政治环境急剧恶化,对北约的负面认知也越来越强。与此同时,北约方面对俄罗斯民主化、西方化的走势也逐渐失去希望。在 2006 年由著名的外交智库美国外交关系委员会(Council on Foreign Relations)一组专家领衔发布的报告题名便是《俄罗斯的错误走向》(Russia's Wrong Direction)。报告从俄社会发展、经济转型、外交关系等全方位审视了俄罗斯的发展路径和未来方向,得出了俄罗斯走向并不符合西方预期、与俄罗斯合作"正变得越来越困难"的悲观结论。[3]

二、北约持续东进与北约—俄罗斯战略关系的总体恶化

(一)科索沃战争破坏了美俄关系的战略基础

从中长期来看,北约对科索沃的军事干预似乎验证了北约东扩"双轨模式"的初步成功。北约持续东扩进一步压缩俄罗斯战略空间,而且还不顾俄罗斯的反对,抛开联合国军事干预科索沃,不但加剧了俄罗斯精英阶层和普通民众对北约的恐惧与不信任,还让俄罗斯开始担心北约试图架空

---

[1] Stanley R. Sloan, "NATO beyond Russia," in Aurel Braun, ed., *NATO-Russia Relations in the Twenty-First Century*, New York: Routledge, 2008, p.76.
[2] 梁强:《从"近邻政策"到"向东看":乌克兰危机与普京的战略决策》,《外交评论》2015 年第 6 期,第 116 页。
[3] Sen John Edwards, et al., *Russia's Wrong Direction: What the United States Can and Should Do*, Washington, D.C.: Council on Foreign Relations, 2006, p.70.

第六章 北约对科索沃危机军事干预的地区和国际后果

联合国体系打造以北约成员国为基础的新的霸权世界秩序。有学者指出，"科索沃的战争的确比 1991 年以来的其他事件对北约与俄罗斯的关系造成了更大的损害。"[1] 这场战争又被当时的研究者看作是"极大地改变了俄罗斯与西方的安全关系"。[2] 有评论指出，北约干预科索沃的战争是北约与俄罗斯关系发展史上的重要节点，"毫无疑问地开启了北约与俄罗斯关系发展的新篇章。它终结了俄罗斯对于（融入西方）的'美好愿望'，特别是定向打击了（俄罗斯可以）与西方进行合作的观念"。[3] 俄罗斯将北约军事干预科索沃视为一场"地缘政治的颠覆"。[4] 事实上，科索沃战争的出现不是偶然的，正如一位研究者在系统总结美国整合俄罗斯的诸多制度化合作平台之后得出的结论："（双方的）合作被限制在美国和俄罗斯利益重叠的地方。俄国人是绝对不可能被允许放在影响北约联盟的位置上的。"[5] 伴随着双方根本利益逐渐冲突、信任出现裂痕、怀疑加剧，北约一轮又一轮潮水般吸纳俄罗斯周边国家特别是前苏联加盟共和国加入军事联盟，无疑只会推动北约与俄罗斯的战略关系变得日趋恶化。

首先，北约 1999 年对科索沃的军事干预进一步凝聚了俄罗斯国内对

---

[1] Vladimir Brovkin, "Discourse on NATO in Russia during the Kosovo War," *NATO*, p.11, https://www.nato.int/acad/fellow/97-99/brovkin.pdf.

[2] Mark Kramer, "The Reverberations of NATO Enlargement in Russia," p.507.

[3] Lionel Ponsard, *Russia, NATO and Cooperative Security: Bridging the Gap*, New York: Routledge, 2007, p.72.

[4] Michael Rühle, "NATO Enlargement and Russia Die-Hard Myths and Real Dilemmas," *NDC Research Reports*, NATO Defense College （NDC), May 15, 2014, p.5, https://www.files.ethz.ch/isn/180632/Report_Ruehle_15May14-1.pdf. 科索沃战争对于俄罗斯与西方关系也被当时的研究者称为"最危险的转变"（the most dangerous turn），参见 O. Antonenko,"Russia, NATO and European security after Kosovo"。

[5] Ingrid Lundestad, "Turning Foe to Friend? US Objectives in Including Russia in Post-Cold War Euro-Atlantic Security Cooperation," *The International History Review*, Vol. 38, Issue 4, 2016.

北约东扩的反对共识。在20世纪90年代早期，在叶利钦执政早期和中期，随着一批亲西方和自由派人士占据俄罗斯政坛，俄罗斯内部对待北约东扩存在鲜明的立场差异，以安德烈·科兹列夫等人为代表的自由主义者对北约东扩仍抱有一定的理解心态，反对并不坚决，而民族主义者则更为强硬。经过科索沃一役，俄内部不管是不是自由民主派别，几乎所有政治力量都反对北约东扩。[1] 有学者指出，俄罗斯国内这种跨越政治立场的反对北约东扩态度不但体现于精英阶层，也被普罗大众所接受。[2] 在1997年，62%的俄罗斯人认为北约东扩损害了俄罗斯的利益。经过科索沃战争之后，反对比例上升到66%。[3] 在一项由俄罗斯民意基金会（Public Opinion Foundation）开展的关于"北约是进攻性还是防御性"的系列问卷调查中，俄罗斯普通民众对北约的敌意也在科索沃战争后显著增加。根据这项调查，在1997年，有38%的受访俄罗斯民众认为北约是侵略性的，到了2001年，已经有50%的民众认为北约是侵略性的，2002年这一数字升高到54%，2004年进一步升高到58%。[4] 对于北约的东扩，俄罗斯精英较之普通民众的负面认知更强，2004年，68%的精英认为北约是侵略性的，65%认为北

---

[1] 对于俄国国内政治力量的团结反对北约东扩的分析，参见 Leonid A. Karabeshkin and Dina R. Spechler, "EU and NATO Enlargement: Russia's Expectations, Responses and Options for the Future," *European Security*, Vol. 16, Issue 3-4, 2007, p.314; Michael C. Williams and Iver B. Neumann, "From Alliance to Security Community: NATO, Russia, and the Power of Identity," *Millennium: Journal of International Studies*, Vol. 29, Issue 2, 2000, p.359。

[2] R.Dannreuther, "Escaping the Enlargement Trap in NATO-Russian Relations," *Survival: Global Politics and Strategy*, Vol. 41, Issue 4,1999, p.150.

[3] S. Neil MacFarlane, "NATO in Russia's Relations with the West," p.285.

[4] Timothy J. Colton, "Post-postcommunist Russia, the International Environment and NATO," in Aurel Braun, ed., *NATO-Russia Relations in the Twenty-First Century*, New York: Routledge, 2008, p.33.

约与俄罗斯的利益是冲突的、60%认为北约第二轮冲突是有害的、63%认为第二轮东扩后北约对俄罗斯构成的安全威胁更大了。[1]另一家俄罗斯机构在1997年做的全国民调显示，40%受访俄罗斯人反对北约东扩，到了1999年7月科索沃战争结束后，认为北约对俄罗斯构成威胁的受访者已升至66%，53%受访者为波罗的海国家加入北约而感到"惊恐"。[2]与此同时，民调数据显示，在1996—2009年，支持俄罗斯加入北约的俄罗斯民众比例一直不超过10%，且在1999年之后呈现逐年下降趋势，到了2003年跌破5%，2009年不到3%。[3]

其次，北约抛开联合国安理会授权独自军事干预的未来示范意义更令俄罗斯担忧。北约轰炸南联盟代表了一种"对主权国家内部事务的直接干预"，这让俄罗斯感到"更为忧虑"，认为军事干预开创了抛开联合国体系颠覆国家主权的"令人忧心的先例"。[4]1999年俄罗斯新版军事战略文件中，认为北约脱离安理会授权的"域外行动"是"令人忧心的"。[5]在北约军事干预解决地区动荡问题的科索沃模式中，俄罗斯只有有限的磋商权而没有否决权，且北约抛开联合国自证合法性，试图用北约的同盟体系

---

[1] Timothy J. Colton, "Post-postcommunist Russia, the International Environment and NATO," p.34.

[2] J. Granville, "After Kosovo: The Impact of NATO Expansion on Russian Political Parties," p.38, https://demokratizatsiya.pub/archives/08-1_Granville.PDF.

[3] Andrei Zagorski, "Russia and NATO in the 1990s," in Daniel S. Hamilton and Kristina Spohr, eds., *Open Door: NATO and Euro-Atlantic Security After the Cold War*, Washington, D.C.: Foreign Policy Institute, 2019, p.466.

[4] R.Dannreuther, "Escaping the Enlargement Trap in NATO-Russian Relations," p.153. 对于北约绕开联合国体系让俄罗斯不满的分析还可参见 S. Neil MacFarlane, "NATO in Russia's Relations with the West," p.281。

[5] *National Security Concept of the Russian Federation*, Approved by Presidential Decree No. 1300 of 17 December 1999（given in the wording of Presidential Decree No. 24 of 10 January 2000), https://nuke.fas.org/guide/russia/doctrine/gazeta012400.htm.

取代联合国特别是安理会在维护世界和平与安全方面的核心地位，这一点更从根本上损害了俄罗斯的全球战略利益，瓦解了俄罗斯在苏联解体后尚存的发挥全球影响力的战略工具。"对于俄国人来说，北约在没有安理会授权情况下（对南联盟）的战略轰炸清晰地彰显出北约根本无意让俄罗斯就北约的行动有任何有意义的否决权。"[1]之后2001年北约以反恐名义入侵主权国家阿富汗、2003年北约在没有安理会授权的情况下入侵伊拉克、2011年北约曲解安理会决议精神再度军事干预利比亚，这些事件无疑是对俄罗斯战略焦虑的验证。[2]正如俄罗斯战略家德米特里·特列宁（Dmitri Trenin）所说，北约抛开联合国决议独自进行军事干预，"不但让俄罗斯在安理会的否决权价值大打折扣，也让前超级大国在国际上的影响力黯然失色。"[3]

再次，北约干预科索沃的战争让俄罗斯对来自北约的不信任和安全威胁认知加剧。在科索沃战争之前，俄罗斯战略精英对北约利用俄罗斯国势衰败就很懊恼。根据一位俄罗斯学者1997年的解释，"鉴于当时全球权力格局，俄罗斯被迫接受北约东扩不可避免，而北约不加节制地利用俄罗斯一时国力虚弱的机会。"[4]不过在叶利钦时代大部分时期，俄罗斯对北约的这种怨恨并没有升级为认为自身面对来自北约的直接安全威胁。[5]但是自从科索沃战争之后，俄罗斯对来自北约的潜在安全威胁感知"急剧增加"，自从1999年夏，俄军就开始定期进行军事演习，以应对科索沃模

---

[1] Edward W. Walker, "Between East and West: NATO Enlargement and the Geopolitics of the Ukraine Crisis," p.148.

[2] Kimberly Marten, "Reducing Tensions: Between Russia and NATO," Council Special Report No. 79, March 2017, p.11.

[3] 转引自Lionel Ponsard, *Russia, NATO and Cooperative Security: Bridging the Gap*, p.73。

[4] Vladimir K.Volkov, "Expanding NATO Eastward: A View from Moscow," p.66.

[5] Kimberly Marten, "Reducing Tensions: Between Russia and NATO," p.10.

式的北约战略性空袭。[1] 俄罗斯对北约的威胁感知加剧的一个突出表现是，俄罗斯开始意识到"北约—俄罗斯常设联合理事会"已经失败，双方的信任大幅降低，此后理事会双方的日常的接触被保持在最低水准，个体层次的信任也不能够培育起来，各层次工作组的工作经常被上级指令加以限制，参与北约维和行动的俄罗斯军人也难以得到晋升。[2] 实际上，北约一开始轰炸科索沃，俄罗斯便暂停了"北约—俄罗斯常设联合理事会"。[3] 另外，俄罗斯对北约安全威胁感知升级更体现在1999年军事战略文件、2000年出台的《国家安全概念》（National Security Concept）与《外交政策概念》（Foreign Policy Concept）对外部威胁的判定上，以及在科索沃战争结束后不久开始举行的、以北约入侵作为假想敌的萨帕德-99（Zapad 99）军事演习中，俄罗斯的不安全感快速增加。[4] 2000年发布的新版俄罗斯军事战略文件则表示，"（俄罗斯所）面临的军事威胁水平和范围正在显著增加。"[5] 新战略文件虽然没有直接点名来自北约的军事威胁，但是暗指外部军事同盟集团对俄罗斯国家安全构成了挑战，剑指北约意味十足。一位研究者指

---

[1] Frederic Labarre, "NATO-Russia Relations and NATO Enlargement in the Baltic Sea Region," p.47.

[2] Tuomas Forsberg and Graeme Herd, "Russia and NATO: From Windows of Opportunities to Closed Doors," p.46. 关于PJC因科索沃危机走向失败的叙述，还可参见 M. Webber, J. Sperling and M. Smith, *NATO's Post-Cold War Trajectory: Decline or Regeneration*, New York: Palgrave Macmillan, 2012, pp.131-132。用一位评论者的话来说，俄罗斯人发现："PJC仅仅是一个俄罗斯被通报一下北约决策的论坛，而不是俄罗斯可以影响北约决策的竞技场。"参见 Tuomas Forsberg and Graeme Herd, "Russia and NATO: From Windows of Opportunities to Closed Doors," p.46。

[3] Martin A. Smith and Graham Timmins, "Russia, NATO and the EU in an Era of Enlargement: Vulnerability or opportunity?" p.78.

[4] Lionel Ponsard, *Russia, NATO and Cooperative Security: Bridging the Gap*, p.74.

[5] *2000 Russian National Security Concept*, p.5, https://www.bits.de/EURA/natsecconc.pdf.

出，2000 年新版军事战略文件描述了一个"更加悲观的、更加军事化的"世界图景。[1] 此外，俄罗斯对北约东扩的不安全感还体现在其对军队的多次军改和军费提高方面。自从 1999 年科索沃战争，特别是 2008 年俄格战争以后，俄罗斯多次实施军改，提升军队应对实战的能力和反应速度。随着对外部安全威胁感知的显著提升，俄罗斯军费也随之发生较快的增长。根据波兰外交部长西科尔斯基（Radosław Sikorski）2024 年 3 月 8 日在华沙大学的演讲，"从 1999 年到 2021 年，欧盟的防务开支总额仅增长了 19.7%。美国的增幅为 65.7%，俄罗斯为 292%。"[2]

（二）北约对俄双轨战略的最终失败

从 1999 年北约第一轮东扩到 2004 年第二轮跃进，北约与俄罗斯的关系一直处于"求同存异"状态，或者说在北约执意东扩的既成事实压力下俄罗斯采取了"控制损失"（damage limitation）战略。[3] 例如，在 1997 年赫尔辛基会谈美俄就第一轮东扩达成谅解时，叶利钦就表示，"我们（对于北约东扩的）立场仍然未变，我们坚持认为北约东扩是一个错误。"但是，"我必须采取措施减缓北约东扩对于俄罗斯所带来的负面影响，我准备与

---

[1] Lionel Ponsard, *Russia, NATO and Cooperative Security: Bridging the Gap*, p.74.
[2]《波兰外长：北约部队在乌克兰的存在并非不可想象》，法广中文网，2024 年 3 月 8 日，https://www.rfi.fr/cn/欧洲/20240308-波兰外长-北约部队在乌克兰的存在并非不可想象。
[3] Gerald B. Solomon, *The NATO Enlargement Debate, 1990-1997: The Blessings of Liberty*, p.112."控制损失"战略是俄内部各派精英长期辩论得出的共识，参见 Alexander A. Sergounin, "Russian Domestic Debate on NATO Enlargement: From Phobia to Damage Limitation," *European Security*, Vol. 6, Issue 4, 1997, pp.55-71. 其又被俄罗斯外长普里马科夫称为"最小化（北约东扩）所带来的负面结果"（minimization of negative consequences），参见 Andrei Zagorski, "Russia and NATO in the 1990s," p.473。

北约签署一份协议，这并非出自我本意，是迫不得已而为之。"[1] 事实上，美国领导下的北约与俄罗斯的互动模式建立于三个基础：其一，俄罗斯国力一直处于相对较弱的地位，难以对北约进行有效的反制；其二，俄罗斯多数"近邻"[2] 地区尚未纳入北约，北约东扩尚未触及俄罗斯最核心利益，北约与俄罗斯之间仍存有一线战略缓冲区；其三，俄罗斯领导人奉行融入西方的外交战略，高度重视维护与西方世界的关系，强调以和平方式展开外交斗争。但随着北约一轮又一轮东进，逐步蚕食前苏联加盟共和国，特别是在2004年吸纳了波罗的海三国，突破叶利钦政府曾经划定的红线后，仍然继续想把格鲁吉亚、摩尔多瓦、乌克兰等俄罗斯"近邻"地区纳入新一轮扩张名单中，严重挑战了俄罗斯的核心利益，俄罗斯领导层对北约的威胁认知逐渐增强，信任感消失，北约与俄罗斯的战略关系日益走向对抗和冲突。可以说，北约东扩越靠近俄罗斯的历史文化和地理边界，俄罗斯的反应越激烈。

但尴尬的是，由于国力孱弱，俄罗斯手中用来反制北约扩张的政治、外交资源都非常有限。这种困境加剧了俄罗斯的地缘政治焦虑感，扩大了俄罗斯的国际地位损失，提升了俄罗斯领导人的愤怒情绪，增加了俄国加

---

[1] Elias Götz, "Explaining Russia's Opposition to NATO Enlargement: Strategic Imperatives, Ideas, or Domestic Politics?" in Daniel S. Hamilton and Kristina Spohr, eds., *Open Door: NATO and Euro-Atlantic Security After the Cold War*, Washington, D.C.: Foreign Policy Institute, 2019, p.484.

[2] 俄罗斯认为，"波兰、芬兰、挪威三国虽与俄罗斯有直接边界，但与原苏东社会主义阵营中的中东欧国家一起被列为远邻国家。蒙古、中国、朝鲜也与俄接壤，但被视为亚洲邻国。苏联解体后新独立的十四个国家，不管是否与俄接壤，都是近邻国家。"参见梁强：《从"近邻政策"到"向东看"：乌克兰危机与普京的战略决策》，第130—131页。由此可见，第一轮的波捷匈、第二轮的波罗的海三国，较之格鲁吉亚、乌克兰等与俄罗斯有着更丰富的历史、文化纠葛，地理也更邻近的国家，其加入北约对俄罗斯所带来的地缘政治、认同损害与情感冲击是较弱的。

紧行动以应对危机的时间紧迫感。[1] 当北约 2008 年布加勒斯特会议准备再度炮制前两轮东扩的双轨模式时，在地缘政治的深重压力、国内选举考虑以及美欧在其"近邻"国家和地区不断发动"颜色革命"的多重冲击下，俄罗斯领导人面临的这种焦虑和紧张感达到心理极限，最终使冷战后北约与俄罗斯间确立的"先尝试合作、随后陷入失望的循环"[2]和平相处模式彻底崩溃了。此时，"俄罗斯时刻准备用军事力量阻止任何前苏联加盟共和国加入北约"。[3] 可以说，"北约东扩步步紧逼俄罗斯，摧毁了西方与俄罗斯之间的关系。"[4] 面对美国试图强行将格鲁吉亚和乌克兰拉入北约，俄罗斯不但从语言上坚决加以反对，而且，一反常态地采取了坚定的军事行动。普京先是口头警告北约，如果乌克兰加入北约并且北约在那里部署导弹防御系统，那么，俄罗斯将用核导弹瞄准乌克兰。[5] 俄罗斯外交部长拉夫罗夫也表示，俄罗斯"将竭尽一切所能阻止乌克兰和格鲁吉亚加入北约。"[6] 而且更重要的是，在面对格鲁吉亚即将加入北约的可能性时，俄

---

[1] 对于俄罗斯因大国地位和威望损失的怨恨、北约东扩带来的羞辱和愤怒等负面的心理和情感因素与俄格战争等外交政策行为的关联，参见 Deborah Welch Larson and Alexei Shevchenko, "Russia Says No: Power, Status, and Emotions in Foreign Policy," *Communist and Post-Communist Studies*, Vol. 47, No. 3/4, 2014, p.275。

[2] Kimberly Marten, *Reducing Tensions Between Russia and NATO*, p.9.

[3] Alexander Vershbow, "Present at the Transformation: An Insider's Reflection on NATO Enlargement, NATO-Russia Relations, and Where We Go from Here," p.443.

[4] Gordon B. Hendrickson, *NATO Enlargement—Round Two: Prudence or Folly? A Research Report Submitted to the Faculty in Partial Fulfillment of the Graduation Requirements*, Air University, 1999, p.41.

[5] 吴文成：《从科索沃战争到乌克兰危机：北约东扩与俄罗斯的"战略觉醒"》，第 14 页。

[6] "Russia Talks Tough in Response to NATO's Eastward Expansion," *DW*, April 11, 2008, https://www.dw.com/en/russia-talks-tough-in-response-to-natos-eastward-expansion/a-3261078.

罗斯通过"冻结冲突"[1]这一方式加以阻止。当2008年8月8日格鲁吉亚地面部队对南奥塞梯发动了大规模进攻后，俄罗斯军队对进攻南奥塞梯和阿布哈兹地区的格鲁吉亚军队实施了陆海空联合反击作战。这场被很多学者认为在欧洲安全领域具有范式变革意义的"震惊世界的小型战争"，[2]也是北约与俄罗斯关系从有限合作转向对抗与冲突的转折点。俄格战争后，北约方面主动暂停了"北约—俄罗斯理事会"，冻结了绝大多数与俄罗斯的政治与军事合作，并将俄罗斯踢出八国集团。而对于西方暂停"北约—俄罗斯理事会"，这一次俄罗斯方面表现得毫不在意，无意修补双方关系。[3]按照一位评论者所言，这场战争震惊了西方，惊叹俄罗斯真的会动用武力，

---

[1] 冻结冲突将使对象国处于与外国的领土争议中，而这一点不符合加入北约的基本要求，本质上是一种拖延战术。对于俄罗斯使用"冻结冲突"战术的详细分析，可参见 Andrew Sprague, "Russian Meddling In Its Near Abroad: The Use of Frozen Conflicts as a Foreign Policy Tool," https://www.ibei.org/ibei_studentpaper28_71440.pdf; Mary Giandjian, "Russian Involvement in Frozen Conflicts of the Post Soviet Space as a Means of Geopolitical Positioning," *Governance: The Political Science Journal at UNLV*, Vol.7, 2023; Luca Candiago, "Russia's Approach to Frozen Conflicts: Studying the Past to Prevent the Future," Center for International Relations and Sustainable Development （CIRSD), August 24, 2022, https://www.cirsd.org/en/young-contributors/russias-approach-to-frozen-conflicts-studying-the-past-to-prevent-the-future。

[2] 参见 Ronald Asmus, *A Little War That Shook the World: Georgia, Russia, and the Future of the West*, New York: St. Martin's Press, 2010。对于此战导致对"历史的回归"或地缘政治回归的范式变革意义的讨论，参见 Alexander Astrov, "Great Power Management Without Great Powers? The Russian–Georgian War of 2008 and Global Police/Political Order," in Alexander Astrov, ed., *The Great Power (mis)Management: The Russian–Georgian War and its Implications for Global Political Order*, New York: Routledge, 2011, p.1.

[3] M. Webber, J. Sperling and M. Smith, *NATO's Post-Cold War Trajectory: Decline or Regeneration*, pp.138-139.

并让西方世界开始"怀疑西方与俄罗斯的关系"。[1]而对于俄罗斯来说，2008年的俄格战争"标志着俄罗斯在边境和整个地区使用硬权力正式破局"。[2]正因如此，"俄格战争是至关紧要的，因为它是北约与俄罗斯双方都认为牵涉到自身核心利益的第一次重要危机。"[3]北约与俄罗斯关系自此持续恶化，到了2014年乌克兰危机俄罗斯夺取克里米亚后，这种敌对和对抗战略态势基本定型，并在2022年俄乌冲突中达到新高峰。

---

[1] Ronald Asmus, *A Little War That Shook the World: Georgia, Russia, and the Future of the West*, p.215. 还有学者认为此战对于美欧是一次关键的警醒（a major wake-up call），参见 Roger E. Kanet and Maxime Henri André Larıvé, "NATO and Russia: A Perpetual New Beginning," *Perceptions: Journal of International Affairs*, Vol.XVII, No. 1, 2012, p.80。

[2] Jana Kobzova, Nicu Popescu and Andrew Wilson, "Russia and EU's Competitive Neighbourhood," in Alexander Astrov, ed., *The Great Power (mis) Management: The Russian–Georgian War and its Implications for Global Political Order*, New York: Routledge, 2011, p.82.

[3] Martin A. Smith, "NATO–Russia Relations: Will the Future Resemble the Past?" in Gülnur Aybet and Rebecca R. Moore, eds., *NATO in Search of a Vision*, Washington, D.C.: Georgetown University Press, 2010, p.118.

结论

从历史的长周期视野来看，1999年北约军事干预科索沃危机是冷战后美国塑造单极世界的重要战争，也是美国领导下的北约集团后续一系列颠覆主权国家战争的序曲。北约对科索沃危机的干预，源于南联盟分离运动引发的内部冲突和危机外溢导致的巴尔干地区局势动荡。从本质上看，美国对科索沃解放军的支持和改造是科索沃危机急剧升级的重要动因。为了确保北约在与欧安组织、欧盟等欧洲地区多边安全制度之争中胜出，展示其军事能力和可信度，尤其是要确保在1999年华盛顿峰会前顺利推进第一批东扩，科索沃地区的局势动荡与内部冲突为美国领导下的北约提供了武力干预的机遇与压力。在冷战结束后不久，在美国推动下，北约开启了突破"域外行动"的功能扩张和吸纳新成员国的水平扩张的双重东扩进程。北约东扩奉行的双轨战略一方面积极渐进式推进北约东扩的各项事宜，另一方面，将俄罗斯拉入一系列制度化的合作平台以缓和俄罗斯的反对立场。在1998—1999年前后，当北约东扩的双轨战略初步成型之际，科索沃局势的进一步动荡不仅给北约形成了阻止危机进一步升级与外溢的压力，事实上更为其提供了军事干预的历史机遇。

北约并没有在科索沃危机刚发生时就决定要武力干预，而是随着科索沃解放军的暴力崛起、危机冲突不断升级和地区稳定受到严重损害而逐渐卷入。然而，作为冷战后唯一的霸权，美国和北约盟国出于捍卫霸权秩序、平息动荡的地区形势以及推动北约东扩的考量，在明知科索沃解放军进行

地区冲突与北约东扩：以1999年科索沃危机与北约的军事干预为例

了一系列恐怖袭击和暴力事件之后，仍然选择与其合作，并将其塑造成反抗南联盟中央政府压迫的"自由战士"，一步步将其抬升为科索沃阿族社群唯一合法的政治代表，进而不惜发动战争，利用武力帮助科索沃解放军实现远期独立的目标。一方面，为了吸引国际力量的关注和介入，科索沃解放军利用无节制的暴力袭击蓄意扩散冲突、升级冲突规模和程度，引发大规模难民潮，期待引入外部势力对抗南联盟政府。另一方面，在地区局势恶化后，北约方面出于自身战略利益的考量，主动塑造科索沃解放军的内外战略，使其成为北约可以利用的棋子和利益代理人，甚至不惜以战争手段实现自身的诸多战略目的。从某种程度上看，科索沃解放军和北约作为共谋者，共同塑造了冷战后西方人道主义干预的经典模式：支持主权国家内部的次国家行为体升级暴力、制造动荡局势，进而引发国际关注和同情，最终由美国或北约公开出面利用武力迫使主权国家中央政府同意次国家行为体的政治主张，实现政权更迭或国家分裂。从后续的阿富汗、伊拉克、利比亚和叙利亚等危机演变历程中，我们可以清晰看到这一人道主义干预的运行机制和逻辑。

北约在未获得联合国安理会授权的情况下对科索沃危机进行武力干预，不仅违反了《联合国宪章》，也破坏了现代国际秩序赖以存在的主权规范，为后来北约开展的一系列人道主义军事干预行动树立了先例。可以说，冷战后的二十多年中，美国及其领导下的北约多次绕过联合国，借助"人权高于主权"的理念，不断冲击主权原则和联合国的合法权威，逐渐侵蚀了近代威斯特伐利亚国际体系的根基，使二战后美国一手建立的"自由主义国际秩序"陷入深刻的危机之中。

更进一步看，北约通过军事手段干预科索沃危机，表面上暂时平息了西巴尔干地区的动荡局势。一方面通过武力保护使科索沃很快自行宣布独立；另一方面，通过将政治强人米洛舍维奇移交前南国际刑事法庭，在南联盟实现了政权更迭，导致 2006 年南联盟国家更一分为二。然而，长久来看，1999 年北约发动的科索沃战争反而可能是欧洲地区陷入更持久动荡与危机的导火索。北约对科索沃危机的军事干预不仅造成了严重的平民伤亡和当地及巴尔干地区的环境损害，还对相关国家的经济发展带来巨大冲击。更严重的政治后果是，科索沃战争成为美国、北约与俄罗斯关系由缓和转向对抗的历史转折点。这场战争暴露了俄罗斯无力影响北约东扩决策的现实，导致双方之间的猜疑和敌对逐渐加剧。受科索沃危机的鼓舞，北约内部分歧趋于消解，持续东扩的决心更为坚定。在北约东扩的步步紧逼下，俄罗斯先后采取了多项行动进行对抗，包括 2008 年发动五日俄格战争，2014 年并入克里米亚半岛，以及最终在 2022 年发动"特别军事行动"，导致俄乌冲突急剧爆发。

实际上，自 1999 年之后，欧亚大陆的腹地陷入了更为持久的地区动荡和危机之中，这恐怕是北约东扩鼓吹者始料未及的。而早在北约启动东扩之初，一些美国的战略家就曾发出过清晰的警告。例如，罗伯特·阿特（Robert J. Art）就认为北约东扩带来了三重"困境"，是"正在制造灾难"。[1] 著名的冷战史专家加迪斯（John Caddis）则认为北约东扩几乎违反了所有基本的战略原则，是"考虑不周的"和"不合时宜的"，并且与冷战结束后的世界政治现实是"不匹配的"。[2] 美国冷战时期遏制战略的缔造者之一乔治·凯南（George Kennan）更直言北约东扩将是一个"致命的错误"（A Fateful Error）。[3] 然而，在冷战结束后单极世界确立、美欧幻想历史走向

---

[1] Robert J. Art, "Creating a Disaster: NATO's Open Door Policy," *Political Science Quarterly*, Vol. 113, No. 3, 1998, pp.383-403.

[2] J. Caddis, "History, Grand Strategy and NATO Enlargement," *Survival: Global Politics and Strategy*, Vol. 40, Issue 1, 1998, p.145.

[3] George F. Kennan, "A Fateful Error," *The New York Times*, February 5, 1997, https://www.nytimes.com/1997/02/05/opinion/a-fateful-error.html.

终结的乐观时刻，这些冷静和理性的提醒都被忽视。因此，在当下俄乌冲突仍未终结，在北约逐步走向"亚太化"之际，回顾1999年北约干预科索沃危机的历史案例，审视北约东扩与地区动荡之间的复杂关系，进而反思北约东扩的负面影响，具有不容忽视的当代内涵与意义。

最后，北约东扩与1999年北约对科索沃危机的军事干预也深刻影响了中国与俄罗斯、中国与塞尔维亚的双边关系演变。一方面，冷战结束之后，中俄关系虽一直回暖，但是中俄关系的战略定位从以"存异"为目标的"建设性伙伴关系"发展为以"求同"为主的"战略伙伴关系"，主要发轫于20世纪末21世纪初。从时间上看，中俄抱团取暖显然与北约东扩特别是1999年北约干预科索沃战争的影响存在高度的耦合。例如，1998年11月，江泽民主席访俄，中俄发表了《关于世纪之交的中俄关系的联合声明》，在2001年7月，中俄签订《中俄睦邻友好合作条约》。2004年，两国签订的《中华人民共和国和俄罗斯联邦关于中俄国界东段的补充协定》基本解决了两国边界问题，在2005年，胡锦涛主席访俄，两国签署了《中俄关于21世纪国际秩序的联合声明》和《中俄联合公报》。这些联合声明和相关合作举措初步奠定了当前中俄不结盟、不对抗、不针对第三方的新型国家间合作关系的基调。另一方面，中塞"铁杆友谊"虽然源远流长，但是正如《纽约时报》2024年5月9日的报道文章《中国和塞尔维亚的"铁杆友谊"是如何结成的？》所揭示的，中国在1999年北约干预科索沃危机中对塞方主权和领土完整的坚定支持和我方同胞为此付出的牺牲是两国友好关系发展的重要支撑。科索沃危机期间以及战争结束几十年里，中国在联合国等多边和双边场合坚决支持塞尔维亚维护领土完整、反对国家分裂的立场也赢得了塞尔维亚人民的由衷赞叹。当前塞尔维亚已是"一带一路"倡议在欧洲重要的合作伙伴，连接塞尔维亚和匈牙利的匈塞铁路更成为中国与中东欧国家共建"一带一路"的标志性项目，2022年，中国还首次成为塞尔维亚最大直接投资来源国。2024年5月7—8日，习近平主席访塞期间双方达成了构建新时代"中塞命运共同体建设"的战略目标。塞尔维亚作为欧洲首个同中国建设命运共同体的国家，无不彰显出两国关系的发展有高度的战略性和深厚的积淀，具有牢固的历史根基。

缩略语对照

Albanian American Civic League 阿尔巴尼亚裔美国公民联盟
Autonomous Region of Kosovo-Metohija 科索沃—梅托希亚自治区
Bosnian Peace Implementation Force, IFOR 波黑和平协议实施监督部队
Bundesnachrichtendienst, BND 德国联邦情报局
Combined Joint Task Forces, CJTF 多兵种联合特遣部队
Commander Allied Forces Southern Europe 北约南欧联军总司令
Common Foreign and Security Policy, CFSP 共同外交与安全政策
Conference on Security and Cooperation in Europe, CSCE 欧洲安全与合作会议（欧安会）
Congressional Research Service, CRS 美国国会研究服务局
Council of Europe Parliamentary Assembly 欧洲议会理事会
Defense Planning and Review Process, PARP 防务规划和评估进程项目
Democratic League of Kosovo, LDK 科索沃民主联盟
Euro-Atlantic Partnership Council, EAPC 欧洲—大西洋伙伴关系委员会
European Rapid Reaction Force, RRF 欧洲快速反应部队
European Security and Defense Identity, ESDI 欧洲安全与防务特性
European Strategy Steering Group, ESSG 欧洲战略协调小组
German Military Counter-Intelligence, BAMAD 德国军事反谍报局
Homeland Calling Fund 祖国召唤基金
House Committee on International Relations 美国众议院国际关系委员会
Human Rights Rapporteur Mission 人权特派员调查团
Individual Partnership Program, IPP "个别伙伴关系项目"协定

Intelligence, Surveillance, Target acquisition, and Reconnaissance, ISTAR 情报、监视、目标捕获和侦察

International Criminal Tribunal for the Former Yugoslavia, ICTY 联合国前南国际刑事法庭

Kosovo Liberation Army, KLA 科索沃解放军

Kosovo Verification Mission, KVM 科索沃停火核查国际观察团

Mother Teresa Relief Organisation 特蕾莎修女救济会

National Movement for the Liberation of Kosovo 科索沃解放全国运动组织

NATO Information Office in Moscow 北约驻俄罗斯信息处

NATO Military Committee, MC 北约军事委员会

NATO Observer Group 北约守望小组

NATO Parliamentary Assembly 北大西洋议会

NATO–Russia Council, NRC 北约—俄罗斯理事会

NATO–Russia Founding Act 《俄罗斯与北约基本法》

NATO–Russia Permanent Joint Council, PJC 北约—俄罗斯常设联合理事会

NATO's Standing Naval Force Mediterranean 北约地中海常备海军部队

North Atlantic Cooperation Council, NACC 北大西洋合作委员会

Operation Allied Force, OAF 联军行动

Organization for Security and Co-operation in Europe, OSCE 欧安组织

Partnership for Peace, PfP 和平伙伴关系计划

Popular Front of the Republic of Kosovo 科索沃共和国人民阵线

Senate Republican Policy Committee 参议院共和党政策委员会

Supreme Allied Commander Europe, SACEUR 欧洲盟军最高司令

Supreme Headquarters Allied Powers Europe, SHAPE 欧洲盟军最高司令部

The Kosovo Force, KFOR 科索沃和平实施部队

The Kosovo Specialist Chamber, KSC 海牙科索沃特别法庭

The Specialist Chambers and Specialist Prosecutor's Office, SPO 海牙科索沃战争罪犯法庭和特别检察官办公室

The Unrepresented Nations and Peoples Organization, UNPO 非联合国会员国家及民族组织

Three Percentage Fund 三个百分点基金

Office of the High Commissioner for Human Rights 联合国人权事务高级专员办事处

United Nations Interim Administration Mission in Kosovo, UNMIK 联合国科索沃临时行政当局特派团

U.N. Sub-Commission on Prevention of Discrimination and Protection of Minorities 联合国防止歧视和保护少数民族小组委员会

Western European Union, WEU 西欧联盟

参考文献

一、原始档案

1. 克林顿总统图书馆，https://clinton.presidentiallibraries.us/

2. 北大西洋公约组织档案馆，http://archives.nato.int

3. 美国国家档案馆，https://www.archives.gov/

4. 美国乔治·华盛顿大学国家安全档案馆，https://nsarchive.gwu.edu/

二、回忆录与日记

1. Albright, Madeleine, *Madam Secretary: A Memoir*, New York: Harper Perennial, 2013.

2. Albright, Madeleine, *Fascism: A Warning*, New York: Harper, 2018.

3. Campbell, Alastair, *The Blair Years: Extracts from the Alastair Campbell Diaries*, London: Hutchinson, 2008.

4. Clark, Wesley, *Waging Modern War: Bosnia, Kosovo, and the Future of Combat*, New York: Public Affairs, 2002.

5. Dimitrijević, Bojan B. and Jovica Draganić, *Vazdušni Rat Nad Srbijom 1999.*

godine (Air War over Serbia in 1999), Beograd: Institut za savremenu istoriju, 2010.

6. Haave, Christopher E. and Phil M. Haun, eds., *A-10s over Kosovo: The Victory of Airpower over a Fielded Army as Told by the Airmen Who Fought in Operation Allied Force,* Alabama: Air University Press, 2003.

7.Jovanović, Vladislav, *Rat Koji se Mogao Izbeći (The War that Could Have Been Avoided),* Beograd: Nolit, 2008.

8. Lekić, Miodrag, *Moj rat protiv rata- Dnevničke zabeleške ambasadora SRJ u Italiji za vreme NATO bomabardovanja (My War Against the War - Diary Notes of the FRY Ambassador in Italy during the NATO Bombing),* Beograd: Službeni Glasnik, 2007.

9.Perry, William, *My Journey at the Nuclear Brink,* Stanford: Stanford University Press, 2015.

10. Talbott, Strobe, *The Russia Hand: A Memoir of Presidential Diplomacy,* New York: Random House, 2007.

11. Павковић,Небојша, *Трећа армија седамдесет осам дана у загрљају "Милосрдног анђела", Мај 1999,* Београд 2018.

12. Павковић,Небојша, *Трећа армија седамдесет осам дана у загрљају "Милосрдног анђела": ратни дневник команданта Треће армије Војске Југославије, Март 1999,* 2018.

13. Павковић, Небојша, *Трећа армија седамдесет осам дана у загрљају "Милосрдног анђела", Јун 1999,* Београд 2018.

14. 鲍里斯·叶利钦：《午夜日记——叶利钦自传》，曹缦西、张俊翔译，译林出版社 2001 年版。

15. 潘占林：《战火中的外交官：亲历北约炸馆和南联盟战火》，当代中国出版社 2006 年版。

16. 玛德琳·奥尔布赖特：《读我的胸针：一位外交官珠宝盒里的故事》，邱仪译，广西师范大学出版社 2011 年版。

17. 马尔蒂·阿赫蒂萨里：《在贝尔格莱德的使命：担任科索沃战争调停人》，

杜钟瀛译，世界知识出版社 2011 年版。

18. 唐家璇：《劲雨煦风：唐家璇外交回忆录》，世界知识出版社 2009 年版。

19. 吴建民：《外交案例Ⅱ》，中国人民大学出版社 2014 年版。

三、专著

1.Abe, Yuki, *Norm Dilemmas in Humanitarian Intervention: How Bosnia Changed NATO*, New York: Routledge, 2020.

2.Arora, Chaya, *Germany's Civilian Power Diplomacy: NATO Expansion and the Art of Communicative Action*, New York: Palgrave Macmillan, 2006.

3.Arsovska, Jana, *Decoding Albanian Organized Crime: Culture, Politics, and Globalization*, Oakland: University of California Press, 2015.

4.Asmus, Ronald, *A Little War That Shook the World: Georgia, Russia, and the Future of the West*, New York: St. Martin's Press, 2010.

5.Astrov, Alexander, ed., *The Great Power (mis)Management: The Russian–Georgian War and its Implications for Global Political Order*, New York: Routledge, 2011.

6.Aybet, Gülnur and Rebecca R. Moore, eds., *NATO: In Search of a Vision*, Washington, D.C.: Georgetown University Press, 2010.

7.Bacevich, Andrew J. and Eliot A. Cohen, eds., *War Over Kosovo: Politics and Strategy in a Global Age*, New York: Columbia University Press, 2001.

8.Bahador, Babak, *The CNN Effect in Action: How the News Media Pushed the West toward War in Kosovo*, Basingstoke: Palgrave Macmillan, 2007.

9.Bebler, A., *NATO at 60: The Post-Cold War Enlargement and the Alliances Future*, Washington, D.C.: IOS Press, 2010.

10. Bennett, Matthew and Paul Latawski, *Exile Armies*, New York: Palgrave Macmillan, 2005.

11. Bieber, Florian and Židas Daskalovski, eds., *Understanding the War in Kosovo*, London: Frank Cass, 2003.

12. Borawski, John and Thomas-Durell Young, *NATO after 2000: Future of the Euro-Atlantic Alliance*, Westport, CT: Greenwood Publishing Group, 2001.

13. Bowman, Steve, *Kosovo and Macedonia: U.S. and Allied Military Operations*, Washington, D.C.: Congressional Research Service, 2001.

14. Brenner, Michael, eds., *NATO and Collective Security*, London: Palgrave Macmillan UK, 1998.

15. Bronk, Justin, *The Future of NATO Airpower*, London: Routledge, 2020.

16. Burton, Joe, *NATO's Durability in a Post-Cold War World*, New York: SUNY Press, 2018.

17. Burwell, F. and Ivo H. Daalder, eds., *The United States and Europe in the Global Arena*, London: Palgrave Macmillan, 1999.

18. Braun, Aurel, ed., *NATO-Russia Relations in the Twenty-First Century*, New York: Routledge, 2008.

19. Carlisle, Rodney P. and J. Geoffrey Golson, *Turning Points—Actual and Alternate Histories: The Reagan Era from the Iran Crisis to Kosovo*, Santa Barbara: ABC-CLIO, Inc., 2007.

20. Carpenter, Ted Galen, ed., *NATO's Empty Victory: A Postmortem on the Balkan War*, Washington, D.C.: Cato Institute, 2000.

21. Carpenter, Ted Galen and Barbara Conry, *NATO Enlargement: Illusions and Reality*, Washington, D.C.: Cato Institute, 1998.

22. Ceku, Ethem, *Kosovo and Diplomacy since World War II: Yugoslavia, Albania and the Path to Kosovan Independence*, London: I. B. Tauris, 2016.

23. Chomsky, Noam, *The New Military Humanism: Lessons from Kosovo*, Monroe:

Common Courage Press, 1999.

24. Clark, Howard, *Civil Resistance in Kosovo*, London: Pluto Press, 2000.

25. Collins, Brian J., *NATO: A Guide to the Issues*, Santa Barbara: Praeger, 2011.

26. Cottey, Andrew, ed., *The European Neutrals and NATO: Non-alignment, Partnership, Membership*, London: Palgrave Macmillan UK, 2018.

27. Daalder, Ivo H. and Michael E. O'Hanlon, *Winning Ugly: NATO's War to Save Kosovo*, Washington, D.C.: Brookings Institution Press, 2000.

28. David, Charles-Philippe and Jacques Levesque, eds., *The Future of NATO: Enlargement, Russia, and European Security*, Montreal: McGill-Queen's University Press, 1999.

29. Davidson, Jason W., *America's Allies and War: Kosovo, Afghanistan, and Iraq*, Basingstoke: Palgrave Macmillan, 2011.

30. Demekas, Dimitri G., et al., *Building Peace in South East Europe: Macroeconomic Policies and Structural Reforms Since the Kosovo Conflict*, New York: World Bank, 2002.

31. Dempsey, Gary T. and Roger W. Fontaine, *Fool's Errands: America's Recent Encounters with Nation Building*, Washington, D.C.: Cato Institute, 2001.

32. Dolan, Chris J., *The Politics of U.S. Foreign Policy and NATO: Continuity and Change from The Cold War to the Rise of China*, Cham: Palgrave Macmillan, 2023.

33. Duignan, Peter, *NATO: Its Past, Present and Future,* Stanford: Hoover Press, 2000.

34. Dunn, Keith A., *In Defense of NATO: the Alliance's Enduring Value*, Boulder: Westview Press, 1990.

35. Edwards, Jason A., *Navigating the Post-Cold War World: President Clinton's Foreign Policy Rhetoric,* Lanham: Lexington Books, 2008.

36. Finlan, Alastair, *The Collapse of Yugoslavia 1991-1999,* Wellingborough: Osprey Publishing, 2004.

37.Forte, Maximilian, *Slouching Towards Sirte: NATO's War on Libya and Africa*, Montreal: Baraka Books, 2012.

38.Frantzen, Henning-A., *NATO and Peace Support Operations, 1991-1999: Policies and Doctrines*, New York: Routledge, 2005.

39.Freire, Maria Raquel, *Conflict and Security in the Former Soviet Union: The Role of the OSCE*, Burlington: Ashgate, 2003.

40.Garey, Julie, *The US Role in NATO's Survival After the Cold War*, Cham: Palgrave Macmillan, 2020.

41.Gehler, Michael, Wolfgang Mueller, and Arnold Suppan, eds., *The Revolutions of 1989: A Handbook*, Vienna: Österreichische Akademie der Wissenschaften, 2015.

42.Gheciu, Alexandra, *NATO in the "New Europe": The Politics of International Socialization after the Cold War*, Stanford: Stanford University Press, 2005.

43.Gibbs, David N., *First Do No Harm: Humanitarian Intervention and the Destruction of Yugoslavia*, Nashville: Vanderbilt University Press, 2009.

44.Goldgeier, James and Joshua R. Itzkowitz Shifrinson, eds., *Evaluating NATO Enlargement: From Cold War Victory to the Russia-Ukraine War*, Cham: Palgrave Macmillan,2023.

45.Goldgeier, James M., *Not Whether but When: The U.S. Decision to Enlarge NATO*, Washington, D.C.: Brookings Institution Press, 1999.

46.Gorman, Eduardo B., ed., *NATO and the Issue of Russia*, New York: Nova Science Publishers, 2009.

47.Haglund, David G., et al., eds., *NATO's Eastern Dilemmas*, Boulder: Westview, 1994.

48.Hamilton, Daniel S. and Kristina Spohr, eds., *Open Door: NATO and Euro-Atlantic Security After the Cold War*, Washington, D.C.: Foreign Policy Institute, 2019.

49.Harris, Nathaniel, *The War in Former Yugoslavia*, Austin: Steck-Vaughn, 1998.

50.Hehir, Aidan, *Humanitarian Intervention after Kosovo: Iraq, Darfur and the Record of Global Civil Society*, Basingstoke: Palgrave Macmillan, 2008.

51.Henriksen, Dag, *NATO's Gamble: Combining Diplomacy and Airpower in the Kosovo Crisis, 1998-1999*, Annapolis: Naval Institute Press, 2013.

52.Herd, Graeme P. and John Kriendler, eds., *Understanding NATO in the 21st Century: Alliance Strategies, Security and Global Governance*, New York: Routledge, 2013.

53.Hiemstra, Michael, *NATO Enlargement: Is the Door Really Open to All?* USAWC Strategy Research Project, Carlisle Barracks: U.S. Army War College, 1998.

54.Howorth, Jolyon and John T. S. Keeler, eds., *Defending Europe: The EU, NATO and the Quest for European Autonomy*, New York: Palgrave Macmillan, 2003.

55.Hudson, Kate, *Breaking the South Slav Dream: The Rise and Fall of Yugoslavia*, London: Pluto Press, 2003.

56.Ivanov, Ivan Dinev, *Transforming NATO: New Allies, Missions, and Capabilities*, Lanham: Lexington Books, 2011.

57.Johnston, Seth A., *How NATO Adapts: Strategy and Organization in the Atlantic Alliance since 1950*, Baltimore: Johns Hopkins University Press, 2017.

58.Judah, Tim, *Kosovo: What Everyone Needs to Know*, Oxford: Oxford University Press, 2008.

59.Kaplan, Lawrence S., *The Long Entanglement: NATO's First Fifty Years*, Westport: Praeger, 1999.

60.Kaplan, Lawrence S., *NATO and the UN: A Peculiar Relationship*, Columbia: University of Missouri, Press, 2010.

61.Ker-Lindsay, James, *Kosovo: The Path to Contested Statehood in the Balkans*, London: I.B. Tauris & Co Ltd, 2009.

62.Kolstø, Pål, *Strategies of Symbolic Nation-building in South Eastern Europe*, Basingstoke: Routledge, 2014.

63.Kostovicova, Denisa, *Kosovo: The Politics of Identity and Space*, New York: Routledge, 2005.

64.Kugler, Richard L., *U.S.-West European Cooperation in Out-of-Area Military Operations: Problems and Prospects*, Santa Monica: Rand, 1994.

65.Kugler, Richard and Marianna Kozintseva, *Enlarging NATO: The Russia Factor*, Santa Monica: Rand, 1996.

66.Lambeth, Benjamin S., *Air Power Against Terror: America's Conduct of Operation Enduring Freedom*, Santa Monica: Rand, 2005.

67.Lambeth, Benjamin S., *NATO's Air War for Kosovo: A Strategic and Operational Assessment*, Santa Monica: Rand, 2001.

68.Larrabee, F. Stephen, *NATO's Eastern Agenda in a New Strategic Era*, Santa Monica: Rand, 2003.

69.Larsen, Henrik B.L., *NATO's Democratic Retrenchment: Hegemony After the Return of History*, New York: Routledge, 2019.

70.Lasas, A., *European Union and NATO Expansion: Central and Eastern Europe*, Basingstoke: Palgrave Macmillan, 2010.

71.Leonardis, Massimo de, ed., *NATO in the Post-Cold War Era: Continuity and Transformation*, Cham: Palgrave Macmillan, 2023.

72.Lindley-French, Julian, *The North Atlantic Treaty Organization: The Enduring Alliance*, New York: Routledge, 2015.

73.Malmvig, Helle, *State Sovereignty and Intervention: A Discourse Analysis of Interventionary and Non-interventionary Practices in Kosovo and Algeria*, New York: Routledge, 2006.

74.Mandel, Michael, *How America Gets Away with Murder: Illegal Wars, Collateral Damage and Crimes Against Humanity*, London: Pluto Press, 2004.

75.Mandelbaum, Michael, *Mission Failure: America and the World in the Post-Cold War Era*, Oxford: Oxford University Press, 2016.

76. Matlary, J. and M. Petersson, *NATO's European Allies Military Capability and Political Will*, Basingstoke: Palgrave Macmillan, 2013.

77. Mattox, Gale A. and Arthur R. Rachwald, eds., *Enlarging NATO: The National Debates*, Boulder: Lynne Rienner Pub, 2001.

78. Mayer, Sebastian, eds., *NATO's Post-Cold War Politics: The Changing Provision of Security*, Basingstoke: Palgrave Macmillan UK, 2014.

79. Mello, Patrick A., *Democratic Participation in Armed Conflict: Military Involvement in Kosovo, Afghanistan, and Iraq*, Basingstoke: Palgrave Macmillan, 2014.

80. Mertus, Julie A., *War's Offensive on Women: The Humanitarian Challenge in Bosnia, Kosovo, and Afghanistan*, Bloomfield: Kumarian Press, 2000.

81. Michta, Andrew A. and Paal Sigurd Hilde, eds, *The Future of NATO: Regional Defense and Global Security*, Ann Arbour: University of Michigan Press, 2014.

82. Moens, Alexander, Lenard J. Cohen and Allen G. Sens, *NATO and European Security: Alliance Politics from the End of the Cold War*, Westport: Praeger, 2003.

83. Moore, Rebecca R., *NATO's New Mission: Projecting Stability in a Post-Cold War World,* Westport: Praeger, 2007.

84. Nauta, David, *The International Responsibility of NATO and Its Personnel During Military Operations*, Leiden: Brill, 2017.

85. Newman, Edward and Roland Rich, eds., *The UN Role in Promoting Democracy: Between Ideals and Reality*, New York: United Nations University Press, 2004.

86. Norris, John, *Collision Course: NATO, Russia, and Kosovo*, Westport: Praeger, 2005.

87. Ochmanek, David A., *NATO's Future: Implications for U.S. Military Capabilities and Postures*, Santa Monica: Rand Corporation, 2000.

88. O'Hanlon, Michael E., *Beyond NATO: A New Security Architecture for Eastern Europe*, Washington, D.C.: Brookings Institution Press, 2017.

89. Owen, Robert C., ed., *Deliberate Force: A Case Study in Effective Air Campaigning,* Alabama: Air University Press, 2000.

90. Packer, George, *Our Man: Richard Holbrooke and the End of the American Century,* New York: Alfred A. Knopf, 2019.

91. Papacosma, S. Victor and Mary Ann Heiss, eds., *NATO in the Post-Cold War Era: Does It Have a Future?* London: Palgrave Macmillan US, 1995.

92. Parenti, Michael, *To Kill a Nation: The Attack on Yugoslavia*, London: Verso, 2000.

93. Pattison, James, *Humanitarian Intervention and the Responsibility to Protect: Who Should Intervene?* Oxford: Oxford University Press, 2010.

94. Pavković, Aleksandar, *The Fragmentation of Yugoslavia: Nationalism and War in the Balkans*, Hampshire: Palgrave Macmillan, 2000.

95. Perritt Jr., Henry H., *Kosovo Liberation Army: The Inside Story of An Insurgency*, Urbana: University of Illinois Press, 2008.

96. Perritt, Jr., Henry H., *The Road to Independence for Kosovo: A Chronicle of the Ahtisaari Plan*, Cambridge: Cambridge University Press, 2009.

97. Peters, John, et al., *European Contributions to Operation Allied Force: Implications for Transatlantic Cooperation*, Santa Monica: RAND, 2001.

98. Peters, Ingo, ed., *New Security Challenges: The Adaptation of International Institutions-Reforming the UN, NATO, EU and CSCE since 1989*, New York: Palgrave Macmillan US, 1996.

99. Pikulicka-Wilczewska, Agnieszka, ed., *Ukraine and Russia: People, Politics, Propaganda and Perspectives*, London: E-International Relations, 2016.

100. Pinos, Jaume Castan, *Kosovo and the Collateral Effects of Humanitarian Intervention*, Abingdon: Routledge, 2019.

101. Ponsard, Lionel, *Russia, NATO and Cooperative Security: Bridging the Gap*, New York: Routledge, 2007.

102.Pouliot, Vincent, *International Security in Practice: The Politics of NATO-Russia Diplomacy*, Cambridge: Cambridge University Press, 2010.

103.Power, Samantha, *A Problem from Hell: America and the Age of Genocide*, New York: Basic Books, 2013.

104.Radinović, Radovan, Stanislav Stojanović, Jelena Lopičić jančić, Nenad Uzelac, Branislava Mitrović, *НОВИ "Хладни Рат" Novi "Hladni Rat" : Agresija NATO 15 godina posle (The New "Cold War": 15 Years after NATO Aggression)*, Beogradski: Beogradski forum za svet ravnopravnik, 2014.

105.Radinović, Radovan and Dr. Stanislav Stojanović, *Od Agresije do Secesije 2: Povodom 14. godišnjice agresije NATO*, Beograd: Beogradski forum za svet ravnopravnih, 2013.

106.Rama, Shinasi A., *Nation Failure, Ethnic Elites, and Balance of Power: The International Administration of Kosova*, New York: Palgrave Macmillan, 2019.

107.Ramet, Sabrina Petra, *Balkan Babel: The Disintegration of Yugoslavia from The Death of Tito to The Fall of Milosevic*, Boulder: Westview, 2002.

108.Ruchhaus, Robert W., ed., *Explaining NATO Enlargement*, London: Routledge, 2013.

109.Rupp, Richard E., *NATO After 9/11: An Alliance in Continuing Decline*, New York: Palgrave Macmillan US, 2006.

110.Rynning, S., *NATO Renewed: The Power and Purpose of Transatlantic Cooperation*, New York: Palgrave Macmillan, 2005.

111.Sarotte, M. E., *Not One Inch: America, Russia, and the Making of Post-Cold War Stalemate*, New Haven: Yale University Press, 2021.

112.Sayle, Timothy A., *Enduring Alliance: A History of NATO and the Postwar Global Order*, Ithaca: Cornell University Press, 2019.

113.Schmidt, Gustav, ed., *A History of NATO: The First Fifty Years*, Vol. 1, Basingstoke: Palgrave Macmillan UK, 2001.

114.Schnabel, Albrecht and Ramesh Thakur, eds., *Kosovo and the Challenge* of Humanitarian Intervention: Selective Indignation, Collective action, and International Citizenship, Tokyo: United Nations University Press, 2000.

115.Scott, Peter Dale, *The Road to 9/11: Wealth, Empire, and the Future of America*, Berkeley: University of California Press, 2007.

116.Simón, Luis, *Geopolitical Change, Grand Strategy and European Security: The EU-NATO Conundrum in Perspective*, New York: Palgrave Macmillan, 2013.

117.Solomon, Gerald B., *The NATO Enlargement Debate, 1990-1997: The Blessings of Liberty*, Westport: Praeger, 1998.

118.Song, Yanan, *The US Commitment to NATO in the Post-Cold War Period*, Switzerland: Palgrave Macmillan, 2016.

119.Smith, Martin A., *NATO in the First Decade after the Cold War*, Dordrecht: Springer Netherlands, 2000.

120.Tatum, Dale C., *Genocide at the Dawn of the Twenty-First Century: Rwanda, Bosnia, Kosovo, and Darfur*, New York: Palgrave Macmillan, 2010.

121.Theoharis, Athan G., et al., *The Central Intelligence Agency: Security under Scrutiny*, Westport: Greenwood Press, 2005.

122.Udovicki, Jasminka and James Ridgeway, eds., *Burn This House: The Making and Unmaking of Yugoslavia*, Durham: Duke University Press, 2000.

123.Vickers, Miranda, *Between Serb and Albanian: A History of Kosova*, New York: Columbia University Press, 1998.

124.Vuković, Nebojša, ed., *David vs. Goliath: NATO War against Yugoslavia and Its Implications*, Belgrade: Institute of International Politics and Economics, Faculty of Security Studies at the University of Belgrade, Mala Knjiga, 2019.

125.Webber, M., J. Sperling and M. Smith, *NATO's Post-Cold War Trajectory: Decline or Regeneration,* New York: Palgrave Macmillan, 2012.

126.Weller, Marc, *Peace Lost: The Failure of Conflict Prevention in Kosovo*, Boston: Martinus Nijhoff Publishers, 2009.

127.Welsh, Jennifer M., *Humanitarian Intervention and International Relations*, Oxford: Oxford University Press, 2006.

128.Wilde Jaap de, and Hakan Wiberg, eds., *Organized Anarchy in Europe: The Role of States and Intergovernmental Organizations*, London: I. B. Tauris, 1996.

129.Willcox, David R., *Propaganda, the Press and Conflict: The Gulf War and Kosovo*, New York: Routledge, 2005.

130.Williams, John, *Legitimacy in International Relations and the Rise and Fall of Yugoslavia*, Basingstoke: Palgrave Macmillan, 1998.

131.Williams, M. J., *The Good War: NATO and the Liberal Conscience in Afghanistan*, Hampshire: Palgrave Macmillan UK, 2011.

132.Wrage, Stephen D., ed., *Immaculate Warfare: Participants Reflect on the Air Campaigns over Kosovo, Afghanistan, and Iraq*, Westport: Praeger Publishers, 2003.

133.Zarkov, Dubravka and Marlies Glasius, eds., *Narratives of Justice in and out of the Courtroom: Former Yugoslavia and Beyond*, New York: Springer, 2014.

134.孔寒冰：《科索沃危机的历史根源及大国背景》，四川人民出版社1999年版。

135.弗朗西斯·福山：《历史的终结与最后的人》，陈高华译，孟凡礼校，广西师范大学出版社2014年版。

136. 郝时远：《帝国霸权与巴尔干"火药桶"：从南斯拉夫的历史解读科索沃的现实》，社会科学文献出版社1999年版。

137. 刘洪潮：《波黑战争风云》，大众文艺出版社1998年版。

138. 刘克俭、王修柏等：《第一场以空制胜的战争：科索沃战争》，军事科学出版社2008年版。

139. 马细谱：《巴尔干纷争》，北京大学出版社1999年版。

140. 朱金平：《科索沃战争风云》，解放军出版社2001年版。

141. 朱明权：《欧盟共同外交和安全政策与欧美协调》，文汇出版社2002年版。

142. 朱立群：《欧洲安全组织与安全结构》，世界知识出版社2002年版。

143. 小约瑟夫·奈、戴维·韦尔奇：《理解全球冲突与合作——理论与历史》（第十版），张小明译，上海人民出版社 2018 年版。

144. 约翰·伊肯伯里：《自由主义利维坦：美利坚世界秩序的起源、危机和转型》，赵明昊译，上海人民出版社 2013 年版。

145. 郑启荣：《全球视野下的欧盟共同外交和安全政策》，世界知识出版社 2008 年版。

146.《国际条约集 1948—1949》，世界知识出版社 1959 年版。

四、论文

1. Abadi, Cameron, "The Small War That Wasn't: Why the Kosovo Conflict Still Matters Today," *Foreign Policy,* January 2, 2019.

2. Afriansyah, Arie, "State Responsibility for Environmental Damage During International Armed Conflict Post the UNCC," *Jurnal Hukum Internasional: Indonesian Journal of International Law*, Vol.10, No.4, 2013.

3. Aguirre, Mariano and Penny Fischer, "Discriminate Intervention: Defining NATO for the '90s," *Middle East Report*, No.177, 1992.

4. Antonenko, O., "Russia, NATO and European Security after Kosovo," *Survival: Global Politics and Strategy,* Vol.41, Issue 41, 1999.

5. Arbatova, Nadia Alexandrova, "European Security after the Kosovo Crisis: The Role of Russia," *Southeast European and Black Sea Studies,* Vol. 1, Issue 2, 2001.

6. Art, Robert J., "Why Western Europe Needs the United States and NATO," *Political Science Quarterly*, Vol. 111, No. 1, 1996.

7. Art, Robert J., "Creating a Disaster: NATO's Open Door Policy," *Political Science Quarterly,* Vol. 113, No. 3, 1998.

8.Asmus, Ronald D., Richard L. Kugler and F. Stephen Larrabee, "Building a New NATO," *Foreign Affairs*, Vol. 72, No. 4, 1993.

9.Auerswald, David P., "Explaining Wars of Choice: An Integrated Decision Model of NATO Policy in Kosovo," *International Studies Quarterly*, Vol. 48, Issue 3, 2004.

10.Baker III, James A., "Russia in NATO?" *The Washington Quarterly*, Vol.25, No.1, 2002.

11.Baranovsky, Vladimir,"Russia: A Part of Europe or Apart from Europe?" *International Affairs*, Vol. 76, No. 3, 2000.

12.Barry, Charles L., "NATO's Combined Joint Task Forces in Theory and Practice," *Survival: Global Politics and Strategy*, Vol.38, No.1, 1996.

13.Begert, William J., "Kosovo and Theater Air Mobility," *Air and Space Power Journal*, Vol. 13, No. 4, 1999.

14.Berinsky, Adam J. and Donald R. Kinder, "Making Sense of Issues Through Media Frames: Understanding the Kosovo Crisis," *The Journal of Politics*, Vol. 68, No. 3, 2006.

15.Bodansky, Yossef, "Italy Becomes Iran's New Base For Terrorist Operations," *Defense and Foreign Affairs Strategic Policy*, Vol. 26, No.4-5, 1998.

16.Borawski, John, "If Not NATO Enlargement: What Does Russia Want?" *European Security*, Vol.5, No.3, 1996.

17.Borch, Frederic L., "Targeting After Kosovo: Has the Law Changed for Strike Planners?" *Naval War College Review*, Vol. LVI, No. 2, 2003.

18.Byman, Daniel L. and Matthew C. Waxman, "Kosovo and the Great Air Power Debate," *International Security*, Vol. 24, No. 4, 2000.

19.Caddick Adams, Peter, "Civil Affairs Operations by IFOR and SFOR in Bosnia,1995–97," *International Peacekeeping*, Vol.5, No.3, 1998.

20.Caddis, J., "History, Grand Strategy and NATO Enlargement," *Survival: Global Politics and Strategy*, Vol. 40, Issue 1, 1998.

21.Caplan, Richard, "International Diplomacy and the Crisis in Kosovo," *International Affairs*, Vol. 74, Issue 4, 1998.

22.Chengyi, Peng, "Why the Ukraine Crisis Is the West's Fault: A Historical and Philosophical Perspective," *International Critical Thought*, Vol. 7, Issue 2, 2017.

23.Chossudovsky, Michel, "Kosovo 'Freedom Fighters' Financed by Organized Crime," *Peace Research*, Vol. 31, No. 2, 1999.

24.Croft, Stuart, "The EU, NATO and Europeanisation: The Return of Architectural Debate," *European Security*, Vol. 9, Issue 3, 2000.

25.Cross, Sharyl, "Russia and NATO toward the Twenty-First Century: Conflicts and Peacekeeping in Bosnia-Herzegovina and Kosovo," *The Journal of Slavic Military Studies*, Vol.15, No. 2, 2002.

26.Dannreuther, R., "Escaping the Enlargement Trap in NATO-Russian Relations," *Survival: Global Politics and Strategy*, Vol.41, Issue 4, 1999.

27.Enuka, Chuka Stephen, "Extra-territorial Consequences of NATO's War on Serbia," *International Journal of Security Studies*, Vol. 1, Issue 1, 2018.

28.Eyal, Jonathan, "NATO Enlargement: The Anatomy of a Decision," *International Affairs*, Vol. 73, No. 4, 1997.

29.Fierke, K.M. and Antje Wiener, "Constructing Institutional Interests: EU and NATO Enlargement," *Journal of European Public Policy*, Vol. 6, Issue 5, 1999.

30.Flanagan, Stephen J., "NATO and Central and Eastern Europe: From Liaison to Security Partnership," *The Washington Quarterly*, Vol. 15, Issue 2, 1992.

31.Forsberg, Tuomas and Graeme Herd, "Russia and NATO: From Windows of Opportunities to Closed Doors," *Journal of Contemporary European Studies,* Vol. 23, Issue 1, 2015.

32.Fukuyama , Francis, "The End of History?" *The National Interest*, No. 16, 1989.

33.Fulton, John R.,"NATO and the KLA: How the West Encouraged Terrorism," *Global Security Studies*, Vol. l, Issue 3, 2010.

34.Garthoff, Raymond, "The United States and the New Russia: The First Five Years," *Current History*, Vol. 96, No. 612, 1997.

35.Genov, Georgy, "NATO and EU Enlargement and Globalisation Policies: Reconceptualization of Security Priorities," *Economic Alternatives*, No.1, 2010.

36.Gerosa, Guido, "The North Atlantic Cooperation Council," *European Security*, Vol. 1, No. 3, 1992.

37.Gheciu, Alexandra, "Security Institutions as Agents of Socialization? NATO and the 'New Europe'," *International Organization*, Vol. 59, Issue 4, 2005.

38.Giandjian, Mary, "Russian Involvement in Frozen Conflicts of the Post Soviet Space as a Means of Geopolitical Positioning," *Governance: The Political Science Journal at UNLV*, Vol. 7, 2023.

39.Hanson, Marianne, "Russia and NATO Expansion: The Uneasy Basis of the Founding Act," *European Security*, Vol.7, No.2, 1998.

40.Hehir, Aidan, "NATO's 'Humanitarian Intervention' in Kosovo: Legal Precedent or Aberration?" *Journal of Human Rights*, Vol.8, Issue 3, 2009.

41.Hendrickson, Ryan C., "The Enlargement of NATO: The Theory and Politics of Alliance Expansion," *European Security*, Vol. 8, Issue 4,1999.

42.Hendrickson, Ryan C., "Congressional Views on NATO Enlargement: Limited Domestic Interest with Few Votes to Gain," *Croatian International Relations Review*, Vol. 21, Issue 73, 2015.

43.Henriksen, Dag, "Inflexible Response: Diplomacy, Airpower and the Kosovo Crisis,1998–1999," *The Journal of Strategic Studies*, Vol. 31, No. 6, 2008.

44.Horovitz, Liviu and Elias Götz, "The Overlooked Importance of Economics: Why the Bush Administration Wanted NATO Enlargement," *Journal of Strategic Studies*, Vol. 43, Issue 6-7,2020.

45.Hughes, James, "Russia and the Secession of Kosovo: Power, Norms and the Failure of Multilateralism," *Europe-Asia Studies*, Vol. 65, No. 5, 2013.

46.Hunter, Robert E., "NATO in the 21st Century: A Strategic Vision," *The US*

Army War College Quarterly: Parameters, Vol. 28, No. 2, 1998.

47.Jackson, Mike, "KFOR: The Inside Story," *The RUSI Journal*, Vol.145, No.1, 2000.

48.Jeffrey S. Kirkpatrick, "The Impact of U.S. Military Operations in Kuwait, Bosnia, and Kosovo (1991–2000) on Environmental Health Surveillance," *Military Medicine*, Vol. 176, Issue Suppl_7, 2011.

49.Joyce P. Kaufman, "NATO and the Former Yugoslavia: Crisis, Conflict and the Atlantic Alliance," *Journal of Conflict Studies*, Vol.19, No. 2, 1999.

50.Judah, Tim, "The Kosovo Liberation Army," *Perceptions: Journal of International Affairs*, Vol. 5, Issue 3, 2000.

51.Kaplan, Lawrence S., "NATO in the 1990s: An American Perspective," *Paradigms*, Vol. 7, Issue 2, 1993.

52.Kamp, K., "NATO Entrapped: Debating the Next Enlargement Round," *Survival: Global Politics and Strategy*, Vol. 40, Issue 3, 1998.

53.Kanet, Roger E. and Maxime Henri André Larıvé, "NATO and Russia: A Perpetual New Beginning," *Perceptions: Journal of International Affairs*, Vol. XVII, No. 1, 2012.

54.Karabeshkin, Leonid A. and Dina R. Spechler, "EU and NATO Enlargement: Russia's Expectations, Responses and Options for the Future," *European Security*, Vol. 16, Issue 3-4, 2007.

55.Kay, Sean, "After Kosovo NATO's Credibility Dilemma," *Security Dialogue*, Vol. 31, No. 1, 2000.

56.Kay, Sean, "What Went Wrong with NATO," *Cambridge Review of International Affairs*, Vol. 18, Issue 1, 2005.

57.Kozyrev, Andrei, "Russia: A Chance for Survival," *Foreign Affairs*, Vol. 71, No. 2, 1992.

58.Kramer, Mark, "The Reverberations of NATO Enlargement in Russia," *Security Dialogue*, Vol. 31, No.4, 2000.

59.Kramer, Mark, "NATO, the Baltic States and Russia: A Framework for Sustainable Enlargement," *International Affairs*, Vol.78, Issue 4, 2002.

60.Krauthammer, Charles, "The Unipolar Moment," *Foreign Affairs*, Vol. 70, No. 1, 1990/1991.

61.Kuperman, Alan J., "The Moral Hazard of Humanitarian Intervention: Lessons from the Balkans," *International Studies Quarterly*, Vol. 52, Issue 1, 2008.

62.Kuus, Merje, "Cosmopolitan Militarism? Spaces of NATO Expansion," *Environment and Planning A: Economy and Space*, Vol.41, Issue 3, 2009.

63.Kuzio, Taras, "NATO Enlargement: The View from the East," *European Security*, Vol. 6, Issue 1,1997.

64.Lane, Thomas, "The Baltic States, the Enlargement of NATO and Russia," *Journal of Baltic Studies*, Vol. 28, No. 4, 1997.

65.Lanoszka, Alexander, "Thank Goodness for NATO Enlargement," *International Politics*, Vol. 57, Issue 3,2020.

66.Larson, Deborah Welch and Alexei Shevchenko, "Russia Says No: Power, Status, and Emotions in Foreign Policy," *Communist and Post-Communist Studies*, Vol.47, No. 3/4, 2014.

67.Layne, Christopher, "Rethinking American Grand Strategy: Hegemony or Balance of Power in the Twenty-First Century?" *World Policy Journal*, Vol.15, No. 2, 1998.

68.Layne, Christopher, "US Hegemony and the Perpetuation of NATO," *Journal of Strategic Studies,* Vol. 23, Issue 3, 2000.

69.Liolios, T.E., "Assessing the Risk from the Depleted Uranium Weapons Used in Operation Allied Force," *Science & Global Security*, Vol.8, No.2, 2000.

70.Lundestad, Ingrid, "Turning Foe to Friend? US Objectives in Including Russia in Post-Cold War Euro-Atlantic Security Co-operation," *The International History Review*, Vol. 38, Issue 4, 2016.

71.Lynch, Dov, "'Walking the Tightrope': The Kosovo Conflict and Russia in

European Security,1998–August 1999," *European Security*, Vol.8, No.4, 1999.

72.MacFarlane, S. Neil, "NATO in Russia's Relations with the West," *Security Dialogue*, Vol. 32, No. 3, 2001.

73.Mälksoo, Maria, "Enabling NATO Enlargement: Changing Constructions of the Baltic States," *Trames: Journal of the Humanities and Social Sciences*, Vol.8, No.3, 2004.

74.Maitra, Sumantra, "NATO Enlargement, Russia, and Balance of Threat," *Canadian Military Journal,* Vol. 21, No. 3, 2021.

75.Marcia Christoff Kurop, "Al Qaeda's Balkan Links," *The Wall Street Journal*, November 1, 2001.

76.Massari, Maurizio, "US Foreign Policy Decision Making during the Clinton Administration," *The International Spectator: Italian Journal of International Affairs*, Vol. 35, Issue 4, 2000.

77.McCalla, Robert B., "NATO's Persistence after the Cold War," *International Organization*, Vol. 50, No. 3, 1996.

78.Mearsheimer, John J., "Back to the Future: Instability in Europe After the Cold War," *International Security*, Vol. 15, No. 1, 1990.

79.Mearsheimer, John J., "Why the Ukraine Crisis Is the West's Fault: The Liberal Delusions That Provoked Putin," *Foreign Affairs,* Vol. 93, Issue 5, 2014.

80.Mehrotra, O.N., "NATO Eastward Expansion and Russian Security," *Strategic Analysis*, Vol.22, No. 8, 1998.

81.Menon, Rajan and William Ruger, "NATO Enlargement and US Grand Strategy: A Net Assessment," *International Politics*, Vol. 57, No. 3, 2020.

82.Müllerson, Rein, "NATO Enlargement and the NATO-Russian Founding Act: The Interplay of Law and Politics," *The International and Comparative Law Quarterly*, Vol. 47, No. 1, 1998.

83.Neumann, Iver B., "Russia as Europe's Other," *Journal of Area Studies*, Vol. 6, Issue 12,1998.

84.Neville-Jones, Pauline, "Dayton, IFOR and Alliance Relations in Bosnia," *Survival: Global Politics and Strategy*, Vol.38, No.4,1996.

85.Nóra Pákozdi and Nógrádi György, "Radical Settlements in the Balkan," *Defence Review*, No.1,2017.

86.Özerdem, Alpaslan, "From a 'Terrorist' Group to a 'Civil Defence' Corps: The 'Transformation' of the Kosovo Liberation Army," *International Peacekeeping*, Vol.10, Issue 3, 2003.

87.Pechous, Edwin J., "NATO Enlargement and Beyond," *Connections*, Vol.7, No.2, 2008.

88.Peter Klebnikov, "Heroin Heroes," *Mother Jones*, January/February 2000.

89.Posen, Barry R., "The War for Kosovo: Serbia's Political-Military Strategy," *International Security*, Vol. 24, No. 4, 2000.

90.Rainio, Juha, et al., "Forensic Osteological Investigations in Kosovo," *Forensic Science International*, Vol. 121, Issue 3, 2001.

91.Rainio, J., et al., "Forensic Investigations in Kosovo: Experiences of the European Union Forensic Expert Team," *Journal of Clinical Forensic Medicine*, Vol. 8, Issue 4, 2001.

92.Rainio, J., K. Lalua and A. Penttilä, "Independent Forensic Autopsies in an Armed Conflict: Investigation of the Victims from Racak, Kosovo," *Forensic Science International*, Vol. 116, Issue 2-3, 2001.

93.Rane, Prasad P., "NATO Enlargement and Security Perceptions in Europe," *Strategic Analysis*, Vol.29, Issue 3, 2005.

94.Rauchhaus, Robert W., "Marching NATO Eastward: Can International Relations Theory Keep Pace?" *Contemporary Security Policy*, Vol. 21, Issue 2, 2000.

95.Redd, Steven B., "The Influence of Advisers and Decision Strategies on Foreign Policy Choices: President Clinton's Decision to Use Force in Kosovo," *International Studies Perspectives*, Vol. 6, Issue 1, 2005.

96.Rees, Nicholas, "The Kosovo Crisis, the International Response and Ireland,"

Irish Studies in International Affairs, Vol. 11, 2000.

97.Ronayne, Peter, "Genocide in Kosovo," *Human Rights Review*, Vol. 5, Issue 4, 2004.

98.Rosner, Jeremy D., "NATO Enlargement's American Hurdle: The Perils of Misjudging Our Political Will," *Foreign Affairs*, Vol. 75, No. 4, 1996.

99.Rühle, Michael and Nick Williams, "Partnership for Peace after NATO Enlargement," *European Security*, Vol. 5, Issue 4, 1996.

100.Rynning, Sten, "A Balancing Act Russia and the Partnership for Peace," *Cooperation and Conflict*, Vol. 31, No. 2, 1996.

101.Sarotte, Mary Elise, "Not One Inch Eastward? Bush, Baker, Kohl, Genscher, Gorbachev, and the Origin of Russian Resentment toward NATO Enlargement in February 1990," *Diplomatic History*, Vol. 34, No. 1, 2010.

102.Sarotte, Mary Elise, "A Broken Promise? What the West Really Told Moscow About NATO Expansion," *Foreign Affairs*, Vol. 93, No. 5, 2014.

103.Scott, Peter Dale, "Bosnia, Kosovo, and Now Libya: The Human Costs of Washington's On-Going Collusion with Terrorists," *The Asia-Pacific Journal*, Vol. 9, Issue 31, 2011.

104.Šedivý, Jiří, "The Puzzle of NATO Enlargement," *Contemporary Security Policy*, Vol.22, No. 2, 2001.

105.Sergounin, Alexander A., "Russian Domestic Debate on NATO Enlargement: From Phobia to Damage Limitation," *European Security*, Vol. 6, Issue 4,1997.

106.Shifrinson, Joshua R., "NATO Enlargement and US Foreign Policy: The Origins, Durability, and Impact of an Idea," *International Politics*, Vol.57, No. 3, 2020.

107.Shifrinson, Joshua R. Itzkowitz, "Eastbound and Down: The United States, NATO Enlargement, and Suppressing the Soviet and Western European Alternatives, 1990–1992," *Journal of Strategic Studies*, Vol. 43, Issue 6-7, 2020.

108.Shifrinson, Joshua R. Itzkowitz, "Deal or No Deal? The End of the Cold War and the U.S. Offer to Limit NATO Expansion," *International Security*, Vol. 40, No. 4,

2016.

109.Skendaj, Elton, "Shaping Peace in Kosovo: The Politics of Peacebuilding and Statehood," *Southeast European and Black Sea Studies*, Vol. 19, Issue 2, 2019.

110.Solana, Javier, "NATO's Success in Kosovo," *Foreign Affairs*, November/December 1999.

111.Spohr, Kristina, "Precluded or Precedent-Setting? The 'NATO Enlargement Question' in the Triangular Bonn-Washington-Moscow Diplomacy of 1990–1991," *Journal of Cold War Studies*, Vol. 14, No. 4, 2012.

112.Smith, Michael E., "NATO, the Kosovo Liberation Army, and the War for an Independent Kosovo: Unlawful Aggression or Legitimate Exercise of Self-Determination?" *Army Lawyer,* No.2, 2001.

113. Smith, Martin A. and Graham Timmins, "Russia, NATO and the EU in an Era of Enlargement: Vulnerability or Opportunity?" *Geopolitics,* Vol. 6, Issue 1, 2001.

114.Stephens, Virginia, "(Re)gendering Memories of the Kosovo Liberation army The Silenced Guerrilla of Women," *Кулτура/Culture*, No. 5, 2014.

115.Stigler, Andrew L., "A Clear Victory for Air Power: NATO's Empty Threat to Invade Kosovo," *International Security,* Vol. 27, No. 3, 2002/03.

116.Strazzari, Francesco, "The Decade Horribilis: Organized Violence and Organized Crime along the Balkan Peripheries, 1991–2001," *Mediterranean Politics,* Vol. 12, No. 2, 2007.

117.Thompson, Scott and Edward Spannaus, "Is the 'Tarnoff doctrine' Now U. S. Strategic Policy?" *Executive Intelligence Review*, Vol.20, No. 23, 1993.

118.Waltz, Kenneth N., "The Emerging Structure of International-Politics," *International Security*, Vol. 18, No. 2, 1993.

119.Williams, Michael C. and Iver B. Neumann, "From Alliance to Security Community: NATO, Russia, and the Power of Identity," *Millennium: Journal of International Studies*, Vol. 29, Issue 2, 2000.

120.Wolff, Andrew T., "The Future of NATO Enlargement after the Ukraine Crisis,"

International Affairs, Vol. 91, No. 5, 2015.

121. Volkov, Vladimir K., "Expanding NATO Eastward: A View from Moscow," *Problems of Post-Communism*, Vol.44, No.3, 1997.

122. Winrow, Gareth, "NATO and Out-of-area: A Post-Cold War Challenge," *European Security*, Vol.3, No.4, 1994.

123. Wuninga, Peter W., "Beyond Utility Targeting: Toward Axiological Air Operations," *Aerospace Power Journal*, Vol. 14, No. 4, 2000.

124. Yesson, Erik, "NATO and Russia in Kosovo," *The RUSI Journal*, Vol.144, No.4, 1999.

125. 陈振中、王彪：《"大阿尔巴尼亚"主义与科索沃问题》，《当代世界》1999 年第 11 期。

126. 孔寒冰：《科索沃独立的历史过程及其后果》，《中国国际战略评论》2009 年。

127. 刘京：《三人委员会关于北约非军事合作的报告》，《近现代国际关系史研究》2013 年第 2 期。

128. 刘会宝：《科索沃独立的根源、动因及困境》，《俄罗斯研究》2008 年第 2 期。

129. 魏光启：《欧美同盟的域外行动剖析》，《欧洲研究》2011 年第 6 期。

130. 吴文成：《从科索沃战争到乌克兰危机：北约东扩与俄罗斯的"战略觉醒"》，《俄罗斯东欧中亚研究》2022 年第 3 期。

131. 许海云、苏逸飞：《北约"前沿防御战略"的产生及演变》，《军事历史研究》2017 年第 3 期。

132. 朱立群：《CJTF 与北约军事战略的改革》，《外交学院学报》2001 年第 3 期。

五、未刊学位论文

1.Beaty, James E., *Luck Is Not a Strategy: Inefficient Coercion In Operation Allied Force*, Master's Thesis, The Naval Postgraduate School, 2015.

2.Davis, Kathy B., *Operation Allied Force: Reachback and Information Processes*, Thesis, Air University, 2002.

3.Dixon, J. R., *UAV Employment in Kosovo: Lessons for the Operational Commander*, Thesis, Naval War College, National Defense University, 2000.

4. Eckhardt, Jessica Lee, *The Kosovo Liberation Army: Changes in the Presentation of Ethnic and Civic Nationalistic Values to the Media*, Master's Thesis, University of Nevada, 2009.

5.Felice, Michael A., *Modern Warfare: NATO's War Amongst the People in Kosovo*, Thesis, United States Army Command and General Staff College, 2013.

6. Gregory, Robert H., *Turning Point: Operation Allied Force and the Allure of Air Power*, Master's Thesis, the U.S. Army Command and General Staff College, 2014.

7.Howe, Jr., James E., *Joint Military Operations: Operational Leadership in Kosovo*, Thesis, Naval War College, National Defense University, 2004.

8.Leonard, Kevin, *Key Logistics Issues from Kosovo, Can the United States Achieve Strategic Velocity,* Thesis, US Army War College, 2000.

9.Louie, Johnson Yu Kwong, *Interest Groups, Executive-Legislative Relations and the U.S. Politics of NATO Enlargement*, A Thesis Submitted in Fulfilment of the Requirements for the Degree of Doctor of Philosophy, Faculty of Arts and Social Sciences, University of Sydney, 2013.

10.Mark F. Ramsay, *Aerial Coercion as Operational Art: Past Lessons Were Forgotten in Kosovo*, Thesis, Naval War College, National Defense University, 1999.

11.Milley, Mark, *Joint Military Operations: Centers of Gravity and the War in Kosovo*, Thesis, Naval War College, National Defense University, 2000.

12.Mueller, Jennifer A., *International Norm Echoing in Rebel Groups: The Cases of the Kosovo Liberation Army and the Liberation Tigers of Tamil Eelam*, Ph.D. Dissertation, The City University of New York, 2014.

13.Munson, Tom, *Operation Allied Force: Operational Planning and Political Constraints,* Thesis, Naval War College, National Defense University, 2000.

14.Nastase, Cristiana Alexandra, *Is NATO Enlargement in the Black Sea Area Feasible?* Master Thesis, Black Sea Cultural Studies, International Hellenic University, 2015.

15.Otto, Bob, *Operation Allied Force: Bringing Liddell Hart Full Circle,* Thesis, Naval War College, National Defense University, 2000.

16.Rød, Mariana Qamile, *From Guerillas to Cabinets: A Study of the Development of Post-War Political Parties in Kosovo,* Master's Thesis, Department of Comparative Politics, University of Bergen, 2017.

17.Sendmeyer, Scott A., *NATO Strategy and Out-of-Area Operations,* Thesis, United States Army Command and General Staff College, 2010.

18.Snoderly, Michael D., *Compressing The Levels of War: Operation Desert Storm and Operation Allied Force Case Study*, Thesis, Naval War College, National Defense University, 2001.

19.Shaw, Gary P., *Operation Allied Force: Case Studies in Expeditionary Aviation - USAF, USA, USN, and USMC,* Thesis, U.S. Army War College, 2002.

20.Stuart II, Robert M., *Network Centric Warfare in Operation Allied Force: Future Promise or Future Peril?* Thesis, Naval War College, National Defense University, 2000.

21.Szytniewski, Bianca, *NATO Enlargement and Democratisation: Interlinked, or Not? The Cases of Poland, Ukraine and Georgia*, Master Thesis, Universiteit Utrecht, 2008.

22.Van der Veer Jr., David G., *Air Power: A Decisive Coercive Strategy?* Thesis, Naval War College, National Defense University, 2006.

23.Vaschenko, Vitalii, *Analysis of the Modern Inter-ethnic Conflict: Case Study of Kosovo,* Master's Thesis, Naval Postgraduate School, 2004.

24.Wayne A. Larsen, *Serbian Information Operations During Operation Allied Force,* Thesis, Air University, 2000.

25. 葛亚平：《科索沃问题研究——地缘政治、民族政策视角及深刻启示》，吉林大学国际政治专业硕士论文，2008年。

26. 姜富霞：《从科索沃战争看铁托时期民族政策的失误》，曲阜师范大学世界史专业硕士论文，2007年。

27. 阮金之：《关于美国〈新闻周刊〉科索沃战争报道的分析》，暨南大学国际关系专业硕士论文，2007年。

28. 史蒂分（Chuka Enuka）：《后冷战时代的武装人道主义干涉：北约干涉科索沃案例分析（1999）》，吉林大学世界史专业博士论文，2011年。

29. 章远：《宗教功能单位与地区暴力冲突——以科索沃冲突中的德卡尼修道院和希南帕夏清真寺为个案（1999—2009）》，复旦大学国际政治专业博士论文，2009年。

六、新闻媒体

1. *BBC News,* www.bbc.com.

2. *CNN,* https://www.cnn.com.

3. *Insajder,* https://insajder.net.

4. *Independent,* https://www.independent.co.uk.

5. *Los Angeles Times,* https://www.latimes.com/.

6. *MSNBC,* https://www.msnbc.com.

7. *Reuters*, https://www.reuters.com.

8. *Sunday Times (London)*, http://www.the-times.co.uk.

9. *The Washington Post*, https://www.washingtonpost.com.

10. *The Guardian*, https://www.theguardian.com/observer, 或 http://observer.guardian.co.uk.

11. *The New York Times*, https://www.nytimes.com.

12. *The Observer*, https://www.theguardian.com.

13. *Time*, https://time.com.

14. 德国之声，https://www.dw.com.

15. 中国日报，http://www.chinadaily.com.cn.

16. 环球时报，https://world.huanqiu.com.

七、政府和国际组织报告

1. Amnesty International, Kosovo: *Time for EULEX To Prioritize War Crimes*, London: Amnesty International Ltd, 2012, https://www.amnesty.eu/wp-content/uploads/2018/10/260412_EULEX_Report.pdf.

2. Commission on Human Rights, UN, *Report on the Situation of Human Rights in the Territory of the Former Yugoslavia / Submitted by Tadeusz Mazowiecki, Special Rapporteur of the Commission on Human Rights, Pursuant to Paragraph 15 of Commission Resolution 1992/S-1/1 of 14 August 1992*, Geneva: UN, October 27, 1992, https://digitallibrary.un.org/record/152801#record-files-collapse-header.

3. Commission on Human Rights, UN, *Situation of Human Rights in the Territory of the Former Yugoslavia: 5th Periodic Report on the Situation of Human Rights in*

the Territory of the Former Yugoslavia, Geneva: UN, November 17, 1993, https://digitallibrary.un.org/record/176946.

4.Commission on Human Rights, UN, *Situation of Human Rights in Kosovo [1994] UNGA 272; A/RES/49/204 (23 December 1994), 1994 United Nations General Assembly Resolutions*, March 13, 1995, http://www.worldlii.org/int/other/UNGA/1994/272.pdf.

5.Conference on Security and Co-operation in Europe, The Secretary-General, *Annual Report 1993 on CSCE Activities*, https://www.osce.org/secretariat/14581.

6.Council of Europe Parliamentary Assembly, *Inhuman Treatment of People and Illicit Trafficking in Human Organs in Kosovo*, January 7, 2011, https://pace.coe.int/en/files/12608.

7.Department of Defense, USA, *Report to Congress: Kosovo/Operation Allied Force After-Action Report*, January 31, 2000.

8.Ewa Tabeau, eds., *Conflict in Numbers: Casualties of the 1990s Wars in the Former Yugoslavia (1991–1999)*, Major Reports by Demographic Experts of the Prosecution in the Trials before the International Criminal Tribunal for the Former Yugoslavia, Testimonies No. 33, Helsinki Committee for Human Rights in Serbia, Belgrade: Zagorac Belgrade, 2009.

9.Human Rights Watch, *Under Orders: War Crimes in Kosovo,* October 1, 2001, https://www.refworld.org/pdfid/3c2b204a0.pdf.

10.Human Rights Watch, "Civilian Deaths in the NATO Air Campaign," *Human Rights Watch Report*, Vol. 12, No. 1, 2000.

11.Kosovo Task Force, *Kosovo Situation Reports*, Congressional Research Service, June 22, 1999, https://www.everycrsreport.com/files/19990622_RL30191_250f066b4e4861a254225885c9222fb0264623af.pdf.

12.Select Committee on Foreign Affairs, *The Kosovo Crisis After May 1997*, Fourth Report, Minutes of Evidence, House of Commons, May 23, 2000, https://publications.parliament.uk/pa/cm199900/cmselect/cmfaff/28/2809.htm#a19.

13. Serhiy Kurykin, *Environmental Impact of the War in Yugoslavia on South-east Europe*, Committee on the Environment, Regional Planning and Local Authorities, EU, Doc. 8925, January 10, 2001, http://www.assembly.coe.int/nw/xml/XRef/X2H-Xref-ViewHTML.asp?FileID=9143&lang=EN.

14. United States Senate Republican Policy Committee, *The Kosovo Liberation Army: Does Clinton Policy Support Group with Terror, Drug Ties? From "Terrorists" to "Partners"*, March 31, 1999, https://irp.fas.org/world/para/docs/fr033199.htm.

15. U.N. Sub-Commission on Prevention of Discrimination and Protection of Minorities, *Report of the Sub-Commission on Prevention of Discrimination and Protection of Minorities on its 47th Session, U.N. Docs. E/CN.4/Sub.2/1995/51 (1995)*, October 23, 1995, http://hrlibrary.umn.edu/demo/1995min.html#199510.

16. UNEP and UNCHS, *The Kosovo Conflict: Consequences for the Environment & Human Settlements*, January 1,1999, https://www.unenvironment.org/resources/assessment/kosovo-conflict-consequences-environment-and-human-settlements.

17. UNEP Scientific Mission to Kosovo, *Depleted Uranium in Kosovo: Post-Conflict Environmental Assessment*, November 5-19, 2000.

18. United States Information Agency, *Report of the EU Forensic Team on the Racac Incident*, March 17, 1999, https://phdn.org/archives/www.ess.uwe.ac.uk/Kosovo/Kosovo-Massacres2.htm.

19. United States General Accounting Office, *Kosovo Air Operations: Need to Maintain Alliance Cohesion Resulted in Doctrinal Departures,* Report to Congressional Requesters, GAO-01-784, July 2001, https://www.gao.gov/products/gao-01-784.

20. World Bank, Kosovo: Economic and Social Reforms for Peace and Reconciliation, World Bank Publications, 2001.

八、研究报告

1.Bowman, Steve, *Kosovo and Macedonia: U.S. and Allied Military Operations*, Washington, D.C.: Congressional Research Service, 2000.

2.Brown, Alan W., *U.S. Armed Forces Abroad: Selected Congressional Roll Call Votes Since 1982*, Congressional Research Service, May 8, 2003, https://fas.org/sgp/crs/natsec/RL31693.pdf.

3.Donfried, Karen, *Kosovo: International Reactions to NATO Air Strikes*, Washington, D.C.: Congressional Research Service, 1999.

4.Duke, Simon, "The Trouble with Kosovo," European Institute of Public Administration, AEI, Working Paper,98/W/03, 1998, http://aei.pitt.edu/537/1/98w03.pdf.

5.Dumbaugh, Kerry, *Chinese Embassy Bombing in Belgrade: Compensation Issues*, CRS Report for Congress, http://congressionalresearch.com/RS20547/document.php.

6.Edwards, Sen John, et al., *Russia's Wrong Direction: What the United States Can and Should Do*, Washington, D.C.: Council on Foreign Relations, 2006.

7.Fortmann, Michel and Stéfanie von Hlatky, "NATO Enlargement 20 Years On: Some Thoughts," Network for Strategic Analysis, Queen's University, Policy Brief, Issue 10, 2021.

8.Gallis, Paul E., *NATO Enlargement: The Process and Allied Views*, CRS Report for Congress, July 1, 1997.

9.Gallis, Paul E., *Kosovo: Lessons Learned from Operation Allied Force*, Washington, D.C.: Congressional Research Service, 1999.

10.Gallis, Paul, *NATO's Decision-Making Procedure*, CRS Report for Congress, Congressional Research Service, May 5, 2003, https://www.everycrsreport.com/files/20030505_RS21510_938903f6732d885dcddf7fd385713ad6c62ff63e.pdf.

11.Hendrickson, Gordon B., *NATO Enlargement—Round Two: Prudence or Folly?*

A Research Report Submitted to the Faculty in Partial Fulfillment of the Graduation Requirements, Air University, 1999.

12.Hosmer, Stephen T., *The Conflict Over Kosovo: Why Milosevic Decided to Settle When He Did*, Santa Monica: Rand, 2001.

13.Kamp, K.H., *NATO Enlargement Reloaded*, NATO Defense College Paper, No.81, 2012.

14.Kim, Julie, *Kosovo and the 106th Congress*, Washington, D.C.: Congressional Research Service, 2001.

15.Larson, Eric V. and Bogdan Savych, *American Public Support for U.S. Military Operations from Mogadishu to Baghdad: Technical Appendixes*, Santa Monica: Rand, 2005, https://apps.dtic.mil/dtic/tr/fulltext/u2/a434570.pdf .

16.MacFarlane, S. Neil and Oliver Thranert, eds., *Balancing Hegemony: the OSCE in the CIS*, Kingston: Center for International Relations, Queen's University, 2000.

17.Marten, Kimberly, *Reducing Tensions Between Russia and NATO*, Washington, D.C.: Council on Foreign Relations Press, 2017.

18.Mesko, Gorazd, Milan Pagon and Bojan Dobovsek, eds., *Policing in Central and Eastern Europe: Dilemmas of Contemporary Criminal Justice*, Ljubljana: University of Maribor, Slovenia, December 2004.

19.Minear, Larry, Ted van Baarda and Marc Sommers, eds., *NATO and Humanitarian Action in the Kosovo Crisis*, Occasional Paper #36, Rhode Island: Thomas J. Watson Jr. Institute for International Studies, 2000.

20.Phillips, R. Cody, *Operation Joint Guardian The U.S. Army in Kosovo*, Washington, D.C.: U.S. Army Center of Military History, 2007.

21.Ries, Tomas, et al., *NATO Enlargement*, ESF Working Paper No.3, September 1, 2001, https://aei.pitt.edu/11551.

22.Sloan, Stanley R., *Combined Joint Task Forces (CJTF) and New Missions for NATO*, CRS Report for Congress, Washington, D.C.: Congressional Research Service, March 17, 1994.

23.Wentz, Larry, *Lessons from Kosovo: The KFOR Experience*, Washington, D.C.: United States Department of Defense, DoD Command and Control Research Program, 2002.

24.Yesson, Erik, *Sending Credible Signals: NATO's Role in Stabilizing Balkan Conflicts*, NATO/EAPC Fellowship Final Report, June 2003, https://www.nato.int/acad/fellow/01-03/yesson.pdf.

25.Youngs, Tim, Paul Bowers and Mick Hillyard, *Kosovo: KFOR and Reconstruction*, House of Commons Library Research Paper, 99/66, June 18, 1999.

26.Youngs, Tim, Mark Oakes and Paul Bowers, *Kosovo: Operation "Allied Force"*, House of Commons Library, Library Research Papers, 99/48, April 29, 1999.

后记

　　1999年春夏之交，当北约野蛮轰炸中国驻南联盟大使馆的消息传到我所在高中时，正在课堂学习的我们群情激愤、愤慨万分。这可能是我们这群年少学子第一次对国际关系产生了朦胧的印象。未曾想，十多年后，这一问题竟成为我在首师大历史学院世界史博士后出站报告的研究主题。从2016年左右开始酝酿，到2019年夏赴塞尔维亚进行调研，再到2021年出站报告完成，直至如今付梓，整个写作断断续续持续多年，耗时良久、颇费心血。书稿从成型到最终出版又一波三折，几易其稿，实属不易。在"镜中已觉星星误"的年岁里，此刻，内心涌动的不是欣喜，而是深深的惭愧，还有满满的感激。

　　由于科索沃危机当事国的外交档案尚未解密，多数强调原始档案重要性的历史学者因此对这一当代国际关系史上的重要历史事件避而远之。在塞尔维亚国内，竟也没有历史学者涉足这一主题的研究。毋庸置疑，外交档案作为第一手资料的价值再怎么强调都不为过，然而对于像1999年科索沃战争这样重要的历史事件，若要等到四十年之后有了充足的档案才去研究，未免显得过于滞后了。从国际关系学科视角来看，科索沃战争作为一场刚刚平复的国际政治斗争，对当代国际关系的影响依然深远。透过当前俄乌冲突前线依然弥漫的硝烟，我们依稀可以看到科索沃战争影响的影子。基于本人的研究兴趣和学习经历，本书稿试图立足历史学科的基本研究范式和方法，融入国际关系分析视野，对这一议题展开初步的研究，尽管书稿存在诸多不足，但仍希望能为中国当下如火如荼的区域国别学研究做一点个性化的探索，期待求教于方家。

在书稿的写作和出版过程中，有太多的师友需要感谢。首先要感谢的是我的导师、首都师范大学国别区域研究院梁占军教授。正是导师的宽容和鼓励，才让我时刻勉励自我，克服重重困难。从选题到实际的写作，再到前往塞尔维亚实地调研，梁老师在每一个环节都给予了非常关键性的指导和帮助。在此，我特别要表达深深的谢意。

其次，还要感谢塞尔维亚科学艺术院历史学部院士迪米奇（Ljubodrag Dimić）院士和塞尔维亚当代史研究所周万博士（Jovan Cavoski）的无私支持。在他们的帮助下，笔者收集整理了诸多塞尔维亚文献，并访谈了部分相关的历史事件亲历者。此外，还要特别感谢诸多塞语专业的学者和同学们，她们无私的帮助使我能够有限地利用一些以塞语发表的相关文献。本书的塞文材料翻译工作主要由塞尔维亚贝尔格莱德大学历史学院任灿颖博士、天津外国语大学塞尔维亚语教师吴鑫滢及美国哥伦比亚大学社会工作硕士、北京外国语大学塞尔维亚语学士张怡帆和北京外国语大学 22 级巴尔干研究专业硕士研究生吴琰琰完成。这几位都是专业的塞语学习者，得益于她们的翻译，本书初步地了解并部分引用了一些塞文文献。

特别要致谢的是五洲传播出版社的邱红艳老师，正是在邱老师的精心鼓励和指导下，本书稿才得以不断完善。此外，邱老师也为初稿做了大量的文字修订工作，高超的编校艺术不但使本书的质量得到有效保障，也彰显出邱老师严谨认真、兢兢业业的工作态度。

当然，需要感谢的名单还很长，比如北京外国语大学欧洲语言文化学院塞尔维亚语教研室主任彭裕超教授，北京外国语大学欧洲语言文化学院洪羽青博士，首都师范大学历史学院姚百慧教授，外交学院图书馆刘丹老师，社科院日本所张勇研究员，中国人民武装警察部队学院中国维和警察培训中心何银教授，社科院俄罗斯东欧中亚所庞大鹏、李中海、高歌、韩克敌、李勇慧、胡冰研究员，还有社科院欧洲所刘作奎、鞠维伟研究员，等等。此外，还要感谢出版社约请的诸位评审专家以及众多师友的悉心指导和无私帮助，在此就不一一列出。

漫长的学术写作费时耗力，要求研究者必须在很长一段时间内心无旁骛伏案笔耕。在这过程中，没有家人的支持是很难坚持下去的。因此，我由衷地感谢我的爱人和岳母，她们对家庭和孩子无微不至的照顾让我得以全身心投入学术写作。在工作、家庭与学习的三角需求之中，我深感对家庭的关爱和照顾有所欠缺，特别是未能抽出足够的时间陪伴我的闺女逗逗。学术无涯而天资有限，没有家庭和亲人的默默支持和无限包容，资质平庸如我者很难在学术道路上坚持下去。

最后，我要感谢我的父母，特别是长期照顾病榻中父亲的母亲，虽然他们目不识丁，但却以身作则告诉我们为人之道。母亲对困苦生活的豁达与坚忍不拔，时刻给予我前行的巨大勇气和努力奋斗的动力。

图书在版编目（CIP）数据

地区冲突与北约东扩：以1999年科索沃危机与北约的军事干预为例 / 吴文成著 . -- 北京：五洲传播出版社 , 2025.5. -- ISBN 978-7-5085-5359-7

Ⅰ . D51

中国国家版本馆 CIP 数据核字第 2025AU8436 号

地区冲突与北约东扩：
以1999年科索沃危机与北约的军事干预为例

著　　者：吴文成
出 版 人：关　宏
责任编辑：邱红艳
装帧设计：青心见画
出版发行：五洲传播出版社
地　　址：北京市海淀区北三环中路 31 号生产力大楼 B 座 6 层
邮　　编：100088
发行电话：010-82005927，010-82007837
网　　址：www.cicc.org.cn　www.thatsbooks.com
承　　印：中煤（北京）印务有限公司
版　　次：2025 年 5 月第 1 版第 1 次印刷
开　　本：710mm×1000mm　1/16
印　　张：23.5
字　　数：310 千字
定　　价：138.00 元